국어과 교육 과정과 교과서

– 과거와 현재, 그리고 미래 –

손영애

1955년 부산에서 태어나 부산여자중학교, 부산여자고등학교를 거쳐 서울대학교 사범대학 국어교육과를 졸업하고 동 대학원에서 석·박사를 마쳤다.

1977년 3월부터 1981년 2월까지 서울강서중학교에서 국어 교사로 근무했으며, 1981년 2월부터 1994년 2월까지 한국교육개발원 국어교육연구부에서 근무하면서 교육 과정 개정 작업 및 교과서 편찬 업무, 그리고 교과 교육에 관한 기초 연구를 수행했다.

1994년 3월부터 현재까지 인하대학교 사범대학 국어교육과에서 학생들을 가르치고 있으며, 교육 과정과 교과서에 관한 논문들과 저서『국어과 교육의 이론과 실제』(2004년)가 있다. 2010년부터 4차례에 걸쳐 검정 업무를 수행했다.

국어과 교육 과정과 교과서

– 과거와 현재, 그리고 미래 –

초판 인쇄 2014년 12월 18일
초판 발행 2014년 12월 26일

저   자 손영애
펴 낸 이 박찬익
편 집 장 권이준
책임편집 김지은

펴 낸 곳   도서출판 **박이정**
주   소   서울시 동대문구 천호대로 16가길 4
전   화   02) 922 – 1192~3
팩   스   02) 928 – 4683
홈페이지   www.pjbook.com
이 메 일   pijbook@naver.com
등   록   1991년 3월 12일 제1 – 1182호

ISBN 978-89-6292-775-7 (93370)

* 책값은 뒤표지에 있습니다.

국어과 교육 과정과 교과서

과거와 현재, 그리고 미래

손영애 지음

도서
출판 박이정

교수 요목 시기를 지나 제1차 교육 과정이 고시된 것이 1955년, 해방 이후 제대로 된 국어과 교육이 시작된 지 60년이 흘렀다. 오늘을 살고 있는 우리들은 과거의 역사를 얼마나 알고 있을까? 60이란 숫자의 의미는 무겁기도 가볍기도 한 것 같다. 사범대학에 적을 두고 있는 학생들에게 교육 과정은 지금 현장에서 적용되고 있는 '현재'의 교육 과정을 의미한다. 어떤 길을 밟아 여기까지 왔는지 별 관심이 없다. 교육 과정의 중요성과 교과서의 위치를 강조하는 말에도 기운이 빠지는 듯하다. 2007, 2009, 2011, 2012, 2015 이 숫자들을 보면 교육이 '백년지대계'라는 말이 허망하게 들린다. 그럼에도 불구하고 지나간 시기의 교육 과정과 교과서를 정리할 필요를 느껴 그동안 써 놓았던 것들을 묶어 보았다.

사범대학을 졸업하고 학교 현장에서 마주한 교육 과정은 정말 아무런 의미도 없었다. '성실한 태도로 말하기, 정확한 발음과 알맞은 어조로 말하기, 글의 짜임과 줄거리 알기' 이런 항목들이 가진 의미를 모르는 어설픈 교사에게 체제와 내용이 반듯한 3차 교육 과정은 그냥 얄팍한 문서에 불과했다. 그 당시, 나의 관심은 교육 과정이 아닌 교과서였다. 교과서에 실려 있는 글들은 참으로 마음에 들지 않는 것들이었다. 글이 마음에 들지 않는다면 다른 글로 목표에 맞게 수업을 할 수도 있었는데.....정말 한심한 교사였다.

'교육 과정은 고시가 되었는데, 교과서가 아직 없다면?' 이 질문에 대하여 모든(?) 학생들은 당연히 교육 과정이 있으니 수업은 가능하다고 답한다. 교육 과정의 중요성, 위치를 각인시키기 위하여 하는 질문이다. 그리고 교육 과정은 그 시기의 국어교육학의 수준을 알게 하는 것으로 사범대학 학생들에게는 꼭 필요한 지식이기도 하다.

그렇기는 하지만 교과서도 역시 필요하다. 교과서는 교육 과정 내용을 정교하게 체계화시킨 교재이기 때문에 많은 '교재 중의 교재'라 할 수 있다. 어느 선배는 그런 교과서를 편찬하는 작업은 바위를 깎아 바늘을 만드는 작업이라고 했다. 그런 교과서 편찬 작업에, 상당한 의무감과 '교과서니까'라는 존재감으로 많은 사람들이 그 작업을 하고 있다. 지금은 그 일의 중심에 출판사가 있다. 국정일 때와는 교과서의 무게가 달리 느껴질 수 있지만 지금도 교과서는 무게를 지녀야 한다. 교과서니까.

이 책은 '국어과 교육 과정과 교과서-과거과 현재, 그리고 미래'란 제목으로, 'Ⅰ. 국어과 교육 과정', 'Ⅱ. 국어 교과서'의 2부로 꾸몄다.

'Ⅰ. 국어과 교육 과정'에는 국어과 교육 과정 변천사/국어과 교육의 성격과 내용 체계 / 국어과 교육의 목표와 내용/국어과 교육 과정 읽기 영역 지도 내용 체계화 / 새로운 국어과 교육 과정 개정에 관한 소론 / 국어과 교육 과정 개정 시안에 관한 소론 / 국어과 교육 과정에서 '내용 체계'의 위상에 관한 소론 / 국어과 교육 과정에서 '교수·학습 방법'에 관한 소론 / 국어과 교육 과정에서 살펴본 고등학교 선택 과목 변천에 관한 소론을 실었다.

'Ⅱ. 국어 교과서'에서는 새로운 국어 교과서 구성 방안 / 제1차~제7차 중학교 국어 교과서 체제 및 내용 분석 / 제1차~제7차 고등학교 국어 교과서 체제 및 내용 분석 / 검정으로서의 국어 교과서라는 내용을 싣고 있다.

교육 현장은 언제나 시끄럽다. 뉴스로 전해지는 사건들, 극히 일부의 일이겠지만 교육에 몸담고 있는 사람들의 마음을 맥 빠지게 만든다. 그래도 학교가 학생들의 든든한 울타리가 되어 주고, 교육이 아름다울 수 있는 세상을 꿈꾸어 본다. 교육 과정에 대하여, 교과서에 대하여 끊임없는 관심을 가지는 것도 꿈꾸는 '행복한 교육' 때문이리라.

한 해가 저물어가는 12월, 책을 만드는 데 노고를 아끼지 않은 박이정 식구들께 감사드린다.

2014년 12월
연구실에서

차 례

II. 국어 교과서

I. 국어과 교육 과정

국어과 교육 과정 변천사*
- 개화기~2011 개정 국어과 교육 과정을 중심으로 -

1. 머리말

교육 과정은 여러 가지 정의와 의미로 통용되나 이 글에서는 국가 수준의 교육 과정, 문서화된 교육 과정, 김호권(1977)의 공약된 목표로서의 교육 과정, 이대규(1985)의 장기적인 교육 과정을 논하고자 한다. 이 글의 중심은 국가 수준의 교육 과정이지만, 교실 안에서 교사에 의해 전개되는 수업 활동 및 학생 개개인에게 구체적으로 나타나는 교육의 효과를 문서화된 교육 과정에 일치시키는 작업을 염두에 두고자 한다. 그 동안의 교육 과정의 변천을 살펴보는 작업은 결국 교실에서 이루어지는 교육 현장의 모습을 보다 나은 것으로 변화시키는데 있기 때문이다.

현대적인 의미의 국어과 교육이 이루어진 것은 갑신정변(1894) 이후의 개화기에서부터 시작되었다고 할 수 있다. 1895년에 고종의 교육에 관한 칙서가 내려진 뒤 학부 관제와 각급 학교 관제가 정해졌는데, 이 시기 소학교의 국어 관계 과목으로는 독서, 습자, 작문이

---

* 이 글은 한국어교육학회가 2005년에 편찬한 '국어교육론1'에 실린 졸고 '국어교육과정 변천사'를 일부분 수정, 참고하였다.

있었다. 그 후 일제 시대에는 조선어 말살 정책으로 1911년 제1차 조선어교육령에서 국어를 조선어라 칭하고, 일어를 국어로 했으며, 1937년에는 조선어를 수의 과목으로, 이듬해 교내 외에서 조선어 사용 금하였다.[1] 국어과 교육의 암흑기를 제외하면 국어과 교육의 역사는 60년 남짓하다. 해방 이후 교수 요목 시기를 지나 명실상부한 교육 과정이 선을 보인 것을 1955년부터라 하겠다. 그 시기부터 10차례의 교육 과정 제·개정을 거치면서 국어과 교육은 장족의 발달을 이룩했다고 하겠다.

이 글에서는 개화기부터 제7차에 이르기까지 문서화된 국어과 교육 과정, 2007, 2009, 2011(2012) 개정 국어과 교육 과정을 중심으로 국어과 교육의 변천사를 살펴보고자 한다. 어제와 오늘을 되짚어 보면서 내일의 국어과 교육의 발전적인 모습을 그려보는 데 의의가 있다.

2. 국어과 교육 과정 변천사

2.1. 개화기부터 광복 후 교수 요목 시기

1) 개화기의 국어과 교육[2]

개화기는 우리나라에 있어서 근대적인 국어 의식에 따른 국어 운동과 국어과 교육이 시작된 19세기 말엽부터 20세기 초엽을 가리킨다. 개화기에 들어와서 우리나라 교육은 서당 교육에서 학교 교육으로, 기초 한자, 한문 위주의 교육에서 일정한 규준을 설정하고 학과목 을 구분해서 공교육에 임하는 근대식 학교 교육으로 전환되었다.

1895년에 고종의 교육에 관한 칙서가 내려진 뒤 학부 관제와 각급 학교 관제가 정해졌는 데, 이 시기 소학교의 국어 관계 과목으로는 讀書, 習字, 作文 등이 있었는데 '國語'라는 명칭으로 통합된 과목으로 존재하지 않았음을 알 수 있다. 1906년에는 소학교령을 폐지하고 보통학교령을 공포하였는데, 이 시기에 사용된 보통학교의 국어 교과 과정을 보면 다음과 같다.

---

1) 박영목, 한철우, 윤희원(2004), 국어교육학 원론, 박이정, p.17.
2) 박붕배(1987), 韓國國語敎育全史, 대한교과서주식회사, 11~90 참조.
   정준섭(1995), 국어과 교육 과정의 변천, 대한교과서주식회사, 6~12 참조.

國語: 日常須知의 文字와 文體를 知게 하며, 정확히 思想을 表彰하는 능력을 養하며, 겸하여 德性을 함양하고 보통지식을 敎授함으로 要旨를 함이라.

발음을 正게 하고 日常 必須한 文字의 讀法과 書法을 知게 하며 又 정당한 언어를 연습게 함이라.

作文 及 習字는 각기 敎授 시간을 구별하되 특히 주의하여 互相聯絡게 함을 要함이라.

作文은 국어, 한문과 기타 교과목에서 敎授한 사항과 學徒의 日常 見聞한 사항 及 處世에 필요한 사항을 기술게 하되 其 行文은 평이게 하고 취지를 명료케 함을 요함이라.

習字에 用하는 漢字의 書體는 楷書와 半草書의 一種이나 혹 二種으로 함이라.

他敎科目을 敎授하는 時에는 每常 言語練習에 주의하며, 文字를 書하는 時는 基 字形 及 字行을 正게 함을 要함이라.(施行 規則 第2장 敎科 及 編制 第1절 敎則 第9조)

이 시기에는 '國語'라는 명칭을 가지고 통합 과목으로 제시되어 있는데 1907년 이후에는 '國語及漢文'으로 국어가 제자리를 차지하지 못하였고, 결국에는 日語에 자리를 내주는 신세가 되었다.

2) 일제 시대의 국어과 교육

일제 시대는 국어의 암흑기라고 할 수 있다. 1911년 9월 1차 조선교육령으로 학제가 개편되어 國語及漢文이 朝鮮語及漢文으로 바뀌었으나 필수 과목으로는 지정되었다. 그러나 교과서는 조선어, 한문 이외에 전부 일어로 기술한다고 하여 학습용 교과서에서 국어가 배제되었다.

1922년 2월 제2차 조선교육령 발포로 일어에 중점 두어 朝鮮語及漢文에서 朝鮮語는 정규 과목, 漢文은 수의 과목 또는 선택 과목으로 지정되었다. 이 시기에 4년제 국민 학교가 6년제로 발전하였고, '조선어' 시간이 대폭 감축하였다. '조선어급한문'이던 것을 한문은 분리하여 일본식 한문으로 가져가고, 조선어라는 교과 명칭으로 일어의 반으로 시간 수가 줄었다.[3]

1938년 3월 3차 조선교육령으로 조선어가 수의 과목으로 전락하고 4월부터는 가르치지 못하게 하고 교내외에서 우리말을 사용하지 못하도록 하였다. 기본적으로 일어에 능숙하게 되도록 하는 데 주안을 두고 국어를 말살하는 정책을 썼다. 1942년에 제4차 조선교육령이

---

3) 박붕배(1987), 韓國國語敎育全史, 대한교과서주식회사, 218~220.
  당시 국민 학교 일어 시간은 주당 1학년~10시간, 2, 3, 4학년~12시간, 5, 6학년~9시간

공포되었으나 국어는 배제되어 아무런 언급이 없었다.

이 시기는 국어과 교육이 발전할 수 없는 시기였으나, 광복 이후 국어과 교육을 다시 시작할 때는 일제 시대의 교육 과정이 참고가 되었을 것이다. 보통학교규정(1911년) 제10조를 살펴보면 '국어는 보통의 언어, 일상수지의 문자 및 문장을 알게 하여 정확히 사상을 표현할 수 있는 능력을 기르고, 아울러 지덕을 계발하는 것을 요지로 삼는다(*따라서 읽기, 말하기, 짓기, 쓰기에 중점을 둔다고 하였음)'라고 국어과 교육의 목적을 말하고 있는데 이런 진술부터 국어과 교육에서 무엇을 어떻게 가르칠 것인가에 대해 참조가 되었을 것이다.

3) 교수 요목기의 국어과 교육[4]

미 군정청의 일반 명령 제4호(1945년 9월 17일)와 교수 요목(교수 요목 제정 위원회가 1946년 2월 21일부터 활동)에 의해, 교수 용어를 한국어로 할 것, 조선의 이익에 반하는 교과목은 일체 교수를 금할 것, 평화와 질서를 당면의 교육 목표로 하고, 일본 제국주의적 색채를 일체 말살한다는 교육 방침을 제시하였다.

교수 요목 제정 위원회가 정한 교수 요목의 특징은 첫째, 교과의 지도 내용을 상세히 표시하고, 기초 능력을 배양하는 데 주력하며, 둘째, 교과는 분과주의를 채택하였으며 체계적인 지도와 지력의 배양에 중점을 두었다. 셋째, 우리나라 교육 목표인 홍익인간의 정신에 입각하여 애국애족의 교육을 강조하고, 일제 강점기의 잔재를 정신면에서나 생활면에서 시급히 제거하는 데 각별한 노력을 강조하였다.

'일반 명령 제4호'와 '교수 요목'에 나타난 바와 같이 이 시대의 교육 이념은 한마디로 일제 잔재의 불식과 홍익인간의 정신에 입각한 애국애족의 교육이라 하겠다. 구체적으로는 한글 전용, 우리말 도로 찾기, 우리말 용어 제정 등으로 나타났다.

1945년 9월 22일, 9월 30일에 발표된 학교의 교과목 편제와 시간은 미 군정청 학무국이 지시한 교육 방침에 따라 실제로 국민 학교와 중등학교에 적용하였으나, 교육 내용이 정해지지 않고 추상적인 '교육 방침'에만 의거했기 때문에 학교 교육이 정상적으로 시행되기는 어려웠다. 그러나 제1차 교육 과정이 공포될 때까지 유일한 교육 과정 형태로서의 의미가 있다 하겠다.

국민 학교 국어과 교수 요목은 '교수 요지/교수 방침/교수 사항/교수의 주의/각 학년 교수

---

4) 함수곤(2000), 교육 과정과 교과서, 대한교과서주식회사, 26~42 참조.

시간 배당 표준'으로 되어 있다. 중학교 국어과 교수 요목도 국민 학교와 동일한 체제로 되어 있다. 고등학교의 교수 요목은 별도로 되어 있지 않고, 중학교의 '각 학년 교수 시간 배정 표준'에 고등학교도 함께 제시하고 있다.

국민 학교와 중학교의 교수 요목은 다음과 같다.

국민 학교 국어과 교수 요목	중학교 국어과 교수 요목
(一) 교수 요지 국어는 일상생활에 필요한 말과 글을 익혀, 바른 말과 맞는 글을 잘 깨쳐 알게 하고, 또 저의 뜻하는 바를 바르고, 똑똑하게 나타낼 수 있도록 힘을 길러 주고, 아울러 지혜와 도덕을 북도두어, 국민된 도리와 책임을 깨닫게 하며, 우리 국민성의 유다른 바탕과 국문화의 오래 쌓아온 길을 밝히어, 국민 정신을 담뿍 길러 내기에 뜻을 둔다.	(一) 교수 요지 국어를 잘 알고 잘 쓰게 하며, 우리의 문화를 이어 확충 창조ㅎ게 하고, 겸하여 지덕(智德)을 열어 건전한 국민정신을 기르기로 요지를 삼음.
(二) 교수 방침 (ㄱ) 국어와 국문의 짜여짐과 그 특질을 알게 하여 바른 곬을 찾게 하며, 저의 일어나는 생각과 몸소 겪은 바른 밝고 똑똑하게, 자유롭게 나타낼 수 있도록 지도할 것이다. (ㄴ) 국어와 국민성의 관계를 잘 아울리게 들어 내어, 국어를 잘 배움으로 우리 국민의 품격을 높일 수 있다는 깨달음을 이르키게 할 것이며, 따라서, 우리 국어를 아끼고 높이며, 우리 국어의 실력을 잘 닦아, 더욱 아름답고 더욱 바르게 만들겠다는 마음을 굳게 가지도록 하여 줄 것이다. (ㄷ) 역사적으로 우리 국문화의 이어 음과 닦아 음과 쌓아 놓음을 잘 알리어, 여기에서 기쁨과 고마움을 깨닫게 하고, 앞으로 우리가 이것을 더 닦으며 또 새로 뚫어 내어, 우리 국문화를 한층 더 빛나게 하고, 또 나아가 이를 펴쳐서 세계 문화에 큰 바침이 되게 하겠다는 굳은 마음을 가지도록 가르칠 것이다. (三) 교수 사항 국어는 읽기와 말하기와 듣기와 짓기와 쓰기로	(二) 교수 방침 (ㄱ) 국어의 됨됨이를 밝히며, 그 국민다운 사상 감동의 표현 방법을 가르치어, 국어의 올바른 이해와, 사상, 체험의 명확한 발표를 익히고, 국어 애중의 생각을 기름. (ㄴ) 국어 국문의 전통과 그 표현을 이해ㅎ게 하고, 국어 국문의 사적(史的) 발달을 구명하여, 종래의 사상 문화의 연원과 발달을 자세히 알려, 국민정신을 기르고, 우리 문화를 창조 확충ㅎ게 하는 신념을 배양함. (ㄷ) 국어 국문을 통하여 덕육, 지육, 체육 등의 정신과 식견을 길러, 건전한 중견국민의 사명을 스스로 깨닫게 함. (三) 교수 사항 교수 사항은 아래와 같음. 읽기, 말하기, 짓기, 쓰기, 문법, 국문학사. 1. 읽기 국어의 익힘, 풀기, 감상, 비평, 받아쓰기 등을 시켜 국가의식을 높이고, 도의와 식견을 밝히고, 실천 근로 문예 등을 즐기고, 심신을 건전ㅎ게 하여, 큼직한 국민의 자질을 기름.

나누어 가르친다.

1. <u>읽기</u> 바른 말을 맞는 글로 적어, 이를 읽히며 이를 풀게 하되, 글은 반드시 깨끗하고 시원스럽고 힘차고 올바른 것을 가릴 것이며, 글이 가진 뜻은 국가 관념과 국민 도덕과 지혜를 넓힐 것과 인격을 다듬을 것과 정서를 아름답게 기를 것을 골라서 가르쳐, 민주국가 국민에 맞는 바탕을 길러 내기에 힘쓸 것이다.

2. <u>말하기</u> 아이들에게 말을 시켜 소리를 바르게 내게 하고, 뜻을 똑똑히 하게 하되, 본 없는 말과 버릇없는 말을 고쳐, 표준되는 말로 버릇 있게 하게 하되, 소견 좁고 모질고 경망하게 함을 고쳐서, 너그럽고 부드럽고 점진하고 무게 있게 하도록 가르칠 것이다.

3. <u>듣기</u> 남의 말을 들을 때에 차근차근히 정성시게 듣되, 바로 들으며 그 뜻을 잘 헤아려 깨닫기에 힘쓰도록 할 것이다.]

4. <u>짓기</u> 제 속에서 일어나는 생각과 밖에서 겪은 일을 글로 적어 나타내게 하되, 헛됨과 거짓이 없이 참되고 미쁘게 짓도록 힘쓸 것이다. 글은 아무조록 깨끗하고 시원하며 조리가 밝아서 아무나 다 환하게 읽을 수 있고, 그 뜻을 선뜻 알아 낼 수 있도록 쓰게 할 것이다.

때로 남의 글을 가지고 잘된 곳과 그릇된 곳을 잡아 내고, 그 뜻 둔 바를 찾아 내며, 좋고 언짢음을 비평하게 하여, 글을 볼 줄 앎으로 말미암아, 제가 바로 쓸 길을 얻게 하여 줄 것이다.

5. <u>쓰기</u> 연필이나 철필을 가지고 국문 글씨를 쓰게 하되, 자획의 먼저와 나중을 알게하며, 글자 모양을 바르고 아름답게 쓰도록 가르칠 것이다.

(四) 교수의 주의

다른 모든 학과목을 가르칠 때에도 늘 말과 글을 바로 가르치기에 뜻을 두며, 글씨 쓰기도 바르고 빠르게 잘 쓰도록 주의할 것이다.

이 위와 같이, 말과 글을 가르치되, 어느 때에나 우리의 국민성에 비추어, 우리 문화로 나타난 우

2. <u>말하기</u> 올바른 국어로써 사상 체험을 똑똑히 발표하고, 듣기를 익히고, 또 틀린 말과 소리를 바로잡고, 아어(雅語) 경어(敬語) 쓰는 법을 익힘.

3. <u>짓기</u> 현대어를 위주하여, 감정 의사를 익달하게 들어내어 여러 가지 글을 짓게 하고, 사상 체험의 정확자유한 표형을 하도록 지도하고, 또 첨삭 비평의 능력을 기름.

4. <u>쓰기</u> 정확하고, 민속하고, 깨끗하고도 아름답게 쓰도록 지도함.

5. <u>문법</u> 국어의 소리, 글자, 어법, 표기 등의 대요를 가르쳐, 국어의 됨됨이와 그 특질을 이해ㅎ게 하고, 또 현대어, 신조어, 고어, 방언, 표준어, 외래어 등에 대한 명확한 인식을 얻고, 국어의 사적 발달의 개요(槪要)를 알게 함.

6. <u>국문학사</u> 국문학의 사적 발달의 대요를 가르쳐, 국민의 특성과, 고유문화의 유래를 밝혀, 문화사상에의 우리 고전(古典)의 지위와 가치를 알림.

(四) 교수의 주의

읽기, 말하기, 문법, 짓기, 쓰기는 항상 그 관계와 연락을 긴밀히 하여 지도함.

읽기는 읽는 법을 위주하여 반복수련하게 하며, 그 문리를 정통하도록 함. 익히기에서는, 발음을 정확하게 하여, 그 귀조(句調)와 문제를 분명히 구별하고, 그 글뜻을 이해하며 읽도록 주의함.

풀기는 글월의 그 의미와 요지를 알아 냄을 위주하여, 어귀, 글원을 명확히 이해ㅎ게 하며, 특히 국민정신을 기름에 유의함.

가끔 받아쓰기도 시켜 읽기의 교수 효과를 더욱 정확하게 함.

말하기는 올바른 말로 어휘, 어법을 익히며, 말을 하는 때나 듣는 때의 자세, 태도를 수련ㅎ게 함.

문법은 실지 일용생활을 쓰이는 말에서 그 옳음과 틀림을 밝히게 하여, 국어의 이해력과 발표력을 정확하게 하며, 국어에 대한 관심이 깊도록 함.

짓기는 정조(情操)를 기르고 식견을 높여, 국민생활의 발전과 국민다운 자각을 심화(深化)ㅎ게 함.

말하기와 쓰기는 따로 시간을 벌러 놓지는 아

리의 특징을 알리고, 따라서 우리가 힘쓸 것을 찾게 하여, 우리의 품격을 떨어뜨리지 말고, 나라를 잘 다스려 나아갈 미쁜 마음과 굳센 힘을 기르도록 힘쓸 것이다. 　각 학년 교수 시간 배당 표준	니 하였으니, 읽기와 짓기 시간에, 적당한 기회에, 이를 지도하기로 함. 　초급과 고급이 선택 과목은 국어의 보충교재를 교수하기로 하되, 한문도 교수할 수 있음. 　각 학년 교수 시간 배정 표준

　위의 교수 요목을 통해 해방 이후 교육에 관한 비상 조처라 할 수 있는 교수 요목을 제정하여 학교 교육의 대강의 모습을 잡으려는 의도를 읽을 수 있다. 국어과 교육의 목적, 목표를 정하고(교수 요지, 교수 방침), 가르칠 내용을 대강이나마 제시하고(교수 사항), 지도상의 유의점(교수의 주의)을 간략하게 주고 있다. 국민 학교의 가르칠 내용은 '읽기, 말하기, 듣기, 짓기, 쓰기(書寫)'로 정했다. 중학교는 '읽기, 말하기, 짓기, 쓰기, 문법, 국문학사'로 지도해야 내용으로 정했다. 교수 요목에도 말하고 듣고 읽고 글을 짓고, 글씨를 잘 쓸 것(언어 사용 기능)을 강조하고 있으나 중학교의 경우, 문법, 국문학사와 같은 지식도 강조하고 있다. 모든 영역에서 정의적인 면, 태도나 가치 측면을 강조하고 있다.

　각 학년 교수 시간 배당 기준을 살펴보면 국민 학교는 1년에 40주 수업에, 1~4학년 주당 9시간, 5, 6학년 주당 8시간을 배정하고, 1~4학년은 읽기 6시간, 말하기·듣기, 짓기, 쓰기 각 1시간씩 하도록 하였고, 5~6학년은 읽기 5시간, 말하기·듣기, 짓기, 쓰기 각 1시간씩 배정하였다. 중학교는 1년에 37주 수업에, 1, 2, 3학년 주당 5시간을 배정하고, 1, 2학년은 읽기 4시간, 짓기와 문법 1시간을 하도록 하였고, 3학년은 읽기 3시간, 짓기와 문법을 2시간 하도록 하였다. 고등학교는 1년에 37주 수업에, 주당 3시간을 배정하였다. 1, 2학년은 읽기 2시간, 짓기와 문법 1시간을 배정하고, 3학년은 읽기 2시간, 국문학사 1시간을 배정하였다.

　교수 요목 나름대로 교육의 방향을 제시하고 있으나 현실적으로 실효성이 없었던 것으로 보인다. 편제나 시간 배당이 학교 현장에서 실현될 수 없었다. 한글 교육이 급선무였기에 한글 깨치기, 맞춤법 익히기가 국어과 교육의 현안이 될 수밖에 없었다. 교수 요목은 문서로만 존재하고, 현장의 국어과 교육은 '조선어학회'가 중심이 되어 편찬하고 군정청 학무국이 발행한 '한글 첫걸음, 초등 국어 교본(상 중 하 3권)'을 중심으로 이루어졌다. '한글 깨치기, 맞춤법 익히기'가 국어과 교육의 전부였다. 교과서의 내용도 '국민 정신 함양'을 위한 독본 형태였다.[5] 김민수(1983)는 광복 직후의 국어과 교육이 1930년대 조선어학회가 만든 '철자법

---

5)　정준섭(1995), 국어과 교육 과정의 변천, 대한교과서주식회사, pp.46~47.

안을 실현시키기 위하여, 그 보급에만 정열을 다한 것은 올바른 국어과 교육의 길이 아니며, 대아보다 소아를 살린 결과라고 하고 있다.

2.2. 제1차~제7차 국어과 교육 과정 시기

제1차~제7차 국어과 교육 과정을 '구성 방향과 체제', '성격' 및 '목표', '내용', '방법 및 평가'로 나누어서 살펴보기로 한다.

1) 구성 방향과 체제

(1) 제1차 국어과 교육 과정

제1차 교육 과정은 1955년 8월 1일, 문교부령 제44호로 국민 학교 교육 과정이, 제45호로 중학교, 제46호로 고등학교 교육 과정이 제정 공포되었다. 군정기가 끝나고 대한민국이 수립되자 교육법이 제정되었고 이에 터해 교육 과정 제정 작업이 추진되었으나 6·25로 인하여 지체되다가 1955년에야 확정 고시되었다. 1차 교육 과정은 해방 직후의 교수 요목이 지향했던 지식 중심을 벗어나 학생들의 경험과 생활을 중시했다. 국어과 교육 과정도 기본적인 언어 습관, 언어 사용 기능을 올바르게 기르는 데 역점을 두고 생활 경험을 통한 지도를 강조했다.

1차 국어과 교육 과정은 학교급에 따라 진술 방식이나 쓰인 용어가 상이하고 목표와 내용과 방법과 그것을 담아낼 체제가 체계적이지 못하나 국어과 교육의 문제점을 잘 지적하고 나아갈 방향을 제시하고 있다.

종래의 국어 교육의 형태를 보면, 국어 교육을 주로 문자로서 표현된 문장을 대상으로 하는 것인양 생각하여 왔고, 따라서 문예 중심의 교육으로 경향이 있었음을 부인할 수 없다. 그러한 종래의 폐단을 시정하기 위하여, 무엇보다도 먼저 국어 교육에서 다루어져야 하는 것이 무엇인가에 대한 검토가 필요하다고 보는 것이다.

오늘날의 모든 교육이 다 그러하듯이 국어과의 교육 과정도 널리 사회생활의 필요에 응하는 것이 되어야 한다. 그렇게 생각할 때에 오늘날 우리가 음성이나 문자로 서로 생각을 주고 받는 모든 생활이 다 국어 교육의 교육 과정에 포함되어야 할 것으로, 비단 문학 작품을 읽는 것만이 아니라, 문답, 토의, 좌담, 방송, 전화 등의 말하기와 듣기, 기록, 노오트, 문자에 의한 발표 및 전달 편지, 일기, 서식(書式), 편집 등의 쓰기 및 신문, 잡지, 규약, 사전, 참고서의 이용, 독서 지도, 도서관의 이용 등의 읽기에 관한 것이 두루 학습되어야 하는 것이다.

물론 고전을 읽는 것도 좋고, 문학 작품을 바르게 이해하도록 하는 것도 필요한 일이나, 종래에는 너무나 지나치게 그러한 학습에 중점을 두어 왔기 때문에, 그것이 국어 학습의 본연의 자태에서 벗어난 것이 되고 말았다. 따라서, 새로운 국어 교육은 무엇보다도 현대인의 언어 생활의 실제를 대상으로 하여야 하며, 학생들의 언어 생활의 모든 면이 국어 교육의 목표 달성에 이용되어야 할 것이다. 그렇게 함으로써 학생들로 하여금 일상 생활에 필요한 국어를 정확하게 이해하며 사용할 수 있는 능력을 갖추게 하고, 국어 교육이 그들의 사회생활의 필요에 응하는 것이 되게 할 수 있는 것이다.

(중학교 교육 과정 '1. 우리나라의 교육 목적과 국어 교육' 중에서)

위 글은 중학교 교육 과정 '1. 우리나라의 교육 목적과 국어 교육'의 한 부분이다. 국어과 교육이 어떠해야 한다는 것을 기술하고 있다. 이러한 취지를 밝혀 놓으려고 애쓴 흔적을 찾아볼 수 있으나 일관되게, 논리적으로 풀어 놓지는 못하고 있음을 국어과 교육 과정을 통해 알 수 있다. 교육 과정의 체제는 다음과 같다.

<표 1> 제1차 국민 학교, 중학교, 고등학교 국어과 교육 과정 체제

문교부령 제44호 (1955. 8. 1 제정 공포)-국민 학교	문교부령 제45호 (1955. 8. 1 제정 공포)-중학교	문교부령 제46호 (1955. 8. 1 제정 공포)-고등학교
一. 국민 학교 국어 교육의 목표 1. 국민 학교 교육의 목표와 국어 교육 2. 국민 학교 국어과의 목표 (목표 · 의의 · 지도 방법 등 기술 / 26개항으로 구체적 목표 제시) 二. 국민 학교 국어과의 영역 (1) 언어 경험의 요소 (음성 언어의 경험/문자 언어의 경험) (2) 언어 경험의 기회(13개항) (3) 기술면에서 본 학습지도(7개항)	1. 우리나라의 교육 목적과 국어 교육 (우리나라 교육 목적, 중학교 교육 목적 국어 교육의 나아갈 바, 국어교육의 목표, 의의, 지도상의 유의점 등을 상술) 2. 국어과의 지도 목표 언어 기능(機能) 기술 말하기 3개항, 듣기 2개항, 쓰기 3개항, 읽기 3개항으로 목표 기술 3. 중학교 국어과의 지도 내용 지도 요소	一. 고등학교 국어(-)의 목적 고등학교 교육의 목표 및 고등학교 국어교육의 목표 기술한 후, 고등학교 국어 교육의 목적을 12개항으로 제시 二. 고등학교 학생의 언어 생활 말하기(①독화 ②낭독 ③대담 ④회화 ⑤ 토의 · 토론)/ 말하기의 주요한 경험 듣기(6개항으로 기술)/ 듣기의 주요한 경험 쓰기(3개항으로 기술)/쓰기의 주요한 경험 읽기(독서기술/문학의 이해

(4) 생활지도로서의 학습지도(13 개항) (5) 국어과 읽기의 주요한 주제 (18개항) 三. 국민 학교 각 학년의 지도 목표 1학년의 지도 목표 (말:9, 듣:6, 읽:7, 쓰:5) 2 학년의 지도 목표 (말:7, 듣:5, 읽:8, 쓰:10) 3 학년의 지도 목표 (말:9, 듣:5, 읽:8, 쓰:8) 4 학년의 지도 목표 (말:6, 듣:4, 읽:7, 쓰:7) 5 학년의 지도 목표 (말:6, 듣:5, 읽:8, 쓰:8) 6 학년의 지도목표 (말:7, 듣:6, 읽:6, 쓰:9) 四. 국민 학교 국어과 지도방법 (1) 생활을 위주로 하는 단원의 예(25개) (2) 기능을 위조로 하는 단원의 예(40개) (3) 국어 순화를 위주로 한 단원의 예(9개)	(1) 기초적인 언어 능력 ㉠ 언어 소재의 면 a. 바른 우리말의 발음 b. 문자 c. 어휘 d. 어법 e. 문학 ㉡ 언어운용의 면 a. 말하는 힘 b. 듣는 힘 c. 쓰는 힘 d. 읽는 힘 e. 감상하는 힘 (2) 언어 사용의 기술 ㉠ 말하기, 듣기를 주로 하는 기술 ㉡ 쓰기(짓기)를 주로 하는 기술 ㉢ 읽기를 주로 하는 기술 (3) 언어문화의 체험과 창조 ㉠ 문학 및 예술 ㉡ 언어 과학 지도 내용 1. 기초적인 언어 능력 ㉠ 언어 소재의 면 ㉡ 언어 운용의 면 2. 언어 사용의 기술 3. 언어문화의 체험과 창조 4.각 학년의 지도 내용 말하기 (1~3학년 /13,12,13개항씩) 듣기 (1~3학년 /11,12,11개항씩) 쓰기 (1~3학년 /14,16,13개항씩) 읽기 (1~3학년 /14,14,17개항씩)	및 감상/ 읽기의 주요한 경험 三. 고등학교 국어(-) 지도내용 말하기(9개), 듣기(6개) 쓰기(7개), 읽기(독서에 관한 기술) : 14 개항 논설·논문 : 2개항 문학학습의 목표 : 11개항 고전학습 : 9개항 국어문제 : 8개항 四. 고등학교 국어(-)지도의 구 체적 목표 말하기(기초적인 면 : 9개, 응용 적인 면 : 19개) 듣기(18개항) 쓰기(16개항) 읽기(제1학년 : 8개항, 제2학년 : 8개항, 제3학년 : 7개항) 五. 단원 예 제1학년 (16개) 제2학년 (13개) 제3학년 (13개)

목표와 내용과 지도 방법 등을 담으려는 의도는 있었으나 국민 학교 교육 과정을 제외하고 '지도'에 관한 내용을 담고 있지 않다. 한자, 한문은 중학교 국어과 안에서는 별도로 다루고, 고등학교에서는 〈국어 Ⅱ〉에 포함시키고 있다.

국민 학교 시간 배당 기준은 백분율로 1학년 25~30%, 2학년은 25~30%, 3학년은 27~20%, 4학년은 20~23%, 5학년은 20~18%, 6학년은 20~18%이다. 중학교는 1~3학년 공히 주당 4시간이고 고등학교 〈국어 Ⅰ〉은 22단위, 〈국어 Ⅱ〉는 18단위이다.

(2) 제2차 국어과 교육 과정

제2차 교육 과정은 4·19 의거와 5·16 군사 혁명으로 사회 질서의 변화, 가치 구조의 변화 등 국내의 정세 변동과 함께, 1955년에 마련되었던 제1차 교육 과정이 표방했던 경험주의 학습 활동과는 다르게 전개되자, 이를 시정하고 '널리 사회생활의 필요에 응하는' 국어과 교육 과정을 마련하고자 한 것이다. 제2차 교육 과정은 1963년 2월 15일, 문교부령 제119호로 국민 학교 교육 과정이, 제120호로 중학교 교육 과정이, 제121호로 고등학교 교육 과정이 제정 공포되었다.

제2차 교육 과정은 생활 중심, 경험 중심의 진보주의 교육 사조의 영향을 실천면에서 수용 적용하려 하였다. 근본적인 구성 방향은 1차와 다름이 없었으며, 이는 국어과의 경우도 마찬가지였다. 2차에서는 중학교와 고등학교 교육 과정에 '지도상의 유의점'이 갖추어졌고, 좀더 체계를 갖추려고 한 점이 눈에 띠나 1차와 다른 항목은 한두 개 정도이다. 2차 교육 과정의 체제는 다음과 같다.

<표 2> 제2차 국민 학교, 중학교, 고등학교 국어과 교육 과정 체제

2차 문교부령 제119호 (1963. 2. 15 제정 공포)-국민 학교	2차 문교부령 제120호 (1963. 2. 15 제정 공포)-중학교	2차 문교부령 제121호 (1963. 2. 15 제정 공포)-고등학교
I. 목 표 1. 교육의 목표와 국어 교육 2. 국어과의 목표 (목표, 의의 기술 4개항으로 요약 / 27개의 구체적 목표 제시) II. 학년 목표 제1학년 (학년 목표를 총괄적으로 기술) 말하기 (10) / 듣기(7) /읽기(10) / 쓰기(10) 〈 제6학년 (학년 목표를 총괄적으로 기술, 매 학년 말하기, 듣기, 읽기, 쓰기로 나누어 1학년과 동일한 항목 수를 목표로 제시)	I. 목 표 1. 교육 목적과 국어교육 (중학교 국어교육의 목적, 의의, 나아갈 바, 지도상의 유의점등을 기술) 2. 국어과의 목표 언어 기능(機能) 기술, 말하기(3개항), 듣기(2개항), 읽기(3개항), 쓰기(3개항)로 목표 진술한 후, 이를 총괄하여 4개항으로 다시 기술 II. 학년 목표 제1학년 (말:10, 듣:10, 읽:11, 쓰:11) 제2학년 (말:10, 듣:10, 읽:11, 쓰:10)	I. 목 표 1. 교육의 목표와 국어 교육 고등학교 국어 교육의 목표 포괄적으로 기술 2. 국어과의 목표 (일반 목표 성격으로 5개항을 제시한 후 12개항으로 기술) II. 국어 I 1. 지도 목표 말하기(15개항), 듣기(12개항) 읽기(㉠ 독서에 관한 기술 : 18개항, ㉡ 문학학습의 목표 : 24개항, ㉢고전학습 : 10개항, ㉣ 국어문제 : 9개항) 쓰기(쓰기 기초 능력 : 12개항 /

	제3학년 (말:10, 듣:9, 읽:11, 쓰:11)	2개항)
III. 지도 내용 (1) 언어 경험의 요소 　(음성 언어의 경험 / 문자 언어의 경험) (2) 언어 경험의 기회 (13개항) (3) 기술면에서 본 학습 지도 (7개항) (4) 생활 지도로서의 학습지도(14개항) (5) 국어과 읽기의 주요한 주제 (21개항) IV. 지도상의 유의점 (9개항으로 제시)	III. 지도 내용 1. 기초적인 언어 능력 　(1) 언어 소재의 면 　(2) 언어 운용의 면 2. 언어 사용의 기술 　(1) 말하기 듣기를 주로 하는 기술 　(2) 쓰기를 주로 하는 기술 　(3) 읽기를 주로 하는 기술 3. 언어문화의 체험과 창조 　(1) 문화 및 예술 　(2) 언어과학 IV. 지도상의 유의점 　(11개항으로 제시)	2. 지도 내용 말하기(㉠독화 ㉡낭독 ㉢대담 ㉣회화 ㉤토의·토론) [말하기의 주요한 경험] 듣기(6개항) [듣기의 주요한 경험] 읽기 (㉠독서기술 : 8개항, ㉡문학의 이해 및 감상 : 7개항) [읽기의 주요한 경험] 쓰기(3개항) [쓰기의 주요한 경험] 3. 지도상의 유의점 　(9개항)

고등학교의 〈국어 II〉에는 〈고전〉과 〈한문〉을 두었다. 시간 배당 기준을 살펴보면 국민학교 1~6학년이 6~5.5/6~7/6~5/5~6/6~5.5/5~6시간, 중학교 1~3학년이 5~6/5~6/4~6시간(중학교의 1시간 50분 수업에서 45분 수업으로 바뀜), 고등학교 〈국어 I〉이 24단위, 〈국어 II〉가 18단위였다.

(3) 제3차 국어과 교육 과정

제3차 교육 과정은 1973년 2월 14일 문교부령 제320호로 국민 학교 교육 과정이, 같은 해 8월 31일에 문교부령 제325호로 중학교 교육 과정이, 1974년 12월 31일 문교부령 350호로 고등학교 교육 과정이 제정 공포되었다.

1973~74년에 개정 고시된 3차 교육 과정은 국민 교육 헌장 이념 구현을 기본 방향으로 삼고 국민적 자질 함양, 인간 교육의 강화, 지식 기술 교육의 쇄신을 기본 방향으로 삼았다. 그리고 팽창하는 지식의 양에 대응하기 위하여 기본적인 개념을 구조화하여 지도하도록 하였다. 즉, 학문 중심 교육 과정을 표방했다. 이에 따라 국어과 교육 과정은 언어 사용 기능의 신장, 가치관 교육의 강화를 제일로 삼고 언어 사용 기능 신장을 위한 기본적인 지도 사항의 정선, 계열화를 꾀하였다. 가치관 교육의 강화를 위해서는 '제재 선정의 기준'을 신설하였고 국어과의 목표를 언어 생활, 개인 생활, 건실한 국민 육성, 문화 창조의 네 가지

점에서 제시하였다.

제3차 국어과 교육 과정의 체제는 학교급마다 동일하게 제시되어 있다. '목표/내용-지도 사항 및 형식, 제재 선정의 기준/지도상의 유의점'의 체제를 갖추고 있다. 3차 교육 과정은 교과서의 개발 시 제재를 선정하는 기준을 1, 2차와 달리 제시하고 있다. '제재 선정의 기준'은 이후 교육 과정에 중요도는 다르지만 계속 한 부분을 차지하게 되었다.

중학교 교육 과정의 체제를 예로 들면 다음과 같다.

　가. 목표
　　(1) 일반목표(언어 생활, 개인 생활, 건실한 국민 육성, 문화 창조 각 1개항)
　　(2) 학년목표(학년별로 말하기, 듣기, 읽기, 쓰기 각 1개항씩)
　나. 내용
　　[지도 사항 및 형식]
　　　〈제1학년〉
　　　　(1) 말하기　　(2) 듣기　　(3) 읽기　　(4) 쓰기
　　　　　각 영역별로　'(가) 지도 사항　　(나) 주요 형식'으로 제시
　　　〈제2학년〉
　　　〈제3학년〉
　　　[제재 선정의 기준]
　다. 지도상의 유의점

제3차 교육 과정 시기에 한문 교과가 독립되었고, 〈국어 Ⅱ〉는 〈고전〉과 〈작문〉으로 구성되었다. 시간 배당 기준은 국민 학교 1~6학년이 공히 주당 6시간, 중학교 1~3학년은 4/ 5/ 5시간이다(3차, 4차, 5차, 6차 시기의 중학교의 시간 배당 기준은 동일). 고등학교 〈국어 Ⅰ〉은 20~24단위, 〈국어 Ⅱ〉는 8~10단위이다.

(4) 제4차 국어과 교육 과정

제4차 교육 과정은 문교부 고시 제442호로, 국민 학교, 중학교, 고등학교의 교육 과정이 1981년 12월 31일자로 동시에 공포되었다. 제4차 교육 과정은 1~3차와 같이 편수관 중심의

개발이 아닌, 연구 개발형을 취하고 있다. 문교부로부터 연구 개발을 위탁받은 한국교육개발원은 기초 연구, 총론 개발, 각론 개발을 하였고, 문교부는 이를 심의, 수정, 보완하였다.

1981년에 개정된 4차 교육 과정은 건전한 심신의 육성, 지력과 기술의 배양, 도덕적 인격의 형성, 민족 공동체 의식의 고양에 역점을 두었다. 국어과 교육 과정은 국어과의 특성의 명료화, 학습 내용의 적정화를 기본 방향으로 삼고 세부적으로는 언어 기능 신장의 강화, 문학 교육의 강화, 언어 교육의 체계화, 작문 교육의 강화, 가치관 교육의 내면화를 개정의 방향으로 삼았다. 이 시기의 국어과 교육 과정의 가장 큰 특징은 국어과의 배경 학문으로서 수사학, 언어학, 문학을 제시한 점과 국어과의 내용 영역을 종래(말하기, 듣기, 읽기, 쓰기)와는 달리 '표현·이해', '언어', '문학'으로 삼분한 점이다.

제4차 국어과 교육 과정의 체제는 학교급에 관계없이 '교과 목표/학년 목표 및 내용/지도 및 평가 상의 유의점'으로 구성되어 있다. 중학교 교육 과정의 체제를 예로 들면 다음과 같다.

　　가. 교과 목표
　　　　(전문 / 언어 사용기능, 언어, 문학에 관한 목표 각 1개항)
　　나. 학년 목표 및 내용
　　　　〈1학년〉
　　　　　1) 목표(말하기, 듣기, 읽기, 쓰기, 언어, 문학에 관한 목표 각 1개항)
　　　　　2) 내용
　　　　　　가) 표현·이해(말하기, 듣기, 읽기, 쓰기)
　　　　　　나) 언어
　　　　　　다) 문학
　　　　〈2학년〉
　　　　　　⁝
　　　　〈3학년〉
　　다. 지도 및 평가 상의 유의점
　　　　　1) 지도
　　　　　2) 평가

〈국어 II〉는 〈현대 문학〉〈고전 문학〉〈작문〉〈문법〉으로 체계화하였다. 고등학교 〈국어

I)은 14~16단위를 배정했고 〈현대문학〉 4~5단위, 〈작문〉 4~5단위, 〈고전 문학〉 3~4단위, 〈문법〉 3~4단위를 배정하였다.

국민 학교의 경우 통합교과로 1, 2학년의 경우 〈국어〉라는 과목이 없으며, 3~6학년은 주당 7/ 6/ 6/ 6시간 배정되었다. 중학교는 1~3학년이 4/ 5/ 5시간이 배정되었다.

(5) 제5차 국어과 교육 과정

제5차 교육 과정은 1987년 6월 30일 문교부 고시 제87-9호로 국민 학교, 1987년 3월 31일 문교부 고시 제87호로 중학교, 1988년 3월 31일 문교부 고시 제88-7호로 고등학교 교육 과정이 고시되었다. 제4차 교육 과정과 마찬가지로 연구 개발형으로 이루어졌다. 한국교육 개발원이 위탁받아 총론 개발, 각론 개발을 수행했고, 문교부에서는 심의와 수정, 보완을 거쳐 교육 과정을 고시하였다.

1987~1988년에 개정 고시된 5차 교육 과정은 기초 교육의 강화, 정보화 사회에 대응하는 교육의 강화, 교육 과정의 효율성 제고를 지향하였다.[6] 국어과 교육 과정은 언어 사용 기능 의 신장을 궁극적 목표로 하여 기능 중심 교과로서의 성격을 부각시켰다. 이에 따라 교수-학 습 상황에서의 주체를 학생으로 하고 언어 사용의 결과(product)보다 과정(process)을 중시 하였다. 그리고 이러한 교육 과정의 정신이 보다 효율적으로 현장 교육에까지 미칠 수 있도 록 하기 위하여 교수-학습의 실제성을 중시하고, 교육 과정 '내용'의 진술 속에 구체적인 방법을 제시하고자 하였다.[7] 이 시기에 기능(skil), 스키마(schema), 문식성(literacy) 등의 용어가 정착되고, 국어과 교육이 학문으로서 발돋움하였다.

교육 과정 체제는 학교급에 상관없이 동일하게 '교과 목표/학년 목표 및 내용/지도 및 평가 상의 유의점'으로 되어 있다. 중학교 교육 과정을 예로 들면 다음과 같다.

---

6) 기초 교육의 강화 방침의 일환으로 국민 학교 1, 2학년에서 국어과를 독립 교과로 하고(4차에서는 '바른 생활'로 통합되어 있었음) 언어 사용 영역을 고려하여 말하기ㆍ듣기, 읽기, 쓰기의 세 책으로 초등학교 국어 교과서를 개발하였다.

7) 내용 진술 속에 구체적인 방법을 제시한 것의 예를 들면 다음과 같은 것들이 있다.
   중학교 1학년
   말하기 가)생각이나 사물을 말로 표현하여 보고, 말의 중요성과 그 기능을 인식하기
   읽기 바) 내용이나 사건의 제시 순서에 유의하여 읽고, 그 줄거리를 말하기
   쓰기 아) 일상생활에서 문제를 찾아 서로 의견을 주장하고, 각 의견의 이유나 근거에 대하여 토론한 후, 이를 종합하면서 자기의 주장이 분명히 드러나는 글을 쓰기
   언어 다) 하나의 단어를 중심으로 이와 관련되는 여러 단어를 찾아보고, 각 단어들의 의미 관계를 분석하기

가. 교과목표

　(전문 / 언어 사용기능, 언어, 문학에 관한 목표 각 1개항)

나. 학년목표 및 내용

　〈1학년〉

　　1. 목표 (말하기, 듣기, 읽기, 쓰기, 언어, 문학에 관한 목표 각 1개항)

　　2. 내용 (말하기, 듣기, 읽기, 쓰기, 언어, 문학 6개 영역)

　〈2학년〉

　〈3학년〉

다. 지도 및 평가 상의 유의점

　1) 지도

　2) 평가

겉으로 드러난 체제는 4차와 다를 바 없으나, 속을 들어다 보면 근본적인 차이를 보여준다. '내용' 항을 보면 5차 교육 과정은 4차(표현·이해, 언어, 문학)와는 달리 '말하기/듣기/읽기/쓰기/언어/문학'의 여섯 영역으로 제시하고 있다. 이 시기에는 교과서는 분책(말하기·듣기, 읽기, 쓰기)하거나 영역별로 구성하는 큰 변화를 보여준다.[8]

고등학교 국어과는 공동 필수 과목〈국어〉, 선택 과목으로 〈문학〉, 〈작문〉, 〈문법〉으로 체계화하였다. 〈국어〉 10단위, 〈문학〉 8단위, 〈작문〉 6단위, 〈문법〉 4단위를 배정하였다. 국민 학교 1~6학년은 주당 7/ 7/ 7/ 6/ 6/ 6시간이, 중학교 1~3학년은 주당 4/ 5/ 5시간이 배정되었다.

(6) 제6차 국어과 교육 과정

제6차 교육 과정은 20세기를 마무리하고 새로운 시대를 준비하는 교육 개혁의 일환으로 개정된 점에서 특별한 의미를 지니고, 기초 보통 교육의 내용 면에서 변화와 개혁을 시도했다. 기초 연구, 총론 연구 개발, 각론 개정 과정에 교육청, 교원 양성 대학, 연구 기관, 연구 학교, 관련 학회 등 많은 전문가와 교육 관계자가 광범위하게 참여하였다. 한국교원대학교, 한국교육개발원에 기본 교과(국어, 수학, 사회, 과학, 영어)의 개정 연구를 위탁하였고, 이외

---

8) 초등학교는 〈말하기·듣기〉 책, 〈읽기〉 책, 〈쓰기〉 책으로 분책하였고 중·고등학교는 영역별로 단원을 구성하여, 말하기·듣기 단원, 읽기 단원, 쓰기 단원, 문법 단원, 문학 단원을 두어 교과서를 편찬하였다.

의 기타 과목은 서울대학교, 충남대학교 등 각 교과의 전문 연구 기관에 개정 연구를 위탁하였다. 교육부의 매 단계의 심의 수정 보완 과정은 공청회 및 언론 기관의 보도를 통하여 전문적이고 공개적인 의사 결정 과정을 거쳐 이루어졌다.

심의 수정 보완을 거쳐 1992년 6월 30일 교육부 고시 제1992-11호로 중학교 교육 과정을 고시하였고, 1992년 9월 30일 교육부 고시 제1992-15호로 유치원과 국민 학교 교육 과정을 고시하였다. 1992년 10월 30일 교육부 고시 제1992-19호로 고등학교 교육 과정을 고시함으로써 6차 교육 과정 개정 작업이 끝나게 되었다.

1992년에 개정 고시된 6차 교육 과정의 구성 방향은 ○민주주의 공동체 의식 함양에 역점을 두는 교육, ○변화에 대한 창조적 대응력을 배양하는 교육, ○교육의 보편성과 특수성의 조화를 추구하는 교육, ○학습자의 경험 세계가 중시되는 교육의 네 가지로 정리된다. 이런 이념적 지향을 고려하면서 국어과 교육 과정은 목표와 내용, 방법 및 평가에 관한 사항을 일관된 축으로 구성하여 보다 체계적인 국어과 교육을 실행하고자 하였다. 이에 따라 국어과 교육 과정 구조의 체계화, 목표 체계의 구조화, 내용의 정선 및 내적 구조화, 지도 및 평가 지침의 구체화를 기본 방향으로 삼았다.

제6차 국어과 교육 과정은 체제에 있어서 많은 변화를 보여준다. '성격' 항이 신설되었고, '내용' 항에 '내용 체계'를 신설하여 국어과의 내용을 체계화하였다. 그리고 '내용 체계'를 '본질, 원리, 실제'로 구성하여 각 학년별 내용이 보다 체계화되었다. 5차에서 '지도 및 평가상의 유의점'으로 제시했던 것을 '방법'과 '평가'로 나누어 제시하여 보다 정교화된 내용을 기술하고 있다. 6차는 '성격/목표/내용-내용 체계, 학년별 내용/방법/평가'란 체제를 보여준다. 이런 체제는 학교급에 상관없이 일관되게 나타난다. 중학교 교육 과정을 예로 들면 다음과 같다.

---

1. 성격   2. 목표
3. 내용
  가. 내용 체계
  나. 학년별 내용
   〈1학년〉
     -말하기- 〈말하기의 본질/말하기의 원리와 실제〉
     -듣기- 〈듣기의 본질/듣기의 원리와 실제〉

        -읽기- 〈읽기의 본질/읽기의 원리와 실제〉
        -쓰기- 〈쓰기의 본질/쓰기의 원리와 실제〉
        -언어- 〈언어의 본질/국어의 이해와 사용의 실제〉
        -문학- 〈문학의 본질/문학 작품의 이해와 감상〉
      〈2학년〉
      〈3학년〉
  4. 방법
  5. 평가

고등학교 국어과는 〈국어〉, 〈화법〉, 〈독서〉, 〈작문〉, 〈문법〉, 〈문학〉 과목으로 체계화하여 〈국어〉와 심화 과목들의 관계가 명료화되었다. 공통 필수 과목 〈국어〉 10단위, 과정별 필수 과목 〈화법〉 4단위, 〈독서〉 4단위, 〈작문〉 6단위, 〈문법〉 4단위, 〈문학〉 8단위를 배정하고 있다.

국민 학교 1~6학년의 시간 배당은 7 /7 /7 /6 /6 /6이다. 이는 5차와 동일하다. 중학교 1~3학년은 4 / 5/ 5로 5차 교육 과정과 동일하다.

(7) 제7차 국어과 교육 과정

제7차 교육 과정은 새로운 세기를 주도할 자율적이고 창의적인 한국인을 양성하기 위하여 공급자 위주의 교육에서 수요자를 중시하는 교육으로 전환하고 체계적이고 일관성 있는 교육을 위하여 국민 공통 교육 기간의 설정 및 수준별 교육 과정의 도입, 고등학교 2, 3학년에서 선택 중심의 교육 과정 도입, 학습의 효율화를 도모하기 위해 학습량 적정화를 꾀하고 있다. 이런 모든 노력을 학교 교육의 질을 개선하기 위한 것이다. 교육 과정의 기본 정신을 구현하기 위하여 국민 공통 교육 기간에 적용할 국어 교과 교육 과정은 심화ㆍ보충형 수준별 교육 과정으로, 고등학교 2, 3학년에 적용할 국어 교과 선택 과목은 국민 공통 기본 교과인 국어 과목과의 관계에서 과목 선택형 수준별 교육 과정을 도입하였다.

1997년에 개정 고시된 7차 교육 과정은 ○목표 차원에서 건전한 인성과 창의성을 함양하는 기초ㆍ기본 교육의 충실, ○내용 차원에서 세계화ㆍ정보화에 적응할 수 있는 자기 주도적 능력의 신장, ○운영 차원에서 학습자의 능력ㆍ적성ㆍ진로에 적합한 학습자 중심의 교육 실천, ○제도 차원에서 지역 및 학교 교육 과정 편성ㆍ운영의 자율성 확대 등의 네 가지를 기본 방향으로 설정하였다. 이런 총론의 지향하는 바를 고려하면서 국어과 교육 과정의 기본 방향을, ㅇ학습자의 창의적 국어 사용 능력 배양 중시, ㅇ학습자의 의미 있는 학습 경험 중시, ㅇ교육 내용의 사회적·개인적·학문적 적합성 추구, ㅇ국어 교육의 질 향상으로 설정하였다.

10년 동안의 국민 공통 교육 기간에 적용되는 교육 과정은 큰 틀은 6차 교육 과정과 같다. '성격/목표/내용-내용 체계, 학년별 내용/방법/평가'로 이루어지는 큰 틀은 선택 과목까지 동일하다. '내용 체계'가 '본질/원리/태도/실제'로 구체화되고, '학년별 내용'에서 '수준별 학습 활동의 예'를 든 것이 6차와는 큰 차이점이라 하겠다.

제7차 국어과 교육 과정의 체제는 다음과 같다.

---

1. 성격
2. 목표
3. 내용
   가. 내용체계
   나. 학년별 내용
   〈1학년〉
     -듣기-〈내용/수준별 학습 활동의 예〉
     -말하기-〈내용/수준별 학습 활동의 예〉
     -읽기-〈내용/수준별 학습 활동의 예〉
     -쓰기-〈내용/수준별 학습 활동의 예〉
     -국어 지식-〈내용/수준별 학습 활동의 예〉
     -문학-〈내용/수준별 학습 활동의 예〉
   〈2학년〉
     ~
   〈10학년〉
4. 방법
5. 평가

고등학교 2, 3학년에 적용되는 선택 과목은 일반 선택 과목으로 〈국어 생활〉이 신설되었고, 심화 선택 과목은 6차와 마찬가지로 〈화법〉, 〈독서〉, 〈작문〉, 〈문법〉, 〈문학〉으로 구성

되어 있다.

시간 배당 기준은 초등학교 1~6학년은 주당 7/ 7/ 7/ 6/ 6/ 6시간을 배정하였고(5, 6차와 동일), 중학교 1~3년은 주당 5/ 4/ 4시간(5, 6차의 경우 4/5/5)을 배정하였다. 고등학교의 경우, 국민 공통 기본 교과로서 〈국어〉에 8단위(5, 6차의 경우 10단위), 일반 선택 과목인 〈국어 생활〉에 4단위, 심화 선택 과목인 〈화법〉4단위, 〈독서〉8단위, 〈작문〉8단위, 〈문법〉4단위, 〈문학〉8단위를 배정하였다.

제1차 교육 과정~제7차 교육 과정의 체제를 정리해 보면 다음과 같다.

<표 3> 제1차~제7차 국어과 교육 과정의 체제와 시수

교육 과정 / 체제와 시수		성격 및 목표	내용	방법	평가	시수
1차	초	○	○	○	×	25~30%(1,2), 27~30%(3), 20~23%(4) 20~18%(5,6)
	중	○	○	×	×	4-4-4
	고	○	○	×	×	국어 I: 22단위
2차	초	○	○	○	×	6-5.5/6-7/6-5/5-6/6-5.5/5-6
	중	○	○	○	×	5-6/5-6/4-6
	고	○	○	○	×	국어 I: 24단위
3차	초	○	○	○	×	6-6-6-6-6-6
	중	○	○	○	×	4-5-5
	고	○	○	○	×	국어 I: 20-24단위
4차	초	○	○	○	○	3~6학년: 7-6-6-6
	중	○	○	○	○	4-5-5
	고	○	○	○	○	국어 I: 14~16단위
5차	초	○	○	○	○	7-7-7-6-6-6
	중	○	○	○	○	4-5-5
	고	○	○	○	○	국어: 10단위
6차	초	○	○	○	○	7-7-7-6-6-6
	중	○	○	○	○	4-5-5
	고	○	○	○	○	국어: 10단위
7차	초	○	○	○	○	7-7-7-6-6-6
	중	○	○	○	○	5-4-7
	고	○	○	○	○	국어: 8단위

제1차~제7차 교육 과정의 체제를 통해서도 교육 과정의 진보를 한 눈에 볼 수 있다. 그 동안 교육 과정은 교육 사조의 변화와 국가·사회적 요구에 따라 개정되었고, 그에 따라 국어과 교육 과정도 강조점을 달리 하며 개정을 거듭하였다. 또한 국어과 교육 과정의 거듭된 개정은 앞선 교육 과정의 문제점을 해결하려는 노력이었다. 국어과 교육 과정은 전문가들의 의사 결정 과정을 거치면서 일곱 차례의 제·개정에 이르렀다. 지금의 관점으로 1차와 7차를 비교해서 1차를 버리는 과(過)를 범해서 안 된다. 국어과 교육 과정은 그 당시의 국어 교육학의 수준을 반영하고 있기 때문이다.

지금까지 1차부터 7차까지 구성 방향과 체제를 살펴보았다. 1차부터 7차까지 '성격/목표/내용/방법/평가'를 살펴보기로 한다.

2) '성격' 및 '목표'

(1) 성격

교육 과정에 국어과의 성격을 명시하기 시작한 것은 6차 교육 과정부터이다. 그러나, 성격을 명시하지는 않았으나 '목표(일반 목표, 교과 목표)', '지도' 등을 통해 1~5차 교육 과정에서 취한 국어과의 성격을 알 수 있다.

1차 교육 과정에서는 국어과 교육의 성격 및 목표, 내용 설정의 근거를 교육법에서 찾아 명시하고 있다. 교육법 제94조 1항(일상생활에 필요한 국어를 정확하게 이해하며 사용할 수 있는 능력을 기른다)과 6항(인간 생활을 명랑하고 화락하게 하는 음악, 미술, 문예 등에 대하여 기초적인 이해와 기능을 기른다)에 근거하여 국어과에서 다루어야 할 것으로 언어에 관한 면과 문학에 관한 면을 제시하고 국어과 교육의 목표를 상술하고 있다. 언어 사용 기능의 지도는 문자 언어와 관련되는 문학 작품의 읽기나 문예문 쓰기에 치우치지 말고 실생활과 밀접하게 관련되는 음성 언어 측면도 비중 있게 다룰 것을 강조하고 있다. 이런 것을 보면 1, 2차 국어과 교육 과정에서 제시하고 있는 국어과의 성격은 방법 중심 교과임을 알 수 있다.[9]

1차 교육 과정에서 명시한 국어과 교육의 방향은 1차에서 7차 교육 과정에 이르기까지 계속 이어지고 있다. 즉 1~7차에 걸친 국어과 교육 과정에서 강조한 국어과 교육의 핵심은

---

9) 문학 작품의 읽기, 문예문 쓰기 등의 활동이 '읽기', '쓰기'에 포함되어 있음을 봐도 언어 사용 기능을 중시하고 있음을 알 수 있다.

'언어 사용 기능의 신장'이었다. 그리고 제시 방법과 강조의 정도가 달랐으나 국어과 교육의 내용은 언어 사용 기능에 관한 것과 이와 밀접하게 관련되는 것으로서의 언어(문법 사항 중심)와 문학에 관한 것으로 인식되어 왔다. 1~3차 교육 과정에서는 방법 중심 교과로서의 성격이 분명히 드러나 있고, 4차 교육 과정에서는 방법 중심 교과임을 강조하고 있으나(언어 사용 기능이 여전히 강조되고 있다), 내용 중심 교과(언어, 문학 영역의 강조)의 성격이 두드러지게 드러나 있다. 5차, 6차 교육 과정에서는 방법 중심 교과의 성격이 잘 드러나 있고, 7차 교육 과정에서는 방법 중심의 교과로서의 성격이 분명하나, '내용'을 개념적 지식, 절차적 지식으로 확장시켜 내용 중심의 교과로서의 성격도 중시하고 있다.

(2) 교과 목표

1~7차 교과 목표를 통해 국어과의 방향을 어디다 두었는지 살펴보자. 1, 2차 교육 과정에 제시된 국어과 교육의 목표는 학교급을 막론하고 잣구 수정이나 문단 조정 정도의 차이만 있을 뿐, 서로 같다. 또 1, 2차에서 제시한 국어과 목표는 여러 항목인데 그 진술 내용의 수준은 3~7차의 학년 목표나 내용과 동질의 것이다.[10] 그래서 3~7차 고등학교 교육 과정을 살펴보면 다음과 같다.[11]

〈3차 고등학교의 일반 목표〉
1. 교양있는 생활에 필요한 국어 사용의 기능과 성실한 태도를 길러서, *효과적이고 품위 있는 언어 생활을 영위하게 한다.*
2. 국어를 통하여, 사고력, 판단력 및 창의력을 함양하고, 풍부한 정서와 아름다운 꿈을 길러서, *원만하고 유능한 개인과 건실한 중견 국민으로 자라게 한다.*
3. 국어를 통하여 지식과 경험을 더욱 넓히고, 문제 발견, 해결하는 힘을 길러서, *스스로 자기의 앞길을 개척하고, 사회 발전에 적응하며 나아가 이를 선도하는 데 참여하게 한다.*
4. 국어와 국어로 표현된 문화를 깊이 사랑하고, 이에 대한 이해를 넓게 하여, *민족 문화 발전에 기여하게 한다.*

---

10) 1차 교육 과정에 중학교 국어과 목표로서 제시된 것 중 읽기 영역에 속하는 것은 다음과 같다.
   (1) 글을 읽는 목적에 맞도록 바르게 읽을 수 있다.
   (2) 문학 작품을 바르게 읽을 수 있다.
   (3) 문장을 빨리 읽고, 많은 글을 읽을 수 있다.
11) 7차 교육 과정에 들어와서 학교급별 목표를 제시하지 않았다. 1~10학년을 국민 공통 기본 교육 과정을 도입, 10년 동안 도달해야 할 것이 목표로 제시되어 있다. 따라서 고등학교의 목표를 비교해 본다.

〈4차 고등학교의 교과 목표〉

중학교의 교육 성과를 발전시키고, 국어의 발전과 민족 문화 창조에 이바지하려는 뜻을 세우게 한다.

1) 말과 글을 통하여 사상과 감정을 창의적으로 표현하고, 비판적으로 이해하며, 합리적인 사고력과 판단력을 기른다.
2) 언어와 국어에 관한 체계적인 *지식을 가지게 한다*.
3) 문학에 관한 체계적인 *지식을 습득시키고*, 문학 감상력과 상상력을 기르며, 인간의 내면세계를 이해하게 한다.

〈5차, 6차 고등학교 목표〉

국어 생활을 정확하고 효과적으로 하며, 언어와 국어에 관한 체계적인 지식을 갖추고, 문학을 이해하며(문학의 이해와 문학 작품 감상 능력을 기르며 - 6차), 국어의 발전과 민족의 언어 문화 창조에 이바지하게 한다.

가. 말과 글을 통하여 생각과 느낌을 효과적으로 표현하고 이해하며, 언어 사용에 대하여 바르게 판단하는 태도를 가지게 한다.
나. 언어와 국어에 관한 체계적인 *지식을 익히고*, 국어를 바르게(정확하게 - 6차) 사용하게 한다.
다. 문학 작품을 통하여 문학에 관한 체계적인 *지식을 갖추고* 창조적인 체험을 함으로써 미적 감수성을 기르며, 인간의 삶을 총체적으로 이해하게 한다.

〈7차 목표〉

언어 활동과 언어와 문학의 본질을 총체적으로 이해하고, 언어 활동의 맥락과 목적과 대상과 내용을 종합적으로 고려하면서 국어를 정확하고 효과적으로 사용하며, 국어 문화를 바르게 이해하고, 국어의 발전과 민족의 언어 문화 창달에 이바지할 수 있는 능력과 태도를 기른다.

가. 언어 활동과 언어와 문학에 대한 *기본적인 지식*을 익혀, 이를 다양한 국어 사용 상황에서 활용하는 능력을 기른다.
나. 정확하고 효과적인 국어 사용의 원리와 작용 양상을 익혀, 다양한 유형의 국어 자료를 비판적으로 이해하고 사상과 정서를 창의적으로 표현하는 능력을 기른다.
다. 국어 세계에 흥미를 가지고 언어 현상을 계속적으로 탐구하여, 국어의 발전과 국어 문화 창조에 이바지하려는 태도를 기른다.

(이태릭체 : 필자가 표시함)

3차, 4차, 5차, 6차, 7차 고등학교 국어과의 목표를 살펴보면, 3차의 경우, 정의적 목표(태도, 가치), 인지적 목표(국어 사용 기능, 문제 발견 해결)를 내세웠다. 4차의 경우는 가치(정의적) 목표를 전문(前文)에 내세우고, 그 다음 3개항에는 첫 번째 목표는 언어 사용 기능 목표로서 절차적 지식을 내세웠고, 두 번째 목표는 언어 지식 목표로서 개념적 지식을, 세 번째 목표는 문학에 관한 지식, 문학 작품의 감상 목표로서 개념적 지식과 절차적 지식을 내세웠다. 5차, 6차의 경우는 전문과 첫 번째 목표, 세 번째 목표는 4차와 같으나 두 번째 목표를 국어 지식 뿐 아니라, 국어 지식의 활용을 강조해서 절차적 지식도 부각되어 있다. 7차 국어과 교육 과정은 목표 체계를 달리 하고 있다. 전문은 하위의 3개 항을 뭉뚱그려 제시하고 (인지적 목표, 정의적 목표), 첫 번째 항은 인지적 목표로서 개념적 지식을, 두 번째 항은 인지적 목표로서 절차적 지식을, 세 번째 항은 정의적 목표를 내세우고 있다.

3차 교육 과정은 국어과가 방법 중심의 교과임을 말해 주고 있다. 2항과 3항은 국어과의 목표로 제시하기는 어렵지만, 가치 목표를 부각시키고 있다. 4차 교육 과정은 국어과의 특수성을 부각시키려고 했다. 그 일환으로 지식(개념적 지식) 목표를 부각시키고(2항과 3항) 가치 목표를 약화시키고 있다. 5차, 6차 교육 과정도 국어과의 특수성을 부각시키고 있으나 (목표 체계는 4차와 동일함) 언어 사용 기능을 학년별 목표에서 강조하고 있다.[12] 4차는 개념적 지식으로 교과의 특수성을 부각시키고, 5차, 6차 교육 과정은 절차적 지식으로 교과의 특수성으로 부각시키고 있다. 7차는 가치 목표(정의적 목표)를 강조하고 있으며, 개념적, 절차적 지식을 모두 강조하고 있다. 한 항목으로 정의적 목표를 제시하고 있는 경우는 7차뿐이다.

3차의 일반 목표는 목표 진술이 대단히 논리적이고 네 개항의 내용이 체계적인 듯하나, 1)항을 제외하면 국어과 고유의 목표라고 하기 보다는 학교 교육 전반에 걸쳐 달성되어야 할 목표로서, 이를 국어과의 목표로 내세우는 것은 국어과의 성격을 흐리게 한다는 비판을 받았다. 전반적으로 3차 교육 과정이 적용되던 시기의 현장 국어과 교육은 정치 이념 및 국민 정신 교육을 강조한 교과서로 인해 더욱 국어과 교육의 본질에서 벗어나고, 재미없고 지루한 것으로 인식되었다. 3차 교육 과정을 살펴보면 이러한 결과의 소지가 교육 과정에서부터 드러나 있었다고 하겠다.

4차 교육 과정은 3차 교육 과정이 비판받았던 점을 심각하게 고려하여 교육 과정 개정

---

12) 4차는 표현·이해/언어/문학으로 삼분, 5, 6차는 말하기/듣기/읽기/쓰기/언어/문학으로 여섯 영역으로 내용 체계를 구성하여 언어 사용 기능을 강조한 의도를 읽을 수 있음.

방향에서도 밝혔듯이 국어과의 특성을 명료화하려고 노력했고 그 결과는 각급 학교의 교과 목표 진술에서도 찾아볼 수 있다. 국어과의 목표를 언어 기능, 언어, 문학의 세 영역에 관해 대등하게 진술한 것의 합리성 내지 학문성은 보다 차원 높은 논의를 요하는 것이지만, 4차 국어과 교육 과정에서 제시한 교과 목표가 3차에 비하면 국어과의 본질 내지 특수성에 더욱 가깝다는 것을 인정할 수 있다.

5차 교육 과정 개정 작업이 진행되는 동안에는 국어과 교육의 궁극적인 목표, 국어과 교육에서의 문학의 위치 등에 관하여 전문가 집단의 관심과 그에 따른 논의가 가열되었다. 논의의 결론이 명약관화하게 제시되기에는 국어과 교육의 제 문제에 관해 합리적인 잣대가 되어 줄 객관적인 연구 결과가 대단히 미흡하다는 것에 대한 인식이 널리 깔리고, 이에 따라 상식론의 수준이 아닌 학문적 수준에서 국어과 교육을 논하기 위해서는 국어과 교육의 제반 문제에 대한 이론적 탐구와 아울러 실험 연구가 병행되어야 한다는 것에 넓은 공감대를 이루게 되었다.

이러한 국어과 교육에 관여하는 전문가 집단의 논의가 가열되는 중에 5차 국어과 교육 과정은 언어 기능을 국어과 교육의 핵으로 하고 언어, 문학을 부(副)로 해야 한다는 입장에서 국어과 교육을 체계화하려 하였다. 이러한 방향이 교과 목표의 제시에도 어느 정도는 반영되었으나,[13] 앞서 제시한 5차 고등학교 국어과 목표를 살펴보면 4차 교육 과정의 틀을 근본적으로 바꾸진 못했음을 알 수 있다. 이러한 형편은 6차에서도 계속되었다. 목표의 틀은 5차와 6차가 같으나, 6차의 경우 '내용 체계'가 처음으로 교육 과정에 들어오고, 학년 목표가 없어졌다. 7차로 들어오면서 학교급별 목표도 없어지고 1~10학년까지 교과 목표가 제시되었다.

7차 교육 과정은 4차, 5차, 6차와는 다른 목표 체계를 보여주고 있다. 4차, 5차, 6차 목표 체계는 전문과 각 영역별로 도달점을 기술하고 있는데 7차는 전문과 내용 체계를 충실히 반영하여 인지적 목표(개념적 지식, 절차적 지식, 1, 2항)와 정의적 목표(3항)를 제시하고 있다. 어떤 목표 체계가 국어과의 성격을 잘 드러낼 수 있는가에 대해서는 더 많은 토의가 필요하다.

(3) 학년 목표

1차~5차까지 학년 목표가 제시되어 있었다. 교과 목표보다 구체적인 수준에서 각 학년에

---

13) 전문 및 2) 항을 살펴보면 지식 체계보다 이의 활용을 보다 부각시켰음을 알 수 있다.

서 도달해야 할 상태를 알려주는 것이다. 1차~5차까지 이 학년 목표를 계열화하기 위하여 노력했다.

　　말하기에 관한 1~5차 학년별 목표를 예로 들어 보자.

<표 4> 말하기에 관한 1차~5차 학년별 목표 비교(국민 학교)

	1, 2차 교육 과정	3차 교육 과정	4차 교육 과정	5차 교육 과정
1학년	1학년의 지도 목표는 ~말하기, 듣기의 <u>언어 경험을 확충</u>시키는 동시에 이것을 기반으로 하여 읽기, 쓰기의 기초적 습관, 태도, 기능을 기름	말하기의 <u>기초적 태도</u>를 길러 생활 경험을 넓히는 바탕을 마련하게 한다.	<u>똑똑한 목소리로 활발</u>하게 말한다.	<u>즐겨 참여하여</u> 바른 태도로 말하게 한다.
2학년	2학년의 지도 목표는 ~말하기, 듣기의 언어 <u>경험을 한층 더 확충</u>시키는 동시에 문자에 대한 이해와 친밀감을 두터이 하여 읽기에 대한 흥미와 쓰기에 대한 자신을 얻게 함.	말하기의 <u>기초적 기능</u>을 길러서 차례를 생각하면서 또렷한 발음으로 말할 수 있게 한다.	<u>요점을 빠뜨리지 않고</u> 침착하게 말하게 한다.	<u>즐겨 참여하여</u> 바른 태도로 말하게 한다.
3학년	3학년은 ~어휘 이해의 확충과 표현의 효과를 반성하는 기초적인 태도, 습관, 기능을 기르기에 적당하다. 더욱이 문자의 이해와 쓰기에 대한 형식적 부담이 적어졌으므로, 읽기와 쓰기에 대한 본격적인 지도를 시작.	말하기의 <u>초보적 기능</u>을 길러서 침착한 태도로 용건을 빠뜨리지 않고 순서를 세워서 정확한 발음으로 말하게 한다.	차례를 생각하며 예절 바르게 말하게 한다.	<u>내용의 차례</u>를 생각하며 <u>정확히</u> 말하게 한다.

4학년	~읽기의 경향도 흥미 중심에서 필요에 따라 독서를 하게 되며, 창작하는 힘과 향상하는 범위가 넓어져서 글 쓰는 범위와 힘이 부쩍 늘어간다. ~여러 가지 그룹 활동에 흥미를 가지고 서로 협조하는 태도 습관 기능을 기름.~빨리 읽고 쓰는 힘과 효과적으로 표현하는 힘을 기름.	말하기의 초보적 기능을 한층 높이어 요점을 마무리하여 말할 수 있게 하고, 또 말하기 모임에 참가하여 협조적으로 말할 수 있게 한다.	화제에 맞게 협조적으로 말할 수 있게 한다.	내용의 차례를 생각하며 정확히 말하게 한다.
5학년	지적 발달에 있어 모든 사물과 현상을 논리적으로 보게 되며, 추상과 추리의 힘이 발달하기 시작하여, 어휘의 질적 확충보다는 깊이 분석. ~·비판적인 태도를 가짐. 아동기로서의 완성을 목표로 하여 특히 이해와 기능면의 충실을 도모.	말하기의 기능을 더욱 충실히 하여 상대방이나 상황에 알맞게 말할 수 있게 하고, 또 말하기 모임에 참가하여 논리에 맞게 말할 수 있게 한다.	이유나 근거를 들어가며 책임 있게 말하게 한다.	목적, 대상, 상황에 맞게 내용을 효과적으로 조직하여 말하게 한다.
6 학 년	~국어에 대한 의식을 북돋우고, 생활을 통하여 사회생활을 원만히 하고, 국어에 대한 이해와 관심을 높임으로써 국어를 순화하는 태도, 습관, 기능 기름. 특히 일상생활의 언어 운용에 유의시키며, 아울러 자신 있는 사고와 책임 있는 표현을 하는 도덕적 면을 체득시킴.	말하기의 응용 기능을 길러서, 목적이나 형식에 따라 효과적으로 말할 수 있게 하고 또 바른 사고를 바탕으로 책임 있는 말을 할 수 있게 한다.	상대방이나 상황에 맞게 효과적으로 말하게 한다.	목적, 대상, 상황에 맞게 내용을 효과적으로 조직하여 말하게 한다.

(*밑줄: 필자가 표시함)

1, 2차 교육 과정에 제시된 학년 목표에서는 영역별로 특별히 어떤 단계를 설정하려는 노력을 찾아볼 수 없지만 전반적인 언어 사용 기능을 학년에 따라 단계를 정하려는 노력을 보인다. 1학년에서는 기초적인 습관, 태도, 기능 갖기, 2학년에서는 문자에 대한 이해, 읽기에 대한 자신감 갖기, 3학년에서는 어휘 확충, 본격적인 읽기, 쓰기 지도하기, 4학년에서는 그룹 활동을 통해 협조적인 태도, 습관, 기능 기르기, 빨리 읽고 쓰는 힘과 효과적으로 표현하는 힘 기르기, 5학년에서는 아동기의 완성을 목표로 논리적, 비판적 태도를 가지고 이해와 기능면의 충실을 기하기, 6학년에서는 국어를 순화하는 태도, 습관을 기르고 일상생활에서의 언어 운영에 유의하고 사고와 책임 있는 언어 사용을 체득케 하기를 제시하고 있다. 말하기, 듣기의 목표를 두드러지게 제시하지는 않았지만 '이해, 표현'이란 용어로 포괄하고 있다. 1학년에서는 말하기, 듣기의 '경험 확충', 2학년에서는 '한층 더 확충'으로 저학년에서는 말하기, 듣기를 강조하고 있다.

　　3차 교육 과정부터는 각 영역별로 목표를 분명히 하고 있다. 3차 교육 과정에서는 언어 사용 기능에 관한 내용을 정선하여 이를 계열화하려고 애쓴 흔적을 역력히 볼 수 있다. '기초적 태도 → 기초적 기능 → 초보적 기능 → 기능 → 응용 기능'으로 말하기 기능에 관하여 학년별로 차이를 두면서 이를 단계적으로 제시하고자 했다. 각각의 용어가 뜻하는 바에 대한 개념 규정이 전혀 없는 상태에서, 이런 단계적 용어 설정은 결국 추상적인 수준에 그칠 수밖에 없었다.[14]

　　4차 교육 과정은 3차의 이런 추상성을 배제하고 학년 목표를 구체적으로 제시하려고 노력하였다고 밝히고 있다.[15] 그러나 〈표 4〉에서 보듯이 3차의 목표 진술에서 앞부분의 "~해서"부분을 제외하면 3, 4차의 목표 진술은 본질적으로 다르지 않다. 4차의 목표 진술이 더욱 구체적으로 도달점을 명시한다고 말할 수는 없는 것이다. 그리고 4차의 학년 목표 기술이 갖는 한계점은 목표가 내용을 포괄하지 못한다는 것이다. 국민 학교 3학년의 '언어'영역을 예로 들어 보자.

　　〈목표〉 문장의 기초적인 짜임과 종류를 알게 한다.
　　〈내용〉 (1) 낱말이 일정한 순서로 모여야 문장이 됨을 안다.

---

14) 2011 개정에서 '초보적-기초적-핵심적-통합적 국어 능력'이라는 4단계를 두었다. 각 단계의 설명이 없는 것은 그 때나 지금이나 동일.
15) 문교부 (1982), 「국민학교 교육 과정 해설」.

(2) 문장은 크게 두 부분으로 이루어짐을 안다.

(3) 문장에는 크게 두 부분으로 이루어짐을 안다.

(4) 두 문장이 이어져 한 문장이 될 수 있음을 안다.

(5) 낱말에는 문장이 바뀌는 것과 바뀌지 않는 것이 있음을 안다.

(6) 받침은 다른데 발음이 같게 나는 것이 있음을 안다.

위의 '언어' 영역에서와 같이 목표가 내용의 일부와만 관계되는 것은 다른 영역에서도 마찬가지이다.[16]

4차에서 보인 목표와 내용과의 관계는 3차에서도 찾아볼 수 있다. 국민 학교 2학년의 말하기 영역의 지도 사항으로 '①말하기 모임에 적극적으로 참여하여 상대방과 즐겨 말하기 ②용건을 빠뜨리지 않고 말하기 ③ 보고 들은 대로 말하기 ④차례를 생각하면서 말하기 ⑤표준말에 관심을 가지고 남이 알아들을 수 있게 정확한 발음으로 말하기 ⑥상대를 의식하고 높임말 쓰기 ⑦상대편을 보며 말하기'가 제시되어 있다. 이에 대한 목표는 〈표 4〉에서 본 바와 같이 "말하기의 기초적 기능을 길러서, 차례를 생각하면서 또렷한 발음으로 말할 수 있게 한다."이다. 이 경우도 목표가 내용을 모두 포괄한다고 할 수 없다.

5차 교육 과정의 학년 목표 진술은 3, 4차에 비하여 포괄적이고 단계성도 뚜렷하다. 그리고 국민 학교의 경우 2개 학년을 단위로 하여 동일하게 목표를 설정한 것이 특징적이다. 이는 언어 사용 기능의 신장과 학습 주체인 학생의 지적 발달이 1년을 단위로 세분할 수 있을 만큼 뚜렷한 단계를 보이지 않고, 언어 기능에 대한 지금까지의 과학적인 연구가 1년을 단위로 언어 기능 발달을 구분할 수 있을 정도로 세분화된 연구 결과를 보여 주지 못하기 때문이라고 밝히고 있다.[17] 5차 교육 과정은 이러한 현실을 감안하여 동의어를 반복하거나 실제의 의미에는 별 차이를 주지 못하는 수식어를 사용하여 목표 진술에 차이를 두고자 하는 노력보다는 2개 학년을 단위로 하여 각 단계에서의 강조점 내지 도달해야 할 상태를 포괄적으로 제시하고자 한 것으로 보인다(2011 개정에서 '학년군'의 단초를 여기서 찾을 수 있다).[18]

---

16) 최현섭(1986)은 목표를 구체화시키기 위해 몇 항목의 내용을 묶거나, 그 학년에서 강조하고자 하는 내용을 선정해서 목표로 내세웠다고 하였다.

17) 노명완, 손영애 외(1986), 「제5차 초·중학교 국어과 교육 과정 시안 개발 연구」, 한국교육개발원, p.105.

18) 5차 국민 학교 국어과의 교육 과정에서는 1~2학년 수준에서는 언어 활동에 즐겨 참여하는 의욕의 고취에, 3~4학년 수준에서는 표현 혹은 이해하고자 하는 내용의 정확한 선정·조직 혹은 정확한 파악에, 5~6학년

1차~5차 교육 과정을 통해 학년별로 구체적인 도달점을 정해 경계를 그을 수 있는 아무런 근거를 가지고 있지 않음을 알 수 있다. 학년별로 목표를 구체화시키려는 노력보다는 목표에 도달할 수 있는 여러 가지 활동에서 학년 간의 차이를 찾고, 교육 과정의 체제도 학년별 '목표'와 그에 따른 '내용'으로 못 박지 말고 국어과의 특성을 살리고, 교육 과정의 효용성을 높이기 위해서 목표 달성을 도울 활동과 필요한 개념, 지식 등을 효과적으로 체계적으로 제시할 수 있는 방안을 모색해야 한다. 6차에 들어와선 이런 부분을 개선할 체제를 갖추게 된다.

6차, 7차에 들어와선 '교과 목표'와 '내용(내용 체계/학년별 내용)'으로 교육 과정의 체제가 바뀌어서 학년별로 구체적인 도달점을 어떻게 정해야 하는가 하는 노력보다 다양한 '활동'을 통하여 학년별 차이를 찾는 것에 관심을 갖게 되었다. '학년별 목표'는 '내용'과 동일한 수준의 진술임을 1차~5차 교육 과정에서 확인할 수 있다.

3) '내용'

(1) 내용 영역

국어과 교육의 목표를 효과적으로 성취시키는데 필요한 내용을 선정하는 문제나 그 내용들을 타당한 준거에 의해 분류하고, 그 분류군을 대표할 수 있는 적합한 명칭을 부여하는 문제는 교육 과정을 결정하는 과정에서 가장 중요한 부분이다. 현재의 우리의 국어과 교육의 수준에서 이 문제를 합리적으로 해결하는 것은 결코 쉬운 일이 아니다. 이 문제는 국어과 교육에 대한 관점의 선택을 깔고 있기도 하려니와 전통적으로 국어과 교육의 내용으로 인식되어 온 언어 사용 기능과 언어와 문학의 세 영역이 서로 어떻게 관련되어 있으며, 이것들은 국어과 교육의 목표 달성을 위해 어떻게 기여할 수 있는가에 대한 과학적인 연구가 충분히 이루어지지 않았기 때문이다.

1, 2차 교육 과정에서는 국어과 교육의 내용을 활동 거리 및 방법과 관련지어 다양하게 제시하였다. 그러나 영역 체계를 설정하거나 제시된 여러 항목들 사이에 유기적 관계를 설정하지는 않았다. 굳이 기준을 부여한다면 1, 2차 교육 과정에서의 영역 구분은 언어 활동을 중심으로 하였다고 할 수 있다.

수준에서는 목적·상황 등을 종합적으로 고려한 효과적인 언어 사용에 중점을 두어 말하기, 듣기, 읽기, 쓰기의 언어 기능 영역을 일관하게 구성하고 있다.

3차 교육 과정은 '지도 사항, 주요 형식, 제재 선정의 기준'의 3원 체계로 '내용'을 구성하고 지도 사항 및 주요 형식을 말하기, 듣기, 읽기, 쓰기의 언어 활동을 기준으로 체계화하였다. 각 학년의 지도 사항과 주요 형식은 중복되는 것이 대단히 많다.

4차 교육 과정에서는 '표현·이해, 언어, 문학'의 세 영역으로 '내용'을 구성하였다. 언어 활동을 기준으로 말하기, 듣기, 읽기, 쓰기로 구분하던 것을 '표현·이해'로 하고 말하기, 듣기, 읽기, 쓰기를 '표현·이해'의 하위 영역으로 하고, 3차에서 말하기, 듣기, 읽기, 쓰기의 각 영역에서 분산적으로 다루었던 '언어'와 '문학'에 관한 내용을 각각 독립된 하나의 영역으로 설정하여 이에 관한 내용을 강화·체계화하였다.

5차 교육 과정 개정 작업이 진행되는 동안 국어과의 내용 영역 체계에 관한 논의도 진지하게 이루어졌다. 4차의 '표현·이해, 언어, 문학'의 세 영역은 동일 수준에서 언급될 성질의 것이 아니고, 이러한 3분 체계가 국어과 교육을 더욱 지식 교과로만 몰아갈 우려가 있다는 점들이 거론되었다.[19] 그러나 교육 과정 구성에 있어 가장 중요하다고 할 수 있는 이 영역 체계에 대한 문제는 시원한 해결을 보지 못하고, 3차와 4차의 내용 영역 체계를 복합시킨 듯한 '말하기, 듣기, 읽기, 쓰기, 언어, 문학'의 6개 영역의 설정으로 결정되었다. '말하기, 듣기, 읽기, 쓰기'의 언어 기능 영역이 '언어'나 '문학'과 대등하게 놓임으로써 국어과 교육이 내용 중심의 성격보다 기능 중심의 성격이 강하다는 것을 교육 과정에 명시하려 한 의도[20]는 살릴 수 있을지 모르나, 여전히 4차의 문제점을 그대로 가지고 있다.

6차, 7차에 들어와서도 내용 영역의 체계는 5차와 다르지 않다. 6차의 내용 영역 체계는 '말하기, 듣기, 읽기, 쓰기, 언어, 문학'의 6개 영역으로 5차와 같다. 7차의 내용 영역 체계도 5, 6차와 다르지 않다. 다만 7차에서는 '말하기→듣기'가 '듣기→말하기'로 순서가 달라졌고, 4차, 5차, 6차에서의 '언어'가 '국어 지식'으로 바뀐 것이 달라진 점이다. 듣기와 말하기의 순서를 바꾼 것은 학습자의 언어 발달 단계를 고려한 것이라고 설명하고 있다.[21] 교육 과정 해설에서 말한 바와 같이 학습자의 언어 발달 단계도 고려 사항이 되겠고, 이대규(1985)가 지적한 대로 언어 '이해', '표현'을 고려하더라도 듣기와 말하기의 순서를 바꾸는 것이 합리적이다.

---

19) 노명완, 손영애 외(1986), 전게서.
20) 노명완, 손영애 외(1986), 전게서.
21) 중학교 교육 과정 해설(II)(1999)에 "제6차까지 '말하기 → 듣기' 순으로 제시하던 것을 제7차에서 '듣기→말하기'로 조정한 것은 학습자의 언어 발달 단계를 고려한 것이다."라고 설명하고 있다.

'언어' 영역을 '국어 지식'으로 바꾼 것은 '국어' 교육의 대상은 '국어'로서 언어 일반이 될 수 없으므로, 상위 개념(언어), 하위 개념(국어)의 관계가 문제가 되고, 현실적으로 가르치는 주된 내용이 언어 일반에 대한 내용이 아니고 '국어의 구조와 체계'에 관한 지식이므로 영역명을 '국어 지식'으로 바꾸었다고 말하고 있다. 즉, '국어 지식'으로 한정하는 것이 학습자의 국어 능력 향상을 도울 수 있는 교육 내용을 선정 조직하는 데 유효하다고 설명하고 있다.[22] 4차 교육 과정에서는 '언어' 영역이 국어에 대한 지식으로 국한되었지만, 5차, 6차 교육 과정에서는 '언어' 영역의 취지를 살리고자 하였고, 지식 그 자체보다 지식의 활용 측면을 부각시킨 점을 고려하고, 역으로 선택 과목에서 '문법'의 명칭이 문제가 될 수도 있었음을 고려해서 '국어 지식'이라는 영역명은 좀더 폭넓은 의견 수렴이 필요하다고 생각된다.

(3) 내용 체계

1차~7차 교육 과정의 내용 영역 체계가 완전히 해결된 것은 아니다. 그럼에도 불구하고 6차부터 '내용 체계'가 도입되어 무엇을 가르쳐야 하는지 선명하게 보여주고 있어 발전적인 면을 보여주고 있다. 이 '내용 체계'는 1차~5차 교육 과정을 통해 학습 내용으로 제시된 것들을 보다 분명하게 체계화시켰다. 7차 교육 과정을 살펴보면, 듣기, 말하기, 읽기, 쓰기, 국어 지식, 문학의 6개 영역을 각각 하위 범주로 나누고 있는데, 듣기, 말하기, 읽기, 쓰기는 '본질/원리/태도/실제'로, 국어 지식은 '국어의 본질/국어의 이해와 탐구/국어에 대한 태도/국어의 규범과 적용'으로, 문학은 '문학의 본질/문학의 수용과 창작/문학에 대한 태도/작품의 수용과 창작의 실제'로 나누고 있다.

국어과에 대한 지금까지의 인식은 기능 중심의 방법 교과로서의 성격이 강하다는 것이었다. 방법 교과로서의 국어과에서 다루는 지식은 '무엇'에 대한 지식이기보다 '어떻게'에 해당하는 방법이나 절차에 대한 지식이다. 이 부분이 내용 체계에서 '원리'로 명명했고, 그 동안 지식 위주의 교육이 문제될 때, 그 지식을 말하는, '무엇'에 대한 지식을 '본질'로 명명했다. 이런 인지적 학습 내용 이외에 정의적인 교육 내용을 '태도'라 했다. 이런 학습 내용은 구체적인 자료를 통해서 학습된다는 점에서 '실제'라는 범주를 설정하였다. 국어 지식 영역과 문학 영역은 언어 사용 기능과 다른 내용 체계를 만들 수밖에 없다. 이 여섯 영역이 어떻게 자리잡

---

22) 7차 중학교 교육 과정 해설(II)(1999), p.18.

아야 할 지, 각 영역의 하위 범주는 어떻게 자리잡아야 할 지 계속 과제로 남는다. 6차, 7차의 '내용 체계'가 과제 해결의 좋은 시발점이 될 수 있을 것이다.

6차, 7차에서 시도한 '내용 체계'는 다음과 같다.

<표 5> 제6차 중학교 국어과 교육 과정의 '내용 체계'

영역	내 용		
말하기	1. 말하기의 본질 1) 말하기의 특성 2) 말하기의 기본 과정과 절차 3) 말하기의 여러 가지 상황	2. 말하기의 원리 1) 내용 선정의 여러 가지 원리 2) 내용 조직의 여러 가지 원리 3) 표현 및 전달의 여러 가지 원리	3. 말하기의 실제 1) 정보 전달을 위한 말하기 2) 설득을 위한 말하기 3) 친교 및 정서 표현을 위한 말하기 4) 공식적인 말하기의 태도 및 습관
듣기	1. 듣기의 본질 1) 듣기의 특성 2) 정확한 듣기의 방법 3) 듣기의 여러 가지 상황	2. 듣기의 원리 1) 정보 확인의 여러 가지 원리 2) 내용 이해의 여러 가지 원리 3) 평가 및 감상의 여러 가지 원리	3. 듣기의 실제 1) 정보를 전달하는 말듣기 2) 설득하는 말하기 3) 친교 및 정서 표현의 말듣기 4) 공식적인 말듣기의 태도 및 습관
읽기	1. 일기의 본질 1) 읽기의 특성 2) 정확한 읽기의 방법 3) 읽기의 여러 가지 상황	2. 읽기의 원리 1) 단어 이해의 여러 가지 원리 2) 내용 이해의 여러 가지 원리 3) 평가 및 感想(감상)의 여러 가지 원리	3. 읽기의 실제 1) 정보를 전달하는 글 읽기 2) 설득하는 글 읽기 3) 친교 및 정서 표현의 글 읽기공식 4) 정확한 읽기의 태도 및 습관
쓰기	1. 쓰기의 본질 1) 쓰기의 특성 2) 쓰기의 기본 과정과 절차 3) 쓰기의 여러 가지 상황	2. 쓰기의 원리 1) 내용 선정의 여러 가지 원리 2) 내용 조직의 여러 가지 원리 3) 표현 및 전달의 여러 가지 원리	3. 쓰기의 실제 1) 정보 전달을 위한 글 쓰기 2) 설득을 위한 글 쓰기 3) 친교 및 정서 표현을 위한 글 쓰기 4) 정확한 글 쓰기의 태도 및 습관

언어	1. 언어의 본질 1) 언어의 특성 2) 언어와 인간 3) 언어와 사회	2. 국어의 이해 1) 음운의 체계와 변동 2) 단어의 형성 3) 문장의 구성 요소와 기능 4) 단어의 의미 5) 문장과 이야기	3. 국어 사용의 실제 1) 표준어와 표준 발음 2) 맞춤법 3) 국어 순화 4) 국어를 정확하게 사용하는 태도 및 습관
문학	1. 문학의 본질 1) 문학의 특성 2) 문학의 기능	2. 문학 작품의 이해 1) 작품과의 친화 2) 작품 구성 요소의 기능 3) 작품의 미적 구조 4) 작품 세계의 내면화 5) 인간과 세계의 이해	3. 문학 작품 감상의 실제 1) 시 감상 2) 소설 감상 3) 희곡 감상 4) 수필 감상 5) 문학 작품을 바르게 이해하 고 감상하는 태도 및 습관

<표 6> 제7차 국어과 교육 과정 '내용 체계'

영역	내 용		
듣기	○듣기의 본질 -필요성 -목적 -개념 -방법 -상황 -특성	○듣기의 원리 -청각적 식별 -내용 확인 -추론 -평가와 감상	○듣기의 태도 -동기 -흥미 -습관 -가치
	○듣기의 실제 -정보를 전달하는 말듣기 -설득하는 말듣기 -정서 표현의 말듣기 -친교의 말듣기		
말하기	○말하기의 본질 -필요성 -목적 -개념 -방법 -상황 -특성	○말하기의 원리 -발성과 발음 -내용 생성 -내용 조직 -표현과 전달	○말하기의 태도 -동기 -흥미 -습관 -가치
	○말하기의 실제 -정보를 전달하는 말듣기 -설득하는 말듣기 -정서 표현의 말듣기 -친교의 말듣기		
읽기	○읽기의 본질 -필요성 -목적 -개념 -방법 -상황 -특성	○읽기의 원리 -낱말 이해 -내용 확인 -추론 -평가와 감상	○읽기의 태도 -동기 -흥미 -습관 -가치
	○읽기의 실제 -정보를 전달하는 말듣기 -설득하는 말듣기 -정서 표현의 말듣기 -친교의 말듣기		

쓰기	○쓰기의 본질 -필요성　-목적 -개념　　-방법 -상황　　-특성	○쓰기의 원리 -글씨쓰기　-내용 생성 -내용 조직　-표현 -고쳐쓰기 -컴퓨터로 글 쓰기	○쓰기의 태도 -동기　　　-흥미 -습관　　　-가치
	○쓰기의 실제 -정보를 전달하는 말듣기 -설득하는 말듣기 -정서 표현의 말듣기 -친교의 말듣기		
국어 지식	○국어의 본질 -언어의 특성 -국어의 특질 -국어의 변천	○국어의 이해와 탐구 -음운　　-낱말　　-어휘 -문장　　-의미　　-담화	○국어에 대한 태도 -동기　　　-흥미 -습관　　　-가치
	○국어의 규범과 적용 -표준어와 표준 발음　-맞춤법　-문법		
문학	○문학의 본질 -문학의 특성 -문학의 갈래 -한국 문학의 특질 -한국 문학의 사적 전개	○문학의 수용과 창작 -작품의 미적 구조 -작품의 창조적 재구성 -작품에 반영된 사회·문화 　적 양상 -문학의 창작	○문학에 대한 태도 -동기　　　-흥미 -습관　　　-가치
	○작품의 수용과 창작의 실제 -시(동시)　-소설(동화, 이야기)　-희곡(극본)　-수필		

위 〈표 5〉, 〈표 6〉를 통해서 6개의 영역으로 내용 영역을 구성했으나, 좀더 국어과에서 무엇을 가르쳐야 하는지를 명확하게 드러내고자 했음을 알 수 있다. 7차 '내용 체계'는 '태도'가 하나의 독립된 범주가 되었고(6차는 실제라는 범주에 하위 범주로 자리 잡고 있다.) '듣기, 말하기, 읽기, 쓰기' 영역에서는 '실제'가 '본질, 원리, 태도'와 유기적인 관련을 맺으며 목표를 달성할 수 있음을 보여주고 있다. '문학' 영역에서는 '문학의 수용과 창작'이란 범주가 설정되어 있고, '문학의 창작'이 하위 범주로 설정되어 있어, 문학 영역의 교육 과정에 큰 획을 긋고 있다.[23]

그리고 7차 교육 과정에서의 '내용 체계'는 학년별 내용을 선정, 배열에 중요한 역할을 하고 있다. 7학년의 〈말하기〉 영역을 예로 들어보면 확연히 드러난다. 7학년 말하기 영역의 내용과 말하기 영역의 '내용 체계'와 비교해 보면 기계적이라 할 만큼 정확하게 연결되고

---

23) 6차 교육 과정까지 문학 영역에서 '감상' 위주의 학습만 이루어지고 있었다. 7차에 들어와서야 감상(수용)과 대비되는 창작이 교육 과정에 자리잡게 되었다.

있다. 이런 이유로 7차 교육 과정이 분절적이라는 비판을 받게 된다.

(1) 말하기와 듣기의 공통점과 차이점을 안다. ················(말하기의 본질)
(2) 다양한 매체에서 내용을 선정하여 말한다. ················(말하기의 원리-내용 생성)
(3) 내용을 통일성 있게 조직하여 말한다. ················(말하기의 원리-내용 조직)
(4) 상황에 따라서 적절한 어투로 말한다. ················(말하기의 원리-전달)
(5) 말하기에 능동적으로 참여하려는 태도를 지닌다. ·······(말하기의 태도)

4) '방법' 및 '평가'

국어과의 지도 방법 및 평가에 대한 지침은 교육 과정의 취지 및 의도를 바르게 펼치는데 중요한 구실을 한다. 1차의 중학교와 고등학교 교육 과정을 제외하면 지금까지 2~7차의 국어과 교육 과정은 '지도상의 유의점', '지도 및 평가 상의 유의점', '방법', '평가'로, 지도 방법 및 평가에 대한 지침을 교육 과정에 명시하는 체제를 갖고 있었다. 평가 상의 유의점을 따로 명시한 것은 4차부터이고, 6차부터는 '방법'과 '평가'로 나누어지면서 보다 구체적인 지침을 주려고 노력했다.

(1) 방법

7차 교육 과정에 와서 어떻게 가르쳐야 하는지 '방법'을 '교수-학습 계획', '교수-학습 방법', '교수-학습 자료'로 나누어 구체적으로 제시하고 있다.

2차 교육 과정에서는 체계적이고 구체적으로 어떻게 가르칠 것인지를 제시하지는 못했지만, 7차와 같이 '교수-학습 계획', '교수-학습 방법', '교수-학습 자료'에 관한 다음과 같은 지침을 주고 있다.

---

1. 학습 지도에 있어서는 교과서 중심에 치우치거나 분과 학습의 형태를 취하지 말고, 단원 학습에 기반을 두어 종합적인 지도를 할 것.
2. 국어과의 지도는 국어 시간 및 기타 모든 교과 활동과 교과 외 활동에서 지도하여 그 실효를 거두도록 할 것.
3. 단원 학습의 본질을 살려서 학습 문제를 중심으로 풍부한 자료를 선택 이용하며 획일적인 지도 방법을 지양하여 특히 음성 언어와 창작 지도에 힘쓰도록 할 것.

4. 학습 지도에 있어서는 학생의 개인차와 남녀별 심신의 발달 상태에 유의하며, 적절한 방법을 적용하여 특히 기초 학력의 충실을 기할 것.

5. 문법은 국어의 정확한 사용을 목표로 하여, 생활에서 활용되는 어법을 중심으로 지도하고 학문적 체계에 치중하지 않도록 할 것.

6. 각 학교는 지방의 실정과 학생의 실태를 고려하여 교육 과정을 재구성하여 지도의 중점을 설정하고 이를 구체화하도록 힘쓸 것.

7. 지역의 특수성을 고려하여 단원을 설정할 때에도
   (1) 사회 형성의 기능
   (2) 인간 형성의 기능
   (3) 문화 전달의 기능
   등 언어의 기능을 고려하여 이를 만족시키도록 할 것.

8. 따로 보충 단원을 마련하여 학습 지도를 할 때에는 학습 내용에 예시된
   (1) 기초적인 언어 능력
   (2) 언어 사용의 기술
   (3) 언어 문화의 체험과 창조 등을 참고하여 지역과 학생의 특수성을 살리도록 할 것.

9. 단원 학습을 전개할 때에는 항상 다음과 같은 준비를 갖추고, 계획적인 활동을 거쳐서 평가하고 재계획하도록 힘쓸 것.
   (1) 단원의 목표
   (2) 단원의 내용
   (3) 자료의 수집
   (4) 도입
   (5) 기본적 지도
   (6) 발전적 활동
   (7) 평가

10. 학생들의 자발적인 학습 활동을 장려하여 독서 습관을 기르고, 양서를 선택하여 취미를 신장시키도록 힘쓸 것.

11. 학생들의 언어 실태와 지역적 특성을 자각하도록 하여, 모든 교육 활동에서 항상 언어 순화에 힘쓰도록 할 것.

'교수-학습 계획'은 위의 2차 교육 과정과 마찬가지로, 7차 교육 과정에 이르기까지, 말하기, 듣기, 읽기, 쓰기, 문학, 국어 지식의 유기적인 통합, 상호 관련성을 부각시키고 있다.

'교수-학습 방법'에 있어서는 2차 교육 과정에서는 5번 항목을 두고 있는데, 문법을 지도하는 데 있어 전문적인 지식을 강요하는 일이 없어야 함을 강조하는 것은 3차, 5차, 6차, 7차에서도 마찬가지이다. 4차 교육 과정은 '지도'에서도 지식을 강조하고 있다. 3차, 6차, 7차 교육 과정에 와서는 각 영역을 어떻게 다루어야 하는지 지침을 이야기하고 있다.

'교수-학습 자료'에 관해서도 2차와 마찬가지로 7차에 이르기까지 다루고 있다. 3차 교육 과정에서는 '제재 선정의 기준'을 두어 교과서 개발할 때 어떤 제재를 선정하는 것이 좋을지 지침을 두고 있다. 이때부터 '지도상의 유의점'이나, '방법'의 한 항목으로 '제재 선정의 기준'을 제시하고 있다. 이대규(1985)는 문서화된 교육 과정(장기적 교육 과정)은 교과서나 지도서 개발(중기적 교육 과정)에 대한 기초 마련의 역할까지만 하면 되므로 '지도 및 평가에 대한 유의점'은 중기적 교육 과정에서 다룰 사항이고 장기적 교육 과정에는 자료 선정의 기준을 명시해야 한다고 하였다. 그런데 지금까지의 교육 과정에 제시된 내용은 중기적인 교육 과정 - 교과서, 지도서를 개발하는데 크게 도움이 되는 것은 아니었다. 교육 과정에서 제재 선정에 관한 것을 다루었으나, 주로 자료의 주제에 관한 지침 사항으로 되어 있어, 교육 과정을 구체화시키는 교과서 개발 시의 자료 선정에 대한 구체적인 지침 역할을 하지는 못했다.24) 6차 교육 과정에는 교과서를 어떤 방식으로 만들 것인지 밝혀 놓고 있으나(국어 교과서의 단원은 교육 과정의 영역별로 구성하되, 학년별 '내용'을 바탕으로 하여 목표 중심으로 구성한다.) 다른 교육 과정(1차~5차, 7차)에선 어떤 방식으로 교과서를 만들 것인가를 밝히지 않았다.

2차, 6차, 7차 교육 과정에서는 보충 자료에 관한 지침을 주고 있고, 6차, 7차에 와서는 각 영역별로 지도 방법을 제시하고 있다. 1차~5차에 비하여 구체적이라고 할 수 있으나, 수업 시간에 활용하기엔 여전히 추상적이다. '방법'을 구체적으로 제시하기 위해선 문서화된 교육 과정이나 교육 과정 해설서 외에 다른 교육 과정 자료가 필요하다. 지금은 '교사용 지도서'가 그런 역할을 하고 있으나, 충분하지 못하다. 지금과 같은 교과서 발행 제도에서는 기준이 될 수 있는 지도서가 교육부 주관 아래 편찬되고, 교사 모임 등을 통해 '방법'이 구체화되어야 할 것이다.25)

---

24) 2007 개정 국어과 교육 과정에 와서 이 부분이 부각되었다. 2007 개정 국어과 교육 과정을 텍스트 중심 교육 과정으로 칭할 정도로.

25) 교육 과정의 '방법'에 교과서를 어떻게 만들 것인지를 밝히는 것은 여러 의견이 있을 수 있다. 국어 교과서가 1종 도서로 존재할 때는 어떻게 만들 것인지 교육 과정을 통해 밝히는 것이 좋을 듯하다. 2종 도서라면 여러 가지 방법에 열려 있는 것이 좋을 듯하다.

국어과 교육은 방법 교과로서의 성격이 인식되지 못한 것은 아니었으나, 실제의 모습은 학년이 거듭될수록 내용 교과의 모습을 띠고 있다. 이러한 교육 과정의 의도와 현장 국어 수업과의 괴리는 실천 수준까지 파고들 지도 방법에 대한 실증적 연구 결과가 축적되지 못한 것에 크게 기인한다. 교육 과정에 제시된 지도 및 평가에 관한 유의점은 큰 방향을 지시하는 역할은 하나, 구체적인 아이디어를 제공할 후속 조치가 없는 상태여서 교육 과정과 현장 교육을 연결하는데 크게 기여하지 못하는 것으로 보인다.

(2) 평가

교육 과정에 평가에 관한 지침을 제시한 것은 4차부터이다. 4차는 다음과 같이 간략하게 평가 지침을 제시하고 있다.

> 가) '표현·이해'는 말하기, 듣기, 읽기, 쓰기를 고루 평가하되, 작문은 평가 기준을 미리 제시하도록 한다.
> 나) '언어'는 언어 지식을 적용할 수 있는 능력을 중심으로 평가한다.
> 다) '문학'은 작품의 이해와 감상을 중심으로 하여 평가한다.

4차의 평가는 위와 같이 영역별로 한 항목씩 제시하고 있다. 5차는 평가 목표를 제시하는 수준에서 평가 지침을 제시하고 있다. 6차에 와서는 평가 목표와 평가 방법을 제시하고 평가 결과의 활용에 대한 지침을 제시하고 있다. 7차에 들어와서는 '평가 계획', '평가 목표와 내용', '평가 방법', '평가 결과의 활용' 부분으로 나누어서 구체적으로 지침을 주고 있다. 6차, 7차 교육 과정에 와서는 평가에 관련된 부분이 점점 자세해 지고 있다. 그러나 교육 과정을 통해서 '평가' 지침을 아무리 구체적으로 제시해도 한계가 있다. '평가'에 관한 보다 구체적인 지침은 교육 과정, 교육 과정 해설서 이외에 교육 과정 자료가 필요하다. 평가가 교육의 목표, 내용, 지도 방법을 좌지우지하는 현실에 비추어 볼 때 평가에 관한 교육 과정 자료가 체계적으로 개발될 필요가 있다.

1차~7차에 걸친 국어과 교육 과정을 구성 방향, 체제, 성격과 목표, 내용, 방법, 평가로 나누어 살펴보았다. 국어과 교육 과정에 대한 틀을 설정하고 이에 비추어 그 동안의 교육 과정을 검토하기보다는 문서로 드러나 있는 교육 과정의 속모습을 충실히 살펴보고, 각기의 교육 과정은 앞선 교육 과정에서 문제점으로 지적된 것들을 어떻게 해결하려 하였는지를 주로 보고자 하였다. 국어과 교육 과정은 국어과 교육에 관여하는 전문가 집단의 논의와 합의를 걸쳐 만들어지는 것이라는 전제를 깔고 있었기 때문이다.

국어과 교육 과정은 일곱 차례의 제·개정을 거치면서 국어과 교육의 목표와 내용을 분명히 제시하려고 노력해 왔으며 그 목표 진술이나 내용의 선정 조직이 세련되고 정제되어 왔다. 그러나, 내용 영역의 구분과 각 영역 사이의 관계 규명의 문제, 학년별(혹은 단계별) 목표 및 활동의 선정 기준 문제, 지도 방법 및 평가 방법에 대한 구체적인 지침 마련의 문제 등 교육 과정의 결정과 관련지어 해결되어야 할 문제가 많음을 확인하였다.

7차 이후의 교육 과정의 개정 방향은 '내용'에 대한 연구가 더욱 필요하다. 내용 영역을 설정하는 문제, '내용 체계'를 좀더 체계화하는 문제를 들 수 있다. 이 문제는 교육 과정 개정에 있어서 핵심이 되는 문제다. 7차 교육 과정이 지니고 있는 문제를 생각해 보면, 7차에 와서 '수준별 학습'을 강조하여 '수준'을 [기본], [심화]로 과정에서 나누고 있는데, 교과서에는 [보충], [심화] 활동이 제시되어 있다. 국어과에서 '수준'의 개념을 분명히 하는 문제도 연구가 필요한 부분이다. '무엇'을 가르칠 것인가의 문제는 바로 '방법', 평가와 직결되는 것이기 때문에 교육 과정에서 가장 중시되어야 하는 부분이 '내용'이다. '내용'의 문제는 미시적인 부분까지 일관된 시각으로 교육 과정이 바뀌는 것이 되어야 한다.

'방법', '평가' 부분의 실질적인 변화가 있기 위해서는 문서화된 교육 과정 이외의 자료가 필요하다. 7차 교육 과정에서 빈 칸 메우기 검사, 프로토콜 분석, 중요도 평정법 등과 같이 여러 가지 평가 방법을 제시하고 있으나, 문서화된 교육 과정만으로는 전혀 도움이 안 된다. 지도 방법은 현장에서의 노력으로 파급되고 있는데 평가도 그러해야 한다.

물론 교육 과정은 바람직한 방향으로 일관성 있게 나아가려면, 제도가 뒷받침되어야 하고, 그래야만 교육 과정이 개발되는 과정에서 논의되는 모든 사안이 공적인 경험으로 살아 있을 수 있다. 지속적인 연구가 가능하고 교육 과정 개발 과정이 국어과 교육의 질적 변환을 이루기 위한 노력으로 쌓여가기 위해서도 제도의 뒷받침이 필요하다.

2.3. 2007, 2011 개정 국어과 교육 과정 시기

2007, 2011 개정 국어과 교육 과정은 지금까지 살펴본 교육 과정과 다른 체제 하에서 만들어졌다. 그동안은 모든 교과가 동시에 교육 과정 개정 작업에 들어가서 마치는 년도

같았다. 수시 개정, 전면적인 개정이 아닌 부분 개정도 가능한 체제가 된 것이다. 이런 연유로 2007 개정, 2009 개정, 2011 개정, 2012 개정 등의 명칭이 부여될 수 있는 것이다.[26)]

7차 교육 과정이 10여년 현장에 적용되었던 것에 비하여 2007, 2009, 2011 개정 국어과 교육 과정의 수명이 지나치게 짧다. 짧은 기간 동안 교육 과정을 개정해야 할 이유가 있었던 것인가? 그 이유를 국어과 내적 요인에서 찾기는 어렵고. 외부적인 변인이 크게 작용한 것으로 보인다.[27)] 그래서 국어과 교육의 정책적인 면에 보다 관심을 가져야 하지 않나 생각하게 된다. 지나치게 짧은 기간에 교육 과정을 개정하였다고 하는 것이 교육 과정의 역사에 있어 어떤 평가를 받을지 생각해 볼 문제이다.

1) 2007 개정 국어과 교육 과정

2007년 개정 국어과 교육 과정은 국어과 교육에 있어 많은 변화를 가져왔다. 국어과는 부분 개정이란 용어를 쓰기에 부적절할 정도로 많은 변화를 시도하고 있다. 이 변화가 현장에서 어느 정도 효율성 있게 정착될지는 아직 미지수이다. 2007년 개정 국어과 교육 과정이 의도하고 있는 국어과 교육이 '새로운 패러다임'으로 자리 잡을지는 국정에서 검인정으로 바뀔 새로운 교과서 편찬 제도의 변화와 함께 눈여겨 볼 부분이다.

제7차 교육 과정이 고시된 지 10년, 그동안 학문공동체는 여러 분야에서 괄목할 만한 연구 성과를 축적해 왔고 현장의 국어 교사 및 연구자들은 7차의 문제점들을 끊임없이 비판해 왔다. 국어과 교육 안팎에서 제기된 다양한 비판과 요구를 체계적으로 반영하여 2007년에 국어과 교육 과정이 고시되기에 이르렀다.

(1) 구성 방향 및 체제

개정의 배경을 정리해 보면 '수준별 교육 과정'에서 '수준별 수업'으로의 전환과, '언어 환경의 변화'를 들 수 있다. 그리고 더 중요한 것은 제7차 국어과 교육 과정의 '내적 문제'를 개선하기 위함이다. 제7차 국어과 교육 과정을 현장에 실현하면서 부각된 문제들로 1) 개별적이고 단편적인 내용 요소 중심의 교육 내용 선정, 2) 실제와 내용 간, 내용 간의 분절성,

---

26) 2009 총론에 근거한 각론이 개발되어 2011년에 고시되었다. 이 글에서는 이해의 편의를 위해 '2009 개정'이라 하지 않고 2011 개정이라 한다.

27) 서종훈(2011), 2009 개정 국어과 교육 과정에 대한 비판적 고찰, 우리말교육현장연구 제5집1호, 우리말교육현장학회, pp.301~302.

3) 담화와 글의 수용, 생산 활동에 작용하는 맥락에 대한 관심 부족, 4) 교육 내용의 타당성, 적정성, 연계성 부족, 5) 교육 과정에 대한 정확하고 원활한 소통을 돕는 정보의 부족 등을 이야기한다. 이런 문제 의식을 갖고 개정의 중점 사항으로 다음 사항을 제시하고 있다.

- 담화와 글의 수용, 생산 중심의 국어 교육 지향
- 실제와 내용 요소 간의 관련성, 내용 요소 간의 통합성 강조
- 학교 수준에서의 수준별 교육 지향
- 담화와 글의 생산, 수용 활동에 작용하는 맥락 강조
- 교육 내용의 타당성, 적정성, 연계성 강화
- 다양한 정보 제공을 통한 소통성의 강화
- 언어 환경의 변화에 따른 '매체' 관련 내용의 확대

이런 방향이 2007년 개정 국어과 교육 과정에 어떻게 반영되어 있는지를 살펴봄으로써 현장에서의 국어과 교육이 담당해야 할 과제가 분명해질 것이다.

우선 2007년 개정 국어과 교육 과정을 보다 잘 이해하기 위해 7차와 어떻게 달라졌는지 알아보자. 교육 과정의 전체 테두리는 현행 7차와 동일하다. 2007년 개정 국어과 교육 과정의 체제는 '성격, 목표, 내용, 교수-학습 방법, 평가'로 되어 있는데, 이것은 6차, 7차와 2007 개정 국어과 교육 과정이 같다. 수준별 학습을 강조하고, 1학년부터 10학년까지 국민공통기본 교육 과정을 설치하고, 10년간을 국민공통기본 교육 과정으로 한 묶음으로 제시하는 것도 7차와 달라진 바가 없다. 2007 개정에서는 시간 배당은 초등은 7/7/7/6/6/6, 중학교는 5/4/4, 고등학교 국어 8단위, 선택 과목(화법, 독서, 작문, 문법, 문학)은 각각 6단위를 배정하였다. 고등학교의 경우(10학년)는 2007년에 고시된 선택 과목들의 교육 과정은 사장(死藏)되어 현장에서 적용되지 못했다.

(2) 성격 및 목표

'성격'은 국어 교과의 최상위 목표를 언급하고, 무엇을 가르치는지, 어떻게 가르쳐야 할 것인지에 대해 총괄적으로 제시하고 있는 부분이다. 국어과 교육 과정의 서론에 해당된다고 할 수 있다. '성격'을 통해 2007년 개정 국어과 교육 과정도 '듣기, 말하기, 읽기, 쓰기, 문법, 문학' 여섯 영역으로 구성되며 '국어 지식'이 '문법'으로 용어가 바뀌었음을 알 수 있다. 2007 개정 국어과 교육 과정에서는 초등학교와 중등학교에서의 중점 사항을 각각 밝히고 있는

점이 7차와 다른 점이다. 10년을 한 단위로 기술하기보다는 학교급에 따른 중점 사항을 따로 두는 것이 더 효과적이라고 생각했기 때문인 것 같다.

〈2007 개정 국어과 교육 과정 1. 성격〉
~~초등학교에서는 국어를 정확하고 효과적으로 표현하고 이해하는 능력과 국어 활동을 통한 사고력과 상상력을 기르는 데 중점을 둔다. 또한 국어에 대한 관심을 가지고 국어 활동을 즐기고 국어를 존중하는 태도를 강조한다. 중등학교에서는 국어를 정확하고, 비판적이며, 창의적으로 표현하고 이해하는 능력과 국어 활동을 통한 고등 사고력과 심미적 안목을 기르는 데 중점을 둔다. 또한 국어 문화에 대한 관심을 높이고 국어를 발전시키려는 태도를 강조한다.

'목표'는 10년 동안의 국어과 교육을 통해 성취해야 할 목표를 제시하고 있다. 이 부분도 7차와 거의 같은 진술로 제시하고 있다. 7차 교육 과정에서는 '목표'에서 '태도'라는 용어를 명시적으로 사용하고 정의적 영역을 강조했는데, 2007년 개정 국어과 교육 과정에서는 '목표'에서 '태도'라는 용어가 쓰이지 않았다.

7차 목표	2007 목표
언어 활동과 언어와 문학의 본질을 총체적으로 이해하고, 언어 활동의 맥락과 목적과 대상과 내용을 종합적으로 고려하면서 국어를 정확하고 효과적으로 사용하며, 국어 문화를 바르게 이해하고, 국어의 발전과 민족의 언어 문화 창달에 이바지할 수 있는 능력과 *태도*를 기른다.	국어 활동과 국어와 문학의 본질을 총체적으로 이해하고, 국어 활동의 맥락을 고려하면서 국어를 정확하고 효과적으로 사용하며, 국어 문화를 바르게 이해하고, 국어의 발전과 민족의 문화 창조에 이바지할 수 있는 능력과 *태도*를 기른다.
가. 언어 활동과 언어와 문학에 대한 기본적인 지식을 익혀, 이를 다양한 국어 사용 상황에서 활용하는 능력을 기른다. 나. 정확하고 효과적인 국어 사용의 원리와 작용 양상을 익혀, 다양한 유형의 국어 자료를 비판적으로 이해하고 사상과 정서를 *창의적*으로 표현하는 능력을 기른다. 다. 국어 세계에 흥미를 가지고 언어 현상을 계속적으로 탐구하여, 국어의 발전과 국어 문화 창조에 이바지하려는 *태도*를 기른다.	가. 국어 활동과 국어와 문학에 대한 기본적인 지식을 익혀, 이를 다양한 국어 사용 상황에 활용하면서 자신의 언어를 *창조적*으로 사용한다. 나. 담화와 글을 수용하고 생산하는 지식과 기능을 익혀, 다양한 유형의 담화와 글을 비판적이고 *창의적*으로 수용하고 생산한다. 다. 국어 세계에 흥미를 가지고 언어 현상을 계속적으로 탐구하여, 국어의 발전과 미래 지향의 국어 문화를 창조한다.

(3) 내용

교육 과정 중 가장 중요한 부분이기도 한 '내용' 부분은 많은 변화를 시도하고 있다. 국어과 교육의 내용 영역을 '듣기, 말하기, 읽기, 쓰기, 문법, 문학'으로 제시한 것, 내용을 '내용 체계'와 '학년별 내용'으로 구성한 것은 큰 변화를 가져오지 않았지만, 그 세부 내용은 많은 변화를 보이고 있다.

〈듣기, 말하기, 읽기, 쓰기 영역〉
가. 내용 체계

'내용 체계'를 7차와 비교하면 '본질'은 '지식'으로, '원리'는 '기능'으로 대응되고 있다. 6차, 7차 교육 과정을 거쳐 오면서 내용 체계를 설명하는 용어로 '본질, 원리'가 쓰였는데, 새로운 교육 과정에서는 <u>지식</u>(명제적인 지식), <u>기능</u>(절차적인, 방법적인 지식)'이라는 용어를 사용하고 있다. '맥락'이란 용어는 7차 교육 과정의 '성격', '목표' 등에서 볼 수 있었던 용어가 국어과 내용을 설명하는 한 축으로 쓰이고 있다. 7차의 '실제'는 7차와 같이 쓰이고 있으나 '친교를 위한 말, 글'은 '사회적 상호작용의 말, 글'로 사용하고 있다. '실제'를 상단에 위치함은 텍스트(실제)가 교육 과정을 구성하는 중요한 축이 됨을 보여주고 있다. '맥락'이란 범주는 '실제, 지식, 기능'과 밀접한 관련을 맺고, 교육 현장에서 또 하나의 축이 됨을 보여 준다.

-듣기-

듣기의 실제	
-정보 전달하는 말듣기 -사회적 상호작용의 말듣기*	-설득하는 말듣기 -정서 표현의 말듣기
지식*	기능
○소통의 본질 ○담화의 특성 ○매체 특성	○내용 확인 ○추론 ○평가와 감상
맥락*	
○상황 맥락 ○사회·문화적 맥락	

-말하기-

말하기의 실제	
-정보 전달하는 말하기 -사회적 상호작용의 말하기*	-설득하는 말하기 -정서 표현의 말하기
지식* ○소통의 본질 ○담화의 특성 ○매체 특성	**기능** ○내용 생성 ○내용 조직 ○표현과 전달
맥락* ○상황 맥락 ○사회·문화적 맥락	

-읽기-

읽기의 실제	
-정보 전달하는 글 읽기 -사회적 상호작용의 글 읽기*	-설득하는 글 읽기 -정서 표현의 글 읽기
지식* ○소통의 본질 ○글의 특성 ○매체 특성	**기능** ○내용 확인 ○추론 ○평가와 감상
맥락* ○상황 맥락 ○사회·문화적 맥락	

-쓰기-

쓰기의 실제	
-정보 전달하는 글 쓰기 -사회적 상호작용의 글 쓰기*	-설득하는 글 쓰기 -정서 표현의 글 쓰기
지식* ○소통의 본질 ○담화의 특성 ○매체 특성	**기능** ○내용 생성 ○내용 조직 ○표현과 고쳐쓰기
맥락* ○상황 맥락 ○사회·문화적 맥락	

(*한 것은 2007에서 들어 와서 쓰이고 있는 용어들)

　　2007년 개정 국어과 교육 과정에서의 이러한 '내용 체계'의 변화는 국어과 교육의 전반적인 모습을 바꾸고자 하는 의도를 갖는 것으로 보인다. 이런 의도는 '○담화와 글의 수용, 생산 중심의 국어 교육 지향, ○실제와 내용 요소 간의 관련성, 내용 요소 간의 통합성 강조 ○담화와 글의 생산, 수용 활동에 작용하는 맥락 강조'라는 개정의 중점에서도 잘 드러내고 있다. 7차가 분절적 기능 중심의 국어과 교육에 강조점을 두었다면 2007년 개정 국어과 교육 과정은 통합적인 국어과 교육에 강조점을 두고 있다고 한다. 7차 교육 과정이 현장에서 적용되는 장면에선 통합적인 언어 사용을 강조했지만 교육 과정 체제를 살펴보았을 때는 분절적이고 기능 중심의 국어과 교육을 강조하고 있다 하겠다. 이에 반해 2007년 개정 국어과 교육 과정은 교육 과정에서부터 통합을 보여주고 있다. '내용 체계'에서부터 언어 사용의 통합적인 면을 강조하려고 하고 있는 것이다. 그리고 7차의 '본질'과 2007년 개정 국어과 교육 과정의 '지식'을 대응시켜 보면, 이 부분에서 '담화/글'의 특성(지식)을 강조하고 있음을 알 수 있다.

6, 7차의 '원리' 부분은 그대로 '기능'으로 대응되고 있어 2007년 개정 국어과 교육 과정과 7차 교육 과정의 연계를 가장 잘 보여주는 부분이다. 7차의 '태도' 범주는 없어지고 2007년 개정 국어과 교육 과정에서는 '맥락' 범주가 국어과의 내용 요소의 한 가지로 제시되고 있다. 언어 사용 행위의 사회적이고 문화적인 측면을 강조하려는 취지로 '맥락' 범주를 한 축으로 제시했다고 하고 있다. 그리고 7차 교육 과정의 '본질'의 내용을 '지식'과 '맥락'에 일부 포함시켰다고 말하고 있다(이인제 외, 국어과 교육 과정 개정(시안)연구 개발, 2005, p.70).

나. 학년별 내용

2007년 개정 국어과 교육 과정은 학년별 내용을 제시하는 부분이 상당히 다르다. 5차, 6차, 7차를 거쳐 오면서 교육 과정의 '내용' 부분을 제시하는 방식은 '기능'(글 전체의 짜임을 파악하며 읽는다. 7차), '전략+기능'(각 문단에서 핵심어나 중심 내용을 찾아보고, 이를 관련되는 것끼리 묶어가면서 글 전체 내용을 요약한다. 6차), '활동+기능'(여러 종류의 글을 읽고, 각 글의 줄거리나 주요 내용을 간추려 말한다. 6차) 등으로 내용을 제시했다. 2007년 개정 국어과 교육 과정의 내용 제시 방식은 학년별, 영역별로 '수준과 범위'(텍스트)를 제시하고, 그 아래에 '성취 기준'(지금까지의 교육 과정에서의 '내용')과 '내용 요소의 예'를 보여주고 있다. 2007년 개정 국어과 교육 과정의 내용을 제시한 예를 살펴보면 다음과 같다.

〈7학년〉
-듣기-
　〈담화의 수준과 범위〉
　　　-교과 내용의 특성이 잘 나타나는 수업　　-대중에 대한 호소력이 높은 광고
　　　-주변 인물을 대상으로 한 면담　　　　　-재치와 유머가 있는 재담

성취 기준	내용 요소의 예
(1) 수업을 듣고 교과 특성을 고려하여 중요한 내용을 메모한다.	○학습을 목적으로 하는 듣기의 특성 이해하기 ○예고, 강조, 요약 등에 사용되는 담화 표지 알기 ○담화 표지를 활용하여 중요한 내용 파악하기 ○교과별로 수업의 중요한 내용 정리하기
(2) 광고를 보거나 듣고 설득의 전략을 파악한다.	○광고의 특성 이해하기 ○언어 표현이나 이미지 구성 방식 파악하기 ○아이디어 생성 과정 및 기획 의도 추론하기 ○광고의 신뢰성과 타당성 판단하며 듣기
(3) 주변 인물과 면담을 하고 결과를 분석한다.	○면담의 목적과 의도 이해하기 ○면담 대상에 대한 정보 수집하기 ○매체의 특성을 고려하여 면담하기 ○면담 결과를 목적에 따라 정리하고 분석하기
(4) 재담에 나타난 재미있는 말의 발상과 의미를 파악한다.	○재미있는 말의 종류와 사회적 기능 이해하기 ○재미있는 말의 발상 파악하기 ○재미있는 말에 적절하게 반응하면서 듣기

2007년 개정 국어과 교육 과정의 학년별 내용에서의 '수준과 범위'는 그 학년에서 학습할 자료의 수준과 범위를 정하고, '내용 요소'는 그 자료(텍스트)를 가지고 어느 수준까지 성취해야 하는지 제시하고 있다. 국가 수준의 교육 과정은 추상성을 지니고 있다. 지금까지 교육 과정을 개정할 때, 하나의 숙제가 된 것은 추상성을 띠고 있는 국가 수준의 교육 과정을 보다 구체성을 가질 수 있도록 하는 것이었다.[28) 그런 구체성에 가장 근접한 것이 이 2007년 개정 국어과 교육 과정이라 할 수 있다.

'(2) 광고를 보거나 듣고 설득의 전략을 파악한다.'성취 기준의 진술은 '대중에 대한 호소력이 높은 광고'를 선택하여(담화의 수준과 범위), 설득 전략을 학습하는 것이다. 구체적으로 예를 들면 ○광고의 특성 이해하기, ○언어 표현이나 이미지 구성 방식 파악하기, ○아이디어 생성 과정 및 기획 의도 추론하기, ○광고의 신뢰성과 타당성 판단하며 듣기 등(내용 요소의 예)을 학습한다는 것이다.

교육 과정의 가장 중요한 부분이 '학년별 내용'이다. 교육 과정의 의도가 구체적으로 드러나는 부분이고, 현장의 모습을 그려볼 수 있는 단초를 제공하기 때문이다. '내용 요소의

---

28) 교육 과정은 대강화를 지향한다고 이야기한다. 그러나 국어과 교육 과정은 구체화를 지향하였다. 학년별의 내용이 언어로써 분명히 차이가 나도록 기술해야 하는 것이 어려운 작업이었기 때문에 학년차를 드러내기 위해 '구체화'를 지향한 것이다.

예'를 통해 '지식' 범주에 해당하는 내용은 비교적 명확하게 제시되고 있다(예를 들면 광고의 특성 이해하기). '맥락' 범주에 해당하는 내용은 명확히 드러나 있는 경우도 있지만 수업을 통해 체득할 수 있는 것으로 볼 수 있다(이런 '맥락' 범주의 특성으로 인하여 2011 개정에서 맥락 범주가 없어졌다.). '기능' 범주는 7차 교육 과정에 비하면 체계적으로 제시하지 못하고 있다. 이런 면모는 성취 기준에서 <u>학년별 차이는 텍스트(담화/글)의 차이</u>이고, 텍스트가 결정이 되면 거기서 '내용 요소'를 결정하는 방식으로 교육 과정의 내용을 구성하였기 때문으로 보인다.

'실제'가 1차 조직자로 텍스트를 선정하고, 담화와 글을 생산 수용하는 활동에서 요구되는 '내용 요소'가 2차 조직자(기능)로 선정되기 때문에 기능 부분이 체계적으로 반영되지 못하고 있다. 예를 들면, 설명문의 수용과 관련하여 성취 기준을 결정했으면(1차) 설명문의 수용에 관련되는 지식, 기능, 맥락을 학습하도록 하는 것이다. '실제'를 중심에 위치함으로써 담화와 글을 수용하고 생산하는 활동 속에 다양한 '지식, 기능, 맥락'(내용 요소들)이 서로 통합되고 교섭할 수 있도록 교육 과정을 구성하고 있다.

그리고 성취 기준을 현장에서 보다 잘 이해하도록 '수준과 범위'와 '내용 요소의 예'를 제공하였다. 개정 중점 사항으로 제시된 'ㅇ다양한 정보 제공을 통한 소통성의 강화'가 이에 해당한다. 교육 과정의 구체성이 강화될수록 현장에서의 재량과 해석이 줄여들 수밖에 없다. 이런 측면을 고려하여 '수준과 범위'와 '내용 요소의 예'를 <u>지침</u>이 아닌 '<u>예</u>'로 제시하였다고 말하고 있다. 이것이 현장에서의 능동적인 해석과 추가·변형이 요구되는 지점이다. 2007 개정과 함께 국어 교과서가 국정에서 검인정으로 바뀌었기 때문에 '담화/글의 수준과 범위' (실제)가 1차 조직자로 있음으로 해서, 교과서를 편찬하는데 어느 정도 길잡이 역할을 한 것으로 보인다.[29]

언어 환경의 변화에 따른 '매체' 관련 내용을 확대했다는 것도 개정의 중점 사항으로서 새로운 첨가된 내용이다. 새로운 분야의 내용이 교육 과정에 들어간다는 것은 현장의 준비가 많이 요구되는 사항이다. 예를 들면 다음과 같은 항목들이 제시되어 있다.

[8-듣-(4)] 라디오 프로그램을 듣고 진행자의 말하기 특성과 효과를 평가한다.
[8-말-(4)] 드라마의 인물이 되어 반언어적·비언어적 표현을 효과적으로 사용한다.

---

29) 검인정 교과서를 편찬되는 과정에 '담화/글의 수준과 범위'의 길잡이 역할이 지나쳐 교과서 편찬에 장애가 되는 부분도 있었다고 한다. 그 결과 2011 개정에서는 '담화/글의 수준과 범위'가 '국어 자료의 예'로 바뀌면서 그 역할이 약화된 것을 찾아볼 수 있다.

[8-읽-(5)] 다양한 풍자물의 매체 특성과 그 효과를 이해하고 비판적으로 수용한다.

[8-쓰-(4)] 목적, 독자, 매체가 쓰기의 내용과 형식에 미치는 영향을 고려하면서 글을 쓴다.

'매체'가 '내용 체계'의 지식 범주의 하위 범주로 들어가 있다는 것은 국어 수업을 할 때 수단, 방법으로 '매체'가 쓰이는 것이 아니라 가르쳐야 하는 내용으로 부상되었음을 말하고 있다. '매체'의 위상은 계속 강화되리라 생각되는데, 사범대학 교육 과정은 이런 것을 놓치면 안 될 것이다.

〈문법과 문학 영역〉
가. 내용 체계

문법 영역의 내용 체계는 '국어 사용의 실제, 지식, 탐구, 맥락'으로 문학 영역의 내용 체계는 '작품의 수용과 생산의 실제, 지식, 수용과 생산, 맥락'으로 되어 있다.

문법 영역의 '내용 체계'는 지금까지의 교육 과정과는 다른 면모를 보이고 있다. 4, 5, 6, 7차 교육 과정에서의 핵심은 국어학의 하위 분야별로 가르쳐야 할 내용을 선정하는 것이었다. 6차 7차에 들어와서 '내용 체계'의 문법 영역의 핵심이 되는 것은 '국어의 이해'(6차), '국어의 이해와 탐구'(7차)였다. 즉, '학년별 내용'의 핵심은 국어학의 하위 분야의 내용들이었다. 물론, 태도면, 가치 측면 등이 중요하게 다루어지고 있었으나, 음운, 형태, 통사, 의미 부분이 큰 비중을 차지하고 있었다. 물론 2007 교육 과정의 '학년별 내용'을 들여다보면 세부 내용이 다르지 않다. 그럼에도 '내용 체계'에서 '국어 사용의 실제' 범주의 내용이 지금까지 주요 내용이었던 국어학의 하위 분야로 되어 있고, '탐구' 범주가 '방법'과 관련되는 부분 (ㅇ관찰과 분석, ㅇ설명과 일반화, ㅇ판단과 적용)으로 구성되어 있는 것은 '문법' 영역의 큰 틀을 바꾸려는 의도로 보인다. 이런 의도가 명확하게 설명되어 있지 않아 교육 과정이 현장에서 적용될 때 어떤 면이 강조되어야 할지가 모호한 '내용 체계'라 하겠다.[30]

문학 영역의 '내용 체계'는 다른 다섯 영역에 비하면 큰 변화를 보이지 않고 있다.

---

30) 2011 개정에서 문법 영역의 내용 체계는 2007과는 상당히 다른 모습을 띄고 있다. 2007 개정이 현장에 좀더 시간을 두고 적용되었으면 '문법' 영역에 대한 많은 논의와 결실이 있었을 것이라는 아쉬움이 있다.

-문법-

국어 사용의 실제	
-음운　-단어　-문장　-담화/글	
지식* ○언어의 본질　○국어의 특질 ○국어의 역사　○국어의 규범	탐구* ○관찰과 분석　○설명과 일반화　○판단과 적용
맥락* ○국어 의식　○국어 생활 문화	

-문학-

작품의 수용과 생산의 실제	
-시(시가)　-소설(이야기)　-극(연극, 영화, 드라마)　-수필·비평	
지식* ○문학의 본질과 속성 ○문학의 양식과 갈래　○한국 문학의 역사	수용과 생산 ○내용 이해　　　　○감상과 비평 ○작품의 창조적 재구성　○작품 창작
맥락* ○수용·생산의 주체　○사회·문화적 맥락　○문학사적 맥락	

(*은 2007 개정에서 들어 와서 쓰이고 있는 용어들)

나. 학년별 내용

문법 영역과 문학 영역의 〈수준과 범위〉는 언어 사용 기능 영역에 비해 교육 과정의 소통성을 강화하기 위해 다양한 정보를 제공한다는 의미가 미약하다. 성취 기준에 제시된 항목들은 7차와 대동소이하다.

〈7학년〉
-문법-
〈언어 자료의 수준과 범위〉
　-음성 언어와 문자 언어가 사용된 다양한 매체 언어 자료
　-속담, 명언, 관용어 등이 들어 있는 언어 자료
　-품사가 다른 단어가 들어 있는 언어 자료
　-사동·피동 표현에 의해 의미 해석 양상이 달라지는 언어 자료
　-여러 가지 지시어가 사용된 언어 자료

성취 기준	내용 요소의 예
(1) 다양한 매체에 나타난 언어 사용 방식의 차이점을 파악한다.	○ 언어의 기능과 특성 이해하기 ○ 다양한 매체에 나타난 언어 사용 방식 비교하기 ○ 매체의 특성을 고려하여 음성 언어와 문자 언어 사용하기
(2) 관용 표현의 개념과 효과를 이해한다.	○ 속담, 명언, 관용어 등의 개념 이해하기 ○ 관용 표현 사용의 효과를 알고 적절하게 활용하기 ○ 관용 표현이 사용되는 상황 이해하기
(3) 품사의 개념, 분류 기준, 특성을 이해한다.	○ 품사의 개념 이해하기 ○ 품사의 분류 기준 발견하기 ○ 품사 분류하기 ○ 품사의 종류와 특성 설명하기
(4) 표현 의도에 따라 사동·피동 표현이 달리 사용됨을 안다.	○ 사동·피동 표현의 개념 이해하기 ○ 사동·피동 표현에 따라 의미 해석이 어떻게 달라지는지 이해하기 ○ 사동·피동 표현을 사용하는 심리적·사회적 특성 이해하기
(5) 지시어가 글의 구조와 의미에 미치는 영향을 분석한다.	○ 지시어의 개념 이해하기 ○ 담화 또는 글에서 지시어가 어떻게 사용되고 있는지 분석하기 ○ 지시어가 담화 또는 글 전체 구조에 끼치는 의미 관계 파악하기

'내용 체계'에서 제시된 '탐구' 범주가 학년별 내용에서 분명히 드러나지 않고 있다. '듣기, 말하기, 읽기, 쓰기, 문법, 문학'이 여섯 영역이 큰 틀에서 벗어나지 않으려고 한 의도가 보이기는 하나 '탐구'라는 범주 명칭은 '내용 체계'에 들어가기보다는 '방법'에 속해야 하는 것으로 보인다. 그리고 '언어 자료의 수준과 범위'가 주어져 있지만 별 쓰임새가 없다.

〈7학년〉

-문학-

〈언어 자료의 수준과 범위〉

   -언어 표현이 뛰어나고 주제 의식이 분명한 작품

   -인물의 삶과 현실이 잘 드러나는 작품

   -우리 고유의 정서나 언어 표현이 드러나는 작품

   -문화와 전통의 차이가 드러나는 여러 작품

성취 기준	내용 요소의 예
(1) 문학 작품에 드러난 인물의 심리 상태와 갈등의 해결 과정을 파악한다.	○소설이나 희곡에서 갈등 구조 이해하기 ○갈등의 해결 과정 파악하기 ○갈등의 해결 과정에 따라 인물의 심리 상태가 어떻게 변하는지 파악하기
(2) 문학 작품의 전체적인 정서와 분위기를 파악한다.	○작품의 정서와 분위기를 파악하는 방법 이해하기 ○작품의 정서와 분위기 파악하기 ○작품의 정서와 분위기를 중심으로 작품 감상하기
(3) 역사적 상황이 문학 작품에 어떻게 나타나는지 이해한다.	○작품에 드러난 시대 상황 파악하기 ○작품에서 인물이 시대 상황에 대응하는 방식 파악하기 ○작품 속에 드러난 시대 상황과 오늘날의 현실 상황 비교하기
(4) 시어와 일상어의 관계에 대한 이해를 바탕으로 노랫말을 쓴다.	○시어와 일상어의 특징 이해하기 ○노래에서 음악적 효과가 나타나는 표현을 찾아 운율을 살려 낭송하기 ○시적 표현과 운율의 효과를 살려 노랫말 쓰기

'문학' 영역의 '수준과 범위'는 제재 선정의 기준이라 할 수 있는 것으로 '듣기, 말하기, 읽기, 쓰기' 영역과는 그 성격이 다르다. 문학 영역의 '수준과 범위'는 교과서에 실릴 만한 작품은 어떠해야 하는가에 대한 답이라 할 수 있다. 즉, 성취 기준과 연관시키기는 어렵다.

(3) '교수-학습 방법'과 '평가'

가. 교수-학습 방법

'방법' 및 '평가'는 교육 과정이 학교 현장의 사용자에게 서비스를 제공하는 것이어야 한다. '내용'이 의도대로 현장에 적용될 수 있게 여러 가지 장치를 마련하는 것도 이 부분에서 해야 한다.

교수-학습 계획에서 여섯 영역의 유기적 관련성을 강조하고 자기주도적인 국어능력의 신장하고, 도구교과적인 성격을 부각시키고 있다. 그리고 교수-학습 자료를 개발할 때 학습 목표와 학습 과정을 중시하고 다양하고 풍부한 담화, 글, 언어 자료, 작품 등을 활용할 것을 강조하고 있다.

교수-학습 계획 단계에서 중요한 것은 개인차를 해소하기 위한 방안을 마련할 것을 말하고 있다. '수준별 교육 과정'(7차)에서 '학교 수준에서의 수준별 교육'을 지향하는 것이 2007년 개정 국어과 교육 과정의 중요한 사항인데 이 부분은 교수-학습 계획 단계에서 고려해야 하지만 교과서의 개발 단계에서도 어떻게 반영될지 눈여겨 볼 부분이다.

교수-학습 계획 단계에서 '통합성'이 많이 강조되고 있고 구체적으로 통합의 방법을 제시하고 있다. 이 부분도 교과서에만 의존하기보다 교사의 창의적인 노력이 필요한 부분이다.

교수-학습 운영 단계에서 보다 구체적인 방법을 제시하고 있다. 매 시간의 국어 수업을 생각하면 교육 과정에 제시된 것은 여전히 추상적이지만 교재 연구와 지도법을 시작하는 첫 단계는 교육 과정을 보다 세밀하게 보아야 함을 강조하고 싶다. 어떤 방향으로 갈 것인가를 결정하기 위하여.

나. 평가

평가 부분은 7차 국어과 교육 과정과 특별히 달라지지 않았다. 현장 교육의 문제가 거의 평가에 인함이라 할 수 있는데, 2007년 개정 국어과 교육 과정에서 내세운 개정의 방향이 자리를 잡기 위해서는 현장에서의 평가가 교육 과정에 요구하는 평가와의 괴리를 좁히기 위해 계속 발전되어야겠다.

2007 개정에서도 과정과 결과를 중시하고 교수-학습 과정과 평가를 연계하여 평가하고 다양한 평가 상황을 설정하고 영역을 통합하여 평가하며, 학습자의 능력뿐 아니라 교수-학습 방법과 자료, 평가 도구도 평가하도록 하고, 다양한 평가 방법을 이용하고 질적 평가, 비형식 평가, 직접 평가, 수행 평가를 적극적으로 활용하도록 한다고 하였다.

2) 2011 개정 국어과 교육 과정[31]

(1) 구성 방향과 체제

---

31) 2009 개정 교육 과정은 1학년부터 중학교 3학년까지의 공통 교육 과정, 고등학교 1학년부터 3학년까지의 선택 교육 과정으로 편성하고 교육 과정 편성·운영의 경직성을 탈피하고 학년 간 상호 연계와 협력을 통한 학교 교육 과정 편성·운영의 부여하기 위하여 학년군을 설정(2009 개정 초중등학교 교육 과정 총론, 1p.)한다고 하였다. 그리고 국어의 경우, 고등학교 선택 과목의 교육 과정을 개정하여, 국어, 화법과 작문 I, 화법과 작문 II, 독서와 문법 I, 독서와 문법 II, 문학 I, 문학 II로 선택 과목을 정하였다. 그러나 2007 개정으로 고등학교 1학년의 국어 교과서가 검정 과정 중에 있었으므로 2007 개정에 따른 고등학교 1학년의 국어 교과서를 2010.3~2013.2 동안 사용하기로 하였다. 2009 개정 고등학교 국어과 교육 과정은 2007 개정의 선택 교육 과정에서 거의 벗어나지 못했다. 기계적으로 2007 개정의 선택 과목들을 합하고 I과 II로 나누었다. 화법과 작문, 독서와 문법, 이런 조합이 가능하며 이것이 하나의 과목이 될 수 있는지 많은 논의를 있었다. 2009 개정 교육 과정의 총론이 이미 발표되었고, 이 총론에 터해 각론이 개발되었다(2011). 논의의 편의를 위해 2011 개정 국어과 교육 과정이란 용어를 쓰겠다.

교육과학기술부에서는 2009 개정 교육 과정의 취지에 부합하고 창의성과 인성을 갖춘 인재 육성을 위한 교과 교육 과정의 개편 필요성에 따라 교과 교육 과정 개정 방향을 확정하여 2011년 1월 25일 발표하였다. ○미래 사회를 대비하기 위해 창의성과 인성을 갖춘 인재 육성 필요 ○다문화다민족국제화(글로벌) 사회에 대한 준비로서의 국가 정체성 교육 강화 ○사교육비 경감을 통한 사회적 비용 축소 ○전 지구적 관심사에 대한 대응으로서의 녹색성장 교육 강화 ○진로 집중 과정 운용에 적합한 선택 과목의 재정비 필요를 발표하였다.

총론의 개정 방향에 터해 국어과 내적인 개정 방향을 ○교육 과정과 대학 입시의 연계성 확보 ○학습자의 발달 수준에 적합한 국어과 교육 과정 적정화 ○학년별·학년군별 성취 기준의 구체화 ○국어과 선택 과목의 내용 영역 간의 타당한 결합 도출 ○보통교과와 전문교과의 연계성 강화로 방향을 정하고 있다. '화법과 작문', '독서와 문법' 과목이 타당한 결합을 이루는 것이 2011 개정에서 가장 큰 숙제로 보이고, 대학 입시와 교육 과정의 연계성 강화가 강조되고 있다. 교육 과정 내용의 적정화는 매번 교육 과정 개정에서 각 교과가 지닌 큰 숙제였다.

총론의 개정 방향에 따라 내용 요소의 20% 이상 축소할 필요가 있고 학생 발달 수준을 고려하여 학습 요소를 재배치해야 하고 '학년군'별 교육 과정을 개발할 필요가 있으며 교육 과정 내용의 비약이나 중복을 피하고 연계성을 강화한다고 한 것 등을 개정 방향으로 삼았다. 그리고 2009 개정 교육 과정의 총론에 의해 1~9학년을 공통 교육 과정으로, 10~12학년을 선택 교육 과정으로 했기 때문에 10학년(고1) 국민 공통 기본 교육 과정에서 선택 교육 과정으로 바뀌면서 1~9학년까지 교육 과정의 체계화가 필요해졌다. 그리고 1~2학년군, 3~4학년군, 5~6학년군, 7~9학년군으로 나누어 '학년군 교육 과정'을 만들어서 학년별 내용을 체계화하는 문제는 크게 부각되지 않는다.

교육 과정의 체제도 변화를 가져왔다. 2011 개정 국어과 교육 과정의 체제를 다음과 같다.

---

1. 추구하는 인간상
2. 학교급별 교육 목표
3. 목표
4. 내용의 영역과 기준
　　가. 내용 체계
　　나. 학년군별 세부 내용/학년군 성취 기준-영역 성취 기준-내용 성취 기준-국어

자료의 예

　5. 교수-학습 방법

　6. 평가

　'1. 추구하는 인간상 2. 학교급별 교육 목표'는 총론에 해당하는 것이고 '3. 목표'부터 각론의 체제라고 하겠다. 지금까지 '성격'의 내용을 '3. 목표'에 가져와서 성격과 목표를 합하여 '3. 목표'라 명명하였고, 지금까지 '내용'에 속해 있던 것을 '4. 내용의 영역과 기준'이라 명명하고 있다. '5. 교수-학습 방법', '6. 평가'는 2007 개정의 용어를 쓰고 있다.

　초등학교에서는 7/7/6/6/6/6으로 시간 배당을 하고 있고, 중학교에서는 5/4/4로 시간 배당을 하고 있다. 고등학교는 '국어 I, 국어 II, 화법과 작문, 독서와 문법, 문학, 고전' 선택 과목들에 15단위를 배당하고 있다.[32)]

(2) 성격 및 목표

　'3. 목표'는 2007 개정 교육 과정의 '1. 성격'과 '2. 목표'를 통합하고 일부 표현을 수정하여 제시하였다. 2007 개정에서는 '성격'에서 초등학교와 중등학교의 학교급 목표를 제시했는데 2011 개정에서는 그 부분이 빠졌다. 아마도 성취 기준을 제시할 때 학년군 성취 목표를 제시했기 때문이라고 생각된다.

　'목표'는 9년 동안의 국어과 교육을 통해 성취해야 할 목표를 제시하고 있다. 2007 개정과 비교해 보면 다음과 같다.

2011 목표	2007 목표
국어 활동과 국어와 문학을 총체적으로 이해하고, 국어 활동의 맥락을 고려하여 국어를 정확하고 효과적으로 사용하며, 국어를 사랑하고 국어 문화를 누리면서 국어의 창의적 발전과 국어 문화 창조에 이바지할 수 있는 능력과 태도를 기른다.	국어 활동과 국어와 문학의 본질을 총체적으로 이해하고, 국어 활동의 맥락을 고려하면서 국어를 정확하고 효과적으로 사용하며, 국어 문화를 바르게 이해하고, 국어의 발전과 민족의 문화 창조에 이바지할 수 있는 능력과 태도를 기른다.
가. 국어 활동과 국어와 문화에 대한 기본적인 지식을 익힌다.	가. 국어 활동과 국어와 문학에 대한 기본적인 지식을 익혀, 이를 다양한 국어 사용 상황에 활용

---

32) 학년군으로 시간을 배당하고 있는데, 국어 교과의 경우, 이해의 편의를 위하여 학년으로 나누어 제시하였다. 이렇게 했을 때 전체적으로 초등학교에서 국어가 1시간 줄여든 것을 쉽게 파악할 수 있다.

| 나. 다양한 유형의 담화와 글을 비판적이고 창의적으로 수용하고 생산한다.
다. 국어의 가치와 중요성을 인식하고 국어 생활을 능동적으로 하는 태도를 기른다. | 하면서 자신의 언어를 창조적으로 사용한다.
나. 담화와 글을 수용하고 생산하는 지식과 기능을 익혀, 다양한 유형의 담화와 글을 비판적이고 창의적으로 수용하고 생산한다.
다. 국어 세계에 흥미를 가지고 언어 현상을 계속적으로 탐구하여, 국어의 발전과 미래 지향의 국어 문화를 창조한다. |

(3) 내용

이 부분을 '내용의 영역과 기준'으로 명명하였다. 내용(성취 기준)을 제시하는 방식이 상당히 다른 모습을 보이고 있다.

2007 개정	2011 개정
3. 내용 　가. 내용 체계 　나. 학년별 내용 담화/글의 수준과 범위 성취 기준 내용 요소의 예	4. 내용의 영역과 기준 　가. 내용 체계 　나. 학년군별 세부 내용 학년군 성취 기준 영역 성취 기준 내용 성취 기준 (내용 성취 기준에 대한 해설) 국어 자료의 예

　5차부터 사라졌던 학년군 성취 기준(학년 목표)과 학년군 영역별 성취 기준(영역별 목표)을 다시 부활했다. 그리고 2007 개정에서 〈수준과 범위〉에 해당하는 '국어 자료의 예'가 제시되었다. '1. 추구하는 인간상 - 2. 학교급별 교육 목표'는 총론에서 거론되던 것이 각론에 제시되고 있다(해설서가 없기 때문에 각론에 들어가 있는 것으로 파악됨). 전체적인 교육 과정의 체제가 반듯하지 못하다. 1차~5차의 체제를 원용하고, 내용 체계는 그대로 두었으며 '국어 자료의 예'도 2007 개정의 〈수준과 범위〉에 준하는 것으로 존재하나 그 존재 의의가 의심스럽다.
　2011 개정 교육 과정의 '내용 체계'는 다음과 같다.

가. 내용 체계

-듣기 · 말하기-

실제		
○다양한 목적의 듣기 · 말하기 -정보를 전달하는 말 -설득하는 말 -친교 및 정서 표현의 말 ○듣기 · 말하기와 매체		
지식	**기능**	**태도**
○듣기 · 말하기의 본질과 특성 ○듣기 · 말하기의 유형 ○듣기 · 말하기의 맥락	○상황 이해와 내용 구성 ○표현과 전달 ○추론과 평가 ○상호작용과 관계 형성 ○듣기 · 말하기 과정의 점검과 조정	○가치의 중요성 ○동기와 흥미 ○공감과 배려 ○듣기 · 말하기의 윤리

-읽기-

실제		
○다양한 목적의 글 읽기 -정보를 전달하는 글 -설득하는 글 -친교 및 정서 표현의 글 ○읽기와 매체		
지식	**기능**	**태도**
○읽기의 본질과 특성 ○글의 유형 ○읽기와 맥락	○낱말 및 문장의 이해 ○내용 확인 ○추론 ○평가와 감상 ○읽기 과정의 점검과 조정	○가치와 중요성 ○동기와 흥미 ○읽기의 생활화

-쓰기-

실제		
○다양한 목적의 글 쓰기 -정보를 전달하는 글 -설득하는 글 -친교 및 정서 표현의 글 ○쓰기와 매체		
지식	**기능**	**태도**
○쓰기의 본질과 특성 ○글의 유형 ○쓰기와 맥락	○글씨 쓰기 ○쓰기의 계획 ○내용 생성과 조직 ○표현하기와 고쳐 쓰기 ○쓰기 과정의 점검과 조정	○가치와 중요성 ○동기와 흥미 ○쓰기의 윤리 ○쓰기의 생활화

'내용 체계'가 '실제, 지식, 기능, 태도' 이루어져 있고, '맥락'이 지식 범주의 하위 범주의 하나로 자리잡고 있으며 '매체'가 '실제' 범주의 하위 범주로 자리잡고 있다. 2007 개정에는 사라졌던 '태도'가 부활했고 태도가 상당히 중요시되고 있다. 듣기 · 말하기, 읽기, 쓰기 영역의 기능에 '점검과 조정'이란 하위 범주가 신설되고 있다. '태도, 맥락, 매체' 등의 용어의 쓰임에 있어 2007 개정 때부터 많이 논란이 있었다. 그 논란의 결론이 2011 개정으로 나타난 것으로 보인다.

듣기 · 말하기의 중학교 1~3학년군의 세부 내용을 살펴보면 다음과 같다.

  -듣기 · 말하기-
  (1) 듣기와 말하기의 소통과정을 이해하고 효율적인 듣기와 말하기 계획을 세운다.(
      1학년, 지식)
  (2) 공식적인 상황에서 상대의 말을 정리하며 듣고, 자신의 의견을 조리 있게 말한다.(2
      학년 기능)
  (3) 인물이나 관심사를 다양한 방법으로 소개하거나 설명한다.(1학년, 실제)
  (4) 담화에 나타난 설득의 전략을 파악하고 평가한다.(2학년, 실제)
  (5) 주변에서 일어나는 문제에 대해 의견을 조정하며 토의한다.(1학년 실제)
  (6) 다양한 논제에 대해 토론하고 토론의 과정과 결과를 평가한다.(3학년, 실제)
  (7) 대화의 상황과 맥락을 이해하고 상대의 이야기에 공감하고 듣고 말한다.(2학년,
      실제)
  (8) 목적과 상대에 따라 말하기 방식의 차이를 고려하며 대화를 나눈다.(1학년, 실제)
  (9) 사회적으로 의미가 있는 내용을 매체 자료로 구성하여 발표한다. (3학년, 실제)
  (10) 언어의 다양성을 이해하고 서로 다른 집단 간의 소통의 중요성을 안다.(2학년,
      지식)
  (11) 협상의 중요성을 이해하고 의견과 주장이 다른 상대와 협상을 통해 문제를 해결한
      다.(3학년, 실제)
  (12) 전통적인 듣기-말하기 문화를 이해하고 오늘날의 듣기-말하기 문화를 성찰한다.
      (3학년, 태도)

                                              (* 학년 및 범주명은 필자가 표시)

각 항목의 순서가 갖는 의미를 찾기 어렵다. 가장 문제가 되는 것은 학년군으로 교육 과정이 구성되었는데, (1)(3)(5)(8)//(2)(4)(7)(10)//(6)(9)(11)(12) 로 나누어 각 1, 2, 3학년 중학교 교과서를 편찬하였다는 데 있다. 교육 과정을 학년별로 나누어 교과서를 편찬한다는

것은 학년군의 의미가 퇴색했음을 말하고 있다. 그리고 위와 같이 삼분하는 명확한 근거도 없다. 다른 영역도 마찬가지의 문제점을 보이고 있다. 결국 '내용 체계'와 '세부 내용'이 선명한 연결점이 없어 각 부분이 어떤 역할을 하는지 알기 어렵다.

-문법-

실제		
○국어 문화와 자료 - 국어 자료 문어 자료 ○다양한 매체와 국어 자료		
지식	**탐구와 적용**	**태도**
○언어의 특성 ○국어의 구조 ○국어의 규범	○국어의 분석과 탐구 ○국어 지식의 적용 ○국어 생활의 점검과 문제 해결	○국어의 가치와 중요성 ○국어 탐구에 대한 흥미 ○국어 의식과 국어 사랑

-문학-

실제		
○다양한 갈래의 문학-시(시가), 소설(이야기), 극, 수필, 비평 ○다양한 매체와 문학		
지식	**수용과 생산**	**태도**
○문학의 본질과 속성 ○문학의 갈래 ○문학 작품의 맥락	○작품 이해와 해석 ○작품 감상 ○작품 비평과 소통 ○작품 창작	○문학의 가치와 중요성 ○문학에 대한 흥미 ○문학의 생활화

'문법' 영역과 '문학' 영역은 학년군의 세부 내용(성취 기준)을 제시함에 있어 큰 변화를 보이고 있지 않다.[33]

문학 영역의 세부 내용(중학교 1~3학년군)을 살펴보면 이를 잘 알 수 있다.

-문학-
(1) 비유, 운율, 상징 등의 표현 방식을 바탕으로 작품을 이해하고 표현한다.(1학년,

---

33) 문학 영역의 '내용'을 자세히 논하고 있는 '김창원(2013), 국가 교육 과정을 통해 본 문학교육의 '내용';제4차~2012 고시 교육 과정 '문학' 영역을 중심으로'에서 교육 과정의 '문학' 영역이 변해 온 것을 보여주고 있지만, 교육 과정이 개정되는 과정에 있었던 이론적인 변화를 '언어적 진술'로 명쾌하게 드러낼 수 없음을 이야기하고 있다.

수용과 생산)

(2) 갈등의 진행과 해결 과정을 파악하여 작품을 이해한다.(1학년, 수용과 생산)

(3) 다양한 관점과 방법으로 작품을 해석한다. (2학년, 수용과 생산)

(4) 표현에 드러나는 작가의 태도에 주목하며 작품을 이해하고 표현한다. (3학년, 수용과 생산)

(5) 작품의 세계가 누구의 눈을 통해 전달되는지 파악하며 작품을 수용한다. (2학년, 수용과 생산)

(6) 사회 문화 역사적 상황을 바탕으로 작품의 의미를 파악한다. (3학년, 지식, 수용과 생산)

(7) 작품의 창작 의도, 소통 맥락을 고려하여 작품을 수용한다. (3학년, 수용과 생산)

(8) 자신의 주체적인 관점에서 작품을 평가한다. (1학년, 수용과 생산)

(9) 자신의 일상에서 의미 있는 경험을 찾아 다양한 작품으로 표현한다. (2학년, 수용과 생산)

(10) 문학이 인간의 삶에 어떤 가치를 지니는지 이해한다. (3학년, 태도)

(* 학년 및 범주명은 필자가 표시)

세부 내용에서 '수용과 생산'에 거의 내용이 집중하고 있다. '태도'가 한 항목 있고, '지식' 영역은 세부 내용에서 찾기 어렵다. 학년군으로 개발된 교육 과정을 임의로 학년에 따라 나누었기 때문에 '지식, 수용과 생산, 태도'라는 범주가 학년별로 온전히 학습되기도 어렵게 되어 있다. 예를 들면 '태도' 범주는 3학년에 나오게 되어 있다. 결국, 내용 체계와 세부 내용 사이의 연결이 분명치 않고 학년으로 나눈 것도 어떤 기준을 찾기 어렵다.

(4) 교수·학습 방법과 평가

교육 과정에 제시된 '교수-학습 방법, 평가' 부분은 2007 개정과 대동소이하다고 하겠다. 민현식 외(2011)는 '교수-학습 방법'에서는 2007 개정 교육 과정의 내용을 근간으로 하되 영역 간 통합성과 학년군 간 연계성을 강조하고, 또한 '평가'는 기존의 2007 개정 교육 과정이 '평가 계획, 평가 목표와 내용, 평가 방법, 평가 결과의 활용'의 네 요소로 구성되었음에 비해 2011 개정 교육 과정에서는 '평가 목표와 내용'과 '평가 방법'을 통합하여 '평가 운영'로 항목화하여서 '평가 계획, 평가 운용, 평가 결과'의 세 항목으로 구성하였다고 하고 있다.

2007년 개정 국어과 교육 과정부터 교과서 편찬 제도가 국정에서 검인증으로 바뀜으로써 교육 과정 개정은 국정으로 교과서가 편찬될 때와는 다른 의미를 가지고 다가온다. 어떤 교과서를 선택할 것인가는 교사의 몫이 되었기 때문에 교과서의 근간이 되는 교육 과정이 더욱 중요해졌다. 교사의 입장에선 선정의 몫을 다 하기 위해서는 교육 과정이 항상 곁에 두는 자료가 되어야 한다. 교육 과정에서 어떤 방향의 국어과 교육을 설계하고 있는지, 그러한 설계도가 충족되려면 어떤 과제가 해결되어야 하는지 이 모든 것이 현장을 지키는 교사, 연구자, 그리고 사범대학의 몫이다. 2007 개정 국어과 교육 과정, 2011 개정 국어과 교육 과정이 그리고 또 앞으로 다가올 새로운 교육 과정의 개정이 이론적 토대 위에 이루어 지기를 소원한다.

3. 맺음말

현대적인 국어과 교육이 시작된 지 100 여년 되었다고 말들을 한다. 개화기로부터 학교 교육이 시작되었으니 그럴 만도 하다. 개화기의 시작과 함께 일제의 야욕이 커지면서 자국어 (일어)를 보급하고 교육시키는 데 열심이었으므로 '국어'를 교육 과정에 담아 본격적으로 교육시킨 것은 결국 해방 이후로 넘어갔고, 해방 이후는 6 · 25로 본격적인 교육이 또 늦어지 게 되었다. 이렇게 순탄치 못한 근대적인 국어과 교육의 시작이지만 국어 의식과 국어 운동 이 활발하게 이루어져 국어과 교육의 기반을 마련할 수 있었다고 하겠다.

개화기부터 교수 요목 시기까지는 교육 과정의 틀을 잡기는 어려운 시기였다. 1차 교육 과정까지도 교육 과정의 틀을 명확하게 제시하지 못하고 있다. 2차부터 교육 과정의 틀을 갖추고 교육의 본래 모습을 갖추어 가고 있다. 교육 과정 틀을 명확하게 제시하지는 못했지 만 이 시기에 사용했던 교과서를 살펴보면 실제 교육이 어떻게 이루어지고 있었는지 보다 실제적인 모습을 접할 수 있을 것이다.

김경주(2013)는 그 동안의 읽기 교육 과정을 생성기(교수요목~3차), 전개기(4차~5차), 확 립기(6차~2009 개정), 발전기(2011 개정~)로 나누고 있다. 이것을 그 동안의 국어과 교육 과정에 대입시켜도 무리가 없을 것이다. 국어과 교육이 생성되고 그 내적 체계를 구축하고 (전개기) 국어과 교육의 독자성을 확립하고 국어과 교육의 외연을 확대하면서 새로운 방향을 설정해 가는 발전하는 모습을 그리고 있다.

국어과 교육을 학문적으로 연구하고자 노력은 20세기 후반부터 싹트기 시작했다. 국어과 교육에 대한 사적 연구들이 이루어졌고[34], 국어과 교육 과정의 제 · 개정을 거치면서 국어교 육학의 모습을 그려가고 있다. 국어교육학의 학문적 노력은 학문 그 자체의 발전을 궁극적인 목표로 하기 보다는 국어과 교육의 질적 변환을 위한 것이다. 개화기부터 국어과 교육, 해방 이후 교수 요목을 거쳐, 아홉 차례의 교육 과정 개정을 거치면서 교육 과정을 다듬고 재편해 가면서 국어과 교육의 개선을 의도했지만 그 결과가 흡족하지 못했다. 그 원인은 지금 학문적 수준이 모든 문제를 해결할 수 있는 수준에 도달하지 못했고, 교육 과정의 의도를 체계적으로 전달할 수 있는 통로도 부족했기 때문이라고 생각한다. 국어과 교육 과정을 결정하는 데에 관련되는 문제들에 대한 학문적, 이론적 연구와 함께 다양한 교육 과정 자료를 개발, 보급하고 교육 여건을 개선하고, 교육 과정을 결정하는 문제에 교육의 주체인 교사가 적극 참여할 수 있어야 한다.

새로운 이론은 교육 과정을 바꾸는 동인이 된다. 그러므로 현재의 국어교육학의 수준을 말해 주는 것이 교육 과정이라 하겠다. 지금까지의 국어과 교육 과정을 밑바탕으로 다음 교육 과정이 개편되고, 교육 과정 자료가 개발되고, 의사소통 통로가 다양해지고, 현장 연구 가 활발히 이루어지고, 이 모든 것들이 현장 수업에 수렴되는 교육의 현장이 되도록 하는 노력이 필요하다.

참고문헌

곽병선(1986), 교육 과정 개정에서 고려해야 할 기본적인 문제들,「교육개발」제8권 제3호 (통권 42호), 한국교육개발원.

김경주(2013), 읽기 교육 과정의 역사적 변천, 독서연구 제29호, 한국독서학회.

金敏洙, 李乙煥, 李應百 외(1983), 國語教育論, 일조각.

김수업(1984), 교육 과정(국어과)의 내용 영역에 대하여,「모국어교육」제2호, 진주: 모국어교육학회.

김창원(2013), 국가 교육 과정을 통해 본 문학교육의 '내용': 제4차~2012년 고시 교육 과정 '문학' 영역을 중심으로, 寓漢鎔·尹希苑 教授 退任 紀念 論文集.

노명완(1988),「국어교육론」, 한샘.

노명완(1986), 국어과 교육 과정 개정의 기본 방향,「교육개발」제8권 제3호(통권 42호), 한국교육개발원.

노명완, 손영애 외(1986),「제5차 초·중학교 국어과 교육 과정 시안 연구 개발」, 한국교육개발원.

노명완(1997), 말하기·듣기 교육의 개념과 탐구 과제,「말하기·듣기 영역 교육 과정 내용의 체계화 연구」, 서울대학교 교육종합연구원 국어교육연구소 연구보고서.

---

34) 저서로는 이응백의 國語教育史研究(1973), 續國語教育史研究(1989), 박붕배의 韓國國語教育全史 上(1987), 정준섭의 국어과 교육 과정의 변천(1995)이 있다.

민현식 외(2011), 2011 국어과 교육 과정 개정을 위한 시안 개발 연구, 2011년 정책연구개발사업, 교육과학기술부.

박갑수 외(2000), 국어표현 · 이해교육, 집문당.

박붕배(1987), 韓國國語敎育全史 上, 대한교과서주식회사.

박수자(1994), 독해와 읽기 지도, 국학자료원.

박수자(1995), 독해 전략의 유형과 지도에 관한 연구, 국어교육 89호, 한국국어교육연구회.

박영목(1997), 쓰기 영역 교육 과정 설계의 원리와 절차, 「쓰기 영역 교육 과정 내용의 체계화 연구」, 서울대학교 교육종합연구원 국어교육연구소 연구보고서.

박영목, 손영애(1992), 제6차 교육 과정 각론 개정 연구—고등학교 국어과—, 한국교육개발원.

서울대학교국어교육연구소(1999), 국어교육학 사전, 대교출판.

서종훈(2011), 2009 개정 국어과 교육 과정에 대한 비판적 고찰, 우리말교육현장연구 제5집1호, 우리말교육현장학회.

손영애(1984), 「중학교 국어과 교육 과정 국제 동향 연구」, 한국교육개발원.

손영애(1990), 국어과 교육 과정, 학술세미나 국어교육 개선 방안 연구, 서울대학교 사범대학 국어교육과.

손영애(1994), 국어과 교육의 목표와 내용, 국어교육학연구 제4집, 국어교육학회.

손영애(1996), 읽기 영역 지도 내용 체계화 방안(II), 「읽기 영역 교육 과정 내용의 체계화 연구」, 국어교육연구소 학술발표회 자료집.

손영애(2004), 국어과 교육의 이론과 실제, 박이정.

손영애(2012), 국어과 교육 과정에서 '내용 체계'의 위상에 관한 小論, 국어 교육 137, 한국어교육학회.

신명선(2008), 개정 국어과 교육 과정의 문법 교육 내용에 대한 고찰, 국어교육학 연구 제31집, 국어교육학회.

이관규(2007), 2007년 국어과 문법 교육 과정의 개정 특징과 문법교육의 방향, 청람어문교육 36집, 한국교원대학교.

이대규(1985), 국어과 교육 과정에 관한 연구, 「논문집」 제27집, 서울: 한국국어교육연구회.

이대규(1995), 국어 교과의 논리와 교육, 교육과학사.

이대규(1998), 국어 교육의 이론, 교육과학사.

이도영(2000), 표현 · 이해 교육 내용으로서의 지식, 기능, 전략, 박갑수 외, 국어표현 · 이해교육, 집문당.

이삼형 외(2000), 국어교육학, 소명출판.

이성영(1995), 국어교육의 내용 연구, 서울대학교출판부.

이응백(1973), 國語敎育史硏究, 新丘文化史

이응백(1988), 續 國語敎育史硏究, 新丘文化史.

이인제 외(1997), 제7차 국어과 교육 과정 개발 연구, 한국교육개발원 교육 과정개정연구위원회.

이인제 외(2005), 국어과 교육 과정 개정(시안) 연구 개발, 한국교육과정평가.

정준섭(1995), 국어과 교육 과정의 변천, 대한교과서주식회사.

천경록(1997), 말하기·듣기의 교육 내용 구성과 교과서 개발, 「말하기·듣기 영역 교육 과정 내용의 체계화 연구」, 서울대학교 교육종합연구원 국어교육연구소 연구보고서.

최영환(1998), 쓰기 교육 패러다임과 교육 과정, 초등국어교육학회 편, 「쓰기 수업 방법」, 박이정.

최현섭(1986), 국어과 교수-학습·모형의 탐색, 「인천교대 논문집 제20집」, 인천: 인천교육대학.

최현섭 외(2002), 국어교육학개론, 삼지원.

함수곤(2000), 교육 과정과 교과서, 대한교과서주식회사.

허경철(1986), 교육 과정 개정 작업이 성공적이기 위한 중요 조건들, 「교육개발」 제8권 제3호 (통권 42호), 한국교육개발원.

홍웅선(1986), 5차에 걸친 교육 과정 개정의 흐름, 「교육개발」 제8권 제3호 (통권 42호), 한국교육개발원.

〈자료〉

문교부(1986), 교육 과정(1946~1981) 국어과·한문과

문교부(1988~1989), 국어과 교육 과정 해설

교육부(1992), 국어과 교육 과정

교육부(1993), 국어과 교육 과정 해설

교육부(1997), 국어과 교육 과정

교육부(1998), 국어과 교육 과정 해설

교육인적자원부(2007), 국어과 교육 과정

교육인적자원부(2007), 국어과 교육 과정 해설

교육과학기술부(2011), 국어과 교육 과정

교육과학기술부 고시 제2009-41호 초·중등 교육 과정

국어과 교육의 성격과 내용 체계*

1. 머리말

어느 한 교과의 목표 및 내용은 외부로부터 주어지는 것이 아니라 그 교과의 교육에 관여하는 사람들이 결정해야 할 문제이다. 국어과 교육의 궁극적인 목표가 무엇이며, 그 목표의 달성을 위해서 무엇을 어떻게 조직해서 가르칠 것인가는 국어과 교육에 관여하는 전문가들이 결정해야 할 사항이다.

우리는 해방 이후 40여년 동안 국어과 교육을 실시해 왔다. 그 동안 네 차례의 교육 과정 개정이 있었지만, 국어과 교육이 무엇을 위하여, 무엇을 누구에게 어떻게 가르쳐야 하는가에 대한 진지한 논의도 합의도 없었다. 국어과 교육이 주로 관습에 의거하여 시행되어 왔음은 국어과 교육의 학문으로서의 미성숙을 단적으로 드러내는 일이며, 동시에 국어과 교육의 부진의 근본 원인이다. 최창렬(1979)은 다음과 같이 국어 교육의 부진을 신랄하게

---

* 이 글은 1986년, 선청어문 제14 · 15합집(서울대학교 사범대학 국어교육과)에 개재되었던 것이다. 4차(학문 중심)에서 5차(기능 중심)로의 패러다임이 분명히 드러난 후, 그 다음 6차, 7차, 2007 개정, 2011 개정이 매번 변화, 발전을 도모했지만 거시적으로 볼 때 계속 '기능 중심'의 패러다임에 속한다고 하겠다. 이 글은 이런 의미가 있다고 생각되어 계속 한 부분에 자리하고 있다.

비판하고 있다.

> "국어 교육에 대한 연구 성과의 부진과 이에 따른 교실 현장의 무궤도한 교수 학습의
> 실태는 무엇을 어디에 근거하여 어떻게 조성하여 가르쳐 어떤 교육 목표를 이룩해야 할
> 것인가에 대한 표준도 확신도 없이 전반적인 혼미의 미궁 속에서 설마 뭐가 되고 있는
> 것으로 착각하는 가운데 헛되이 정력을 낭비해 오고 있는 실정이다."[1]

위의 지적대로 국어과 교육이 제 자리를 찾지 못하고 무궤도하게 굴러가고 있음은 국어과 교육에 대한 체계적 이론적 연구가 부진한 탓이다. 국어학이나 국문학, 교육학에 종사하는 전문 인력의 수에 비해 국어 교육 자체를 학문으로 연구하는 전문 인력의 수가 얼마나 미미한가 하는 것만 보아도 국어과 교육에 대한 체계적 이론적 연구의 정도를 알 수 있다. 몇 차례의 교육 과정 개정과 그에 따른 교과서의 개편에도 불구하고, 일선 현장에서의 국어과 교육의 양상이 그리 달라지지 않았음도 이러한 연유이다.

국어과가 하나의 교과로 설정되기 위해서는 다른 교과와 구별되는 독자적인 내용 영역이 있어야 하고, 그 독자적인 영역은 교육할 만한 가치를 지닌 것이어야 한다. 이 논문에서는 국어과의 고유한 영역이 무엇이며, 그것은 어떤 교육적 의의가 있는 것인지, 또한 국어과의 성격은 어떠하며, 그 성격에 비추어 국어과 교육의 내용 체계는 어떻게 이루어져야 하는가를 일별해 보려 한다. 이는 국어과 교육에 대한 관점을 정립하고, 국어과 교육의 나아가 방향을 확고히 하기 위함이다.

2. 국어과 교육의 성격

언어는 인간을 인간되게 하는 가장 특징적인 요소이다. 국어과는 이러한 언어를 목적으로 다루는 유일한 교과이다. 다른 모든 교과 활동에서도 언어는 중요한 역할을 하지만, 언어가 목적으로 취급되지는 않는다.

국어과가 언어를 목적으로 하는 교과라 함은 국어과가 언어 사용 행위 그 자체를 다루는 것을 교과의 고유 영역으로 한다는 의미이다. 따라서, 국어과는 수학과나 과학과와 같이 객관화된 지식 체계를 전수하는 것이 고유 영역인 교과와는 본질적으로 성격이 다른 교과

---

1) 최창렬(1979), '국어 교재의 구조와 수업의 개선', 국어 교육 34, 한국국어교육연구회, pp, 221~222.

이다.[2]

국어과는 언어 사용 행위 그 자체를 다루어서 언어 사용 기능을 신장시키는 것을 목표로 한다. 언어 사용 행위는 말하고 듣고 읽고 쓰는 활동으로 나타난다. 이는 정신 작용으로 보아 표현(말하기·쓰기)과 이해(듣기·읽기)로 나누어질 수 있고, 사용되는 매체에 따라 음성 언어 활동(말하기·듣기)과 문자 언어 활동(쓰기·읽기)으로 나누어질 수도 있다. 국어과 교육의 목표는 말과 글을 통하여 자신의 생각과 느낌을 효과적으로 정확하게 표현하고, 말과 글을 통하여 다른 사람의 생각과 느낌을 효과적으로 정확하게 이해하는 능력을 최대한으로 길러주는 것이다. 언어를 통한 의사 교환 기능을 신장시킨다는 것은 1,2,3,4차에 걸친 국어과 교육 과정의 목표에도 반영되어 있고, 다른 나라의 국어과 교육 과정에서 제시한 자국어 교육의 궁극적인 목표에도 드러나 있다.[3]

말하기, 듣기, 읽기, 쓰기로 나타나는 언어 사용 행위를 노명완(1986)은 "언어를 매개로 하여 전달하고자 하는 의미를 再構成하는 思考過程"으로 정의하고 있다.[4] 이 정의에서 드러나듯이 언어 사용 행위(표현·이해 행위)는 언어로 표현된 지식이나 내용 그 자체를 말하는 것이 아니라, 언어로 표현된 지식이나 내용(意味)을 再構成하는 思考過程만을 의미한다. 사고를 유발하는 내용이 물리학에 관한 것이든 역사에 관한 것이든 상관이 없다. 국어과에서 고유 영역으로 다루는 것은 언어로 표현된 내용 그 자체가 아니라, 그 내용을 처리하는 머리 속의 정신 과정인 것이다. 이런 의미에서 국어과는 다른 교과와의 다른 특수성을 지닌다. 이러한 특수성으로 인해 국어과는 내용 영역의 한계가 모호한 교과로 인식되기도 하고 자칫 잡동사니를 다루는 교과로 전락될 위험을 갖기도 한다.

흔히들 국어과를 도구 교과라 한다. 국어과에서 길러 주고자 하는 말하고 듣고 읽고 쓰는 언어 사용 기능이 다른 교과의 원만한 학습 수행에 도구가 되기 때문이다. 국어과의 도구적 성격은 단순히 글자 읽기(decoding)와 옮겨 쓰기(translating) 정도의 기능을 말하는 것이어서는 안 된다. 글 전체의 구조를 파악하고 숨겨진 의미를 추론해 내고, 중요한 내용을 추출해 내는 수준의 읽기, 자신의 생각이나 느낌을 효과적으로 풀어 엮는 수준의 말하기나 쓰기 기능이 도구적 구실을 할 수 있다. 즉 언어를 매개로 의미를 재구성할 수 있는 능력을 키워준

---

2) 국어과에서도 지식 그 자체가 학습의 대상이 되는 경우가 없지 않다(맞춤법, 문종에 대한 지식 등). 그러나 그러한 지식이 핵심적인 것으로 취급되어서는 안 된다.

3) 졸고(1984), 중학교 국어과 교육 과정 국제 동향 연구, 한국교육개발원.

4) 노명완(1986), '국어 교육학의 성격과 과제', 교사교육논집 제2집, 강원대학교 교사교육센터, pp.68~69.

다는 의미에서 국어과는 도구 교과이다.

국어과 교육에서 의도하는 언어 사용 기능의 신장은 학생의 입장에서 볼 때 다음과 같은 교육적 의의를 갖는다.[5]

첫째, 학생들은 언어를 사용하는 행위를 통해서 지적 능력을 기를 수 있다. 언어 사용 기능은 의미의 재구성 기능을 말하는 것으로, 이 기능을 신장시키는 것은 바로 지식(언어로 표현된 내용, 의미)을 다루는 과정을 학습하는 것이고(학습 방법의 학습), 고등 수준의 사고 능력을 기르는 것이다.

둘째, 사회적인 측면에서 보았을 때, 언어 사용 기능의 신장은 바로 언어를 통한 의사 교환의 기능을 기르는 것이다. 이는 인간이 일상의 삶을 원만히 영위하기 위해서는 필요불가 결한 것이다. 이러한 교육적 의의를 두고 보면, 국어과의 중요성을 보다 분명히 파악할 수 있다. 언어 기능의 범 교과적 활용 운동(Language Across the Curriculum)도 이러한 맥락에서 이해되는 것이다.

언어를 부리는 능력은 가르치지 않아도 되는, 타고나는 능력을 생각하는 경향이 있다. 다음과 같은 실험은 언어를 부리는 능력은 타고나는 것이 아니라는 것을 일깨워 준다.[6]

취학 전 아동 두 명에게 아주 간단한 문제를 주었다(화자, 청자, 토픽의 의사소통 상황 설정). 네 장의 그림(1. 개가 서 있는 그림. 2. 개가 앉아 있는 그림. 3. 고양이가 서 있는 그림. 4. 고양이가 앉아 있는 그림)을 두 명에게 각각 제시하고, 그 중 한 명에게는 넷 중 어느 한 그림을 가리키고, 상대방이 넷 중 어느 것인지 찾을 수 있도록 설명하게 했다.

추상의 수준이 아주 낮은 구체적인 문제인데도 취학 전 아동이나 저학년 아동에게는 어려운 일이었다. 첫째, 그들은 언어에만 의존하여 설명하는 일에 익숙하지 못했으며(손가락으로 자신이 말하고자 하는 그림을 짚으려 함.) 둘째, 자기중심성에서 벗어나지 못해, 자신의 정보와 청자의 정보가 다르다는 것을 인식하지 못했다. 청자와 화자 사이에 공유하지 못한 경험을 말함으로써 서로 의사소통이 되지 못한 것이다(개를 보고 삼촌 집에 있는 개 Jip를 생각하고 Jip라고 부름.). 셋째, 주어진 정보를 문제에 따라 분석해서 제시하지 못했다. 즉 변별력이 없는 정보(검은 반점이 있고, 귀가 크고…등)만 나열해서 문제의 대상을 찾아낼 수 있는 특징적인 변별적인 정보를 상대방에게 주지 못했다. 이러한 문제는 좀더 복잡한

---

5) 노명완(1986), '국어 교과의 내용 영역 체계와 지도 방법', 중등국어교사 연수 교재, 서울특별시교육연구원, pp.48~49.

6) Brown, R. (1968), "Introduction", In J. Moffet, Teaching the Universe of Discourse, Harvard University.

상황이 제시되면 고학년 학생이나 성인에게도 적용될 수 있다.

말하기, 듣기, 읽기, 쓰기의 네 가지 언어 사용 행위에 대하여 각각의 성격과 과정, 이들 네 가지 행위 사이의 상호 관계 등에 대한 세부적인 연구가 매우 부진한 상태에 있긴 하나, 이들 기능이 교육에 의하여 신장될 수 있다는 것을 여러 연구 결과가 보여주고 있다.[7)]

언어 사용 기능의 신장은 교사의 설명으로 이루어질 수는 없다. 언어 사용 기능은 지적 정신 과정(표현 과정에서 자기의 생각이나 느낌을 말과 글로 조직해 내는 과정이며, 이해 과정에서는 말이나 글로 다른 사람의 생각이나 느낌을 이해하고 요약·정리하는 과정)을 뜻하기 때문에, 수학이나 과학의 개념 학습과 같은 과정을 거쳐 학습될 수는 없다. 구체적인 상황에서 학생들이 스스로 경험함으로써 신장될 수 있는 것이다. 분석적인 문법 지식의 학습으로 언어 사용 기능이 신장될 수 없다. 언어는 여러 층의 구조를 갖고 있는데, 실제의 언어 사용의 단위가 되는 문장 이상의 언어 구조에 대한 관심보다는 실제의 언어 사용과는 거리가 먼 음소, 단어 등의 단위에 대한 분석적 지도는 언어 사용 기능에 도움이 되지 못한다. 개념의 습득과 기능의 신장 사이의 관계에 대해 정밀한 실험 연구들이 선행되어야 하겠지만, 언어를 부리는 능력이 언어를 분석함으로써 얻어지는 것은 아니라고 확신한다.

국어과 교육이 언어 사용 기능을 신장시키는 것을 목표로 하고, 언어 사용 행위 그 자체를 교과서의 영역으로 한다는 것에 동의한다면, 국어과 교육의 모습은 학습자 자신의 언어 경험을 중시하고, 폭넓은 상황을 제시하여 구체적인 언어 사용 경험을 학습자가 할 수 있도록 하는 것이어야 한다.

3. 국어과 교육의 내용 체계

3.1. 현행(4차 교육 과정) 국어과 교육 과정의 내용 체계

현행 국어과 교육 과정은 국어과 목표를 다음과 같이 세 가지로 제시하고 있다. (중학교의 경우)

국민 학교의 교육 성과를 발전시키고, 국어과 민족 문화에 대한 관심을 깊게 한다.

---

7) 노명완·손영애(1986), '독서 지도 연구에서의 패러다임(paradigm)의 변화. – 최근 10년간의 연구 동향과 앞으로의 전망', 봉죽헌 박붕배 박사 회갑 기념 논문집, 배영사, pp.122~132.

1) 말과 글을 통하여 생각과 느낌을 효과적으로 표현하고 이해하며, 합리적인 판단력을 기른다.
2) 국어에 관한 체계적인 지식을 가지게 한다.
3) 문학에 관한 기초적인 지식을 습득시키고, 문학 작품 감상력과 상상력을 기르며, 삶의 다양한 모습을 이해하게 한다.

1)은 언어 기능(표현·이해)에 관한 목표이고, 2)는 언어 지식, 3)은 문학 지식과 문학 작품 감상에 관한 목표이다. 이러한 목표 아래 내용 영역을 '표현·이해 / 언어 / 문학'의 세 영역으로 제시하였다. 1,2,3차 국어과 교육 과정에서는 말하기, 듣기, 읽기, 쓰기의 언어 기능 속에 분산시켜 제시하였던 언어 지식과 문학에 관한 사항을 독립시켜 제시함으로써 문학 교육의 강화, 언어 지식 교육의 체계화라는 개정의 기본 방향을 살리고 있다. 그리고, 학년 목표 수준에서는 표현·이해에 관한 항목 4개, 언어, 문학에 관한 항목을 각각 1개씩 제시해서, 언어 기능 교육의 강화를 시도한다고 하였다.[8]

그러나, 교과 목표나 내용 영역 구분에서 '표현·이해/ 언어/ 문학'을 대등하게 제시함으로써, 국어과 교육의 정립을 어렵게 하고 있다. 앞에서 살펴보았듯이 표현·이해의 언어 기능은 정신 작용을 의미하는 것이며, 언어(지식), 문학은 객관화된 지식 체계를 가진, 수학이나 과학 동열에 설 수 있는 것이다.

이대규(1985)는 국어과 교육은 수사론, 문학 이론, 언어학으로부터 선정된 내용(지식, 개념)을 가르쳐야 한다고 주장한다.[9] 수사론은 언어를 사용하여 의사소통 자료를 구성하고, 이미 표현된 의사소통 자료를 해석하는 데 필요한 합리적·체계적 지식을 제공하여 표현력·이해력을 신장시켜 주며, 문학 이론은 문학 작품 현상의 해석 평가에 필요한 지적 기초 관점을 제공하며, 언어학은 언어의 본질과 구조를 탐구하는 학문으로서 언어에 대한 체계적 지식을 준다고 하였다. 그리고, 이 세 학문은 탐구 방법, 대상, 목적에서 공통점이 없으므로 국어 교과라는 범주로 묶여서 다루어지는 것 자체에 논리적 근거는 없다고 하였다. 굳이 찾는다면 이 세 학문이 언어와 밀접한 관계를 가진다는 정도일 것이다.

최현섭(1986)도 국어 교과를 이질적인 세 영역의 복합체로 보고 있다.[10] 언어 기능은 실용적인 목적을 가지며, 언어(지식)영역은 국어에 관한 지식을 넓히고 탐구하는 힘을 길러

---

8) 문교부(1982), 국민 학교 교육 과정 해설.
9) 이대규(1985), '국어과 교육의 과정에 관한 연구', 논문집 27, 한국국어교육연구회.
10) 최현섭(1986), '국어과 교수-학습 모형의 탐색', 인천 교대 논문집 제20집.

주는 독자적인 지적 목적을 가지며, 문학 영역은 일상생활에서의 실용을 위한 것도 아니고, 문학에 관한 지식을 넓히기 위한 것도 아닌 美 자체에 목적이 있다고 하였다.

이에 반해 이용주(1986), 노명완(1986)은 국어과 교육은 언어 사용 기능을 신장시키는 것을 궁극적인 목표로 하는 것으로, 여타 다른 영역(언어, 문학, 기타 가치 문제)이 언어 사용 기능과 대등하게 놓일 수는 없다고 주장한다.[11] 필자도 제1부 제1장에서 국어과는 언어 기능을 핵으로 하는 교과이어야 한다고 주장한 바 있다.

국어 교과가 "국어"라는 명칭을 교과의 이름으로 표방하고 있는 한, 국어 교과는 이질적인 내용 요소들의 복합체가 아닌, 여러 내용 요소들을 꿰뚫어 묶을 수 있는 단일한 교과 목표가 있어야 하며, .교과의 내용 요소, 내용 영역들은 이 목표를 정점으로 체계화되어야 한다. 국어과의 내용 영역으로 무엇을 설정하느냐는 전문가들의 결정에 의하는 것이지만, 국어 교과 교육의 학문적 정립을 위해서는 설정하고자 하는 내용 영역의 특성이 밝혀지고, 각 영역 사이의 관계가 밝혀져야 할 것이다.

언어 사용 기능의 신장이 갖는 교육적 의의를 생각한다면, 적어도 초등·중등의 국어과 교육은 언어 지식이나 문학 지식을 전수하는 것이 되어선 안 되리라 생각한다. 국어과 교육의 내용이 언어 사용 기능을 핵으로 체계화되어야 한다면, 우선 언어를 매개로 한 표현과 이해의 사고 과정이 세분화되고 이론화되어야 하며, 이 과정에 관련되는 제 요인이 탐구되어야 한다. 그리고, 지금까지 국어과의 고유 영역으로 인식되어 온 언어(지식)나 문학 지식 및 문학 작품 감상이 언어 사용 기능 영역과 어떻게 연관되는지 밝혀야 한다.

이 글에서는 교육 과정에 제시된 '언어', '문학' 영역의 성격이나 그 지도 방법으로 보아, 언어 지식, 문학 지식, 문학 작품의 감상 지도가 '언어 기능'과 통합될 수 있음을 보이고자 한다. 언어나 문학이 독자적인 목표를 가지는 영역으로 인식되어, 그 목표 달성을 위해 내용을 선정·조직해서 지도해야 한다면(대학에서의 국어학, 국문학 강의와 같이), 그것은 이미 국어과 교육의 범위를 벗어나는 일이다. 따라서, 이 글의 논의의 대상이 되지 않는다.

---

11) 이용주(1986), '국어 교육에서의 문학의 위치', 봉죽헌 박붕배 박사 회갑 기념 논문집, 배영사.
노명완(1986), '국어 교과의 내용 영역 체계와 지도 방법', 중등 국어교사 연수 교재, 서울특별시 교육 연구원.

3.2. 국어과 교육에서의 언어, 문학의 성격 및 위치

1) 언 어

초·중·고 국어과 교육 과정에서 제시한 '언어' 영역의 목표는 다음과 같다.

- 국어에 관한 초보적인 이해를 가지게 된다. (국민 학교)
- 국어에 관한 체계적인 지식을 가지게 한다.(중학교)
- 언어와 국어에 관한 체계적인 지식을 가지게 한다.(고등학교 국어 I)

이에 관한 '지도 및 평가상의 유의점'으로 제시된 사항은 다음과 같다.

- 교과서에 나오는 용어 이외의 전문 용어는 지도하지 말고, 예를 통하여 기본 개념을 이해시킨다. 평가는 언어 지식을 적용할 수 있는 능력을 중심으로 하여 평가한다. (국민 학교)
- '언어'는 국어의 본질을 이해하기 위한 기초적인 지식을 지도하되 ('표현·이해', '문학'과) 상호 관련되도록 한다. 평가는 언어 지식을 적용할 수 있는 능력을 중심으로 평가한다.(중학교)
- '언어'는 언어의 본질과 특질에 관한 지식을 지도하되 ('표현·이해', '문학'과) 상호 관련되도록 한다. 언어의 지도는 되도록 학생들의 언어 생활과 관련지어 이루어지도록 한다. 기본 개념과 원리는 적용에 역점을 두어 지도한다. 평가는 체계적인 언어 지식과 그 적용 능력을 중심으로 평가한다.(고등학교 국어 I)

　　교육 과정의 목표에 드러난 '언어' 영역의 성격은 지식 체계를 지도하는 것이다. 이는 교육 과정의 내용 요소를 보다 구체화시켜 제시한 교과서를 보면 더욱 확연히 드러난다. 교육 과정의 '지도 및 평가상의 유의점'에서는 언어 지식 그 자체의 설명보다는 언어 현상 속에서 지식(규칙)을 추출해 내는 과정의 지도 및 추출한 지식의 실제 적용을 중시하도록 명시하였다. 그리고 언어 지식의 지도가 언어 사용 기능과 상호 관련되도록 이루어져야 한다고 하였다. 이러한 취지라면 굳이 '언어'라는 독립된 영역을 설정할 필요가 없다. 국어에 관한 체계적 지식의 습득이란 '언어' 영역의 목표가 언어 기능 신장을 돕기 위한 것이면, 언어 기능과 대등하게 제시될 성질이 아닌 것이다.

　　음운, 형태소, 단어 등에 대한 지식이 언어 사용 기능의 신장에 도움이 되느냐에 대해선 부정적인 실험 결과가 더 많음을 노명완(1986)은 밝히고 있다. 그러나 '언어' 영역에서 다루는 지식이 문장 이상의 언어 단위(text, discourse)에 대한 것이라면, 이는 말하고 듣고 읽고 쓰는 언어 사용 행위에 긍정적으로 작용할 것이라고 주장하고 있다.[12] Walter T. Petty & M. Jensen(1980)는 문법은 전통적으로 국어 교육 프로그램의 요소이었으나, 문법에 대한 분석적 지식의 학습은 언어를 통한 표현과 수용에 관계가 없다고 하였다. 그래서 점차로 문법 학습은 어원, 방언, 단어 선택, 문장 재구성 등의 학습을 통해 아동들이 실제의 언어 사용에 필요한 지식을 넓혀 가도록 하는 방향으로 변하고 있다고 하였다.[13]

국어과 교육의 내용 요소로서, 국어 음운에 관한 여러 사항, 단어의 짜임 및 종류, 문장의 성분 및 문장의 종류 등 언어에 관한 여러 사항들이 포함되는 것이 잘못된 것은 아닐 것이다. 그러나 국어과 교육이 국어학 교육이 아니라는, 국어학 교육이 될 수 없다는 사실을 명백히 해야지만, 언어 지식으로 제시한 여러 학습 사항을 어느 수준까지, 어떤 방향으로 다루어야 할지가 분명해진다.

국어과 교육에서 다루는 언어 지식의 내용은 그것이 언어 사용 기능과 어떻게 결합될 수 있는지를 고려해서 구체화되어야 한다. 예를 들어 접사의 구실, 단어의 짜임새 등의 학습 요소는 어휘 확장의 한 요소로 다루어 질 수 있으며, 문장의 구조에 대한 학습 요소는 '쓰기'의 한 활동으로서 문장 만들기에서 충분히 다루어 질 수 있다.[14] 요컨대, 초등·중등의 국어과 교육은 언어 기능을 핵으로 하여 짜여져야 하며, 언어 지식은 언어 사용 행위와 직결되도록 제시되어야 할 것이다.

초등·중등의 국어과 교육에서 언어 지식은 언어 사용 기능(표현·이해의 정신 과정)과 대등한 위치에서 제시될 성질이 아니다. 교육 과정의 목표 제시에 있어서나 내용 영역 설정에 있어서 동열에 놓일 수는 없다. 언어 지식 요소는 언어 사용 기능의 각 활동 영역에서 기초적인 지식 요소로서 제시될 수 있다. 언어나 국어에 대한 체계적 지식의 유무는 학습자에게보다 교사나 교재 편찬자에게 더 중요한 사항이다.

---

12) 노명완(186), 전게서, p.46.

13) Walter, T. Petty & Tulie M. Jensen(1980), Developing Children's Language, Allyn and Bacon, Inc. p.8.

14) 이러한 학습이 언어 사용과 관련되게 체계적으로 이루어지기 위해서는 교과서의 성격이 지금과 같은 독본 위주의 것이 되어서는 곤란할 것이다. 영역별로, 구체적인 활동 요소별로 상세화된 학습 자료가 제시되어야 할 것이다.

2) 문학

초·중·고 국어과 교육 과정에서 제시한 '문학' 영역의 목표는 다음과 같다.

- 상상의 세계를 표현한 글을 즐겨 읽고, 아름다운 정서를 기르게 한다. (국민 학교)
- 문학에 관한 기초적인 지식을 습득시키고, 문학 작품 감상력과 상상력을 기르며, 삶의 다양한 모습을 이해하게 한다. (중학교)
- 문학이 문화 유산임을 알고, 문학에 관한 체계적인 지식을 가지고 작품의 가치를 평가하며, 인간의 내면세계를 이해하게 한다. (고등학교 국어 I)

이에 관한 '지도 및 평가상의 유의점'으로 제시된 사항은 다음과 같다.

- '문학'은 작품의 감상과 감상하기 위한 초보적인 지식을 지도하되 ('표현·이해', '언어'와) 상호 관련되게 한다. 문학에서는 교과서에 나오는 용어 이외의 전문 용어는 지도하지 말고, 예를 통하여 기본 개념을 이해시킨다. 동화, 극본의 창작 지도는 특별 활동을 통하여 지도하거나 개별적으로 지도할 수 있으나 정규 수업 시간에 모든 학생에게 지도하지 않도록 한다. 평가는 작품의 이해와 감상을 중심으로 하여 평가한다. (국민 학교)
- '문학'은 작품을 감상하기 위한 기초적인 지식을 지도하되 ('표현·이해', '언어'와) 상호 관련되도록 한다. 문학 창작은 문학 창작에 흥미와 재능을 가진 학생을 대상으로 하며, 정규 수업 시간에 모든 학생을 대상으로 하지 않도록 한다. 평가는 작품의 이해와 감상을 중심으로 하여 평가한다. (중학교)
- '문학'은 작품을 감상하기 위한 지식을 지도하되 ('표현·이해', '언어'와) 상호 관련되도록 한다. 소설이나 희곡의 창작은 문학 창작에 흥미와 재능을 가진 학생을 대상으로 하며, 정규 수업 시간에는 지도하지 않도록 한다. 기본 개념과 원리는 적용에 역점을 두어 지도한다. 평가는 작품의 이해와 감상을 중심으로 하여 평가한다. (고등학교 국어 I)

교육 과정에 제시된 '문학'의 성격은 문학에 관한 지식과 문학 작품의 감상, 두 가지로 나누어진다.[15] 교육 과정과 교육 과정을 구체화시킨 교과서를 살펴보면, '문학' 영역의 내용

---

15) 지도상의 유의점에서, 창작 지도를 정규 시간에 부과하지 말 것을 못 박았다. 따라서 '문학' 영역의 지도 내용으로 창작은 제외되어야 할 것이다. 그리고, 창작이 어느 정도 필요하다고 인정하더라도 그것은 쓰기 영역에서 이루어져야 하리라고 생각한다.

은 문학 지식, 문학 작품의 감상, 문학사를 포괄하고 있다.[16) 그러나 교육 과정의 진술이나 교과서의 편찬은 '문학 작품의 감상'을 초·중·고의 '문학' 영역에서 가장 핵심되는 사항으로 제시하고 있다.

교육 과정의 '언어' 영역은 국민 학교에서는 '말익히기', 중학교에서는 '문법', 고등학교 국어 I에서는 '학습 문제 5번'에서 구체적으로 다루어지고 있으나, '문학' 영역은 교과서와 교육 과정 사이에 이런 명시적인 관계를 엿볼 수 없다(이는 '표현·이해'의 경우도 마찬가지이다.). 문학 작품이 제재로 제시된 단원의 학습에서, 교육 과정에서 제시한 '문학' 영역의 목표 및 내용을 달성하게 되리라는 가능성이 있을 뿐이다. 따라서, 교사에 따라 다양하게 다루어질 가능성이 크다.

문학에 관한 지식은 문학 작품을 감상하기 위한 것으로서 '지도 및 평가상의 유의점'에 명시되어 있다. 문학 지식(구성, 인물, 배경, 주제 등에 관한 지식)은 비문학 작품의 읽기 및 일상생활의 여러 다른 측면에서 활용될 수 있는 고등 수준의 읽기 기능으로 지도될 수 있다.[17)

'구성'이란 개념은 교사의 설명보다는 사건의 순서 알아보기, 긴장의 원인 찾기 등의 활동을 통해 지도될 수 있으며, '배경'이란 개념은 시간이나 장소를 지시하는 말 찾기 등의 활동을 통해, '인물'이란 개념은 말과 행동을 통해 인물의 성격이 어떻게 드러났는지 찾아보는 활동을 통해 지도될 수 있다. 문학 지식의 지도를 이러한 기능을 통해 접근해 가면, 교사는 작가의 생애, 연대, 경향 등 작품의 이해에 주변적인 사항의 설명보다는 이야기나 시, 희곡 등을 어떻게 읽을 것인가를 학생들에게 지도하는 일에 일차적인 관심을 갖게 될 것이다. 그리고, 이러한 기능(사건의 순서 알기, 말이나 행동을 통해 드러난 인물 파악하기…등)은 문학 제재의 수업 이외의 상황에서 쉽게 전이되어 쓰일 수 있으며, 학생들의 사고 과정을 보다 직접적으로 관찰할 수 있게 해 준다. 즉 왜 그렇게 생각하는가에 대한 근거를 말하게 함으로써, 학생들의 사고 과정을 추적할 수 있다. 이와 같은 활동은 학생들에게 추론을 가능케 하는 사고 기능을 발달시킬 수 있는 기회를 준다는 점에서도 의의가 크다.

이렇게 접근한다면 문학 지식의 지도 및 문학 작품의 감상 지도를 특별히 독립된 영역으로서 언어 기능과 분리하여 제시할 필요가 없다. 보다 포괄적이고 유용한 읽기 기능으로서,

---

16) 교과서에 실린 문학사 관련 단원은 언어 기능의 신장을 위한 읽을거리로 제시되었다기보다, 글의 내용 그 자체를 가르치기 위한 단원이다.

17) Thomas G. Devine(1981), Teaching Study Skills, Allyn and Bacon, Inc, pp.80~81.

교육 과정에서 의도한 '문학' 영역의 목표를 달성할 수 있는 것이다.

'언어'나 '문학' 영역에서 가르치고자 하는 지식이 '~에 대한'(Knowing about)이 아닌 '어떻게'(Knowing how)라면, '언어'나 '문학'을 독립된 영역으로 설정할 필요가 없다. 국어과 교육에서의 문학의 성격 및 위치에 관해서는 이용주(1986)에 자세히 밝혀져 있다.[18] 필자의 견해도 이에서 벗어나지 않는다. 문학 작품은 국어과 교육에서 훌륭한 제재로서 활용되어야 한다. 그러나, 그것이 독립된 영역으로 설정될 성질은 아니다. 언어 사용 기능의 신장이란 국어과 교육의 목표 속에 문학 작품의 감상 및 감상을 위한 개념의 학습이 충분히 포괄될 수 있다.

'문학'이란 가르치는 것이 아니라, 음미하고, 즐기고, 경험해야 되는 것이라면, '문학'에 관한 한 교육의 장은 속수무책이 될 수밖에 없다. 문학 작품의 감상을 통한 예술적, 심미적 체험이란 것도 문학 작품이 언어의 구조물인 이상, 언어 사용 행위를 거쳐야 가능해질 것이다. 요컨대, 국어과 교육이란 틀에서 '문학'을 다룬다면, 독립된 영역으로서가 아니라, 언어 기능 속에 포괄시켜야 할 것이다.[19]

국어과 교육의 내용 체계에 관한 논의는 내용 영역의 설정 및 각 영역의 위치, 즉 어느한 영역이 상위에 속하고 나머지는 그 하위에 속해야 하는지, 아니면 모든 영역이 대등하게 자리잡을 것인지 등에 관한 사항을 포함한다. 이 논문에선 현재의 국어과 교육 과정의 내용 체계를 중심으로 하여, 그 문제점을 살펴보고, 이에 따라, '언어'와 '문학' 영역의 성격 및 위치를 검토해 보았다. 검토의 결과, 현행 국어과 교육 과정에서 제시한 '언어', '문학' 영역의 목표는 언어 기능 목표와 대등하게 나열될 수 없다는 점과 '언어', '문학' 영역의 내용은 '언어 기능(표현·이해)' 영역에서 모두 포함할 수 있음을 지적하였다.

---

18) 이용주(1986), 전게서, pp.324~333.

19) 이 글에선 '문학 교육'이란 용어를 피했다. '문학 교육'란 용어는 국어 교육, 문학 교육이 별개로 존재하거나 (문학 교육이란 용어를 쓴 경우에도 이런 의미로 쓰고 있진 않았다.) 국어 교육 속에 문학 교육, 어학 교육(이 용어는 사실 쓰이지 않는다고 해야 할 것이다.) 등이 병렬적으로 자리잡고 있는 듯한 오해를 불러 일으킨다고 생각하기 때문이다. '문학'이 예술로서 독립되어 가르쳐야 한다고 인정된 경우가 아니라면 '문학 교육'이란 말보다는 문학 작품의 지도가 어떻게 이루어져야 하는가 하는 측면에서 '문학 작품의 교수-학습'이란 말이 더 적절할 것 같다.

4. 맺음말

국어과 교육은 언어 사용 기능 그 자체를 교과의 고유한 영역으로 한다. 언어 사용 기능은 단순한 읽기, 쓰기 기능을 뜻하지 않는다. 이는 언어와 그것이 뜻하는 의미를 연결짓는 사고 과정이다. 이 과정은 눈에 보이지 않지만 그 결과는 언어를 통해 확인될 수 있다. 국어과 교육이 언어와 의미를 연결짓는 사고 과정을 다룬다면, 그 사고 과정을 엿볼 수 있게 하는 학생들의 언어(활동)를 수업에서 적극적으로 활용하여야 할 것이다. 그러기 위해서는 학생들이 자신의 언어를 사용할 수 있는 기회를 많이 주는 수업이 되어야 한다.

국어과 교육의 궁극적인 목표는 언어 사용 기능의 신장이다. 따라서 말하고 듣고 읽고 쓰는 언어 사용 행위 그 자체가 국어과의 고유 영역이다. '언어'나 '문학' 영역은 이와 대등하게 위치할 수 없다. '언어' 영역의 내용 요소인 언어 지식은 언어 사용 기능의 신장을 위한 기초 지식으로 다루어져야 하고, 문학 작품 감상을 위한 문학 지식도 언어 사용 기능의 신장을 위한 기초 지식으로 다루어져야 한다. 문학 작품은 언어 사용 행위의 중요한 제재로서 다루어져야 한다.

초등 · 중등의 국어과 교육은 언어 사용 기능을 신장시킬 것을 목표로 하며, 그 목표를 달성하기 위한 내용 영역은 수학과나 물리과와 같은 지식의 체계가 아니라, 언어 사용 행위 그 자체이다. 국어과는 전수해야 할 객관화된 지식 체계를 갖지 않는, 언어를 다루는 능력을 길러 주는 교과로서, 모든 교과를 꿰뚫어 그 위에 위치한다.

참고문헌

김은전(1986), '초 · 중 · 고교에서의 문학 교육', 제5차 국어과 · 한문과 교육 과정 개정을 위한 세미나 자료집, 한국교육개발원.
노명완(1986), '국어교육학의 성격과 과제', 교사교육논집 제2집, 강원대학교 교사교육센터.
노명완(1986), '국어교과의 내용 영역 체계와 지도 방법', 중등 국어교사 연수 교재, 서울특별시 교육연구원.
노명완(1986), '초 · 중 · 고교에서의 읽기 · 쓰기 교육', 제5차 국어과 · 한문과 교육 과정 개정을 위한 세미나 자료집, 한국교육개발원.
노명완 · 손영애(1986), '독서 지도 연구에서의 패러다임(paradigm)의 변화—최근 10년간의 연구 동향과 앞으로의 전망', 봉죽헌 박붕배 박사 회갑 기념 논문집, 배영사.
손영애(1984), '중학교 국어과 교육 과정 국제 동향 연구', 한국교육개발원.

손영애(1986), ‘국어과 교육 과정 개선 방안 탐색’, 국어 교육 57·58, 한국국어교육연구회.

이대규(1985), ‘국어과 교육 과정에 관한 연구’, 「논문집」 27집, 한국국어교육연구회.

이대규(1981), ‘국어 교육 내용의 특성과 체계’, 「새국어교육」 33-34, 한국국어교육학회.

이용주(1986), ‘국어교육에 있어서의 문학의 위치’, 「봉죽헌 박붕배 박사 회갑 기념 논문집」, 배영사.

이용주(1986), ‘초·중·고교에서의 언어지식 교육’, 제5차 국어과·한문과 교육 과정 개정 위한 세미나 자료집, 한국교육개발원.

이용주(1975), ‘국어교육에 있어서의 본질과 비본질’, 사대논총 12, 서울대학교 사범대학.

최명환(1986), ‘문학교육의 현황과 개선 방향’, 공주교대논총 제22권.

최현섭(1986), ‘국어과 교수-학습 모형의 탐색’, 인천교대 논문집 제20집.

Devine. T. G.(1981), *Teaching Study Skills*, Allyn and Bacon, Inc.

Fillion, Bryant(1968), Let me see you learn, *Language arts* Vol. 60, No. 6.

Moffet, James(1968), *Teaching the Universe of Discourse*, Harvard University.

Moore, W. J. & Kennedy L. D., (1971), Evaluation of Learning in the Language Arts, *Handbook on Formative and Summative Evaluation of Student Learning*, McGraw-Hill Book Company.

Olson, D. R.(1983), Children's Language and Language Teaching, *Language arts* Vol. 60, No. 2.

Petty, W. T. & Jensen J. M.(1980), *Developing Children's Language*, Allyn and Bacon, Inc.

Purves, A. C.(1971), Evaluation of Learning in Literature, *Handbook on Formative and Summative Evaluation of Student Learning*, McGraw-Hill Book Company.

국어과 교육의 목표와 내용*
- 언어와 문학 영역을 중심으로 -

1. 머리말

교육 과정은 학생들의 교육적 성취를 의도하여 기성 세대의 핵심적인 문화 내용으로서 지식, 사고의 양식, 경험 등을 재구성한, 위로는 국가 수준에서부터 아래로는 교사와 학생 수준에 이르기까지의 계획이다. 이러한 계획으로서의 교육 과정은 국가 수준의 계획으로서 고시된 문서에만 국한될 필요가 없다. 보다 상세한 목표나 내용을 담은 해설서, 교과서 및 교사용 지도서, 교사의 수업 계획을 밝힌 지도안, 학생들의 학습 계획표 등 여러 가지 자료로 다양하게 제시될 수 있다.[1] 따라서 교육 과정을 개정하는 일은 국가 수준에서의

---

* 이 글은 1994년 국어교육학연구 4집(국어교육학회)에 개재되었다. 국어과 교육 과정에서 '문학' 영역과 '언어(문법)' 영역이 어떤 위치에 자리잡을 것인가는 지금까지도 명쾌하게 결론이 나지 못하고 있다. 따라서 이 글이 여전히 한 부분을 자리하고 있다.

1) 곽병선(1986), '교육 과정 개정에서 고려해야 할 문제들', 교육개발 42호, 한국교육개발원.

문서화된 교육 과정의 내용을 변경하는 일뿐만 아니라 교실 안에서 교사에 의해 전개되는 수업 활동 및 학생 개개인에게 구체적으로 나타나는 교육 효과를 문서화된 교육 과정의 의도에 일치시키는 모든 노력을 포함한다.

해방 이후 국어과 교육은 여섯 차례의 교육 과정 개정과 그에 따른 교과서의 개편을 거치면서 문서화된 교육 과정에서 제시하고 있는 국어과 교육의 이상을 교육 현장에서 실현하기 위한 노력을 기울여 왔다. 이러한 노력의 결과로 그 동안 국어과 교육이 질적인 면에서 발전해 왔음을 부인할 수 없다. 특히 5차 교육 과정에 이르면서부터는 교육 과정의 개정 작업이 국어과 교육의 본질, 성격, 목표, 내용, 지도 방법 및 평가, 교과서의 개편 과정에 이르기까지 국어과 교육의 전 부면에 대한 학문적 관심을 불러일으키는 계기를 마련하는 구실을 하게 되었다. 그리고 5차 교육 과정에 따른 국어과 교과용 도서의 개편은 교과서 개편에 따른 교과 교육의 혁신 사례로 꼽힐 만큼 교육적 성과를 거둔 것으로 평가되기도 하였다.[2]

국가 수준에서 고시한 교육 과정에는 무엇을 위하여 어떤 방법으로 지도하고 그 결과를 어떻게 평가할 것인지, 해당 학교급 혹은 해당 학년에서 가르쳐야 할 교육 내용의 범주와 수준은 어떠한지 등에 대한 지침이 담겨 있다. 이 지침이 재해석되고 구체화되는 과정을 거쳐 교과서가 편찬되며, 이 교과서를 매개로 하여 현장에서의 국어과 교육이 이루어진다. 국어과 교육의 계획과 실천에 이르는 이 과정은 일종의 의사 결정 과정이다. 이 과정에서 국어 교과를 기능 중심의 방법 교과로 볼 것인지, 내용 위주의 교과로 볼 것인지, 국어과 교육의 내용 체계는 어떻게 할 것인지 하는 근본적인 문제에서부터 하나하나의 용어의 개념 규정에 이르기까지 관련 집단의 논의와 합의가 이루어지는 것이다.

이 글에서는 문서화된 교육 과정을 논의의 출발점으로 삼아 국어과 교육의 목표와 내용이 어떻게 설정되었는지 그리고 교과서에 어떤 방식으로 반영되었는지 검토하고자 한다. 이러한 검토 작업을 통해 국어과 교육과 관련되는 집단의 국어과 교육에 대한 관점을 살펴보고 문서로 제시되는 국가 수준의 교육 과정이 교육 전(全) 과정(過程)을 한정할 만한 일관성을 획득하기 위한 방안을 모색해 보고자 한다.

---

2) 이용숙(1992), 한국교육의 종합 이해와 미래 구상(3) - 교육 내용과 수업 방법편 -, 서울:한국교육개발원, PP.134~159.

2. 국어과 교육에 대한 두 가지 관점

제1차 교육 과정에서 제6차 교육 과정에 이르기까지 표현과 강조의 차이는 있었지만 국어과 교육 과정에 변함없이 포함된 국어과 교육의 내용 영역은 의사소통 영역(언어 기능 영역), 문학 영역, 언어학 영역이었다.[3] 1차부터 3차까지의 교육 과정에는 국어과 교육의 내용을 말하기, 듣기, 읽기, 쓰기의 언어 사용 기능을 중심으로 구분하고, 문학 영역과 언어학 영역의 내용을 적절히 분산시켜 제시하고 있고, 4차부터 6차까지의 교육 과정에서는 문학 영역의 내용과 언어학 영역의 내용을 독립 내용 영역으로 설정하여 체계적으로 제시하고 있다.

전통적으로 국어과 교육의 내용으로 인식되어 온 위의 세 영역 중 무엇을 중요하게 여기는가, 각 영역과 관련되는 지식을 무엇으로 보는가에 따라 국어과 교육의 실천 양상은 크게 달라진다. 노명완(1988)은 이를 국어과 교육에 대한 관점의 차이로 설명하고 관점에 따른 국어과 교육의 실천 양상을 다음과 같이 정리해 보이고 있다.[4]

<표 1> 내용 중심 국어 교육관과 방법 중심 국어 교육관의 비교

	내용 중심의 국어 교육관	방법 중심의 국어 교육관
교과 목표	지식의 획득	언어 사용 기능의 신장
교육 내용	국어학, 국문학, 수사학의 기본 지식, 개념, 원리	언어와 의미를 연결시키는 기능 및 전략
강조 영역	교육 과정의 '언어' 및 '문학' 영역	교육 과정의 '표현·이해' 영역
교과서관	교과서는 절대 善의 교재(모범글 위주)	교과서는 학습의 한 자료(잘못된 글도, 학생의 언어도 교재로 사용 가능)
지도 방법	교사의 해설(분석적)	학생의 탐구(종합적:특히 학생 자신의 언어 자료 활용 시)
학생의 학습관	교과서에 실린 글의 모방	교과서 글에 대한 비판 및 비판에 대한 합리화
평가 방법	지필 검사 위주의 지식 평가(사지 선택형)	지필 검사, 학생의 실제적 언어 사용에 대한 수행(performance)

---

3) 이대규(1985), '국어과 교육 과정에 관한 연구', 논문집 27집, 서울:한국국어교육연구회.

4) 노명완(1988), 國語敎育論, 서울:한샘, P.341.

지도 및 평가의 관점	지식 중심 학문성 결과 중심	학생 중심 실용성 과정 중심
정답관	정답이 있음	정답이 없음, 합리화 및 근거 제시가 더 중요

이 〈표 1〉은 국어과 교육의 내용 영역을 언어 기능 영역, 문학 영역, 언어학 영역으로 인식하는 경우에도 어느 영역에 보다 강조점을 두느냐에 따라 국어과 교육의 전개 양상이 완연히 달라질 수 있음을 보이고 있다. 따라서 국어과 교육의 방향을 바르게 하기 위해서는 보다 구체적이고 세부적인 면에서의 논의 및 합의가 필요함을 알 수 있다. 즉, 국어과 교육의 내용으로 인식되어 온 세 영역 간의 비중 및 세 영역 간의 관련성 문제, 그리고 각 영역의 성격에 대하여 보다 치밀한 논의가 필요한 것이다.

국어과 교육을 실천에 옮기고 있는 교사라면 위의 두 가지 관점 중 자신이 전적으로 한 가지 관점에 입각하여 국어과 교육을 실천하고 있다고 단언하기는 어려울 것이다. 또한 그 동안의 교육 과정을 살펴보아도 전적으로 어느 한 가지 관점을 표방하고 있지는 않다. 언어 기능 영역을 국어과의 가장 핵심적인 영역으로서 제시하고 있기는 하지만5) 문학 영역과 언어학 영역이 국어과의 고유한 내용 영역으로 인식되었고 이러한 인식에 터해 교육 과정에 어떤 형식으로든 문학과 언어학 관련 내용을 명시하고 있다. 그러나 그 동안의 국어과 교육의 관행이 지나치게 내용 중심으로 이루어져 왔음을 반성하는 의미에서 위의 두 가지 관점의 비교는 의미 있는 지침이 되고 있다.

교육 과정의 의도와는 달리 그 동안의 국어과 교육이 지나치게 내용 중심으로 치달아 온 까닭은 무엇보다도 언어 사용 기능에 대한 이해의 부족과 국어과 교육의 이론과 실제를 통괄할 수 있는 학문적 성과의 미흡에 있다고 해야 할 것이다. 언어 사용 기능에 대한 이해가 부족하고 국어과 교육의 방법적 측면과 내용적 측면을 유기적으로 조율할 수 있는 구체적인 연구 결과들이 미흡한 상태였기 때문에 교육 과정에 제시되어 있었던 국어과 교육의 내용적 요소(언어나 문학과 관련되는 내용)들이 교과서의 편찬을 거쳐 학교 교실 수업에 이르게 되면 확대 재생산되는 현상을 보여 온 것이다.

이렇게 지식 위주로 이루어지고 있는 국어과 교육의 현실이 제1차 교육 과정 시기에서부

---

5) 노명완·손영애 외(1986), 제5차 초·중학교 국어과 교육 과정 시안 연구 개발, 서울: 한국교육개발원, PP.59~67.

터 교육 과정과 관련하여 국어과 교육의 제반 문제를 결정하는 과정에서 가장 중요한 고려 사항이었던 것으로 판단된다. 각기의 교육 과정 문서에는 교육 현장에서의 파장을 우려하여 언어학이나 문학과 관련되는 개념이나 원리들을 지식 그 자체를 목적으로 지도하기보다는 언어 사용에의 활용 및 문학 작품 감상에의 활용을 중시하여 지도할 것을 강조하고 있다. 그러나 이러한 방향이 일관성 있게 구체화되어 학교 현장에 제시되지 못했기 때문에 현장에서의 국어과 교육의 모습을 바꾸는 데는 역부족으로 보인다. 그리고 지식에 대한 지나치게 조심스러운 태도는 국어과에서 다루어야 할 지식 내용이 있다면 그것은 정확히 무엇이며 어느 정도인지, 그리고 그것은 어떤 방식으로 지도되어야 하는지에 대한 적극적인 논의와 연구를 가로막는 역할을 했다고 할 수 있다. 즉, 지식에 대한 지나친 기피 현상이 정말 필요한 지식을 제대로 가르치고 평가할 수 있는 분위기를 저해했다는 것이다. 지나친 지식 위주의 교육을 실시해 왔다는 비판에도 불구하고 가르쳐야 할 지식 내용을 제대로 가르치지 못했다는 평가를 면하지 못하고 있는 것이다.

이 글은 위의 두 가지 국어과 교육에 대한 관점을 축으로 하여 제1차부터 제6차에 이르기까지 교육 과정 문서에 제시된 국어과 교육의 목표가 무엇인지 그리고 문학 및 언어학 관련 내용 요소들을 어떻게 다루고 있는지 살펴보고자 한다. 이러한 고찰을 통해서 교육 과정의 의도와 교육 현실 사이의 괴리를 보다 효과적으로 좁힐 수 있는 방안이 모색될 수 있을 것이다.

3. 교육 과정에 제시된 국어과 교육의 목표와 내용

제1차~6차에 걸친 국어과 교육 과정에는 학교급별 국어과 교육의 목표를 총괄하는 목표를 따로 설정하지 않고 있다. 제1차~5차까지의 교육 과정은 학교급별 국어과 교육의 목표와 학년별 목표를 제시하고 있고, 제6차 교육 과정은 학교급별 목표와 함께 학년별 목표 대신 학년별 내용의 근간이 되는 내용 체계를 제시하고 있다.[6]

---

6) 제6차 교육 과정은 교육 과정의 체제상 큰 변화를 보이고 있다. 5차 교육 과정과 6차 교육 과정의 체제를 비교하면 다음과 같다.
   5차: 목표/학년별 목표 및 내용/지도 및 평가상의 유의점
   6차: 성격/목표/내용-내용 체계, 학년별 내용/방법/평가

3.1. 제1, 2차 교육 과정[7]

제1차 교육 과정에서는 국어과 교육의 목표와 내용의 근거로 교육법을 제시하고 있다. 교육법 제94조 1항(일상생활에 필요한 국어를 정확하게 이해하며 사용할 수 있는 능력을 기른다.)과 6항(인간 생활을 명랑하고 화락하게 하는 음악, 미술, 문예 등에 대하여 기초적인 이해와 기능을 기른다.)에 근거하여 국어과에서 다루어야 할 것으로 언어에 관한 면과 문학에 관한 면을 제시하고 있다. 그러나 국어과 교육이 문자로 표현된 문장 중심으로 흘러 문예 중심으로 실시되고 있음을 비판하고 일상의 언어 생활의 제 측면이 국어과 교육의 대상이 되어야 함을 지적하고 아울러 음성 언어의 측면도 문자 언어의 측면과 동일한 비중으로 다루어야 함을 명시하고 있다. 이런 점으로 보아 1차, 2차 교육 과정에서의 국어과 교육은 언어 기능 중심, 즉 방법 중심의 국어과 교육을 지향하고 있음을 알 수 있다. 그러나 이 시기의 교육 과정에도 문학 및 언어학 관련 내용 요소가 지도 내용으로 명시되어 있다.

제1차, 2차 교육 과정 시기의 교과서를 살펴보면 교육 과정의 의도를 비교적 명확하게 반영하고 있다. 참고로 1차 시기의 중학교 2학년 1, 2학기 교과서의 대단원의 목차를 보이면 다음과 같다.

중학 국어 II-I
   I. 시의 세계
   II. 기행문
   III. 전화와 방송
   IV. 영화와 시나리오
   V. 신문과 잡지

중학 국어 II-II
   VI. 한글
   VII. 효과적인 문장 표현
   VIII. 독서 생활의 길잡이
   IX. 전기
   X. 회의

---

7) 2차 교육 과정은 1차 교육 과정의 일부 내용을 생략하거나 위치를 바꾸는 등의 차이가 있을 뿐 내용상의 변화는 없기 때문에 따로 다루지 않고 함께 묶어서 다룬다. 교과서 역시 약간의 차이(같은 성격의 단원인데 제목을 바꾼 예가 있음)는 있지만 단원 구성 체제 및 제재 선정 방식이 동일하다.

위의 목차를 살펴보면 음성 언어와 문자 언어의 측면에 대한 고려, 그리고 내용 요소들에 대한 고려를 읽을 수 있다. 각 대단원에는 4~5개의 소단원을 설정해서 각 대단원의 의도에 맞는 활동이 가능할 만한 제재를 싣고 있다. 예를 들어 음성 언어 활동을 의도하고 있는 'Ⅲ. 전화와 방송'과 같은 대단원에는 음성 언어와 관련되는 활동을 할 수 있는 제재를 선정하여 제시하고 있다. 그리고 각 대단원의 머리에는 대단원 학습 방향을 제시하고 있다.

3.2. 제3차 교육 과정

제3차 교육 과정은 1, 2차 교육 과정에 비하여 교육 과정의 체제나 진술 내용이 체계화되어 있다. 3차 교육 과정에서는 학교급별 목표에 해당하는 것을 '일반 목표'라는 용어를 사용하여 제시하고 있다. 중학교의 일반 목표를 예로 보이면 다음과 같다.

> 일반 목표
> (가) 일상생활에 필요한 국어 사용의 기능을 신장하고 성실한 태도를 길러서 효과적인 언어 생활을 영위할 수 있게 한다.
> (나) 국어를 통하여 지식과 경험을 넓히고 문제를 해결하는 힘을 길러서 발전하는 사회에 적응하고 스스로 앞길을 개척할 수 있게 한다.
> (다) 국어를 통하여 바르게 사고하고 자주적으로 판단하는 힘과 풍부한 정서와 아름다운 꿈을 길러서, 원만하고 유능한 개인과 건실한 국민으로 자라게 한다.
> (라) 국어 존중의 뜻을 높이고, 국어로 표현된 우리 문화를 사랑하게 하여 민족 문화 발전에 이바지하려는 마음을 굳게 하도록 한다.

위에 제시한 목표를 살펴보면 (가)항은 언어 사용 기능과 관련되며 (라)항은 국어과와 관련되는 정의적 목표라고 할 수 있는 것이다. 그러나 (나), (다)항은 국어과의 목표라기보다는 학교 교육이 전반적으로 지향해야 할 목표라고 할 것이다. 김동욱(1984)에 의하면 (가)항은 국어과 교육의 일차적인 목표, (나)~(라)는 국어과 교육의 이차적 목표라 할 수 있다. 이대규(1994)의 용어를 빌면 위의 목표들은 모두 비본질적인 목표라 할 수 있다. 이런 점에서 3차 교육 과정에서 제시하고 있는 국어과의 목표는 국어과의 고유 목표로 설정되기 어렵다는 비판을 받았다.

3차 교육 과정은 위와 같은 '일반 목표' 아래 '말하기, 듣기, 읽기, 쓰기'로 나눈, 내용 영역별로 학년 목표를 제시하고 있다. 중학교 1학년 목표로 제시된 것을 예로 보이면 다음과 같다.

〈제1학년〉
(가) 말하기의 응용 기능을 발전시켜서, 개인적인 경우를 중심으로 여러 형식의 말하기를, 예절바른 태도로써 잘 할 수 있게 한다.
(나) 듣기의 응용 기능을 발전시켜서, 개인적인 경우를 중심으로 여러 가지 형식의 말하기에 참여하여, 남의 의견을 존중하는 태도로써 잘 들을 수 있게 한다.
(다) 읽기의 응용 기능을 발전시켜서, 일상적인 경우를 중심으로 여러 가지 형식의 글을, 의욕적인 태도로써 잘 읽을 수 있게 한다.
(라) 쓰기의 응용 기능을 발전시켜서, 일상적인 경우를 중심으로 여러 가지 형식의 글을 흥미를 가지고 잘 쓸 수 있게 하고, 바른 글씨 쓰기를 익히게 한다.

제3차 교육 과정은 위와 같이 내용 영역별로 제시된 학년 목표 아래 각 학년별로 '지도 사항 및 형식'을 제시하고, 그 다음에 학년을 총괄하여 '제재 선정의 기준'을 제시하고 있다. 그리고 각 영역의 지도 사항에는 언어학 관련 내용이 적절히 다루어질 수 있는 여지를 마련해 두고 있다. 예를 들어 '어법에 맞게 말하기', '문장의 지시 접속 관계 알기', '어법, 정서법에 맞게 쓰기' 등의 지도 사항을 제시하고 이와 관련되는 세부 사항을 다음과 같이 '지도상의 유의점'에서 명시하고 있다.

지도상의 유의점
(7) 어조와 발음의 지도는 다음과 같은 점에 유의하되, 아는 데서 끝나지 않고 <u>실제에 활용할 수 있도록 지도하고, 전문적인 지식을 강요하는 일이 없도록 한다</u>.
　　(가) 어조
　　　① 소리의 장단 고저
　　　② 소리의 강약
　　(나) 발음 일반
　　　① 된소리 발음
　　　② 울림소리 발음
　　　③ 머리소리 발음
　　　④ 끝소리 발음
　　(다) 소리의 배합

① 동화

② 첨가

③ 생략

(11) 어법과 정서법 지도는 다음과 같은 점에 유의하되, 아는 데서 끝나지 않고 <u>실제에</u>
<u>활용할 수 있도록 지도하고 전문적인 지식을 강요하는 일이 없도록 한다</u>.

(가) 성분

① 문장의 성립

② 갈래

③ 쓰임

④ 배열

⑤ 생략

(나) 문장의 호응과 일치, 통일

(다) 품사

① 단어의 뜻

② 갈래

③ 쓰임

④ 어미 활용

(라) 정서법

① 맞춤법

② 문장 부호 사용법

(밑줄은 필자가 그은 것임)

위의 내용들은 4차 교육 과정부터는 대개 '언어' 영역에서 다루어지는 사항들이다. 3차 교육 과정에서는 이러한 내용들을 말하기나 쓰기 등을 지도할 때의 유의 사항으로 다루고 있는데, 이로 보아 3차 교육 과정에서는 이들 내용 요소들을 언어 사용의 기반 지식으로 보고 있음을 알 수 있다. 그러나 교육 과정의 의도는 이러했다고 하더라도 이 시기의 교과서에는 위의 내용들을 '아는 데서 끝나지 않고 실제에 활용할 수 있도록 지도'할 수 있는 구체적인 장치가 마련되어 있지 않았기 때문에, 실제 지도는 교사가 문장을 하나하나 읽으면서 단편적인 문법 사항을 설명하는 것에서 크게 벗어나지 못하였다.[8]

---

[8] 이 시기의 교과서는 읽을거리 중심의 독본 형태로서 대단원을 글의 주제를 중심으로 구성하고 각 단원의 머리에 단원 학습의 방향을 명시적으로 제시하지 않았기 때문에 교육 과정의 의도가 구체적으로 드러나기가 어려웠다. 이런 점에서는 1, 2차 시기의 교과서보다 오히려 퇴보했다고 할 수 있다.

언어학 관련 내용 요소는 독립된 영역으로 제시하지는 않았지만 위에서 본 바와 같이 '지도상의 유의점'을 적절히 활용하여 상술하고 있는데 반해, 문학 관련 내용은 '읽기' 영역에서 읽기 제재(주요 형식)로서 제시되고 있다. 즉, 4차 교육 과정부터 '문학' 영역에서 다루어지는 문학 관련 주요 개념들이 학습 내용 요소로 명시적으로 제시되지 않았다는 것이다. 다만, '제재 선정의 기준'에서 문학의 본질에 관한 지식 및 국문학사에 대한 지식을 지도하도록 명시하고 있다.

　　[제재 선정의 기준]
　　(19) 국어과 특유의 지식 체계에 관한 제재
　　　　(가) 국어에 대한 이해를 높이기 위한 것으로서
　　　　　　① 언어와 국어의 개념 및 그 기능
　　　　　　② 국어의 변천 개요
　　　　　　③ 국어의 특질
　　　　　　④ 국어 존중의 뜻
　　　　　　⑤ 한글의 제자 원리
　　　　(나) 우리 문학에 대한 이해를 높이기 위한 것으로서
　　　　　　① 문학과 우리 문학의 개념
　　　　　　② 우리 문학의 형태
　　　　　　③ 우리 문학의 발달 개요
　　　　　　④ 세계 고전에의 접근

위의 '제재 선정의 기준'을 살펴보면 제3차 교육 과정에서는 국어과에서 다루어야 할 지식의 내용을 명확하게 제시하고 있음을 알 수 있다. 그것도 교과서 편찬에 지침이 되는 '제재 선정의 기준'에 명시함으로써 교과서에 위와 같은 내용이 직접 반영될 수 있는 길을 마련하고 있다. 실제로 이 시기의 교과서는 내용 단원으로서 위의 사항들을 직접 설명하고 있는 글들을 학년별로, 학기별로 체계화하여 싣고 있다.[9]

지금까지 살펴본 바에 의하면 3차 교육 과정은 목표 및 내용 영역의 설정에서 방법 중심의 교과를 지향하고 있음을 알 수 있다. 이는 4차 교육 과정에서부터 독립된 내용 영역으로

---

9) 3차 시기의 중학교 국어 교과서를 살펴보면 다음과 같은 단원들이 있다.
　'문학 이야기, 언어에 대하여(1학년 단원)/국문학 이야기, 국어의 특질(2학년 단원)/국문학 이야기, 국어의
　역사(3학년 단원)' 이런 단원들은 글의 내용 그 자체를 학습하는 것이 목표인 단원들이다.

제시되고 있는 언어학 및 문학 관련 지도 내용 요소의 성격에서 더욱 분명해진다. 3차 교육 과정에서의 국어과 교육의 목표와 내용 체계는 노명완(1988)에서 5차 교육 과정의 체계로 제시한 〈그림 1〉과 흡사한 점이 있다.

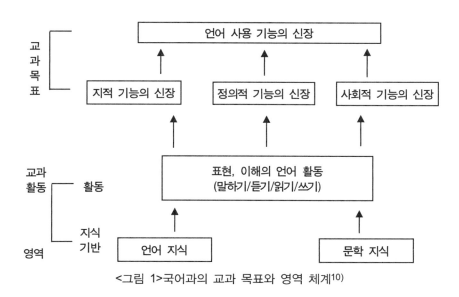

<그림 1>국어과의 교과 목표와 영역 체계[10]

　위의 〈그림 1〉은 문학 영역과 언어학 영역을 모두 지식 기반으로 파악하고 있지만 3차 교육 과정에서는 언어학 영역의 내용은 지식 기반으로 제시하고 있는 데 반해 문학 영역은 언어 활동의 제재로서 인식하고 있는 데 차이가 있다. 노명완(1988)에서는 5차 교육 과정의 목표와 내용 영역 체계가 4차와 유사해졌지만 근본 의도는 〈그림 1〉을 지향하려 했다고 밝히고 있다. 3차 교육 과정 시기의 국어과 교육이 위의 그림과 같이 언어 사용 기능을 핵으로 일관성 있게 실현되지는 못했지만 교육 과정의 의도는 언어 사용 기능 중심으로 국어과 교육을 체계화하려 했음을 알 수 있다.

3.3. 제4차 교육 과정

　제4차 교육 과정은 제3차 교육 과정에서의 일반 목표가 국어과 교육의 고유성과 거리가 있다는 지적과 학년별 목표가 구체적이지 못하다는 비판을 염두에 두고 국어과의 특성을

---

10) 노명완 외(1988). 國語科敎育論, 서울: 갑을출판사, P.33.

명료하게 한다는 개정 방향을 설정하고 교과 목표의 설정에서부터 국어과 교육의 고유성을 부각시키려고 노력하였다. 참고로 중학교 국어과 목표를 제시하면 다음과 같다.

교과 목표
국민 학교의 교육 성과를 발전시키고, 국어과 민족 문화에 대한 관심을 깊게 한다.
1) 말과 글을 통하여 생각과 느낌을 효과적으로 표현하고 이해하게 한다.
2) 국어에 관한 체계적인 지식을 가지게 한다.
3) 문학에 관한 기초적인 지식을 습득시키고, 문학 작품 감상력과 상상력을 기르며,
　삶의 다양한 모습을 이해하게 한다.

위의 4차 중학교 국어과의 목표로 제시된 사항을 앞서 제시한 3차 중학교 국어과의 일반 목표와 비교했을 때, 4차의 경우 국어과의 교과적 특성이 보다 잘 부각되고 있다고 판단할 수 있다. 앞서 언급한 대로 언어 기능 영역, 문학 영역, 언어학 영역은 국어과의 고유한 내용 영역으로 인식되어 왔기 때문이다. 위의 목표는 '전문과 언어 기능 영역(표현·이해 영역)의 목표, 언어 영역의 목표, 문학 영역의 목표'로 구성되어 있다. 4차 교육 과정에서는 위와 같은 학교급 목표 아래에 학년별 목표를 '말하기, 듣기, 읽기, 쓰기, 언어, 문학'의 목표, 각각 1개 항으로 구성하고 있다. 학교급별 교과 목표와 내용 영역 체계는 '표현·이해, 언어, 문학'의 삼분 체계를 따르고, 학년별 목표는 '말하기, 듣기, 읽기, 쓰기, 언어, 문학'과 각각 관련되는, 6개항으로 설정한 까닭을 언어 사용 기능을 강조하기 위해서라고 밝히고 있으나 1차~3차 교육 과정에 비하여 4차 교육 과정이 '내용 요소(개념적 지식)'를 강조하고 있음은 부인할 수 없다.

국어과의 특성을 명료하게 한다는 교육 과정 개정의 방향은, '표현·이해' 영역의 배경 학문으로 수사학을, '언어' 영역의 배경 학문으로 언어학을, '문학'영역의 배경 학문으로 문학을 설정하고 국어과 교육은 이 세 학문으로부터의 개념을 지도해야 한다는 의견에서 가장 분명하게 드러난다. 즉, 국어과의 특성을 지식에서 찾으려는 시도를 한 것이다. 그러나 이러한 의도가 일관성 있게 교육 과정에 제시되지는 못하고 있다. 교육 과정의 '지도 및 평가상의 유의점'에 제시되어 있는 '언어' 영역의 성격과 '문학' 영역의 성격을 살펴보면 이런 점을 확인할 수 있다.

각 영역의 성격을 부연 설명하고 있는 '지도 및 평가상의 유의점'에서 언어 및 문학 영역과 관련되는 내용을 살펴보면 다음과 같다.

지도 및 평가상의 유의점

1) 지도

　가) 국어과는 그 영역을 '표현·이해', '언어', '문학'으로 구성하였다. '표현·이해'는 국어 사용의 기능을, '언어'는 국어의 본질을 이해하기 위한 기초적인 지식을, '문학'은 작품을 감상하기 위한 기초적인 지식을 지도하되 <u>상호 관련되도록 한다.</u>

　다) 문학 창작은 문학 창작에 흥미와 재능을 가진 학생을 대상으로 하며, 정규 수업 시간에 모든 학생을 대상으로 하지 않도록 한다.

2) 평가

　나) '언어'는 <u>언어 지식을 적용할 수 있는 능력을 중심으로 하여 평가한다.</u>

　다) '문학'은 <u>작품의 이해와 감상을 중심으로 하여 평가한다.</u>

(밑줄은 필자가 그은 것임)

'언어' 영역은 교과 목표의 진술에서부터 국어에 관한 지식을 지도하는 것이 목표임이 드러나 있고, 이러한 사정은 학년별 목표 및 학년별 내용에서도 일관성 있게 드러나 있다. 그런데 위에서 제시한 '지도 및 평가상의 유의점'을 살펴보면, 언어 지식의 '표현·이해' 영역과의 관련성 및 언어 지식의 적용 능력을 강조하고 있다. 이는 언어 사용 기능을 중시한다는 입장을 드러내는 것일 수는 있지만, 이러한 성격으로 언어 지식을 지도한다면 독립된 내용 영역으로 제시되기는 어렵다. 이 시기의 교과서는 교육 과정의 '언어' 영역의 지도 내용을 읽을거리 제재와 대등하게 매 단원 '문법'으로 제시하고 있어 1차~3차 교육 과정 시기보다는 교육 과정의 의도와 그것이 구체적으로 드러난 교과서에서 국어과의 내용 요소로서의 언어 지식을 강조하고 있다. 따라서 교육 과정의 '지도 및 평가상의 유의점'은 현실적으로 언어 영역의 지도 및 평가에 별다른 지침이 되지 못하였다.

'문학' 영역의 성격은 교과 목표의 진술에서부터 이중적이다. 즉, 문학에 관한 지식의 측면과 문학 작품의 감상 측면이 이 영역의 목표로 제시되어 있다. 이러한 성격은 학년별 목표 및 내용에도 반영되어 있다. 위에서 제시한 '지도 및 평가상의 유의점'을 살펴보면 '문학' 영역에서의 지식은 문학 작품의 이해 감상을 위한 전제로서 제시되어 있다. 즉, 문학에 관한 지식 그 자체가 목표가 아니고 문학 작품의 이해와 감상을 위한 방법으로 제시되어 있는 것이다. 교육 과정에서 의도하고 있는 '문학' 영역의 지식 요소가 이런 성격의 것이라면 이는 굳이 독립된 영역으로 제시될 것은 아니다. 그러나 이 시기의 교과서는 문종별로 단원을 구성하고 있어 '문학' 영역과 관련되는 단원이 다른 영역에 비하여 상대적으로 많으며,

각 단원의 목표는 작품의 감상을 유도하는 것이기보다는 문학에 관한 지식을 유도하고 있어 이 점에서도 그 어느 시기의 교과서보다 내용 요소를 강조하고 있다.[11]

3.4. 제5차 교육 과정

제5차 교육 과정은 언어 사용 기능의 의미에 대한 학문적 고찰과 함께, 이질적인 세 학문의 복합체로서 국어 교과를 규정하고 있는 4차 교육 과정을 비판하면서 하나의 교과로서 성립되고 국어과 교육의 전 과정을 일관성 있게 구축하기 위해서는 언어 사용 기능을 핵으로 하여 국어과 교육을 체계화해야 한다는 입장으로 〈그림1〉과 같은 체제를 갖게 되었다. 다만 내용 영역을 4차와 같이 삼분 체계로 하지 않고 '말하기, 듣기, 읽기, 쓰기, 언어, 문학'의 여섯 영역을 구성하여 언어 사용 기능의 중요성을 좀더 적극적으로 드러내고 있다.

참고로 중학교의 교과 목표를 보이면 다음과 같다.

> 교과 목표
> 국어 생활을 바르게 하고 국어과 민족의 언어 문화에 대한 이해와 관심을 가지게 한다.
> 1) 말과 글을 통하여 생각과 느낌을 정확하게 표현하고 이해하게 한다.
> 2) 국어에 관한 기초적인 지식을 익히고 국어를 정확히 사용하게 한다.
> 3) 문학에 관한 기초적인 지식을 갖추고 작품 감상력과 상상력을 기르게 한다.

위에서 제시한 제5차 중학교의 교과 목표는 4차와 동일한 체제를 갖고 있고 그 내용에서도 별 차이가 없다. 다만, '언어' 영역의 성격이 교과 목표 수준에서부터 지식의 활용을 강조하고 있다는 점이다. 이러한 목표 진술은 언어 영역의 독자성을 더욱 위협하는 것이 된다. 국어를 정확하게 사용하기 위한 언어 지식이라면 이는 언어 사용 기능 영역과 중복될 수밖에

---

11) 4차 교육 과정 시기의 중학교 국어 교과서의 시 단원의 목표를 열거해 보면 다음과 같다.
　ㅇ운문과 산문의 차이를 알아보자. ㅇ시는 어떤 글인지 알아보자. ㅇ시의 형식을 알아보자. ㅇ시 속에서 말하는 사람을 찾아보자. ㅇ시를 이루는 요소들을 알아보자. ㅇ외형률과 내재율의 차이를 알아보자. ㅇ시의 심상에 대하여 알아보자. ㅇ시에 쓰이는 말의 특징을 알아보자. ㅇ시의 비유에 대하여 알아보자. ㅇ시가 들려주는 목소리를 알아보자.
　1학년부터 3학년까지의 6개의 시 단원의 목표를 살펴보면 이 시기의 문학 단원이 문학에 관한 지식을 중심으로 구성되어 있음을 알 수 있다. 이런 사정은 다른 장르의 경우도 마찬가지이다. 또한 읽기 영역의 목표를 반영한다고 할 수 있는 설명문 단원, 논설문 단원 등도 이런 경향(문종에 관한 지식 위주로 목표를 진술함)을 보이고 있다.

없기 때문이다.

교육 과정의 '지도 및 평가상의 유의점'에 제시된 '언어' 및 '문학' 영역 관련 사항을 살펴보면 5차 교육 과정에서 의도하고 있는 '언어' 영역과 '문학' 영역의 성격이 더욱 분명해진다. 참고로 중학교 교육 과정에서의 '지도 및 평가상의 유의점'에서 이와 관련되는 내용을 보이면 다음과 같다.

지도 및 평가상의 유의점
1. 지도
　　가) 국어과 교육 과정은 '말하기', '듣기', '읽기', '쓰기', '언어', '문학' 의 여섯 영역으로 구성하였다. '말하기', '듣기', '읽기', '쓰기'는 국어 사용의 기능을 <u>'언어'는 국어와 국어의 올바른 사용법에 관한 기초적인 지식을, '문학'은 문학 작품의 이해와 감상, 그리고 이에 필요하다고 생각되는 기초적인 문학 지식을 다루되, 위의 여섯 영역을 통합적으로 지도한다.</u>
2. 평가
　　가) 국어과는 그 목표를 언어 사용의 기능, 국어에 대한 이해와 지식, 문학에 대한 이해와 문학 작품의 감상 지도에 두고 있다. 이 지도 목표에 따라서 '말하기', '듣기', '읽기', '쓰기'에서는 언어 사용 기능을 평가하여야 하고, '언어'에서는 <u>국어에 대한 이해와 기초적인 지식을 그리고 '문학'에서는 문학에 대한 이해와 기초적인 지식, 문학 작품의 이해와 감상을 평가하여야</u> 한다.
　　바) '언어' 평가는 <u>국어 자체에 대한 지식과 올바른 국어의 사용에 중점을 둔다.</u> 언어 지식은 지식 자체의 기억보다는 언어 자료로부터 언어에 대한 지식을 도출해 내는 '지식의 생산' 측면의 평가에 비중을 둔다.
　　사) '문학' 평가는 <u>문학에 대한 이해와 작품을 올바로 이해하고 감상하는 데 초점을 두되, 문학 지식에 대한 평가보다는 작품을 해석하고 감상하는 능력의 평가에 비중을 둔다.</u>

（밑줄은 필자가 그은 것임）

위의 제5차 교육 과정의 '지도 및 평가상의 유의점'을 살펴보면 4차에서와 마찬가지로 '언어' 및 '문학' 영역 관련 내용이 독립 영역으로 설정되기는 어렵다는 것을 확인할 수 있다. 이 시기의 국민 학교 교과서가 '말하기·듣기', '읽기', '쓰기'의 세 책으로 나누어지면서 '언어' 및 '문학' 영역의 지도 내용이 각 책에 적절하게 분산되어 있음은 이러한 측면을 단적으로 드러내는 것으로 보인다.

중·고등학교의 경우는 교육 과정의 각 영역별로 단원을 구성하고 있는데 '언어' 영역의 단원은 지식 중심으로 구성되어 있으며 '문학' 영역의 단원은 문학 작품의 감상을 목표로 하는 단원과 문학 관련 지식을 목표로 하는 단원으로 구성되어 있다.[12] '언어' 영역의 경우는 교과서의 구성 자체가 언어 지식과 언어 기능의 연계 관계를 드러내지 못하고 있고, '문학' 영역의 경우는 감상을 목표로 하는 단원의 경우에도 감상으로 이끄는 구체적인 장치보다는 문학에 관한 개념 지식이 중시되고 있다. 이런 점에서 5차 교육 과정에서도 교육 과정의 의도를 교과서에 일관성 있게 반영하지 못하고 있다.

제5차 교육 과정에 의한 교과서는 단원을 영역별 목표 중심으로 구성함으로써 교육 과정의 의도를 교과서에 비교적 잘 전달하고 있다. 즉, 교과서의 구성 측면에서 방법 교과로서의 국어 교과의 특성이 다른 시기의 교과서에 비하여 잘 드러나고 있다. 그러나 '언어'와 '문학' 영역의 성격이 4차에서와 마찬가지로 명료하지 못하고 교과서의 이 영역의 단원 역시 발전적인 모습을 보이지 못하고 있다. 이런 연유로 〈그림1〉에서 제시하고 있는 체계를 온전히 실현하지 못하고 있다.

3.5. 제6차 교육 과정

제6차 교육 과정은 교과 목표 설정 및 내용 영역의 설정에 있어 5차 교육 과정과 동일하다.[13] 그리고 교육 과정에 제시된 '언어' 영역 및 '문학' 영역의 성격 역시 5차와 동일하다. 그러나 5차에 비하여 보다 명료하게 '언어' 영역 및 '문학' 영역의 성격을 제시하고 있다. 이와 관련되는 사항을 보이면 다음과 같다.

> 방법
> 다. '언어' 영역의 교수-학습은 언어 지식을 직접 제시하거나 설명하기보다는 구체적인
>   국어 자료로부터 언어 지식을 도출하는 탐구 과정 중심으로 이루어지도록 하고,
>   <u>언어 지식을 활용하여 국어를 정확하게 사용하도록 한다.</u>
> 라. '문학' 영역의 교수-학습은 <u>문학에 관한 단편적인 지식 위주로 이루어지게 하기</u>
>   <u>보다는 문학 작품을 바르게 이해하고 감상하며, 상상력을 기르도록</u> 한다.

---

12) 문학 관련 지식을 목표로 하는 단원은 3차 교과서의 내용 단원과 같은 성격의 것이다.

13) 전문과 언어 기능 영역의 목표, 언어 영역의 목표, 문학 영역의 목표로 구성되는 교과 목표의 구성 체제도
    동일하고 그 진술 내용도 동일하다.

평가

가. 국어과 평가는 학년별, 영역별 '내용'을 중심으로 하여 지식, 기능, 태도의 세 측면을 포괄할 수 있도록 한다.

다. '언어' 영역의 평가에서는 언어 지식 그 자체보다는 언어 자료로부터 언어 지식을 도출하는 과정과 <u>언어 지식의 활용에 중점을 두도록 한다.</u>

라. '문학' 영역의 평가에서는 <u>문학 작품을 이해하고 감상하는 능력을 위주로</u> 하되, 문학 작품을 즐겨 읽는 태도와 습관 등을 포함시키도록 한다.

(밑줄은 필자가 그은 것임)

위의 '방법'과 '평가'에 제시된 '언어' 영역과 '문학' 영역 관련 사항들을 살펴보면 이 영역의 목표 및 지도 내용이 별도의 영역으로 제시될 성질의 것이 아님을 알 수 있다. 영역 간의 관련성, 특히 언어 지식의 언어 기능과의 관련성 및 문학 영역에서의 이해 감상 능력의 강조는 이 두 영역이 언어 기능 영역으로 통합되어 제시될 수 있음을 보여 주고 있다.

제6차 교육 과정에 의한 교과서는 현재 개발 중에 있기 때문에 교육 과정에서 제시하고 있는 '언어'와 '문학' 영역의 성격이 어느 정도로 어떻게 반영될 지 판단할 수는 없다. 그러나 '언어'와 '문학'이란 별도의 내용 영역으로 지도 내용을 제시하고 있고, 교과서도 영역별로 구성될 것이기 때문에 5차와 같은 한계에서 벗어나기는 어려울 것으로 보인다.[14]

4. 맺음말

지금까지 제1차~제6차 교육 과정에 언어학 관련 내용과 문학 관련 내용이 어떤 방식으로 제시되어 있는지 그리고 어떤 성격으로 규정되어 있는지를 중심으로 각 시기의 교육 과정이 지향하고자 했던 국어과 교육의 방향을 간략하게 살펴보았다. 언어 사용 기능 영역을 국어과 교육의 핵심으로 인식하고 있는 경우에도, 전통적으로 국어과 교육에서 큰 비중을 차지하고 있는, 언어학 및 문학과 관련되는 내용 요소를 어떻게 보느냐에 따라 국어과 교육의 실천 양상이 크게 달라질 수 있다고 보았기 때문이다.

---

14) 교과서의 단원 구성에 관한 지침이 다음과 같이 교육 과정 문서에 명시되어 있다.(이런 지침은 6차 교육 과정에만 나타나 있다. 1~5차, 7차 교육 과정에는 나타나 있지 않다.)
  4. 방법 (7) 국어 교과서의 단원은 교육 과정의 영역별로 구성하되, 학년별 '내용'을 바탕으로 하여 목표 중심으로 구성한다.
  6차 교육 과정에 의해 개발된 교과서의 체제 및 성격은 5차와 다르지 않다.

제1차~3차 교육 과정에서는 언어학 관련 내용과 문학 관련 내용을 언어 기능과 대등하게 취급하고 있지 않다. 특히 3차 교육 과정에서는 언어에 관한 지식은 언어 사용에서의 기반이 되는 것으로 보고, 말하기나 쓰기 등의 지도와 함께 이루어지도록 제시하였고, 문학에 관한 지식은 별도의 제재로 다루도록 명시하고 있다. 그리고 문학 작품의 감상은 읽기 영역에서 이루어지도록 하고 있다. 이런 점에서 3차 교육 과정은 방법 중심의 국어 교육을 지향하고 있으며 이러한 관점이 교육 과정 문서와 교과서의 편찬에 일관성 있게 드러나 있다.

제4차~6차 교육 과정은 언어학 및 문학 관련 내용을 '언어'와 '문학'이라는 내용 영역으로서 언어 기능 영역과 동일한 차원에서 제시하고 있다. 이런 측면에서 4차~6차 교육 과정이 방법 중심의 국어과 교육을 표방하고는 있지만 방법 중심의 국어과 교육을 실천할 수 있는 일관성 있는 틀을 갖추지 못했다고 할 수 있다.

제4차 교육 과정에서의 '언어' 영역의 성격은 목표의 진술 내용을 토대로 했을 때, 지식 그 자체의 학습에 초점이 있는 것으로 판단된다. 그리고 교과서도 지식 그 자체의 학습을 위해 구성되어 있다. 5차 교육 과정, 6차 교육 과정에서의 '언어' 영역의 성격은 지식 그 자체의 학습보다는 지식의 활용 측면이 강조되고 있다. 그러나 이런 교육 과정의 의도는 교과서에 반영되어 있지 못하다. '언어'가 독립 내용 영역이고 교과서의 구성이 영역별로 되어 있기 때문이다. 언어 사용 상황에서의 언어 지식의 활용 측면이 지도되기 위해서는 언어 사용 기능 영역의 단원과 통합되어야 하는데 역설적으로 교육 과정의 체제가 이를 가로막고 있는 것이다.

제4차~6차 교육 과정에서의 '문학' 영역의 성격은 이중적이다. 문학에 관한 지식의 학습과 작품의 이해 감상이라는 두 가지 목표를 설정하고 있다. 교과서의 구성도 4차, 5차의 경우, 문학의 본질이나 국문학사에 관한 지식을 다루는 단원과 문학 작품을 제재로 문학 작품의 감상을 의도하고 있는 단원으로 되어 있다. 그러나 문학 작품의 이해 감상을 위한 단원의 경우, 문학의 주요 개념들이 학습의 전면에 등장하고 있어 실질적인 감상 활동이 이루어지기는 어렵게 되어 있다. 교과서의 단원이 이렇게 구성된 까닭은 '언어' 영역의 경우와 마찬가지로 '문학'이 교육 과정에서 독립된 하나의 내용 영역이고, 교과서의 단원은 영역별로 구성된 데 있다. 특히 '문학' 영역 단원과 '읽기' 영역 단원과의 차별성에 대한 노력이 문학 관련 지식이 학습의 전면에 부각되는 결과를 가져왔다. '문학' 영역에서 다루고 있는 주요 개념들은 수준 높은 읽기 전략으로 지도될 수 있다. 이런 관점을 가진다면 '문학' 영역은 '읽기' 영역에 통합되어야 할 것이다.

언어학이나 문학과 관련되는 내용들이 지식 그 자체로서의 내재적 가치 때문에 지도되어야 하는 것이라고 결정한다면 교육 과정에서는 이들 내용을 명료하게 제시하고 이들 개념 지식들이 철저하게 지도되고 평가될 수 있는 장치를 마련하여야 할 것이다. 그러나 '언어'와 '문학'이라는 내용 영역을 설정하고 있는 경우에도 이런 입장을 교육 과정에서 표명하고 있지는 않다. 지식 그 자체의 학습보다는 지식의 활용을 강조하고 있다. 그렇다면 이들 내용을 언어 기능 영역과 동일하게 제시하여 국어과 교육의 실천 과정에 혼란을 가져올 필요는 없을 것이다. 교육 과정에서의 관점이 명료하지 않기 때문에 국어과 교육의 계획과 실천이 일관성 있는 체계를 구축하지 못하고 있는 것이다.

노명완(1992)과 박영목(1993)의 지적대로 국어과 교육에 대한 여러 가지 견해들은 나름대로 국어과 교육을 계획하고 실천하는 데 하나의 잣대가 되는 것이기 때문에 어느 것이 옳고 어느 것이 그르다는 이분법적인 판단은 불가능하다. 그러나 이상이라고 설정한 국어과 교육의 모습과 실제 이루어지고 있는 국어과 교육의 모습이 크게 다르다면, 이 간격을 좁히기 위해서는 교육의 전 과정을 한정할 수 있는 일관성 있는 틀로서의 교육 과정이 필요하다는 측면에서 이 글의 논의는 이루어졌다.

참고문헌

곽병선(1986), '교육 과정 개정에서 고려해야 할 문제들', 교육개발 42호, 서울 : 한국교육개발원.

김동욱(1984), '國語敎育의 理念과 方向', 國語敎育의 理念과 方向, 학술원.

노명완 · 손영애 외(1986), 제5차 초 · 중학교 국어과 교육 과정 시안 연구 개발, 서울: 한국교육개발원.

노명완(1988), 國語敎育論, 서울 : 한샘.

노명완 · 박영목 · 권경안(1988), 國語科敎育論, 서울: 갑을출판사.

노명완(1992), '국어 교육의 개념과 목표-여러 학자들의 주장에 대한 비교 검토-', 국민 학교 교과 교육의 연구 동향, 서울교육대학 초등교육연구소.

박영목 · 손영애 외(1992), 제6차 교육 과정 각론 개정 연구-고등학교 국어과, 서울: 한국교육개발원.

박영목(1993), '제6차 국어과 교육 과정의 특성', 홍익어문 제12집, 홍익대학교 사범대학 홍익어문연구회.

손영애(1984), 중학교 국어과 교육 과정 국제 동향 연구, 한국교육개발원.

손영애(1986), '국어과 교육의 성격과 내용 체계', 先淸語文 第14 · 15 合輯, 서울대학 사범대학 국어교육과.

손영애(1986), '국어과 교육 과정 개선 방안 연구', 국어교육 57·58, 서울: 한국국어교육연구회.

손영애(1990), '국어과 교육 과정', 국어교육 개선 방안 연구, 서울대학교 사범대학 국어교육과.

이대규(1994), 國語科 教育의 過程, 서울: 한글과 컴퓨터.

이용숙(1992), 한국교육의 종합 이해와 미래 구상(III)-교육 내용과 수업 방법편-, 서울: 한국교육개발원.

국어과 교육 과정 읽기 영역 지도 내용 체계화*

1. 교육 과정과 학교 교육

국가 수준에서 고시되는 교육 과정은 학교 교육을 계획하고 실천하는 데 지침이 된다. 국어과 교육 과정은 학교에서 이루어지는 국어과 교육이 무엇을 위하여 무엇을 어떻게 가르칠 것인가에 대한 지침을 담고 있다. 학교 수준에서, 각 교실 수준에서 이루어지고 있는 교육의 모습을 결정하는 변인들은 무척 다양하지만 그 다양성을 이끄는 방향타가 교육 과정인 것이다. 국어과 교육의 하위 영역들의 교육 역시 그 기본적인 방향은 교육 과정에 근거하고 있다.

교육 과정은 학생들의 교육적 성취를 의도하여 기성 세대의 핵심적인 문화 내용으로서 지식, 사고 양식, 경험 등을 재구성한, 위로는 국가 수준에서부터 아래로는 교사와 학생 수준에 이르기까지의 계획이다. 이러한 계획으로서의 교육 과정은 국가 수준의 계획으로서 고시된 문서에 국한될 필요는 없다. 보다 상세한 목표나 내용을 담은 해설서, 교과서 및

---

* 이 글은 '문식성 교육 연구'(노명완, 박영목 외, 2008)에 실렸던 '읽기 영역 지도 내용'을 일부분 수정·보완하였다.

교사용 지도서, 교사의 수업 계획을 밝힌 지도안, 학생들의 학습 계획서 등 여러 가지 자료로 다양하게 제시될 수 있다.[1] 따라서 교육 과정을 개정하는 일은 문서화된 교육 과정을 변경하는 일뿐 아니라 교실 안에서 교사에 의해 이루어지는 수업 활동 및 학생 개개인에게 구체적으로 나타나는 교육 효과의 질적 변환을 위한 모든 노력을 포함한다.

이 글에서의 논의의 초점은 문서화되는 교육 과정 자료에서 읽기 영역의 지도 내용을 어떤 방식으로 체계화할 것인가이다. 하지만 지도 내용의 체계화에 대한 논의는 결국 교실에서 이루어지는 읽기 교육의 내실을 전제로 하는 것이다. 어떤 관점에서 읽기 교육의 방향을 설정하고 지도 내용을 선정하고 체계화하느냐 하는 것은, 읽기 교육을 위한 자료의 구성 및 교실의 읽기 수업 방법 및 교실의 구성에 이르기까지 서로 연관을 맺고 있는 것이다. 이 글에서의 교육 과정은 문서화된 계획으로서의 교육 과정이지만 계획으로서의 교육 과정은 실천으로서의 교육 과정 및 실천의 결과 학습자에게서 구현되는 결과로서의 교육 과정의 근거가 된다. 이런 측면에서도 교육 과정에 제시되는 지도 내용의 체계화 노력이 요구된다고 할 것이다.

2. 읽기 영역 지도 내용 체계화의 의의

읽기 교육의 일차적이며 중요한 목표는 학생들의 읽기 능력을 길러주는 것이다. 읽기 능력을 길러 주기 위하여 교사가 해야 할 '무엇'이 읽기 지도의 내용이 될 것이다. 지금까지의 대개의 읽기 교육은 교사가 일방적으로 읽기를 지시하고 학생들의 읽은 결과를 점검하는 '과제 제시-결과 점검형'이거나 교사가 글의 내용에 대하여 자세하게 해설해 주는 '주석형'이었다. 그러나 최근의 언어 교육의 연구 결과들이 적극적으로 읽기 교육에 반영되면서, 이러한 읽기 교육에 대한 반성이 진지하게 이루어지고 있다.

목표가 무엇인지에 대한 뚜렷한 인식이 없는 상태에서 제대로 된 교육이 이루어질 수 없으며 무엇을 가르쳐야 할지 그 내용이 명확하지 않은 상태에서 효과적인 교육이 실시되리라고 기대할 수 없을 것이다. 그 동안 읽기 교육은 초보적인 문자 해득 수준을 거쳐 어떻게 체계적으로 읽기 능력을 신장시킬 수 있는가에 대한 명확한 인식이 없는 상태에서 이루어져 왔다. 대개는 글의 내용에 대한 지도가 읽기 지도를 대신했다고 할 수 있을 것이다. 이런

---

1) 곽병선(1986), '교육 과정 개정에서 고려되어야 할 문제들', 교육 개발 42호, 한국교육발원.

의미에서 그 동안 국어과 교육은 읽기 위주의 교육을 실시해 왔다는 총평을 들으면서도 진정한 의미의 읽기 교육과는 거리가 멀다는 지적을 받고 있다. 5차 교육 과정 이후 언어 사용 기능 중심의 교수-학습을 지향하고 있으나, 각 기능 영역이 지나치게 세분화되어 언어 사용 기능들 간의 단절성을 초래하고 학습 목표, 학습 내용, 학습 방법에 있어 혼란을 초래하고 있다는 지적도 있다.[2] 또한 읽기 영역의 지도 내용에 기능과 전략이 혼재되어 있어 읽기 지도의 방향을 정립하는 데 혼란을 주고 있다는 지적도 있다.[3]

읽기 영역의 지도 내용을 체계화한다는 것은 읽기 교육의 계획과 실행 과정을 일관성 있게 이끌어 나갈 지침을 마련하는 것이다. 단위 시간에 이루어지는 읽기 수업의 목표 설정 및 목표 달성을 위한 교재의 구안, 지도 방법의 결정, 평가 방법의 선택 및 평가 자료 구안에 이르기까지 무엇을 어떻게 해야 하는지에 대한 안내의 역할을 할 수 있도록 교육 과정을 구성하는 것이다. 이것이 가능하기 위해서는 읽기 능력을 구성하는 범주 및 범주들 사이의 관계 설정이 이루어져야 하고 각 범주의 하위 요소들 사이의 관련성이 드러나야 한다. 또한 학년(수준)별로 지도 내용이 어떤 방식으로 계열성을 가지는가가 드러나야 한다. 이러한 체계화의 밑바탕에는 읽기 과정 자체에 대한 이해와 읽기에 요구되는 기능에 대한 이해 및 기능 수행에 요구되는 여러 전략들에 대한 이해가 선행되어야 한다. 그리고 학년(수준)별 지도 내용이 계열성을 띄고 제시될 수 있도록 학습자의 발달적 특성에 대한 이해가 선행되어야 한다.

읽기 영역에서 지도해야 할 내용이 무엇인가에 대한 인식은 교육 과정 시기별로 차이를 보이고 있다. 또한 읽기 영역의 지도 내용을 학년별로 어떻게 차등을 두느냐 하는 방식에 있어서도 차이를 보이고 있다. 이 글에서는 1차~7차 국어과 교육 과정과 2007, 2011 개정 국어과 교육 과정에 이르기까지 체계화의 노력을 통해 어떤 방향으로 나아가는 것이 읽기 교육을 바로잡는 길이 될지 모색해 보고자 한다.

3. 제1차~제7차 국어과 교육 과정에서의 읽기 영역 지도 내용

국어과 교육 과정은 해방 이후 10여 차례의 개정 과정을 거쳤다. 그동안 국어교육학이

---

2) 박수자(1995), '독해 전략의 유형과 지도에 관한 연구', 국어 교육89, 한국국어교육연구회.
3) 한철우(1995), '독서 지도의 개선 방향', 독서 연구의 과제와 전망, 한국독서학회 창립 기념 학술 발표회 자료집, 한국독서학회.

부진했던 점과 국어과 교육과 관련되는 제 현상에 대한 학문적 노력을 집적시킬 장치가 부족했던 점을 고려한다면 국어과 교육 과정을 통해 드러난 국어과 교육의 성격 및 목표에 대한 인식, 국어과 교육의 문제점에 대한 인식, 국어과 교육의 내용에 대한 관점 등은 국어교육학을 하고자 하는 후학들에게 논의의 출발점을 제공하기에 부족함이 없다. 각 시기의 교육 과정은 나름대로 국어과 교육의 목표 설정 및 내용의 선정 조직을 통해 국어과 교육의 틀을 정립하려는 노력을 기울여 왔다. 이런 측면에서 지금까지 교육 과정을 통해 시도된 읽기 영역의 체계화 방안을 이해하는 것이 필요하다.

3.1. 제1차, 제2차 국어과 교육 과정[4]

제1차 국어과 교육 과정에서는 국어과의 지도 내용을 '기초적인 언어 능력/언어 사용의 기술/언어 문화의 체험과 창조'로 나누어 제시하고 있다. '기초적인 언어 능력'에서는 학습 요소(발음, 문자, 어휘, 어법, 문학)와 말하기, 듣기, 읽기 쓰기 기능을 제시하고 있고, '언어 사용의 기술'은 언어가 사용되는 중요 장면(신문 잡지 읽기, 편지 읽기, 규약, 게시, 공고 읽기, 독서하기, 사전 참고서 이용하기, 도서관 이용하기 등이 제시되어 있다)과 관련지어 흥미나 태도, 학습 방법, 경우에 따라서는 읽기 기능을 제시하고 있다. '언어 문화의 체험과 창조'는 크게 '문학과 예술/언어 과학'으로 나누어 지도 내용을 제시하고 있다. 읽기 영역과 관련지어 '문학과 예술'을 살펴보면 장르별로 지도 내용을 제시하고 있다.

제1차 교육 과정의 학년별 지도 내용은 위에서 언급한 지도 내용을 토대로 다음 〈표 1〉과 같이 선정되어 있다. <u>1차 중학교</u> 국어과 교육 과정에서의 읽기 영역의 지도 내용을 살펴보면 독서 지도가 강조되어 있다. 이 시기는 읽기 지도의 본령을 독서 지도로 보고 있어 읽기 기능에 대한 인식 미미했던 것으로 판단된다. 따라서, 각종 실용문 및 문학 작품 읽기 지도가 주요한 지도 내용으로 선정되어 있다. 같은 맥락에서 학급 문고 및 도서관의 이용이 중요하게 다루어지고 있으며 학습 방법의 학습이 다른 시기에 비해 강조되어 있다.

그러나 <u>고등학교 국어(一)</u>의 읽기 영역의 경우에는 독해 기능 및 독해 전략에 대한 뚜렷한 인식을 보이고 있음이 대조적이다. 고등학교에서는 읽기 영역에서 현대 문학 및 고전 문학, 그리고 국어 문제가 중요하게 다루어지고 있고, 이에 대한 '지식'이 강조되고 있다. 교육

---

4) 1, 2차 국어과 교육 과정은 진술 방식이나 내용에 있어 약간의 차이를 보이고 있으나 별도로 다룰 정도의 차이를 보이고 있지는 않다. 따라서 이 글에서는 1차 교육 과정을 중심으로 논의하고자 한다.

과정에 드러난 고등학교 수준에서의 읽기 영역의 성격은 독해 지도와 독서 지도를 아우르고 있다고 할 수 있다.

제1, 2차 시기의 학년별 지도 내용의 선정 조직은 읽기 기능의 계열화보다는 학습 활동의 난이도에 따라 그리고 장르에 따라 계열화를 꾀하고 있다. 이런 까닭으로 1차, 2차 국어과 교육 과정의 학년별 지도 내용은 다음에 살펴볼 3차나 4차의 경우와는 달리 학년 간에 지도 내용의 중복을 보이고 있지 않다. 이는 읽기 기능 중심으로 교육 과정을 구성하지 않았기 때문으로 보인다. 1차 교육 과정에서 태도와 관련되는 항목의 계열성이나 문학 장르와 관련되는 계열성은 눈여겨 볼만한 것이라 생각된다.

<표 1> 제1차 국어과 교육 과정의 읽기 영역 지도 내용

제1차 중 1	제1차 중 2	제1차 중 3	제1차 고교 국어(一)
(1)빨리 그리고 정확하게 묵독할 수 있다.	(1)똑똑하고 정확한 발음으로 낭독할 수 있다.	(1)글을 비판적으로 읽는다.	1.독서에 관한 여러 가지 기술을 체험한다.
(2)문의를 정확하게 파악한다.	(2)효과적인 문장 표현에 주의하며 읽는다.*	(2)신문이나 잡지에 나타나는 정치 경제 문화 등의 기사에 관심을 갖는다.*	ㄱ.책을 읽는 목적을 뚜렷이 한다.
(3)신문 잡지를 흥미를 가지고 읽는다.	(3)신문 잡지 등의 중요한 기사를 찾아서 읽는다.	(3)게시 공고 및 규약문 등을 읽고 내용을 이해한다.	ㄴ.주의를 집중
(4)여가를 즐거이 독서하는 태도와 습관을 기른다.	(4)독서를 통하여 자기 성장에 도움이 되도록 한다.	(4)독서 노트를 만들어 독후감을 기록한다.	ㄷ.단락의 중심 사상을 파악하고 단락과 단락의 연결을 생각한다.
(5)양서를 선택하여 읽는다.	(5)도서 목록을 만들고 이를 바르게 분류 정리할 수 있다.*	(5)독서 안내 서문, 목차, 색인, 도표 등의 필요를 인식하고 이를 목적에 따라 활용할 수 있다.	ㄹ.문장의 주안점을 알아내기 위하여 어느 곳이 중요한 서술이며 어디에 중점을 두었나를 안다.
(6)국어사전의 사용에 익숙해진다.	(6)각종 사전 참고서 연감 도표 등을 활용한다.	(6)한 가지 사전이나 참고서만을 따를 것이 아니라 여러 가지를 조사하여 내용을 비교하여 생각한다.	ㅁ.이해하고 사용할 수 있는 어휘의 수를 확장한다.
(7)학급 문고 도서의 분류와 정리는 어떻게 하는 것인가를 알고 이를 이용할 수 있다.	(7)학교 도서관을 이용하고 그 경영에 대하여 안다.	(7)공공도서관에서 독서하는 법과 서적을 선택하는 태도 및 습관을 기른다.	ㅂ.여러 가지 뜻으로 쓰이는 낱말을 많이 안다.
(8)편지를 읽고 거기 쓰여진 용건이 무엇인가를 분명히 안다.*	(8)사교적인 편지를 읽고 상대편의 심정을 이해한다.		ㅅ.문장 전후의 관계, 문맥 등으로 미루어 처음 보는 낱말의 뜻을 사전을 찾지 않고도 짐작한다.
(9)일기나 전기, 기록 등을 바르게 읽는다.	(9)감상문이나 수필 기행문 등을 읽고 내용에 대하여 생각한다.		ㅇ.읽은 글의 내용을 이미 아는 일이나 또는
(10)운문의 리듬을 알게 한다.	(10)시적 표현을 감상한다.		
(11)이야기나 소설의 줄거리를 바르게 잡는다.			

(12)감상문이나 기행문을 읽는데 흥미를 느낀다.	(11)긴 소설을 짧게 요약하여 본다.	(8)실용적인 편지를 읽고 용건을 바르게 처리한다.*	자기의 경험과 연결시켜 거기에 씌여 있는 것과 자기의 경험과를 비교하여 본다.
(13)희곡이나 시나리오를 읽는데 흥미를 느낀다.	(12)희곡이나 시나리오를 읽고 이해한다.*	(9)일기 편지 등을 읽고 그 배경이 되는 시대나 생활을 생각한다.*	ㅈ.글의 줄거리나 요점을 적어둠으로써 책에 쓰여진 사상이나 재료를 정리한다.
(14)현대문학에는 어떤 종류가 있는가를 안다.	(13)우리나라의 현대 문학의 대표적인 작가 및 그의 작품에 대하여 연구한다.	(10)우리나라의 대표적인 운문을 감상한다.	ㅊ.개략을 알려고 하거나 특정한 일에 관한 것을 알기 위하여 책을 띄엄띄엄 읽거나 필요한 데를 찾아서 읽을 수 있다.
	(14)우리나라 고전문학으로는 어떤 종류가 있는지를 안다.	(11)이야기나 소설에 작가의 견해가 어떻게 나타났나 생각하며 읽는다.	ㅋ.그림이나 도표로 나타낸 것을 바르게 읽는다.
		(12)수필을 읽고 붓가는 대로 쓴 심경을 알게 된다.	ㅌ.독서 노트를 만들어 독후감을 기록한다.*
		(13)논문을 읽고 논리적인 짜임이나 논지의 전개를 생각한다.*	ㅍ.빨리 읽기
		(14)희곡이나 시나리오의 연출에 대하여 연구한다.	ㅎ.눈의 폭, 눈의 운동과 리듬 증진하기
		(15)현대 문학의 특징은 무엇인가에 대하여 연구한다.	2.논설 논문을 읽는데 익숙해진다.
		(16)널리 알려진 고전 작품을 읽는다.	ㄱ.논문의 논리적 짜임이나 논지의 전개를 생각하면서 읽고 대의나 중심 사상을 빨리 잡는다.
		(17)우리말로 번역된 세계의 뛰어난 작품을 읽는다.	ㄴ.술어를 많이 안다.*
			3.문학 학습의 목표
			4.고전 학습
			5.국어 문제

* 표시된 항목들은 2차 교육 과정에서 제외

3.2. 제3차 국어과 교육 과정

제3차 국어과 교육 과정은 언어 사용 기능 영역의 지도 내용을 체계화하는 데 상당한 노력을 보여 주고 있다. 어떤 내용(지도 요소)을 어떤 형식(주요 형식)에 담아서 가르칠 것인가, 그 형식에 담길 내용은 어떤 것이어야 하는가(제재 선정의 기준)를 교육 과정 문서에 담고 있다. 이 시기의 교육 과정은 지도 내용의 체계화에 있어 그 틀을 마련한 점에서 다른 시기의 교육 과정에 비해 돋보인다. 그러나 '지도 요소, 주요 형식, 제재 선정의 기준'이라는 삼원 체계를 실질적으로 잘 살리지 못하고 있다.

이 시기의 교육 과정 내용을 살펴보면, 읽기 기능에 대한 인식은 1, 2차에 비해 뚜렷해졌지만 학년별 지도 내용의 계열화가 거의 이루어지지 않고 있다. 학년별 목표의 형식성은 여러 차례 지적된 바 있고,[5] 그 목표에 따른 지도 내용의 선정 조직에 있어서도 학년별 차이를 거의 드러내지 못하고 있다. 읽기 영역의 학년별 '지도 요소'는 〈표 2〉에서 보듯이 학년별 차이가 거의 없다. 이 시기의 교육 과정의 지도 내용이 전혀 계열성을 띄지 못한 것은 읽기 영역의 지도 내용을 세분화한 데에 그 원인의 일단이 있다고 볼 수 있다. 세부 하위 기능에 있어 학년 간의 차이를 명확히 하는 일이나 그것을 언어적 진술로써 차이나게 표현하는 일은 '기능'의 특성으로 보아 부적절한 시도로 보인다.

1학년 읽기 영역의 '주요 형식'에서는 일기, 편지, 광고문(광고문, 선전문, 표어 등), 법규, 보도문, 잠언(격언, 금언, 속담, 고사 등), 기록(회의록, 관찰 기록 등), 보고서, 생활문, 감상문, 설명문, 논설문, 전기, 기행문, 실화, 설화, 시, 시조, 수필, 소설, 극(라디오 방송극, 극본, 텔레비젼 및 영화 시나리오, 희곡 등) 등 21개 항목에 걸쳐 각종 장르를 제시하고 있다. 이 '주요 형식'에 제시된 장르는 학년별로 거의 차이가 없다. 2학년에서는 20개항(법규가 빠졌음)이, 3학년에서는 17개항(광고문, 법규, 생활문, 보고서가 빠졌음)이 제시되어 있다. 이 시기의 교과서에는 주요 형식에서 제시한 여러 형식의 글들이 제재로 사용되고 있다. 그러나 각각의 형식을 통해 무엇을 지도해야 할지가 교육 과정에서부터 드러나지 않아 3차 교육 과정 시기의 국어과 읽기 수업은 어느 단원이나 어느 글이나 거의 유사한 형태로 글을 읽고, 문단 나누고, 요지 찾고, 글의 내용을 학습하는 방식에서 벗어나지 못했다. 3차 교육 과정의 예를 보면 읽기 기능을 학습하기 위해 동원되는 각종 글의 형식을 읽기 영역 지도 내용의 계열화 기준으로 삼기는 어렵다고 생각된다. 학습 활동의 어려움 정도를 결정하는 요인은 글의 형식보다는 글의 내용에서 찾아야 할 것이다.

'제재 선정의 기준'은 학년의 차이 없이 제시하고 있기 때문에 학년별 수준을 처음부터 의도하고 있지 않다. 또한 '제재 선정의 기준'이 읽기 자료의 주제에 대한 포괄적인 지침이어서, 학생들의 수준 및 읽기 목표를 고려하여 읽을거리를 선정하고 교재화하는 과정에서

---

5) '국어과 교육 과정 변천사' 참조.

실질적인 역할을 한 것으로 판단되지 않는다. 3차 교육 과정 시기의 '제재 선정의 기준'은 이후 4차~7차 교육 과정으로, 2007, 2011 교육 과정으로 이어지고 있으나 다분히 선언적인 의미만 있을 뿐 제재 선정의 실질적인 지침 역할은 하지 못하고 있다. 3차 교육 과정은 읽기 영역의 지도 내용을 체계화하기 위한 틀을 마련하고, 읽기 기능을 읽기 영역의 주요 지도 내용으로 삼아 세분화하는 노력을 보여주고 있으나, 지도 내용의 계열화까지에는 미치지 못하고 있다고 하겠다.

<표 2> 제3차 국어과 교육 과정의 읽기 영역 지도 내용

제3차 중1	제3차 중2	제3차 중3	제3차 고교 국어 1
(1)흥미를 가지고 의욕적으로 읽기	(1) 1-(1)	(1)1-(1)	(1)읽기의 바른 태도
(2)독서 습관을 길러서 여가를 선용하기	(2) 1-(2)	(2)1-(2)	(2)효과적인 독서법
(3)양서를 선택해서 성실한 태도로 읽기	(3) 1-(3)	(3)1-(3)	(3)효과적인 낭독법
(4)비판적으로 읽기	(4)개방적인 심정으로 읽기	(4)2-(4)	(4)필요한 서적 선택법
(5)사전 활용하기	(5)1-(4)	(5)1-(4)	(5)여러 문장 형식의 특징
(7)어휘 늘리기	(6)참고 자료 활용하기	(6)2-(6)	(6)읽은 내용의 정확한 이해
(8)대문의 요지, 대문 상호간의 관계, 대문과 글 전체와의 관계 알기	(7)1-(6)	(7)1-(7)	(7)읽은 내용에 대한 비판과 감상
	(8)1-(7)	(8)1-(8)	(8)암시된 내용의 이해
(9)문장의 접속, 지시 관계 알기	(9)1-(8)	(9)1-(9)	(9)참고 자료 활용법
	(10)1-(9)	(10)1-(10)	(10)읽은 내용의 유용한 처리
(10)어법에 유의하면서 읽기	(11)1-(10)	(11)1-(11)	(11)글의 체험
(11)어구의 문맥상의 의미 알기	(12)1-(11)	(12)1-(12)	
	(13)1-(12)	(13)1-(13)	
(12)글의 형식 알기	(14)1-(13)	(14)1-(15)	
(13)글의 짜임과 줄거리 알기	(15)1-(14)	(15)1-(16)	
	(16)1-(15)	(16)글쓴이의 개성적 뉘앙스 알기	
(14)글의 리듬과 흐름 알기	(17)1-(16)	(17)1-(17)	
(15)글의 소재, 주제 및 글 쓴 의도나 목적 알기	(18)1-(17)	(18)2-(19)	
	(19)비유된 뜻 알기	(19)글의 시대적 사회적 배경 알기	
	(20)1-(19)		
	(21)1-(20)	(20)1-(19)	
	(22)1-(21)	(21)읽은 바를 되새겨 자기 수양에 힘쓰기	
(16)감동을 체험하고 감동 살리기	(23)1-(22)	(22)1-(20)	
	(24)발췌하여 읽기	(23)1-(21)	
(17)효과적인 표현 익히기	(25)독후감 정리하기	(24)1-(22)	
		(25)2-(24)	

(18)글의 내용을 마무리 하면서 읽기 (19)의견이나 주장의 가 부, 적부 판별하기 (20)독서 범위 넓히기 (21)빠르고 정확하게 묵 독하기 (23)글의 형식이나 내용 에 맞게 낭독하기		(26)2-(25) (27)연출해 보기	

3.3. 제4차 국어과 교육 과정

제4차 국어과 교육 과정에서는 국어과의 지도 내용을 '표현·이해', '언어', '문학'의 셋으로 설정하였다. 3차 시기까지 말하기, 듣기, 읽기, 쓰기의 언어 사용 활동을 중심으로 설정했던 내용 영역을 '표현·이해'로 묶어 제시한 것이다. 이러한 영역의 설정은 언어 사용의 과정에 대한 인식을 단적으로 드러내고 있다. '표현·이해' 영역의 하위 영역으로서의 읽기 지도 내용을 '-하며 읽는다.' 형식으로 표현한 진술 방식에서도 이런 점을 확인할 수 있다. 또한 3차 시기까지 읽기 영역에서 다루어졌던 문학 관련 지도 내용이 '문학'이란 영역으로 독립해서 다루어지게 됨으로써 읽기 영역의 지도 내용이 설명이나 논증적인 글 읽기에 국한되고 있다.

〈표 3〉을 살펴보면 이 시기의 읽기 영역의 지도 내용은 3차에 비하여 학년 간의 중복을 어느 정도 피하고 있고, 각 학년에 제시된 지도 내용들도 자체의 논리성을 띠고 있다. 글의 내용 이해와 관련되는 항목, 글의 구조 이해와 관련되는 항목, 표현과 관련되는 항목, 비판적 읽기 기능과 관련되는 항목, 문종의 이해와 문종에 대한 지식과 관련되는 항목, 학습 방법의 학습과 관련되는 항목 등으로 배열되어 있다. 4차로 오면서 읽기 기능에 대한 인식이 뚜렷하게 드러나면서 지도 내용의 선정에 있어서도 한결 체계를 띠고 있음을 알 수 있다.

이러한 발전적인 면모에도 불구하고 4차 시기의 읽기 영역의 학년별 지도 내용에서 학년별 차이를 구체적으로 드러내지 못하고 있다. 이 시기의 교과서는 문종을 중심으로 구성되었고, 각 단원의 첫 페이지에는 그 단원의 목표를 제시하고 있다. 교과서의 구성 방식 및 단원 구성 체제가 큰 변모를 보였음에도 중학교 1~3학년까지의 교과서에서 학습의 계열성을 찾아볼 수 없는 것도 교육 과정의 이러한 구성과 무관하지 않다. 실린 글의 내용만 다를 뿐 그것을 읽기 자료로 하여 무엇을 할 것인지에 있어서는 차이를 보이지 않는다. 읽기 영역의 지도 내용을 좀더 구체적으로 보여 주기 위해서는 읽기 기능의 확인만으로는 어렵다는 것을 알 수 있다.

제4차 교육 과정을 통해 읽기 기능에 대한 뚜렷한 인식을 찾아볼 수 있으나, '문학' 영역의 설정으로 읽기 영역이 축소되어 있음을 확인할 수 있다. 이런 점에서 4차 교육 과정의 읽기 영역 지도 내용은 5, 6차와는 상당히 다른 면모를 보이고 있다.

<표 3>제4차 국어과 교육 과정의 읽기 영역 지도 내용

제4차 중1	제4차 중2	제4차 중3	제4차 고교 국어1
(1)글의 줄거리, 요지, 주제 및 소재를 파악하며 읽는다.	(1)1-(1)	(1)1-(1)	(1)1-(1)
(2)글의 짜임, 부분과 부분, 부분과 전체와의 관계를 파악하며 읽는다.	(2)1-(2)	(2)1-(2)	(2)1-(2)
(3)여러 가지 표현법의 효과를 이해하며 읽는다.	(3)1-(3)	(3)1-(3)	(3)여러 가지 표현법을 이해하고 지은이의 표현 의도를 파악하며 읽는다.
(4)결론의 근거가 타당한지 판단하며 읽는다.	(4)일반적인 명제와 구체적인 사례를 구별하며 읽는다.	(4)논리의 전개가 타당한지 판단하며 읽는다.	(4)글의 내용을 바르게 평가하며 읽는다.
(5)생략된 사실, 사건, 의견을 추리하며 읽는다.	(5)1-(5)	(5)1-(5)	(5)생략된 내용을 문맥을 통하여 추리하며 읽는다.
(6)글의 내용이나 형식에 따라 바르게 읽고 읽은 글을 간추린다.	(6)1-(6)	(6)글의 내용을 자기 생각과 비교하며 읽는다.	(6)3-(8)
(7)글의 종류와 그 특징을 이해한다.	(7)1-(7)	(7)1-(6)	(7)여러 내용의 책을 고루 많이 읽는다.
(8)바르게 낭독하고 빠르게 읽는다.	(8)1-(8)	(8)글의 종류를 여러 가지 기준에 따라 분류한다.	
(9)목적에 따라 필요한 책을 찾아 읽는다.	(9)교양에 필요한 책을 고루 찾아 읽는다.	(9)효과적으로 낭독하거나 정독한다.	
(10)여러 가지 참고 자료를 활용한다.	(10)1-(10)	(10)여러 가지 내용의 책을 고루 찾아 읽는다.	
		(11)1-(10)	

3.4. 제5차 국어과 교육 과정

　제3차 중학교 국어과 교육 과정의 읽기 영역의 '내용'은 읽기 영역에서 다루어야 한다고 생각하는 여러 내용들을 자세하게 나열했다는 이상의 의미를 찾기 어려웠다. 이러한 현상은 제4차, 제5차 교육 과정을 거치면서 완전하지는 않지만 조금씩 해소되어 가고 있음을 확인할 수 있다. 제5차 교육 과정의 읽기 영역의 지도 내용을 살펴보면 한두 항목 정도는 겹치는 경우가 있으나 학년 간의 중복을 거의 찾아볼 수 없다. 이는 3차와 5차가 교육 과정에 제시한 내용 항목의 진술 방식이 다른 데 기인하는 것으로 보인다. 5차의 경우는 활동 방법에 관한 정보를 제시하고 있기 때문에 어느 정도의 차이를 나타낼 수 있었다. 예를 들어 3차 교육 과정에서는 '글의 짜임과 줄거리 알기'로 제시했지만 5차 교육 과정에서는 '내용이나 사건의 제시 순서에 유의하여 읽고 그 줄거리 말하기, 각 문단의 중심 단어나 내용을 찾고 이를 관련 되는 것끼리 다시 묶어가면서 글 전체의 내용을 요약하기'와 같은 방식으로 지도 내용을 진술하고 있다. 제5차 교육 과정 시기에 와서 교육 과정의 내용 진술에서 활동 방법(읽기 전략 혹은 읽기 활동의 유형－제목 붙이기, 비교하기, 경험과 관련지어 이야기하기 등)에 대한 정보를 담으려 했던 노력은 교육 과정의 의미를 단순히 국가 수준의 문서, 교과서 개발에 지침 역할을 하는 문서로만 국한하지 않고 교실에서 수업을 이끌어가는 교사들에게 필요한 정보를 줄 수 있는 실천적인 자료로 확대한 것으로 볼 수 있다.

<표 4> 제5차 국어과 교육 과정의 읽기 영역 지도 내용

제5차 중1	제5차 중2	제5차 중3	제5차 고교 국어
(1)여러 종류의 글을 읽고, 각 글의 줄거리, 주제, 소재를 찾기	(1)신문 기사, 참고 서적, 광고문 등 여러 가지 자료의 특성을 알고, 읽는 방법과 태도에 대하여 이야기하기	(1)글에서 사실, 의견, 상상, 느낌 등을 표현한 부분을 찾기	(1)의사소통 행위로서의 읽기의 특성을 이해한다.
(2)주제나 소재가 같은 여러 글을 읽고, 그 차이를 이야기하기	(2)글이나 도표 등에서 필요한 자료나 정보를 찾는 방법을 알고 활용하기	(2)읽은 글의 내용을 자신의 지식이나 경험과 관련지어 이야기하기	(2)글의 소재, 줄거리, 요지 및 주제를 파악하며 읽는다.
(3)한 편의 글에서 감동적인 부분을 찾아보고, 그 느낀 점을 말하기	(3)1-(6)	(3)경험이나 지식 또는 문맥으로 미루어 글에서 생략된 내용을 추리하기	(3)글의 짜임, 맥락 관계를 분석, 파악하며 읽는다.
(4)글의 유형이나 읽는 목적에 따라 방법을 달리하여 읽기	(4)글의 소재, 주제, 줄거리 등에 근거하여 그 글에 알맞은 제목 붙이기	(4)제목만 보고 글의 내용을 추측하고, 추측한 내용과 읽은 내용을 비교하기	(4)여러 가지 표현법을 이해하고 글쓴이의 의도를 파악하며 읽는다.
(5)글을 읽고 줄거리, 소재, 주제와의 관계를			(5)내용이 목적, 대상, 상황에 맞게 효과적으로

이야기하기 (6)내용이나 사건의 제시 순서에 유의하여 읽고 그 줄거리를 말하기 (7)여러 종류의 글을 읽고 그 내용을 몇 개의 부분으로 나누면서 글의 전개 방식을 파악하기 (8)글에 나오는 모르는 단어의 뜻을 사전에서 찾아 확인하고 글의 내용을 바르게 이해하기 (9)글에서 가리키는 말과 잇는 말을 찾고 그 의미를 파악하기 (10)사실을 표현한 부분과 의견이나 느낌을 표현한 부분을 찾고, 의견이나 느낌이 사실에서 어떻게 도출되었는지 이야기하기 (11)글에서 인물, 사건, 장면, 사물 등을 설명하거나 묘사한 부분을 찾고, 그 적절성에 대하여 말하기	(5)각 문단의 중심 단어나 내용을 찾고 이를 관련되는 것끼리 다시 묶어 가면서 글 전체의 내용을 요약하기 (6)문장과 문장, 또는 문단과 문단과의 연관 관계를 파악하기 (7)단어의 지시적 의미와 함축적 의미를 파악하여, 글의 내용을 정확하게 이해하기 (8)1-(10) (9)생각이나 느낌이 효과적으로 표현된 부분을 찾아보고, 여러 가지 표현 방법과 그 특징에 대하여 이야기하기 (10)주제나 소재가 같은 여러 글을 읽고, 구성과 표현의 차이와 적절성에 대하여 함께 이야기하기	(5)글의 한 부분만 읽고 나머지 부분을 추측한 후, 추측한 내용과 실제 내용을 비교하기 (6)2-(5) (7)장면, 인물, 분위기 등을 고려하여 글의 내용을 종합적으로 이해하기 (8)글 속에 나오는 사건의 전개 순서, 사건 사이의 인과 관계를 파악하고, 앞으로 일어날 일을 예측하거나 상상하여 말하기 (9)1-(10) (10)2-(10) (11)같은 일이나 사건에 대한 주장이나 느낌을 나타낸 글을 비교하여 관점의 공통점과 차이점을 찾고 그 신뢰성을 판단하기	선정 조직되었는지 종합, 판단하며 읽는다. (6)경험, 지식, 문맥으로 미루어 생략된 내용을 추론하며 읽는다.(중 3-(3)) (7)여러 유형의 글의 특성을 이해하고, 그 특성에 맞게 효과적으로 읽는다. (8)여러 가지 내용의 책을 고루 찾아 읽고 독서록을 작성한다.

제5차 교육 과정 시기의 읽기 영역의 지도 내용은 전반적으로 읽기 활동을 중심으로 선정하고 있다. 활동의 난이도를 고려하여 학년별 지도 내용을 계열화한 경향을 보이고 있다. 그러나 그 활동을 통해 도달하고자 하는 목표가 명확히 전달되지 못하며 읽기 활동의 방법만으로 학년 간의 지도 내용의 차이를 말하기는 어렵다고 생각된다. 중학교 3학년의 지도 내용에서는 '추론하기'와 관련되는 항목이 (3), (4), (5), (8) 4개나 되는데 다른 학년에서는 다루어지지 않고 있다. 또한 각 학년 수준에 제시된 지도 내용 사이의 유기적 관련성도 그리 뚜렷하지 못하고, 각각의 내용 항목이 포괄하고 있는 정보가 균질적이지도 못하다. 즉, 어느 항목은 전략과 기능을 포괄하고 있는가 하면(예를 들어 1-(6), 2-(5)와 같은 경우)

어느 항목은 활동만을 제시하고 있기도 하다(예를 들어 1-(3), 3-(1)과 같은 경우).

이러한 문제점에도 불구하고 5차 교육 과정에서의 읽기 지도 내용은, 읽기 수업의 다양한 모습을 보여주고 읽기 기능 및 읽기 전략에 대한 이해를 시도한 점에서 평가될 수 있다. 또한 전략의 차이에 의한 지도 내용 계열화의 가능성을 어느 정도 시사하고 있다. 또한 제4차와는 달리 읽기 기능을 적극적으로 규정하고 있고, 읽기의 대상에 있어서도 문학적인 글까지 포괄하고 있다.

3.5. 제6차 국어과 교육 과정

제6차 교육 과정은 그 구성 체제에 있어 큰 변화를 보이고 있다. 각 교과의 교육 과정이 '성격, 목표, 내용 체계, 학년별 지도 내용, 방법, 평가'로 구성되어 있다. 각 교과의 성격을 밝힌 것, '내용 체계'를 제시한 점이 다른 시기와는 구별된다. 국어과 교육 과정도 이러한 구성 체제를 따르고 있다. 교육 과정을 통해 국어과의 지도 내용의 체계화를 시도한 것은 6차에 이르기까지의 국어과 교육 관련 집단의 사고를 정리했다는 점에서도 큰 의의가 있다. 이러한 '내용 체계'에 힘입어 읽기 영역의 지도 내용도 제6차에 와서 어느 정도 체계를 가지게 되었다.

읽기 영역의 지도 내용 체계는 '읽기의 본질, 읽기의 원리, 읽기의 실제'로 구성되어 있다. '읽기의 본질'에서 다루어지는 내용은 '읽기의 특성, 읽기의 여러 가지 방법 및 상황'과 관련되는 개념적 지식이고, '읽기의 원리'에서 다루어지는 내용은 '단어 및 내용의 이해, 평가 및 감상'과 관련되는 여러 가지 원리, 즉 절차적 지식들이다. '읽기의 실제'에서는 학생들이 여러 목적(정보 전달, 설득, 친교 및 정서 표현)으로 쓰여진 읽을거리를 경험할 것을 의도하고 있으며 또한 읽기와 관련되는 태도 및 습관을 다루고 있다. 교육 과정의 이러한 '내용 체계'는 아무런 사전 지도 없이 '읽어 봐라'는 식의 읽기 지도나, 글의 구성 방식이나 표현 방법, 혹은 글의 내용을 해설하는 식의 읽기 수업을 지양할 것을 의도하고 있다. 읽는 행위의 본질을 이해하고 읽기 과정에서 요구되는 읽는 방법과 관련되는 지식들을 알고 이를 활용하여 성공적인 읽기를 수행할 수 있도록 할 것을 목적으로 하고 있는 것이다.

<표 5> 제6차 국어과 교육 과정 읽기 영역 '내용 체계'(중학교)

1. 읽기의 본질	2. 읽기의 원리	3. 읽기의 실제
1) 읽기의 특성 2) 정확한 읽기의 방법 3) 읽기의 여러 가지 상황	1) 단어 이해의 여러 가지 원리 2) 내용 이해의 여러 가지 원리 3) 평가 및 감상의 여러 가지 원리	1) 정보를 전달하는 글 읽기 2) 설득하는 글 읽기 3) 친교 및 정서 표현의 글 읽기 4) 정확한 읽기의 태도 및 습관

제6차 교육 과정의 각 학년 읽기 영역 지도 내용들은 '내용 체계'의 하위 범주에 따라 선정된 것이기 때문에 〈표 6〉에서 보는 바와 같이 학년 간의 중복을 보이지 않을 뿐 아니라, 학년별 지도 내용들도 각각 어떤 기능을 가르치려고 하는지가 비교적 명시적이다. '원리'와 '실제'를 묶어 지도 내용을 제시했기 때문에 각 항목의 진술 방식은 기본적으로 '무엇을 알고 어떻게 한다'이다. 여기서 '무엇'은 읽기 기능 수행을 위한 전략이고 '어떻게 하는 것'은 읽기 기능 혹은 읽기 활동이다. 6차의 읽기 지도 내용은 내용의 선정 및 제시 방법이 '내용 체계'를 근간으로 하고 있는 점에서 상대적으로 체계화된 모습으로 제시되고 있다. 그러나 각각의 지도 항목들을 살펴보면 '전략+기능'의 형태로 진술된 것 뿐 아니라(1-(3), 2-(5), 3-(3) 등과 같은 경우) '활동 +기능'(1-(6), 1-(8), 1-(9), 1-(10), 2-(8), 3-(8)과 같은 경우)의 형태로 진술된 것도 있다. 후자의 경우는 앞에 진술된 내용이 별다른 의미를 갖지 못하는 군더더기인 경우가 많다. 즉, 읽기 기능과 그 기능의 수행을 위한 전략의 제시라는 측면에서는 5차 교육 과정 시기에 비하여 진전된 모습을 보이나, 기능 수행에 대한 전략적 지식들의 제시가 여전히 미흡한 상태라 할 수 있다.

이러한 한계에도 불구하고 6차 교육 과정은 지도 내용의 체계화라는 면에서 큰 획을 긋고 있다. 교육 과정의 구성 체제 자체가 '내용 체계'를 설정하여 각 영역의 지도 내용에 질서를 부여할 수 있는 틀을 마련한 것이다. 잡다하게 나열되어 있는 것 같은 내용들에 각각의 위치를 지정해 줌으로써, 학년 간의 계열성 및 학년 내의 각 지도 내용 사이의 관계를 부여하고 있다. 또한 상당 수준 전략 중심의 읽기 지도가 가능하도록 내용을 선정했음을 확인할 수 있다.

<표 6> 제6차 국어과 교육 과정의 읽기 영역 지도 내용

제6차 중1	제6차 중2	제6차 중3	제6차 고교 국어
〈읽기의 본질〉 (1)글의 내용을 이해하기	〈읽기의 본질〉 (1)알고 있거나 경험한	〈읽기의 본질〉 (1)여러 종류의 글을 읽은	〈읽기의 본질〉 (1)의사소통 행위로서의

위하여 한 일을 말하여 보고 읽기의 과정에 대하여 안다.

〈읽기의 원리와 실제〉

(2) 글에 나오는 단어의 뜻을 사전에서 찾아보고, 사전적 의미와 문맥적 의미를 비교한다.

(3) 글에서 각 문장이 전달하고자 하는 내용을 말하여 보고, 문장과 문장 사이의 연결 관계를 파악한다.

(4) 글에서 지시어를 찾아보고, 지시하는 내용을 파악한다.

(5) 여러 종류의 글을 읽어 보고, 각 글의 소재와 주제를 파악하여 말한다.

(6) 여러 종류의 글을 읽어 보고, 각 글의 줄거리나 주요 내용을 간추려 말한다.

(7) 글에서 사실을 표현한 부분, 의견이나 느낌을 표현한 부분을 찾아보고 의견이나 느낌이 사실과 어떻게 연관되어 있는지 말한다.

(8) 글의 내용을 파악하고 장면이나 분위기 등에 맞게 효과적으로 낭독한다.

(9) 글에서 인물, 사건, 장면, 사물 등을 설명하거나 묘사한 부분을 찾아보고 그 적절성에 대하여 말한다.

(10) 글을 읽어 보고, 인물의 말이나 행동을 비

것과 관련되는 글을 읽을 때와 그렇지 않은 글을 읽을 때에 내용을 이해하는 데 어떤 차이가 있는지 말하여 보고, 지식과 경험이 내용을 이해하는 데 중요함을 안다.

〈읽기의 원리와 실제〉

(2) 주어진 단어들을 여러 가지 기준으로 분류하여 보고, 단어 사이의 의미 관계를 파악한다.

(3) 글을 읽어 보고, 지식이나 경험, 문맥 등을 활용하여 생략된 내용이나 세부 내용을 추론한다.

(4) 글을 몇 부분으로 나누어 보고, 문단과 문단 사이의 연결 관계에 유의하며 글 전체의 짜임을 파악한다.

(5) 각 문단에서 핵심이나 중심 내용을 찾아보고, 이를 관련되는 것끼리 묶어 가면서 글 전체 내용을 요약한다.

(6) 생각이나 느낌이 효과적으로 표현된 부분을 찾아보고, 여러 가지 표현 방법에 대하여 말한다.

(7) 여러 종류의 글을 읽어 보고, 제목이나 내용, 소재 등과 관련지어 글의 주제를 파악한다.

(8) 주제나 소재가 같은 여러 글을 읽어 보고,

경험을 말하여 보고 글의 종류나 목적에 따라 읽는 방법을 달리하여야 함을 안다.

〈읽기의 원리와 실제〉

(2) 글에서 함축적인 의미로 쓰인 단어를 찾아보고 그 단어가 불러일으키는 정서적 반응에 대하여 말한다.

(3) 사건의 전개 순서, 사건 사이의 인과 관계를 파악하여 앞으로 일어날 일을 예측하거나 상상한다.

(4) 글에서 소재와 주제의 관계를 말하여 보고 소재가 주제로 어떻게 형상화되는지를 파악한다.

(5) 소재나 주제가 같은 여러 글을 읽어 보고, 표현의 차이에 대하여 말한다.

(6) 글에서 비유적으로 쓰인 단어를 찾아보고, 원래의 뜻과 글에서 나타내고자 하는 뜻을 비교하여 말한다.

(7) 하나의 문제에 대하여 주장하는 내용이 다른 여러 글을 비교하며 읽어 보고, 논지나 관점의 공통점이나 차이점에 대하여 말한다.

(8) 소재나 주제가 같은 여러 글을 읽어 보고, 글쓴이의 의도나 목적을 평가한다.

읽기의 특성을 안다.

(2) 의사소통 행위로서의 효과적인 읽기의 방법을 안다.

(3) 의사소통 행위로서의 읽기의 여러 가지 상황을 안다.

〈읽기의 원리와 실제〉

(4) 글의 유형과 읽는 목적에 맞게 읽기의 방법을 선택한다.

(5) 단어의 다양한 의미와 단어들 사이의 의미 관계를 알고, 여러 가지 방법으로 어휘력을 확장한다.

(6) 구조가 복잡한 문장에서 전달하고자 하는 내용을 파악하고, 문장과 문장 사이의 연결 관계를 말한다.

(7) 글을 몇 부분으로 나누어 보고, 문단과 문단 사이의 연결 관계에 유의하며 글 전체의 짜임을 평가한다.

(8) 한 편의 글을 끝까지 읽고, 중심 내용이나 주제를 파악한다.

(9) 글을 읽고 경험, 지식, 문맥 등을 활용하여 생략된 내용이나 세부 내용을 추론한다.

(10) 주제나 소재가 같은 여러 글에서 구성 및 표현의 차이를 파악하고, 그 효과에 대하여 평가한다.

(11) 글에 분명히 나타나 있거나 숨어 있는 글

교하여 말한다. (11)국어사전이나 백과사전 등을 활용하여 글의 내용을 정확하게 이해하는 태도를 가진다.	구성의 차이에 대하여 말한다. (9)감명 깊게 읽은 글의 내용 전개 순서를 살펴보고, 글의 내용 전개상의 특징에 대하여 말한다. (10)여러 가지 읽을거리를 능동적으로 찾아 읽는 습관을 가진다. (11)여러 가지 자료에서 정보를 찾는 방법에 대하여 이야기해 보고, 참고 서적이나 신문 기사 등에서 필요한 정보를 찾아 활용한다.	(9)읽은 글의 내용을 요약하여 말해보고 내용의 정확성, 신뢰성, 공정성 등에 대하여 토의한다. (10)생각이나 느낌이 효과적으로 표현된 부분을 찾아서 발표하고 표현상의 특징과 그 효과에 대하여 말한다. (11)글의 내용에 대한 생각이나 느낌을 기록하는 독서 습관을 가진다.	쓴이의 의도나 목적을 파악한다. (12)글의 신뢰성, 정확성, 공정성 등에 대해 토의하고, 글의 내용을 비판적으로 수용한다. (13)여러 가지 읽을거리를 폭넓게 찾아 읽고, 읽은 내용을 정리하는 습관을 가진다.

3.6. 제7차 국어과 교육 과정

제7차 교육 과정의 틀은 '성격, 목표, 내용, 방법, 평가'로 되어 있어 6차와 동일하다. '내용 체계'가 '본질, 원리, 태도, 실제'로 되어 있어 작은 변화를 보이고 있지만, 6차의 '실제'의 하위 범주로 제시되어 있던 '태도'가 독립된 범주로 제시된 것을 제외하면 교육 과정의 틀을 견고하게 하고 있는 점도 6차와 7차는 동일하다.

<표 7> 제7차 국어과 교육 과정 읽기 영역의 '내용 체계'

○ 읽기의 본질			○ 읽기의 원리		○ 읽기의 태도	
-필요성	-목적	-개념	-낱말 이해	-내용 확인	-동기	-흥미
-방법	-상황	-특성	-추론	-평가와 감상	-습관	-가치
○ 읽기의 실제						
-정보를 전달하는 글 읽기 -설득하는 글 읽기 -정서 표현의 글 읽기 -친교의 글 읽기						

위의 '내용 체계'는 각 학년의 내용을 선정하는 굳건한 틀이 되고 있다. 아래 〈표 8〉를 살펴보면 (1)번은 '본질'에 해당하는 내용, 마지막에 제시한 것은 '태도'에 속하는 항목, 7학년

의 (2)~(4), 8학년에서 10학년의 (2)~(5) 항목은 '원리'에 속하는 것으로 하위 범주(내용 확인, 추론, 평가와 감상)에 각각 대응시키고 있다.

<표 8> 제7차 국어과 교육 과정의 읽기 영역 지도 내용

제7차 7학년	제7차 8학년	제7차 9학년	제7차 10학년
(1)읽기와 쓰기의 공통점과 차이점을 안다. **[기본]**글을 읽을 때와 쓸 때의 공통점과 차이점을 말한다. **[심화]**읽기와 쓰기의 공통점과 차이점을 설명하는 글을 쓴다.	(1)읽기가 문제 해결 과정임을 안다. **[기본]**글을 잘못 읽어서 어려움을 겪은 경험을 말해보고 문제의 해결 방안에 대하여 토의한다. **[심화]**읽기가 문제 해결 과정임을 알려주는 예를 조사하여 발표한다.	(1)읽기가 사회·문화적 과정임을 안다. **[기본]**읽기가 사회·문화적 과정임을 예를 들어 설명한다. **[심화]**사회·문화적 상황에 따라 읽기 전략이 달라지는 예를 알아본다.	(1)읽기가 의사소통 행위임을 안다. **[기본]**의사소통으로서의 읽기의 특성을 설명한다. **[심화]**읽기와 듣기, 말하기, 쓰기를 의사소통 행위의 측면에서 비교한다.
(2)내용을 메모하며 글을 읽는다. **[기본]**필요하거나 중요한 내용을 메모하며 글을 읽는다. **[심화]**글의 내용에 대한 자신의 생각을 메모하며 글을 읽는다.	(2)내용과 내용의 관계를 알 수 있는 표지에 유의하며 글을 읽는다. **[기본]**여러 가지 표지를 단서로 글의 짜임과 내용을 파악하며 읽는다. **[심화]**읽기 자료에 나오는 여러 가지 표지의 종류와 기능을 조사하여 정리한다.	(2)문장의 중요성을 판정하여 글의 중심 내용을 파악한다. **[기본]**글을 읽으며 문장의 중요도를 판정하고 이를 바탕으로 내용을 재조직하여 글의 중심 내용을 파악한다. **[심화]**문장의 중요도를 판정하여 글을 읽는 것의 효과에 대하여 토의한다.	(2)필요한 정보를 찾으며 글을 읽는다. **[기본]**다양한 종류의 글을 읽고, 읽는 목적을 고려하여 필요한 정보를 효과적으로 찾는다. **[심화]**필요한 정보를 찾아 내는 방법에 대해 토의한다.
(3)글쓴이의 의도나 목적을 파악하며 글을 읽는다. **[기본]**배경 지식을 활용하여 겉으로 드러난 의도와 속에 숨겨진 의도를 구별하며 글을 읽는다. **[심화]**글쓴이의 의도나 목적이 글의 주제와 어떻게 관련되는지 토의한다.	(3)글 전체의 짜임을 파악하며 읽는다. **[기본]**문단과 문단의 연결 관계를 파악하여 글 전체의 짜임을 말한다. **[심화]**글 전체의 짜임을 그림으로 나타내고 이를 설명한다.	(3)같은 문제를 다루고 있는 여러 글을 읽고, 주제나 관점의 공통점이나 차이점을 파악한다. **[기본]**하나의 문제에 대하여 주장하는 내용이 다른 여러 글을 읽고 주제나 관점을 비교한다. **[심화]**같은 문제를 다루고 있는 여러 글에서 글쓴이의 논지나 관점에 따라 내용이 어떻게 달라지는지 토의한다.	(3)정보를 재조직하며 글을 읽는다. **[기본]**배경 지식을 바탕으로 정보를 재조직하며 글을 읽는다. **[심화]**글쓴이가 글을 쓸 때에 어떤 정보를 선택하고 어떤 정보를 생략했다는 점에 유의하며 글을 읽는다.
(4)내용의 통일성을 평가	(4)내용 전개 방식을 파	(4)읽은 글의 신뢰성과	(4)표현의 효과에 대하여

하며 글을 읽는다. [기본]읽은 글의 개요를 만들고 주제에서 벗어난 내용이 있는지 평가한다. [심화]글의 통일성을 판단하는 기준을 알아본다.	악하며 글을 읽는다. [기본]내용 전개 방식의 유형을 알고 내용 전개 방식을 파악하며 글을 읽는다. [심화]글에서 여러 가지 내용 전개 방식이 어떤 효과를 가지는지 토의한다.	타당성을 판단한다. [기본]하나의 주제에 대한 여러 사람의 글을 비교하며 읽고 읽은 내용의 신뢰성과 타당성에 대하여 토의한다. [심화]읽은 내용의 신뢰성과 타당성을 판단하는 기준을 알아보고 글을 읽을 때 적용한다.	평가하며 글을 읽는다. [기본]표현상의 특징을 알아보며 글을 읽고 그 효과를 평가한다. [심화]주제나 글감이 같은 여러 글을 읽고 표현상의 특징을 비교하고 평가한다.
(5)글의 내용에 대한 생각이나 느낌을 글로 쓰는 태도를 지닌다. [기본]글의 내용에 대한 생각이나 느낌을 책의 여백에 쓰며 글을 읽는다. [심화]글의 내용에 대한 생각이나 느낌을 기록하는 자신만의 효과적인 방법을 개발한다.	(5)읽는 글의 일관성을 평가한다. [기본]읽은 글의 중심 내용과 뒷받침 내용 간의 관계가 긴밀한지 토의한다. [심화]읽은 글의 내용의 일관성을 평가하기 위한 기준에는 어떤 것들이 있는지 알아본다.	(5)표현의 효과를 평가하며 글을 읽는다. [기본]글에 나타난 표현의 특징을 알아보고 그 효과를 평가한다. [심화]효과적인 표현 방법에 대해 조사하고 글을 읽을 때 이를 적용한다.	(5)읽은 내용의 신뢰성과 타당성을 평가한다. [기본]하나의 주제에 대하여 여러 가지 글을 비교하며 읽고 읽은 내용의 신뢰성과 타당성에 대해 토의한다. [심화]읽은 내용의 신뢰성과 타당성을 판단하는 기준을 알아본다.
	(6)여러 종류의 사전을 글 읽기에 활용하는 태도를 지닌다. [기본]*여러 종류의 사전의 활용 방법을 안다. *글의 내용을 이해하기 위해 여러 종류의 사전을 활용한다. [심화]글을 읽는 목적에 맞게 여러 종류의 사전을 적절히 활용한다.	(6)글의 내용을 이해하기 위하여 다양한 매체를 찾아 활용하는 습관을 가진다. [기본]다양한 매체를 활용하여 글의 이해도를 높인다. [심화]영상 매체나 청각 매체 등이 글의 내용을 이해하는 데 어떤 효과가 있는지 토의한다.	(6)읽기 활동을 적절히 조절하면서 읽는 태도를 지닌다. [기본]항상 자신의 읽기 활동을 인식, 점검, 보완하면서 글을 읽는다. [심화]*자신의 읽기 활동을 조절하면서 글을 읽는 것의 중요성에 대해 토의한다. *유능한 독자의 읽기 전략을 조사한다.

제7차 교육 과정에서는 수준별 교육 과정을 강조하여 국어과의 경우, 각 학년별 '내용'과 [기본]과 [심화]라는 '수준별 학습 활동의 예'를 보여 주고 있다. 각 내용 항목들은 본질(지식), 원리(기능), 태도로 조직되어 있고, [기본]과 [심화] 활동의 예는 읽기 활동을 제시하고 있다. '수준별 학습 활동의 예'를 제시해서 학습량의 적절성(학습량 줄임)을 성공적으로 이룬 것 같은데('내용 항목'을 6차보다 1/3 쯤 줄이고 있다.) 6차의 경우 학년별 내용이 많으나 이는

7차의 '학습 활동의 예'와 같은 수준의 진술이므로 학습량의 많고 적음을 논함에 있어 별반 다르지 않다.

제6차의 경우는 활동의 다름으로 학년 간의 중복 문제를 해결하고 있는데 7차 교육 과정은 읽기 기능의 다름으로 학년 간 겹침 문제를 해결하고 있다. 중학교 3학년과 고등학교가 겹치는 부분이 있지만 1학년부터 9학년까지 중복을 보이지 않는다. 그 이유의 하나가 '내용 체계'의 범주를 철저히 따르고 있기 때문이다. '내용 체계'가 '학년별 내용'을 제시하는 기준이 되고 있음을 알 수 있는데, 이런 면은 2007 개정 교육 과정과 차이 나는 면모라 하겠다.

제7차에 와선 '수준별 학습 활동의 예'가 제시되어 5차, 6차와 같이 교육 과정에서 학년별 내용의 위계를 부각시키기 위해 학습 활동을 내용 항목에 제시하지 않아도 되었다. 학습 내용의 위계가 얼마나 체계적으로 구성되었느냐는 별도로 논의되어야 하지만 '내용'을 읽기 기능으로, '학습 활동의 예'로 읽기 활동, 읽기 전략으로 구성되어 있는 면은 한걸음 나아간 것이라 하겠다.

제1차~3차 교육 과정은 4영역 체제로 국어과 교육 과정의 기본 틀을 잡았고, 국어과 교육의 지향점을 논할 기초를 마련했다고 하겠다. 제4차 교육 과정은 3영역으로 체계화하면서, 학문 중심 교육 과정을 지향하여, 지식의 중요성 및 배경 학문을 추구했다. 5차 교육 과정은 6영역으로 체계화하면서, 언어 사용 기능을 강조하였다. 6차 교육 과정은 5차와 마찬가지로 6영역으로 국어과 교육을 체계화했지만, 이때부터 '내용 체계'가 교육 과정에서 주요한 역할을 하게 되었다. 5차 시기까지 교육 과정 개발에서 큰 문제가 되었던 것은 학년 목표를 체계적으로, 위계적으로 설정하는 문제였다. 이 문제가 6차 교육 과정부터는 '학년 목표' 대신 '내용 체계'를 둠으로써 해결되었다. 이 '내용 체계'는 '본질, 원리, 실제'(6차)에서 '본질, 원리, 태도, 실제'(7차)로, '실제, 지식, 기능, 맥락'(2007 개정 교육 과정)으로, '실제, 지식, 기능, 태도'(2011 개정 교육 과정)로 변화하였다. 여기서 '내용 체계'가 가장 분명한 구실을 한 것은 7차로서, 학년별 내용의 선정 시 '내용 체계'의 하위 범주를 철저히 따르고 있다. 2007, 2011 개정 교육 과정에 와서는 '내용 체계'의 위상이 7차와는 달리 상당히 약해지는 모습을 보이고 있다.

읽기 영역을 어떻게 체계화할 것인가의 문제도 1차~7차에 걸쳐 고민의 흔적을 읽을 수 있다. 독서 지도가 교육 과정에서 중요한 위치를 점하기도 했고(1, 2차), '읽기'가 가르쳐질 수 있음을 알고(3차) 학년별로 어떤 위계로 가르칠 것인가를 고민하고(4차) 읽기 기능과 함께 읽기 활동이나 전략을 도입함으로써 교육 과정을 통해 읽기 지도가 한걸음 나아가게 되었다(5차). '내용 체계'가 도입됨으로써 읽기 기능, 읽기 전략, 읽기 자료가 교육 과정에서 보다 체계적으로 위치를 점하게 되었다(6차, 7차).

2007, 2011 개정 국어과 교육 과정에서는 1차~7차를 거쳐 오면서 문제가 되었던 것을 어떻게 풀어가려고 했는지 살펴보자.

4. 2007 개정, 2011 개정 국어과 교육 과정에서의 읽기 영역 지도 내용

2007 개정 교육 과정의 전체 테두리는 현행 7차와 동일하다. 2007 개정 교육 과정의 체제가 '성격, 목표, 내용, 방법, 평가'로 되어 있는데, 이것은 6차, 7차와 같다. 수준별 학습을 강조하고, 1학년부터 10학년까지 국민공통기본 교육 과정을 설치하고, 10년간을 국민공통기본 교육 과정으로 한 묶음으로 제시하는 것도 7차와 달라진 바가 없다. 그렇지만 2007년에 고시된 국어과 교육 과정은 그동안 국정이란 틀에서 벗어나 검인정으로 교과서 편찬 제도가 바뀜으로써 교육 과정의 개정에 따라 현장의 모습이 많이 달라졌다.

2011 개정 교육 과정도 국어과의 경우, 많이 변화를 가져왔다. 내용에 있어서는 2007 개정과 별반 달라지지 않았다고 평가할 수 있으나 교육 과정 개정의 시스템 자체도 달라졌고 (공모를 통하여 교육 과정 개정 작업을 하게 되었음.) 교육 과정의 개정의 의미가 많이 달랐기 때문에(부분 개정, 수시 개정) 길게 봐서 어떤 의미를 지닌 교육 과정으로 자리매김 될 것인지 지금 말할 수 없다고 하겠다.

4.1. 2007 개정 국어과 교육 과정

2007 개정 교육 과정의 내용에 있어서 전체 틀은 6차, 7차와 다르지 않지만 '내용 체계'와 '학년별 내용'을 제시하는 방법은 크게 달라진 면모를 보이고 있다. 내용 체계에 '맥락' 범주가 새로이 부각되었고, '실제' 범주가 중요한 축(1차 조직자)이 되고 있다. 6차와 7차에서 '본질'이란 용어가 '지식', '원리'라는 용어를 '기능'이란 용어로 바꾸어 쓰고 있다. 6차, 7차에는 태도가 부각되었는데, 2007 개정 교육 과정에서는 교육 과정의 한 축이 되었던 '태도'가 없어지고 '맥락'이 한 축으로 등장했다. 그리고 7차에서 하나의 내용 항목으로 다루어졌던 '매체'(8학년 (6)항목)가 '내용 체계'의 한 부분(지식)이 되어 가르칠 내용이 되고 있다.

<표 9> 2007 개정 교육 과정의 읽기 영역 '내용 체계'

읽기의 실제	
-정보 전달하는 글 읽기 -사회적 상호 작용의 글 읽기	-설득하는 글 읽기 -정서 표현의 글 읽기
지식 ○소통의 본질 ○글의 특성 ○*매체의 특성*	**기능** ○내용 확인 ○추론 ○평가와 감상
맥락 ○상황 맥락 ○사회·문화적 맥락	

이러한 '내용 체계'로서 학년별 내용이 어떻게 구성되어 있는지 살펴보자. 학년별 내용을 제시하는 방법은 학년별로 〈글의 수준과 범위〉를 제시하고 있고, '내용'이란 용어를 사용하지 않고 '성취 기준'이란 용어로 도달점을 명시하고 있다. 그러한 도달점에 이르기 위하여 학습해야 할 '내용 요소의 예'를 함께 제시하고 있다.[6]

학년별 내용을 제시할 때 1차 조직자가 '실제'가 되고 있어 학년별 내용에 가장 먼저 〈글의 수준과 범위〉가 제시되고 있다. 어떤 텍스트로 학습할 것인지가 1차로 중요하다. 학년별로 텍스트가 결정되면 그 텍스트로 학습이 이루어진다.

---

6) 서영진(2013), 국어과 교육 과정 '내용 성취 기준'의 진술 방식에 대한 비판적 고찰(국어교육학연구 제46집, 424p.)에서 교육 내용 진술 방식의 유형을 다음과 같이 정리하고 있다.

유형	내용 중심 진술	활동 중심 진술	수업 능력 중심 진술
진술 방식	학문적 지식과 기능 중심	수업 활동 중심	학습자가 보여 주어야 할 성취 행동 중심
강조점	습득해야 할 지식과 기능	지식과 기능을 습득하기 위한 활동	습득한 지식과 기능을 적용한 과업 수행능력
초점 단계	교과의 내용	수업	평가
초점 주체	교사	학생	학생
일반적인 제시형태	(내용)을 안다/이해한다	(내용)을 (활동) 한다.	(과업)을 할 수 있다.
이론적 기반	브루너	듀이	타일러

<표 10> 2007 개정 교육 과정의 읽기 영역 '글의 수준과 범위'

7학년	8학년	9학년	10학년
-읽기의 개념, 특성, 원리, 방법 등을 설명한 글	-유사한 소재의 설명하는 글과 설득하는 글	-해당 분야의 실용적 정보를 담은 책	-사회적 규약을 담은 글
-독자의 관점, 입장, 지식 등에 따라 다르게 이해될 수 있는 글	-주장과 근거가 분명하게 담긴 사설이나 시사 평론	-사회적 현안에 대한 글쓴이의 의견과 평가가 잘 드러난 글	-법률적 쟁점, 갈등 상황에서의 분쟁 등을 다룬 판결문이나 기사문
-문제 해결 방안이나 요구 사항을 담아 건의하는 글	-당대의 중요한 문제를 다룬 고전 수필이나 시론	-역사적 의미가 있는 선언문	-동일 사안에 대해 서로 다른 결론을 이끌어 내고 있는 논설문이나 평론
-가치 있고 감동적인 경험을 기록한 글	-삶의 자세와 인생에 대한 성찰을 서술한 자서전	-인물이나 세태를 풍자하거나 비판한 촌평	-사회적으로 관심의 대상이 되고 있는 인물에 대한 심층적인 정보를 전하는 면담 기사
-인물의 가치관이나 사고 방식이 잘 드러난 영화	-대상의 본질을 우회적으로 표현한 풍자물	-다양한 함축적 표현을 활용한 만화	-대중적인 인기를 끌고 있는 도서

'글의 수준과 범위'는 '내용 체계'에서 '실제' 범주를 따르고 있다. 이렇게 어떤 텍스트로 학습할 것인가를 결정하고 그 다음(2차 조직자) 학년별로 구체적인 내용(내용 요소의 예)을 다루게 된다. '지식, 기능, 맥락' 가 2차 조직자가 되는 것이다.

<표 10> 2007 개정 교육 과정의 읽기 영역 '성취 기준'

2007 개정 7학년	2007 개정 8학년	2007 개정 9학년	2007 개정 10학년
(1)읽기의 개념, 특성, 원리, 방법을 안다.	(1)설명하는 글과 설득하는 글을 읽고 글의 짜임을 비교한다.	(1)실용적 정보를 담은 책을 읽고 정보의 효용성을 판단한다.	(1)사회적 규약을 담은 글의 특성을 알고 공정성과 합리성을 평가한다.
(2)독자의 관점, 입장, 지식 등에 따라 글의 내용이 다르게 이해될 수 있음을 안다	(2)주장하는 글을 읽고 주장의 타당성을 평가한다.	(2)논평을 읽고 글쓴이의 태도와 표현의 효과를 평가한다.	(2)법률적 쟁점을 다룬 글을 읽고 사건의 개요와 판단의 취지를 파악한다.

(3)건의하는 글을 읽고 주장의 합리성과 수용 가능성을 평가한다.	(3)시대적·사회적 배경, 문화적 전통 등을 고려하여 글의 의미를 해석한다.	(3)선언문을 읽고 사회·문화적 배경과 글쓴이의 관점을 이해한다.	(3)여러 글을 읽고 비교 분석하고 평가한다.
(4)특별한 경험을 기록한 글을 읽고 글쓴이의 경험에 비추어 자신의 삶을 성찰한다.	(4)자서전을 읽고 글쓴이의 삶을 시대 상황과 관련지어 이해한다.	(4)촌평을 읽고 글쓴이의 태도와 관련지어 의미를 해석한다.	(4)면담 기사를 읽고 질문자의 질문 의도, 질문 전략, 질문 태도 등을 평가한다.
(5)영화에 등장하는 인물의 가치관이나 사고방식을 비판적으로 이해한다.	(5)다양한 풍자물의 매체 특성과 그 효과를 이해하고 비판적으로 수용한다.	(5)만화의 매체 특성을 고려하여 함축된 의미를 해석한다.	(5)인기도서를 읽고 책의 가치와 인기를 얻게 된 원인을 비판적으로 평가한다.

위의 성취 기준은 텍스트 중심으로 학년별 내용을 계열화하고 있으니, 겹침은 전혀 문제가 안 되고 있다. 그동안 겹침의 문제가 완전히 해소되었다고 하겠다. 학년별로 알맞은 텍스트 유형이 자리잡고 있는가는 다른 논의가 필요하겠지만 각 학년에서 어떤 텍스트를 학습할 것인가가 기준이 되고 있으므로 '전기문'이란 텍스트를 선정하면 '~의 전기문'으로 한정 없이 교육 과정은 달리 구성될 수 있는 것이다.

위의 예를 들면 7학년 (3)항은 '문제 해결 방안이나 요구 사항을 담아 건의하는 글'을 자료로 '(3) 건의하는 글을 읽고 주장의 합리성과 수용 가능성을 평가한다.'는 성취 기준에 도달하기 위해 '건의하는 글의 목적과 특성 이해하기(지식), 문제 상황과 요구 사항 파악하기 (기능), 주장의 합리성과 수용 가능성 판단하기(기능), 합리적인 문제 해결 방안을 찾는 태도 기르기(태도)' 등이 학습 내용 요소임을 보이고 있다.

7학년 교육 과정을 예로 들면 다음과 같이 교육 과정의 내용을 연결시켜 이해할 수 있다.

  −읽기의 개념, 특성, 원리, 방법 등을 설명한 글
    (1)읽기의 개념, 특성, 원리, 방법을 안다.
        ○읽기의 개념과 특성 이해하기
        ○읽기의 원리 파악하기
        ○맥락을 고려하면서 글을 읽는 방법 파악하기
        ○글의 특성에 맞는 읽기 방법을 활용하여 글 읽는 태도를 기르기

- 독자의 관점, 입장, 지식 등에 따라 다르게 이해될 수 있는 글
    - (2)독자의 관점, 입장, 지식 등에 따라 글의 내용이 다르게 이해될 수 있음을 안다.
        - ○ 글의 다양한 이해 가능성 이해하기
        - ○ 글을 다르게 이해하게 되는 원인 파악하기
        - ○ 자신의 이해와 다른 사람의 이해 비교하기
        - ○ 다른 사람이 이해한 바를 존중하는 태도 기르기

- 문제 해결 방안이나 요구 사항을 담아 건의하는 글
    - (3)건의하는 글을 읽고 주장의 합리성과 수용 가능성을 평가한다.
        - ○ 건의하는 글의 목적과 특성 이해하기
        - ○ 문제 상황과 요구 사항 파악하기
        - ○ 주장의 합리성과 수용 가능성 판단하기
        - ○ 합리적인 문제 해결 방안을 찾는 태도 기르기

- 가치 있고 감동적인 경험을 기록한 글
    - (4)특별한 경험을 기록한 글을 읽고 글쓴이의 경험에 비추어 자신의 삶을 성찰한다.
        - ○ 독서를 통한 간접 경험의 특성 이해하기
        - ○ 가치 있고 감동적인 경험에 공감하기
        - ○ 경험을 기록한 글을 읽고 자신의 삶을 성찰하기
        - ○ 글쓴이가 속해 있는 공동체와 자신이 속해 있는 공동체의 가치관과 윤리 비교하기

- 인물의 가치관이나 사고방식이 잘 드러난 영화
    - (5)영화에 등장하는 인물의 가치관이나 사고방식을 비판적으로 이해한다.
        - ○ 영화의 매체 특성 이해하기
        - ○ 영화의 서사 구조 파악하기
        - ○ 주요 인물의 성격 및 인물 형상화 방식 파악하기
        - ○ 영화에 나타난 인물의 가치관과 사고방식에 대해 토론하기

[-:글의 수준과 범위, (1):성취 기준, ○:내용 요소의 예]

읽기 영역에서 학습할 내용의 준거가 되는 것은 어떤 텍스트를 가지고 학습 활동을 하느냐에 달려있다(읽기의 실제). 읽기 영역의 지도는 읽기 자료의 선정에 달려있다고 하겠다. 어떤 읽기 자료를 선택할 것인가의 문제를 해결하기 위해 텍스트의 〈수준과 범위〉를 제시하

고 있고 이 〈수준과 범위〉는 상당 부분 체계화시키고 있다.[7] 〈수준과 범위〉를 참고하여 텍스트를 선정하고 이 텍스트를 학습한 결과 어느 정도의 성취 기준을 달성해야 함을 제시하고 있다. 이런 방식으로 읽기 영역 지도 내용을 선정하여 학년별 위계의 문제를 해결하고 있다. 그동안 7차 국어과 교육 과정에 이르기까지 읽기 자료를 구체화시켜 교육 과정에 제시하지 못했다. 2007 개정 국어과 교육 과정은 구체화시킨 '읽기 자료'가 교육 과정에 어떻게 들어올 수 있는가를 보여주고 있다는 면에서 진일보했다고 할 수 있다. 그러나 읽기 자료의 위계화가 여전히 문제로 남게 된다. 그리고 그 동안 국어과 교육 과정에서 중요한 문제로 부각되었던 읽기 기능의 위계화 문제는 상대적으로 작은 문제가 되고 있다.

'~하고(텍스트 제시) ~한다(읽기 기능)'로 성취 기준을 제시하고 있는데, 위에서 예로 보인 것과 같이 이 성취 기준에 도달하기 위하여 '내용 확인, 추론, 감상, 평가' 등의 읽기 '기능' 부분의 하위 범주가 다 포함되고, '지식'이 중요한 요소로 포함되어 있다. 지식과 기능이 균형 있게 지도되어야 한다는 상식적인 명제가 2007 개정 교육 과정에선 다시 강조되어야 할 필요가 있다. '맥락' 범주는 교육 과정에서 분명히 드러나지 않고, 교과서의 편찬 시 그리고 현장에서 실현될 때 중요한 범주로 작용하게 된다.[8] 교육 과정을 중심으로 읽기 영역 지도 내용을 생각할 때 실제 범주와 맥락 범주를 구체화해서 제시하는 것은 어려운 일이다. '내용 체계'에서 한 범주로서 '맥락'이 작용하고 있지만 '성취 기준'이나 '내용 요소의 예' 속에서 '맥락'이 분명하게 드러나지 않고 있다. 교육 과정의 의도가 열린 모습의 교육에 의해 실현되는 것이면 '실제'와 '맥락' 범주는 교과서를 편찬하는 과정에서, 현장 수업에서 이루어지는 과정에서 그 힘이 발휘되어야 할 것이다.

4.2. 2011 개정 국어과 교육 과정[9]

2011 개정 국어과 교육 과정의 내적인 개정 방향 방향을 ○교육 과정과 대학 입시의

---

7) 서영진(2010;67)은 텍스트 유형별 텍스트 종류를 보여주고 있다.

8) 김혜정(2009:302)은 새로 설정된 '맥락' 범주는 그 이름값에 비해 기존의 지식이나 기능과 어떤 관계로 작용하는지, 게다가 그 자체가 교육적으로 무엇을 뜻하는지가 어느 곳에도 명확히 진술되어 있지 않다고 말하고 있다.

9) 2009 개정 국어과 교육 과정은, 고등학교 선택 과목의 변화를 가져왔다. 2007 개정 국어과 교육 과정에서 '화법, 독서, 작문, 문법, 문학, 매체 언어'로 선택 과목이 결정되고 그에 따른 교육 과정이 개정 고시되었으나, 2009년 또 한번 개정을 거쳐 '화법과 작문 I · II, 독서와 문법 I · II, 문학'으로 선택 과목이 결정되고, 2009 개정 교육 과정에 터해 교과서 개발되었다. 2007 개정 교육 과정의 선택 과목들은 사장(死藏)되었다. 여기서는 선택 과목은 다루지 않는다.

연계성 확보 ○학습자의 발달 수준에 적합한 국어과 교육 과정 적정화 ○학년별·학년군별 성취 기준의 구체화 ○국어과 선택 과목의 내용 영역 간의 타당한 결합 도출 ○보통교과와 전문교과의 연계성 강화로 방향을 정하고 있다. 학습자의 발달 수준에 적합한 국어과 교육 과정 적정화를 위하여 내용 요소의 20% 이상 축소할 필요가 있고, 학생 발달 수준을 고려하여 학습 요소를 재배치해야 할 필요가 있었다고 말하고 있다. 그리고 '학년군' 교육 과정을 표방한 2011 개정이므로 '학년군별' 교육 과정을 개발할 필요가 있었다. 또, 2009 개정 교육 과정의 총론에 의해 1~9학년을 공통 교육 과정으로, 10~12학년을 선택 교육 과정으로 했기 때문에 10학년(고1) 공통 교육 과정에서 선택 교육 과정으로 바뀌면서 1~9학년까지 공통 교육 과정의 체계화가 필요해졌다. 1~2학년군, 3~4학년군, 5~6학년군, 7~9학년군으로 나누어 '학년군 교육 과정'을 만들었다. 9 단계로 학년별 내용을 위계화하지 않고 4단계(1~2학년군, 3~4학년군, 5~6학년군, 7~9학년군)로 위계화하였으므로 학년별 내용을 체계화하는 문제는 크게 부각되지 않는다.

읽기 영역과 관련해서는 내용 요소의 20% 이상 축소하고, 학생 발달 수준을 고려하여 학습 요소를 재배치해야 하고 교육 과정 내용의 비약이나 중복을 피하고 연계성을 강화한다고 하였다(민현식 외, 2011:76~77).

2011 개정 교육 과정의 '내용 체계'는 다음과 같다.

<표 12> 2011 개정 국어과 교육 과정 읽기 영역 '내용 체계'

실제		
○다양한 목적의 글 읽기 -정보를 전달하는 글 -설득하는 글 -친교 및 정서 표현의 글 ○읽기와 매체		
지식	**기능**	**태도**
○읽기의 본질과 특성 ○글의 유형 ○읽기와 맥락	○낱말 및 문장의 이해 ○내용 확인 ○추론 ○평가와 감상 ○읽기 과정의 점검과 조정	○가치와 중요성 ○동기와 흥미 ○읽기의 생활화

위의 〈표 12〉를 보면 '실제, 지식, 기능, 태도'로 '내용 체계'를 구성하였다. 2011 개정 교육 과정에서의 '내용 체계'는 여러 문제를 보이고 있다.[10]

___

10) 2011 개정 교육 과정은 공모에 의해 학회가 연합해서 교육 과정 개정 작업을 했고, 최 단기간(6개월)에

○'내용 체계'는 학년(군) 내용 성취 기준을 제시할 때 길잡이 구실을 해야 하나 그런 역할을 못하고 있다.

○2007년 개정 국어과 교육 과정에서 '실제'가 1차 조직자로서의 구실을 하고 있으니 2007년 개정 국어과 교육 과정의 공통 교육 과정에서는 '실제'가 그런 구실을 하지 못하고 있다. 2007년 개정 국어과 교육 과정의 각 학년 내용(성취 기준)이 교과서 개발 단계에서 어려움을 주었다는 현실 문제가 '실제'의 역할 약화를 가져 온 것으로 보인다. 학년군별로 '국어 자료의 예'를 제시하는 것으로 그 역할을 축소하고 있는데, 그 이유가 교과서 개발진의 현실적인 어려움에 그 원인이 있는 것 같다.

○'실제'의 하위 범주의 하나로 '읽기와 매체'로 두고 있다. 2007년 개정에서는 '지식'의 하위 범주로 제시하였는데'실제'의 하위 범주에서 다루는 것이 온당한지 여부를 판단하기 어렵다.

○2007년 개정에서는 '맥락'이 한 범주로 제시되었으나 2011년 개정에서는 '지식'의 하위 범주로 제시하고 있다. 그리고 2011년 개정에서는 '태도' 범주를 다시 하나의 범주로 제시하고 있다. 2007년 개정에서도 '맥락'이 하나의 범주로서 뚜렷한 자리를 자리잡지 못하고 있었다. 그렇다고 해도 '맥락'을 '지식' 범주의 하위 범주를 자리매김하는 뚜렷한 근거는 없어 보인다.

○'지식, 기능, 태도'가 2차 조직자로 제시되어 있다. '지식, 기능, 태도'가 각 학년군의 내용 성취 기준을 균형 있게 제자리에 있게 하는 역할을 하지 못하고 있다.

○'내용 체계'의 각각의 하위 범주가 학년군의 성취 기준에서 꼼꼼히 다루어지지 않고 있다. 이번 교육 과정에서 '내용 체계'는 학년군의 성취 기준과 뚜렷하게 연결되어 있지 않다.

6차 때부터 '내용 체계'가 도입되면서 국어과 교육 과정에서 어려웠던 문제를 해결(학년별 목표 제시)하였다. 이때부터 국어과에서 무엇을 가르치는가 하는 문제가 본격적인 논의가 가능해졌다. 2011 개정은 '실제, 지식, 기능, 태도'로 '내용 체계'를 구성하였는데, 그것이 국어과 교육의 진보를 의미하는지는 미지수이다. 2007의 문제점을 좀더 면밀히 검토한 뒤의

이루어진 개정 작업이었다. 시작부터 여러 문제를 안고 있을 수밖에 없는 교육 과정이었다.

이순영(2013)은 학회의 장이 참여했다고 해서 '학회 연합'이란 말은 맞지 않다고 했다. 회원들의 동의가 필요한데 그런 절차가 없었다.

결론이 아니므로 더더욱 그렇다.

학년군별 세부 내용은 다음과 같다.

<표 13> 2011 개정 국어과 교육 과정 읽기 영역 학년군별 세부 내용

1-2 학년군	3-4 학년군	5-6 학년군	중1-3 학년군
(1)글자의 짜임을 이해하여 글자를 읽고, 읽기에 관심을 가진다. (2)낱말과 문장을 정확하게 소리 내어 읽는다. (3)의미가 잘 드러나도록 글을 알맞게 띄어 읽는다. (4)글의 분위기를 살려 효과적으로 낭독하고 읽기의 재미를 느낀다. (5)글의 내용을 자신이 겪은 일과 관련지어 이해한다. (6)글을 읽고 중요한 내용을 확인한다.	(1)글을 읽고 대강의 내용을 간추린다. (2)글쓴이의 마음이나 인물의 마음을 짐작하며 글을 읽는다. (3)읽기 과정에서 지식과 경험을 적극적으로 활용하며 글을 읽는다. (4)글을 읽고 중심 생각을 파악한다. (5)글쓴이가 제시한 의견의 타당성을 평가한다. (6)글에 대한 경험과 반응을 다른 사람과 나눈다.	(1)문맥을 고려하여 낱말의 의미를 파악하며 글을 읽는다. (2)글의 짜임에 따라 글 전체의 내용을 요약한다. (3)내용을 추론하며 글을 읽는다. (4)여러 가지 독서 방법이 있음을 알고 이를 적용한다. (5)글에 나타난 글쓴이의 관점이나 의도를 파악한다. (6)주장의 타당성을 판단하며 주장하는 글을 읽는다. (7)다양한 읽을거리를 스스로 찾아 읽고 자신의 독서 습관을 점검한다.	(1)지식과 경험, 글의 정보, 읽기 맥락을 토대로 내용을 예측하며 글을 읽는다. (2)글이나 매체에 제시된 다양한 자료의 효과와 적절성을 평가하며 읽는다. (3)읽기 목적에 따라 적절한 방법으로 글의 내용을 요약한다. (4)설명 방식을 파악하며 설명하는 글을 읽는다. (5)논증 방식을 파악하며 주장하는 글을 읽는다. (6)글의 내용을 토대로 질문을 생성하며 능동적으로 글을 읽는다. (7)동일한 대상을 다룬 서로 다른 글을 읽고 관점과 내용의 차이를 비교한다. (8)글의 표현 방식을 파악하고 표현의 효과를 평가한다. (9)자신의 삶과 관련지으며 글의 의미를 해석하고 독자의 정체성을 형성한다. (10)읽기의 과정과 원리를 이해하고 자신의 읽기 과정을 점검하고 조절한다. (11)읽기의 가치와 중요성을 깨닫고, 읽기를 생활화하려는 태도를 지닌다.

학년군별 세부 내용을 살펴본 결과는 다음과 같다.

ㅇ초보적-기초적-핵심적-통합적 국어 능력으로 학년군 성취 수준 설정하고 있다. 상징적

인 의미가 있다고 생각된다.

○ 2011 교육 과정은 각 영역의 성취 기준은 두고 있다. 예를 들면 1~2학년군의 읽기 영역의 성취 기준(학년 목표 수준)을 두고 있는데, 내용 성취 기준의 반복에서 크게 벗어나지 않는다.

○ 위 〈표 13〉의 내용 성취 기준을 정리해 보면 다음과 같다.

(1) 활동-질문 생성, 스스로 찾아 읽기, 경험 나누기 등이 내용 성취 기준으로 제시하고 있는데, 무엇을 학습할 것인가가 드러나지 않고 있다.

(2) 실제-명시적으로 드러나지 않고 있고 있다.(글, 매체, 설명, 논증)

(3) 지식-내용 성취 기준에 체계적으로 제시되어 있지 않고, '맥락' 부분은 찾기 힘들게 되어 있다.

(4) 기능-'내용 체계'에 준하여 살펴보면 다음과 같다.

· <u>낱말 및 문장의 이해</u>-이 하위 범주가 초기 독서와 관련되는 항목이 제시되어 있고, 어휘 부분은 문법에서 다루고 있고 문맥적 의미 정도만 '읽기' 영역에서 제시되고 있다.

· <u>내용 확인, 추론</u>-연관되어 있어 두 가지 기능이 확연히 구별되지는 않고 있다.

· <u>평가와 감상</u>-평가, 판단 등의 용어를 사용하고 있다.

· <u>읽기 과정의 점검과 조정</u>-중학교 1~3학년군에만 제시되어 있다.

(5) 태도-관심, 재미, 능동적, 정체성, 습관, 가치, 중요성, 생활화 등의 용어로 표현하고 있다.

각 학년군에 제시되어 있는 내용 성취 기준은 어떤 기준으로 배열되어 있는가? 교육 과정의 '학년군'이 각 학년의 교과서로 변용될 때, 가지게 되는 기준이 있는가? 등의 의문이 든다. 그리고 해설의 성격으로 제시되어 있는 내용이 체계적이지 않아 그 역할이 분명하지 않다. 예를 들면 3-4학년군의 (6) 항(글에 대한 경험과 반응을 다른 사람과 나눈다.)은 여러 가지 활동의 예를 제시해서, 가르칠 내용이 뚜렷하지 않는 경우이고, 3-4학년군의 (3) 항(읽기 과정에서 지식과 경험을 적극적으로 활용하며 글을 읽는다.), 5-6학년군의 (3)항(내용을 추론하며 글을 읽는다.)은 지나치게 포괄적인 내용을 제시하고 있으며, 1-2학년군의 (1)(2)(3)(4) 항들은 내용 성취 기준을 설명하는 해설이 일관성이 없다.

2007 개정 국어과 교육 과정은 7차 교육 과정이 적용된 지 10여년이 지나고서야 '새로운' 교육 과정으로 고시되었다. 그동안 국어 교육에 관여하는 사람들의 논의가 쌓여서 많은 변화를 보여주었다. 그런데 2007 개정 교육 과정이 고시되고 현장에 다 적용되기도 전에 또 다시 교육 과정 개정 작업이 이루어져 '졸속'이라는 평가를 짊어지게 되었다. 2011 개정 교육 과정도 큰 테두리는 2007 개정 교육 과정에 준한다는 입장이다. 그러나 총론이 많은 변화를 시도하기 때문에 '목표와 내용, 교수-학습 방법과 평가'에 이르기까지 많은 부분이 달라질 수밖에 없기 때문에 '졸속'이란 평을 벗기는 어려워 보인다.

5. 읽기 영역 지도 내용 체계화 방안

5.1. 읽기 영역 지도 내용의 범주

2007 개정 국어과 교육 과정은 텍스트 중심의 교육 과정을 표방하고 있다. 텍스트가 1차 조직자로 교육 과정을 구성하는 것과 기능(전략) 중심 교육 과정 구성(1~7차)을 놓고 볼 때, 교육 과정의 체계 안에서는 기능(전략) 중심 교육 과정은 더 적절하다고 생각한다. 텍스트는 매우 중요하기는 하나 텍스트 중심으로 교육 과정을 구성할 수 있을 만큼 '텍스트'를 체계화하기는 어려운 것으로 보인다.

제1차~제7차 교육 과정에서 선정 조직한 읽기 영역의 지도 내용을 살펴보면, 교육 과정의 개정을 거듭하면서 읽기 영역에서 지도해야 할 것이 무엇인지에 대한 인식이 뚜렷해지고 있음을 알 수 있다. 선정한 지도 내용을 조직하는 방식에 있어서도 '사적인 언어 사용'에서 '공적인 언어 사용'의 순으로, '단순한 것에서 복잡한 것'의 순으로, '구체적인 것에서 추상적인 것'의 순서로 계열화하려는 노력을 보인다.[11] 지금부터 제안하려 하는 체계화의 방안은 1~7차 교육 과정을 통해 축적된 지식을 토대로 한다.

제1차~제7차 교육 과정을 통해 읽기 지도 내용으로 기술된 것들이 읽기 기능 혹은 읽기 전략, 혹은 읽기 활동 그리고 읽기와 관련되는 태도 및 습관, 학습 방법의 학습과 관련되는 항목들임을 확인할 수 있다. 읽기 영역의 지도 내용은 주요 개념을 중심으로 지도 내용이

---

11) 5차 교육 과정과 6차 교육 과정에서는 학년별 지도 내용을 선정하는 원리로서 이를 밝히고 있다. 4차 교육 과정의 경우에도 뚜렷하지는 않으나 다음과 같은 예를 보면 이러한 방향으로 내용을 배열하고 있음을 알 수 있다. 1-(4)결론의 근거가 타당한지 판단하며 읽는다. 2-(4)일반적인 명제와 구체적인 사례를 구별하며 읽는다. 3-(4)논리의 전개가 타당한지 판단하며 읽는다.

제시되는 과학이나 사회 혹은 수학 과목과는 다르다. 읽기 영역에서의 지도 내용을 포괄적으로 논의하고 있는 박영목(1995)에서는 독해 능력 신장을 위하여 가르쳐야 할 내용으로 독서의 기능, 독서의 특성, 독서의 심리적 과정, 독서의 목적과 방법에 관한 '단언적 지식'과 독해 기능 수행 및 독해 전략에 관한 '절차적 지식' 그리고 독서에 대한 올바른 '태도와 습관'을 제시하고 있다. 읽기 영역 지도 내용의 이러한 범주는 6차 교육 과정에서의 내용 체계와 다르지 않다.

읽기 능력을 신장시키기 위해서 학습자는 읽기에 의욕을 갖고 몰두하고자 하는 태도를 가지도록 고무되어야 하고 왜 읽는지, 어떻게 읽어야 하는지, 읽은 내용을 이해하고 있는지 등을 의식하면서 읽도록 해야 한다. 또한 계획적으로 지속적이고 체계적인 읽기 경험을 쌓아 가도록 해야 한다. 따라서 6차 교육 과정이나 박영목(1995)에서 제시한 것처럼 읽기의 본질에 관한 개념적 지식, 읽기 기능 수행을 위한 전략적 지식 그리고 올바른 읽기 태도와 습관이 읽기 영역의 지도 내용이 된다. 이러한 지도 내용 중에서 체계화 논의의 핵심은 읽기 기능 수행을 위한 전략적 지식이다. 읽기의 본질에 관한 개념적 지식이나 읽기와 관련되는 바람직한 태도 및 습관은 해당 단계에서 도달하고자 하는 읽기 기능의 수준과 관련지어 제시될 수 있을 것이다. 노명완(1994)은 기능(skills) 신장 교육이 효과적인 전략 사용의 교육으로 바뀐 것은 학습에 대한 지적 과정을 상호 작용 이론으로 설명하기 시작한 데서 기인하며 6차 국어과 교육 과정에서 '본질'과 '원리'를 새롭게 제시한 것은 이러한 언어 교육의 최근 연구 결과를 반영한 것으로 설명하고 있다.[12]

읽기 영역의 지도 내용을 선정함에 있어 전략적 지식 중심의 접근법 이외에 이대규(1995)의 견해도 참고할 만하다. 언어 교육의 내용으로 ①언어 자료에 보편적으로 포함되는 중요한 요소들, ② 언어 자료를 구성하는 단위들, ③ 언어 자료를 구성하는 보편적인 방법들을 가리키는 용어들과 그 개념들, 이러한 개념으로 이루어지는 명제들을 제시하고 있다. 이러한 기준으로 선정된 개념은 '제재와 주제/낱말, 문장, 문단, 서론, 본론, 결론/분류, 정의, 분석, 서사, 묘사, 특수화, 일반화, 귀납, 연역, 비교, 대조'와 같은 것들이다. 국어과의 목표는 이러한 내용(개념이나 명제)들을 기억하거나 사용하거나 발견하는 것으로 설정하고 있다. 이대규(1995)는 개념과 명제 외에 절차도 교육 내용으로 설정하고 있는데 절차는 명제들의 집합으로 이루어지는데 절차는 명제를 사용하여 복잡한 과제를 해결하거나 산물을 만들어 내는 것으로 설명하고 있다. 여기서의 절차는 전략적 지식과 부분적으로 상통하는 의미로 쓰이고

---

12) 노명완(1994), '읽기 관련 요인과 읽기 지도', 제5회 국어교육발표대회, 한국국어교육연구회, PP.7~9.

있다.[13] 이대규(1995)에서 제시되고 있는 수사학에서의 주요 개념들이 읽기 교육 전반을 포괄하기는 어렵다고 생각한다.[14] 그러나 읽기 지도와 관련하여 주요하게 이해시켜야 할 개념들을 선정하는 데 유용한 잣대가 된다는 점을 부인할 수 없을 것이다.

5.2. 읽기 기능 · 읽기 전략, 읽기 자료

그동안 국어과 교육 과정에서 사용되는 '언어 사용 기능'이란 말은 문제 해결 기능, 사고 기능과 동질적인 의미로 사용되고 있다. 언어 사용 기능의 신장을 사고력의 신장과 크게 다른 의미로 사용하고 있지 않다. 이런 의미로 기능이란 말을 사용했을 때, 기능 중심의 읽기 교육과 전략 중심의 읽기 교육이라는 것이 뚜렷하게 구별되는 것은 아니라고 본다. '기능'과 '전략'에 관해서는 노명완(1996:47~49)은 읽기란 행위 수행'의 한 측면을 나타내는 것으로 기능이란 용어를 한정 짓고, 전략이란 읽기 기능을 수행하는 과정에 선택되고 조절되고 활용되는 지식, 방법'으로 한정한다. 한철우(2007:34)는 기능은 행동주의 심리학에 바탕을 두고 전략은 인지 심리학에 바탕을 두었으므로, 기능이 분석적 반복 연습의 특성을 가지고 있다면 전략은 총체적 구성주의 관점에 서 있는 점이 다르다고 하고 있다. 손영애(2004:114)는 읽기 기능은 행위 수행의 한 측면을 나타내는 것이고, 전략이란 읽기 기능을 수행하는 과정에 선택되고 조절되고 활용되는 지식, 방법으로 한정하고 있다.

언어 과정은 일과적이며 또한 총체적이다. 언어 과정의 일과성이란 모든 언어 활동은 의미를 이해하거나 표현하는 것으로 시작과 끝이 분명하고 의미를 이해하거나 표현하는 것으로 일단락을 맺는다는 것이다. 언어 과정의 총체성이란 하나의 독립된 표현 또는 이해 과정 속에는 그 행위의 주체가 누구이든 상관없이 표현 이해 과정에 관련되는 모든 언어 기능이 동시에 동원된다는 뜻이다.[15] 언어 과정의 이러한 특성으로 보아 읽기 기능을 세분화하고 그 세분화한 기능을 계열화하는 것은 읽기 과정의 특성을 반영하지도 못할 뿐더러 읽기 수업의 목표를 설정하고, 그에 맞는 자료를 구안하고 적절한 방법으로 교수-학습을

---

13) 이대규(1995)는 국어과 수업에서 다루어야 할 절차로 '요약 절차, 작품 분석 절차, 작품 절차, 작품 평가 절차, 비문학 작품의 재조직 절차, 비문학 작품의 조직 절차'를 들고 있다. 이 절차와 관련되는 목표로 절차의 기억, 절차의 사용, 절차의 발견을 들고 있다. 명제들로 제시된 각각의 절차들을 살펴보면 여기서의 절차는 읽기 기능 수행 중에서 선택되고 조정되고 활용되는 절차적 지식의 의미보다는 선조적인 순서를 드러내는 고정된 지식의 의미가 강한 듯하다.

14) 박영목 · 한철우 · 윤희원(1996), 국어교육학 원론, 교학사.

15) 노명완 외 공저(1994), 國語科敎育論, 갑을출판사, pp.86~87.

진행하고, 그 결과를 평가하는 일련의 과정을 수행하는 데 효율적인 방법은 아니다. 각 단계(학년 수준)에서 이루어지는 읽기 활동의 수준을 적절히 드러낼 수가 없기 때문에 계획에서 실천에 이르기까지의 과정을 의도적으로 수행하기가 힘들다. 그렇더라도 교육의 장에서는 기획이 필요하고 기획함에 있어 단계의 설정이 필연적이다.

각 단계의 수준을 결정하는 과정에서 '읽기 기능'은 글의 내용을 요약하는 것이든 주제를 파악하는 것이든 읽기의 과제 혹은 과제 수행의 목표라 할 수 있는 것이고 '읽기 전략'은 그 과제(목표)를 수행하는 과정에서 요구되는 효율적인 읽기 방법이라 할 수 있다. 요약하기 과제를 수행하는 과정은 요약하는 글의 구조나 내용, 서술 방식 혹은 글의 최상위 구조나 거시 구조 혹은 미시 구조에 따라 달라야 할 것이다. 과제 수행에 동원되는 전략 및 전략의 사용 환경(텍스트 특성)은 읽기 과제의 난이도를 결정하는 요인이 된다. 읽기 지도의 내용을 계열화하는 과정은 읽기 기능 수행에 관여하는 전략들을 개발하고 그 전략들을 적용할 수 있는 텍스트 요인을 추출하여 읽기 수준의 단계를 정하는 것으로 이루어져야 한다.

유능한 독자는 읽기 전략을 효과적으로 활용할 수 있는 사람이다. 읽기 전략은 한편으로는 자신의 스키마를 활용하고 다른 한 편으로는 글의 내용과 구조를 활용하는 것으로, 효율적인 읽기 전략이란 글의 내용과 구조를 활용하면서 스키마를 적용하여 의미를 구성하는 것이다.[16] 이 읽기 전략은 자료의 구성을 통하여 학습자가 읽는 과정에서 체험할 수 있도록 해야 한다. 이런 측면에서 읽기 자료 요인은 읽기 교육 과정 구성에서 중요한 한 축을 이룬다. 읽기 지도를 위한 교재를 개발하는 과정에서 가장 중요하게 부각되는 문제는 어떤 읽기 자료를 선정할 것인가 하는 문제이다. 교육 과정 구성에서 읽기 자료 요인을 어느 정도로 구체화할 것인가는 반드시 고려되어야 할 문제이다.

2007 개정 국어과 교육 과정에는 '읽기 자료'가 교육 과정에서 중요한 한 축으로 등장한다. 2011 개정 국어과 교육 과정도 이런 면은 그대로 이어받고 있다고 하고 있다. 〈표 10〉에서 보는 바와 같이 교육 과정 구성에 있어 읽기 자료 요인을 어느 정도 구체화하여 제시하였다는 것이 2007 교육 과정이 한 걸음 나아간 점이라 하겠다.

2007 개정 국어과 교육 과정 '내용 체계'에서 '실제' 범주에 제시되어 있는 텍스트 유형(정보 전달하는 글, 설득하는 글, 사회적 상호 작용의 글, 정서 표현의 글)에 따라 다양한 텍스트를 사용함으로써 학년 간의 위계를 두고 있다. 설명하는 글(실용적인 정보 담은 책, 사회적 규약을 담은 글 등), 설득하는 글(사설, 시사 평론 등), 사회적 상호 작용의 글(촌평, 면담

---

16) 노명완(1994), 전게 논문.

기사, 선언문 등), 정서 표현의 글들을 학습하도록 교육 과정을 구성해서 학년 간의 위계성 문제를 해결하고 있다.

5.3. 읽기의 주요 기능과 전략들

6차 고등학교 독서 과목에서는 읽기 기능을 '단어 이해 기능과 독해 기능'으로 나누고 독해 기능을 '자구적 독해, 추론적 독해, 비판적 독해, 감상적 독해' 기능으로 하위 분류하고 있다. 초·중·고 국어과 교육 과정의 읽기 영역 내용 체계에서는 읽기 기능으로 '단어 이해, 내용 이해, 평가 및 감상' 기능을 설정하고 있다. 7차 고등학교 독서 과목에서는 읽기 기능을 '단어, 문장, 문단의 독해, 글 전체의 독해, 비판적 독해, 감상적 독해'로 나누고 '독해 과정의 인식, 독서와 학습 방법'을 더하고 있다. 초·중·고 국어과 교육 과정의 읽기 영역 내용 체계에서는 읽기 기능으로 '낱말 이해, 내용 확인, 추론, 평가와 감상'으로 나누고 있다. 2007 개정에서는 '내용 확인, 추론, 평가와 감상'으로, 2009 개정에서는 고등학교 '독서와 문법 I' 과목에서 읽기 기능을 '사실적 독해, 추론적 독해, 비판적 독해, 감상적 독해, 창조적 독해'로 나누고 있다. 2011 개정에서는 읽기 기능을 초·중학교에서는 '낱말 및 문장의 이해, 내용 확인, 추론, 평가와 감상, 읽기 과정의 점검과 조정', 고등학교 국어 I·II에서는 '독서 상황과 독서의 방법, 독서와 문제 해결'을 제시하고, '독서와 문법' 과목에서는 '글의 구성 원리, 독서 방법'을 제하고 있다. 박영목(1993)에서는 읽기 영역의 중요한 평가 영역을 어휘 력과 독해력으로 구분하고 독해 영역을 소단위 독해 기능, 대단위 독해 기능, 통합적 독해 기능, 독해 과정에서의 정교화 기능, 대인지 기능으로 세분하고 있다.[17] 6차, 7차, 2007 개정, 2011 개정의 '내용 체계'에서 보여주고 있는 읽기 기능도 이와 크게 다르지는 않다. 교육 과정의 대강화를 지향할 때 위에 제시한 정도의 분류로 읽기 기능을 보여줄 수도 있을 것이 다. 좀 세분화된 기능을 원할 때는 각 학년의 내용으로 세분화할 수 있을 것이다.

학년별 내용을 기준으로 지금까지의 교육 과정을 중심으로 지도 내용으로 제시된 읽기 기능들을 정리하면 다음과 같다.

---

17) 박영목(1993), 국민 학교 교육 과정 해설, 제5장 국어과, 교육 과학사, pp.290~291.

〈읽기 기능〉
○ 어휘
　　-사전적 의미와 문맥적 의미 알기
　　-단어 사이의 의미 관계 알기
　　-단어의 함축적 정서적 의미 파악하기
　　-비유적인 단어의 뜻 파악하기
　　-단어의 구조 파악하기
　　-속담, 격언, 관용구 등 숙어적 표현의 의미 파악하기
○ 독해
　　-문장에서 전달하고자 하는 의미 알기
　　-문장과 문장 사이의 연결 관계 파악하기
　　-지시하는 내용 파악하기
　　-문단과 문단 사이의 연결 관계 파악하기
　　-글 전체의 짜임 파악하기
　　-중심 내용 파악하기
　　-세부 내용 파악하기
　　-중심 내용과 세부 내용과의 관계 파악하기
　　-소재 파악하기
　　-주제 파악하기
　　-소재가 주제로 형상화되는 과정 파악하기
　　-줄거리 간추리기
　　-주요 내용 간추리기
　　-글 전체 내용 요약하기
　　-사실 표현 찾기
　　-의견 표현 찾기
　　-사실과 의견의 관련성 파악하기
　　-장면, 분위기 파악하기
　　-효과적으로 낭독하기
　　-인물의 말 행동 비교하기
　　-생략된 내용 추론하기
　　-세부 내용 추론하기
　　-비유적인 표현 이해하기
　　-표현의 특징 파악하기

-표현의 효과 파악하기

-글 구성의 차이 파악하기

-글의 표현의 차이 파악하기

-글의 구성의 효과 평가하기

-글의 표현의 효과 평가하기

-글 내용 전개상의 특징 파악하기

-사건의 전개 순서 파악하기

-사건 사이의 인과 관계 파악하기

-앞으로 일어날 일 예측 상상하기

-설명 묘사의 적절성 파악하기

-생각 느낌이 효과적으로 표현된 부분 찾기

-논지 관점의 차이 파악하기

-논지 관점의 공통점과 차이점 파악하기

-드러나 있는 글쓴이의 의도 목적 파악하기

-숨어 있는 글쓴이의 의도 목적 파악하기

-내용의 정확성, 신뢰성, 공정성, 객관성, 적절성 판단하기

-관점, 논조, 문체의 차이 파악하기

-관점, 논조, 문체의 일관성 여부 판단하기

위에서 제시한 읽기 기능은 크게 어휘력, 독해력으로 구분된다. 교육 과정에서 중요하게 제시한 어휘 관련 지도 내용들은 '기능'이기보다는 '기능' 수행을 위한 기반 '지식'으로 이해되어야 할 것이다. 어휘력 신장을 위한 여러 가지 전략들이 제공될 수 있으나 단어의 의미를 이해하는 것이 기능들처럼 지속적인 학습을 통해 자동화될 수 있는 기능은 아니다. 2011 개정에서 제시한 '읽기 과정의 점검과 조정'도 '기능'이기보다는 '기능' 수행을 위한 기반 '지식'으로 이해되거나 '활동'으로 이해되어야 할 것이다.

교육 과정을 통해 확인한 위에 열거된, 독해와 관련되는 읽기 기능들 중에는 교수-학습의 일련의 과정으로 드러날 수 있는 것들로 어느 기능은 다른 기능을 수행하는 데 전략적 지식으로 작용하기도 한다. 예를 들어,

▫ '지시하는 내용 파악하기/ 문장에서 전달하고자 하는 의미 알기 →문장과 문장 사이의 연결 관계 파악하기

▫ '사건 사이의 인과 관계 파악하기→사건의 전개 순서 파악하기→줄거리 간추리기/앞으

로 일어날 일 예측하기

□ '글의 내용 전개상의 특징 파악하기→주요 내용 간추리기→글 전체 내용 간추리기'
와 같은 일련의 교수-학습 과정을 상정할 수 있다.

그리고 '지시하는 내용 파악하기'는 '문장에서 전달하고자 하는 의미 알기, 문장과 문장
사이의 연결 관계 알기'를 위한 전략으로 활용될 수 있으며, '사건 사이의 인과 관계 파악하기,
사건의 전개 순서 파악하기'는 '앞으로 일어날 일 예측하기'를 위한 전략으로 활용될 수 있고,
'생략된 내용 추론하기, 세부 내용 추론하기'는 독해의 전 과정과 관련되는 전략으로 볼
수도 있다. 또한 특정 기능이기보다는 '사실 표현 찾기, 의견 표현 찾기, 인물의 말과 행동
비교하기'와 같이 읽기 활동을 제시하고 있는 것도 있다. 읽기 지도 내용의 이러한 측면은
'읽기 기능'의 분류가 갖는 애매성 때문으로 보인다. 한철우(1988)는 읽기에 대한 기능적
접근들은 기능들의 인지 영역과 행동의 구분이 명확하지 않고 기능의 명칭들이 애매하고
포괄적이며 기능들 사이가 분명하게 구별되지 못하는 결함이 있다고 지적하고 있다.[18]

이들 읽기 기능들을 독서 과목의 체계와 같이 자구적 독해, 추론적 독해, 비판적 독해,
감상적 독해 기능으로 분류할 수도 있고, 박영목(1993)의 분류대로 소단위 독해 기능, 대단위
독해 기능, 통합적 독해 기능, 독해 과정에서의 정교화 기능, 대인지 기능으로 체계화시킬
수도 있다. 또한 국어 과목의 '내용 체계'대로 단어 이해, 내용 이해, 평가 및 감상 기능으로
분류할 수도 있다. 기능의 세분화는 지금까지 보아온 바와 같이 각 단계의 읽기 수준을
제시하는 데 걸림돌이 될 수 있고, '내용 체계' 수준 정도로 묶어 제시할 때에는 그 범위가
지나치게 넓어 무엇에 초점을 두고 활동을 해야 할지 분명하게 제시되지 않는 문제점이
있다. 읽기 기능을 어느 정도로 무엇을 기준으로 분류할 것인지는 이론적인 타당성과 함께
실현 과정의 효율성이 고려되어야 할 것이다. 앞서 제시한 기능들은 크게 보아 '글의 내용
이해'와 관련되는 것들과 '글의 구성 파악'과 관련되는 것들 그리고 글의 '내용 및 구성, 표현
에 대한 비판적 이해'와 관련되는 것들로 나눌 수 있다. 여기에 '어휘력 신장'이 추가될 수
있을 것이다.

교육 과정에 제시되어 있는 내용 항목들의 진술 속에 명시적으로 드러나 있는 읽기 전략
으로 확인할 수 있는 것들은 다음 정도이다. 그러나 앞서 읽기 기능으로 분석된 것들 중에서
도 전략적 지식으로 작용할 수 있는 것들이 있었다.

---

18) 한철우(1988), '讀書 敎育 硏究 및 指導 方案 探索', 논문집 제33집, 한국국어교육연구회. pp.2~4.

〈읽기 전략〉
-국어사전, 백과사전 등 활용하기
-지식, 경험, 문맥 활용하기
-문단에서 핵심어나 중심 내용을 찾아 관련되는 것끼리 묶기
-제목, 내용, 소재 등과 주제 관련짓기
-참고 서적, 신문 기사 등 활용하기
-단어 분류하기

교육 과정에서 읽기 기능과 함께 읽기 전략에 대한 정보를 다루고 있으나 위에서 살펴본 바와 같이 전략에 대한 인식은 아직 체계화되어 있지 않다. 독해와 관련되는 전략을 가장 체계적으로 제시하고 있는 것은 박영목(1995)이다. 독해 전략을 크게

① 능동적인 독서 전략
② 어휘 학습 전략
③ 중심 내용 파악 전략
④ 세부 내용 이해 전략
⑤ 내용의 전개 방식 이해 전략
⑥ 글의 비판적 이해 전략
⑦ 글의 내용을 기억하기 위한 전략
⑧ 교과서의 내용을 이해하기 위한 독서 전략

으로 나누어 각각 세부적으로 구체적인 방법(절차적 지식)을 제시하고 있다. 박영목(1995)에는 기능 수행에 동원되는 전략들이 체계적으로 제시되어 있고 독서 능력의 범교과적 중요성이 잘 반영되어 있다. 읽기 영역의 지도 내용으로 중요하게 다루어져 온 학습 방법으로서의 읽기 능력을 별도의 범주로 다루고 있다.

박수자(1994)에서는 지도해야 할 읽기 전략으로

① 읽기 모형 전략
② 글 구조 파악 전략
③ 문단 관계 파악 전략
④ 담화 구조 파악 전략
⑤ 중심 내용 파악 전략
⑥ 관계짓기 전략

⑦ 문맥 단서 전략

⑧ 예측하기 전략,

⑨ 재구성 전략,

⑩ 초인지 전략(자기 점검)

을 들고 있다. '글 구조 파악 전략, 문단 관계 파악 전략'은 글의 형식과 관련되는 전략으로, '담화 구조 파악 전략, 중심 내용 파악 전략, 관계짓기 전략, 문맥 단서 전략'은 글의 내용 이해와 관련되는 전략으로, '예측하기 전략, 재구성 전략'은 독자 자신의 의견이나 경험을 토대로 한 비판적, 창의적 읽기와 관련되는 전략으로 설명하고 있다.

그동안 7차까지 읽기 영역의 교육 과정을 구성하면서 읽기 기능을 어떤 방식으로 계열화하여 제시할 것인지에 관한 관심이 크게 부각된 것에 비하며 교육 과정을 구성하는 단계에서 읽기 자료에 대한 관심이 비교적 적었던 것 같다. 1차~7차 교육 과정에서 읽기 지도를 위한 읽기 자료에 관심이 없었던 것은 아니나, 앞서 살펴본 바와 같이 구체적인 지침 역할을 하지는 못하고 있다. 6차 교육 과정부터는 읽기 영역의 내용 체계상에는 '읽기의 실제'라는 범주가 설정되어 있고 여기서 읽기 자료와 관련되는 정보를 제공하고 있다. 그러나 각각의 내용 항목의 진술에서는 읽기 자료와 관련되는 정보를 담고 있지 않다. 다만 진술된 내용으로 보아 어떤 성격의 글을 자료로 사용하는 것이 좋을지를 판단할 수 있을 뿐이다. 읽기 자료와 관련하여 그동안의 교육 과정에서 제시한 내용은 여러 가지 유형의 글이 읽기 자료로 사용될 수 있다는 점, 여러 목적으로 쓰인 글을 사용할 수 있다는 점 정도이다. 읽기 영역의 교육 과정 내용을 좀더 체계적으로 읽기 자료(실제)가 구체적으로 제시된 것은 2007 개정 국어과 교육 과정이다. 텍스트의 중심으로 교육 과정 읽기 영역을 구성해서 어떤 텍스트로 학습할 것인가를 분명하게 제시할 수는 있으나 기능, 전략이 위계화는 주목을 받지 못하는 결과를 가져 왔다.

5.4. 읽기 영역 지도 내용의 체계화 예시(읽기 기능을 중심으로)

지금까지 교육 과정을 토대로 읽기 영역에서 구체적으로 지도하려 했던 내용들을 살펴보았다. 이 글에서는 위에서 제시한 읽기 기능들을 좀더 포괄적인 수준으로 묶고 각 기능의 수행에 관여하는 전략들을 확인하고 이들 전략 및 전략이 적용되는 텍스트의 특성을 중심으로 각 단계의 읽기 수준을 제시하는 방식으로 읽기 영역의 지도 내용을 체계화해 보고자 한다. 읽기 수준을 제시할 때 읽기 기능 자체는 단계에 따른 차이를 두지 않고 이 기능을 수행하는 전략의 측면에서 차이를 둔다. 그리고 전략을 사용하여 읽게 되는 텍스트 측면에서 차이를 둔다. 읽기 과제의 난이도와 관련되는 텍스트 요인으로는 내용에 있어서 학습자의 경험 세계와의 관련성 정도, 글의 길이, 글의 형식상의 특징, 내용 전개상의 특징 등을 고려한다. 교육 과정에서 각 단계의 읽기 수준을 결정하기 위해서는 학습자의 발달 수준에 따른 제 특성이 충분히 고려되어야 한다. 그러나 현재의 수준에서는 이를 위한 실증적인 자료가 극히 미비한 실정이다.

읽기 수업에서 의도하는 읽기 능력의 신장에 가장 핵심적인 요인은 읽기 자료이다. 학습자의 읽기 능력을 신장시키기 위해서는 무엇보다도 다양한 읽을거리가 제공되어야 한다. 읽기는 읽기를 통하여 학습된다는 말을 굳이 인용하지 않더라도 언어 사용 기능의 신장을 위해서는 실질적인 언어 사용의 기회가 절대적으로 필요하기 때문이다. 이 읽을거리를 교육적인 의도로 체계적으로 제공할 수 있을 때 읽기 상황에서 요구되는 전략들을 경험하게 되고 이 경험이 축적됨으로써 독립적인 유능한 독자가 길러지는 것이다. 따라서 다양하고 풍부한 내용으로 여러 가지 읽기 전략을 체험할 수 있도록 구성된 일련의 읽을거리가 개발되면 읽기 교육의 문제가 상당 부분 해결될 수 있으리라고 생각한다. 또한 7차 교육 과정에서 지향하고자 하는 수준별 교육 과정의 개발 문제도 실마리를 찾을 수 있을 것이다. 이런 점에서 읽기 교육 과정에 제시되는 읽기 자료에 대한 정보는 읽기 교육의 실천 과정에서 중요한 역할을 할 수 있다. 그러나 읽기 자료에 대한 지침의 상세화는 읽기 교육 과정에 근거하여 자료를 구성할 때 이루어질 수밖에 없기 때문에 지침이 제한점으로 작용할 수도 있다. 또한 궁극적으로는 Doll(1993:180)의 지적대로, 앞으로의 교육은 주어진 교육 과정에 의하기보다는 교실 수업의 주체들에 의해 조정되고 만들어지는 교육 과정에 의해서 이루어져야 한다는 점에서, 문서화되는 교육 과정의 내용 및 그 제시 방법이 유연성 있게 활용될 수 있도록 하는 방안이 필요한 것이다.

〈표 14〉는 읽기 영역의 지도 내용 범주 중 읽기 기능 부분을 중심으로 전략과 읽기 자료 관련 요인을 정리한 것이다. 각각의 기능을 수행하기 위하여 알아야 할 중요한 개념(*로 표시함)들도 읽기 지도에서 다루어져야 하며 또한 다양한 읽기 활동(#로 표시함)도 개발될 필요가 있다. 각 단계의 읽기 능력의 수준은 전략의 차이나 혹은 자료의 차이로 드러낼 수 있다.

<표 14> 읽기 영역 지도 내용 체계화 예시

읽기 기능	읽기 전략	읽기 자료
○단어의 의미 이해하기 *사전적 의미와 문맥적 의미 *함축적 의미와 정서적 의미 *비유적 의미 *속담, 격언, 관용구 등의 숙어적 표현 *사전 사용법 *단어들 사이의 의미 관계 #연상되는 단어들 말하기 #단어 맞추기(퍼즐)	-문장 부호나 그림 자료가 주는 정보 활용하기 -사전 활용하기 -문맥 활용하기 -단어의 구조에 관한 지식 활용하기 -한자어를 이루는 한자의 의미 적극 활용하기 -단어들 사이의 의미 관계에 관한 지식 활용하기	◆단어에 대한 문맥 정보가 풍부한 글(정보 전달을 목적으로 하는 글→친교 및 정서 표현을 위한 글) ◆비유적 표현이 많이 사용된 글 ◆학습자의 생활 경험과 밀접한 관련이 있는 내용의 글→관련이 적은 글
○중심 내용 파악하기 *소재(제재), 주제 *중심 문장, 전개 문장 #제목 붙이기 #핵심어 찾기	-글의 내용과 관련되는 지식 적극 활용하기 -일반적인 정보를 진술한 문장과 구체적인 정보를 진술한 문장 구별하기 -글이나 문단에서 가장 일반적인 정보를 진술한 문장 찾기 -글 전체를 지배하는 중심 생각 파악하기 -문단에서 중심 문장의 위치 확인하기 -중심 문장과 전개 문장 사이의 관계 파악하기 -중심 문장이 명시적이지 않을 때 중심 문장을 만들기 -중심 내용과 세부 내용 구별하기 -문단의 중심 내용을 바탕으로 각 부분 혹은 글 전체의 중심 내용 파악하기 -중심 소재 찾기(글에서 계속 반복되는 단어 찾기) -중심 소재와 제목의 관계 파악하기 -중심 소재에 대한 서술문 찾기 -제목과 관련지어 주제 파악하기	◆중심 문장이 드러나 있는 문단이나 글(짧은 글→긴 글) ◆중심 문장이 드러나 있지 않은 문단이나 글(짧은 글→긴 글) ◆중심 생각이 드러나 있는 글(짧은 글→긴 글) ◆중심 생각이 드러나지 않는 글(짧은 글→긴 글) ◆학습자의 생활 경험과 밀접한 관련이 있는 내용의 글→관련이 적은 글
○세부 내용 파악하기	-중심 생각을 적극 활용하여 이어	◆학습자의 생활 경험과 밀접한

	질 세부 내용 예측하기 -중심 생각과 연결지으며 세부 내용 읽기 -자신의 경험을 토대로 생략된 세부 내용 추론하기 -세부 내용 사이의 관계 파악하기 -문장을 구성하는 단어들 사이의 문법적 관계 파악하기 -문단을 구성하는 문장들 사이의 연결 관계 파악하기 -글 전체를 구성하는 문단들 사이의 관계 파악하기 -글의 세부 내용을 전개하는 보편적인 방식에 대하여 정확하게 인식하기	관련이 있는 내용의 글→관련이 적은 글

○내용의 전개 방식 이해하기
  *글의 형식
  *내용의 전개 방식:비교와 대조, 원인과 결과, 연속적 순서, 예시, 분류 및 분석
 	
#이야기의 뒷부분 완성하기
	-글의 형식과 그에 따른 글 구성 방식 알기
	-필자가 사용한 내용 전개 방식을 파악하기 위하여 글 또는 문단의 중심 내용 활용하기
	-내용의 전개 방식에 관하여 필자가 사용한 단서 활용하기
	-글 전체를 구성하는 주요 내용의 계층적 구조 파악하기
		◆내용 전개 방식에 대한 표지가 뚜렷한 글(짧은 글→긴 글)
		◆내용 전개 방식에 대한 표지가 뚜렷하지 않은 글(짧은 글→긴 글)
		◆글의 형식이 뚜렷한 글(짧은 글→긴 글/정보 전달을 목적으로 하는 글→설득을 목적으로 하는 글)
		◆글의 형식이 뚜렷하지 않은 글(짧은 글→긴 글/친교 및 정서 표현을 목적으로 하는 글)
		◆내용 전개 방식의 효과가 잘 드러나는 글(짧은 글→긴 글)

○비판적으로 이해하기 #자신의 경험과 관련지어 글의 내용 이야기하기 #관점이나 논조가 다른 글과 비교하기 #문체가 확연히 구별되는 글 비교하기	-사실과 의견 구별하기 -사실과 의견의 관련성 파악하기 -사실과 의견의 타당성 여부 판단하기 -설명 묘사의 적절성 파악하기 -표현 및 구성의 효과 평가하기 -드러나 있거나 숨어 있는 필자의 의도, 목적 파악하기 -필자가 제기한 주요 문제와 결론 확인하기 -필자가 제시하고 있는 근거나 이유 파악하기	◆주장이 뚜렷하게 드러나는 글(학습자의 생활 경험과 밀접한 관련이 있는 내용의 글→관련이 적은 글) ◆설득을 목적으로 하는 글→정보 전달을 목적으로 하는 글 ◆표현상의 특징이 두드러지는 글 ◆내용의 전개 방식이 뚜렷이 드러나는 글

| | -부정확한 논증이나 오류 여부 확인하기
-독자의 감정이나 정서에 호소하는 필자의 주장을 냉철히 검토하기
-관점, 논조, 문체의 일관성 여부 판단하기
-내용의 정확성, 신뢰성, 공정성, 객관성, 적절성 여부 판단하기 | |

위에 제시된 기능 및 전략들은 지금까지 국어과 교육 과정에서 읽기 영역의 지도 내용으로 제시된 것을 중심으로 정리한 것이다. 읽기 영역의 지도 내용에는 위에 제시된 내용 이외에 읽기 태도나 습관과 관련되는 것 및 학습 방법의 학습과 관련되는 것, 그리고 읽기에 대한 개념적 지식에 관련되는 것들이 포함된다. 태도나 습관과 관련되는 부분 및 학습 방법의 학습과 관련되는 부분은 지금까지의 교육 과정에 비교적 계열화가 잘 되어 있다(〈표 1〉~〈표 5〉 참조). 읽기에 대한 개념적 지식은 해당 단계에서의 읽기 기능의 수준과 관련지어 제시할 수 있을 것이다. 위의 지도 내용들을 교육 과정이란 틀 안에서 제시할 때는 '자료+전략+기능', '전략+기능', '자료+전략', '전략+활동'의 방식으로 진술할 수 있을 것이다.

6. 맺음말

읽기 영역의 지도 내용을 어떻게 체계화할 것인가를 고민하면서 70여년의 세월을 지나왔다. 읽기 교육의 본체는 학습자의 삶을 보다 풍부하고 윤택하게 하는 데 있다. 읽기 능력은 정보화 사회를 살아가야 할 학습자에게 생존과 직결되는 능력이면서 동시에 진정한 의미의 교육 받은 사람으로서 살아갈 수 있게 해 주는 능력이다. 학교 교육에서 바탕이 길러진 읽기 능력은 학습자가 살아가면서 지속적으로 신장시켜 가야 하는 것이다. 더 이상 읽기 학습이 필요 없는 단계가 있는 것이 아니라 누구나 보다 유능한 독자가 되는 과정에 있는 것이다. 따라서 학교에서의 읽기 교육은 평생 교육의 초석으로서의 역할을 다할 수 있는 것이어야 한다.

교육은 어떤 상황에서든 치밀한 계획을 필요로 한다. 학습자의 자율성을 최대한 존중하는 교육, 틀을 강요하는 교육이 아닌 학습자 스스로 자기 틀을 형성해 나가는 교육이라 하더라도 그것은 치밀한 계획을 전제로 하지 않을 때 이미 교육이 될 수 없다. 읽기 교육은 그 결과 학습자의 경험의 질을 변화시키고자 하는 것이다. 개개인의 경험의 질을 높이기 위한 교육이 되기 위해서는 치밀한 계획이 요구된다. 읽기 영역의 교육 과정을 구성하는 단계는 이러한 계획의 시초이자 그 뒤로 이어질 계획을 이끄는 역할을 할 수 있어야 한다. 읽기 영역의 지도 내용을 체계화하는 것은 이러한 교육 과정의 역할을 충실히 수행하기 위한 것이다.

읽기 영역의 교육 과정 내용을 어떤 방식으로 체계화할 것인가에 대한 모색의 첫걸음을 지금까지의 읽기 영역 교육 과정을 살펴보는 것으로 시작하였다. 각 시기의 교육 과정은 나름대로 읽기 교육에서 무엇을 가르쳐야 하는지 고민하고, 가르칠 내용을 어떤 방식으로 계열화할 것인가를 고민하고 있다. 교육 과정의 개정을 거듭하면서 읽기 기능에 대한 인식이 분명해지고 읽기 기능을 어떤 식으로든 계열화시키려는 노력을 보이고 있다. 읽기 기능을 여러 하위 세부 기능으로 나누어 체계화시키려 했던 3차 교육 과정 시기를 고비로 읽기 기능에 대한 접근 방법이 변화를 보이기 시작해서 5차 교육 과정에 와서는 다양한 읽기 활동이 도입되었고 6차, 7차에 와서는 이것이 더욱 체계화되어 읽기 전략에 대한 뚜렷한 인식을 보였다. 2007 개정 국어과 교육 과정은 와서는 '읽기 자료'(실제)가 교육 과정을 구성하는 1차 조직자로 그리고 '지식, 기능'을 2차 조직자로 하여 각 학년별 읽기 영역을 체계화하였다.

이 글에서는 읽기 영역의 지도 내용을 체계화하기 위하여 우선 읽기 지도의 내용을 제6차와 제7차 교육 과정을 근거로 읽기에 대한 개념적 지식, 읽기 기능 수행 과정에 요구되는 절차적 지식 그리고 읽기와 관련되는 바람직한 태도 및 습관의 세 가지 범주로 나누었다. 그러나 주로 논의된 부분은 읽기 기능을 어떻게 계열화할 것인가였다. 읽기 기능을 세분하는 방식보다는 읽기 기능 수행에 관여하는 전략들을 확인하고 이 전략 및 전략이 활용될 읽기 자료의 자질을 밝히는 것으로 계열화의 방안을 제시하였다.

해당 교과의 성격 및 목표 그리고 지도 내용 및 방법 등에 대한 계획으로서의 교육 과정은 누군가에 의해 주어지는 것이 아니라 해당 분야의 전문가들의 논의를 통하여 결정되는 것이다. 읽기 영역의 지도 내용으로 무엇을 선정하여 어떤 방식으로 지도할 것인지도 이 분야 전문가들에 의한 의사 결정 과정을 거쳐 정해질 사항이다. 이 의사 결정 과정이 상식적인 수준에서 이루어지는 것이 아니라 학문적인 수준에서 이루어지기 위해서는 읽기와 관련되는 연구 결과가 체계적으로 수렴되어야 할 것이다.

참고문헌

교육부, 1차~7차 국민학교 중학교 고등학교 국어과 교육 과정.

교육인적자원부 고시 제2007-, 국어과 교육 과정

교육과학기술부 고시 재2009-41호, 2009 개정 고등학교 국어과 교육 과정.

교육과학기술부 고시 제2011-361호, 국어과 교육 과정.

곽병선(1986), '교육 과정 개정에서 고려되어야 할 문제들', 교육개발 42호, 한국교육개발원.

김봉순(1992), 읽기 評價에 관한 批判的 考察, 서울대학교 대학원 석사 학위 논문.

김창원(2007), 국어교육론, 삼지원.

김혜정(2009), 국어과 교육 과정 내용에 대한 비판적 고찰-읽기 쓰기 영역의 선정 내용에 대한 학문적 타당성 및 외연 검토-, 작문연구 제8집, 한국작문학회.

김혜정(2013), 2007 읽기 독서 교육 과정의 성과와 과제: 장르 중심 구성과 맥락 요소를 중심으로, 독서연구 제29호, 한국독서학회.

노명완·손영애·이인제·허천행·남미영(1986), 초·중학교 국어과 교육 과정 시안 개발, 한국 교육개발원.

노명완·박영목·권경안 공저(1994), 國語科敎育論, 갑을출판사.

노명완(1994), '읽기 관련 요인과 읽기 지도', 제5회 국어교육발표대회 자료집, 한국국어교육 연구회.

노명완(1996), '국어과 교육 과정 분석과 수준별 교육 과정 개발'(김대행)에 대한 토론, 敎育課程硏究 제14권 제2호.

노명완·이차숙(2002) 문식성 연구, 박이정.

민현식 외(2011), 2011 국어과 교육 과정 개정을 위한 시안 개발 연구, 2011년 정책연구개발사업, 교육과학기술부.

박갑수·손영애·유학영·윤희원·이인제(1994), 제5, 6차 국어과 교육 과정의 기본 방향 연구, 서울대학교 사범대학 부설 국어교육연구소.

박경숙·임두순·현주(1988), 학습전략 훈련 프로그램 개발 연구, 한국교육개발원.

박수자(1994), 독해와 읽기 지도, 국학자료원.

박수자(1995), '독해 전략의 유형과 지도에 관한 연구', 국어교육 제89호, 한국국어교육연구회.

박수자(2007), 구성주의 이론과 국어교육학적 의의, 제20회 학술발표대회 자료집, 한국독서학회.

박영목·이인제·손영애·신난수(1992), 제6차 교육 과정 각론 개정 연구-국민학교 국어과-,한국교육개발원.

박영목·한철우·윤희원 공저(1993), 국어교육학원론, 교학사.

박영목(1993), 국민 학교 교육 과정 해설, 제5장 국어과, 敎育科學社.

박영목(1995), '독서 교육의 내용과 방법', 국어교육 제89호, 한국국어교육연구회.

박영목(1996), 언어이해론, 법인문화사.

서영진(2010), 개정 국어과 교육 과정의 텍스트 선정 및 배열의 타당성 연구, 교육 과정평가연구 vol.13 no.1.

서영진(2013), 국어과 교육 과정 '내용 성취 기준'의 진술 방식에 대한 비판적 고찰, 국어교육학연구 제46집, 국어교육학회.

손영애(2004), '국어과 교육의 이론과 실제', 박이정.

손영애(2005), '새로운 국어과 교육 과정 개정에 관한 小論, 국어교육학연구, 제23집, 국어교육학회.

손영애(2007), 새로운 국어 교육 과정 시안에 대한 몇 가지 소론, 국어교육 122, 한국어교육학회.

신세호, 김성훈, 김홍원 외(1991), 교육 과정 국제 비교 연구, 한국교육개발원.

이경화(2004), 읽기 교육의 원리와 방법, 박이정.

이대규(1995), 國語 教科의 論理와 教育, 教育科學社.

이삼형 외(2007), 국어교육학과 사고, 역락.

이성영(1995), 국어교육의 내용 연구, 서울대학교 출판부.

이순영(2013), 2011 개정 국어과 '읽기·독서' 교육 과정의 가능성과 한계, 독서연구 제29호, 한국독서학회.

이인제·손영애·김창원(1995), 고등학교 국어, 중학교 수학 교육 과정 상세화 및 평가 기준 개발 연구 제2부 고등학교 국어과 교육 과정 상세화 및 평가 기준 개발 연구, 한국교육개발원.

이인제·정구향·천경록·이도영 외(1997), 제7차 국어과 교육 과정 개발 연구, 한국교육개발원.

이인제·정구향·송현정·이재기·문영진·조용기·김정우 외(2005), 국어과 교육 과정 개선 방안 연구, 한국교육과정평가원.

천경록(1995), '기능, 전략, 능력의 개념 비교', 청람어문학 제13집, 청람어문학회.

한철우(1988), '讀書 教育 研究 및 指導 方案 探索', 논문집 제33집, 한국국어교육연구회.

한철우(1995), '독서 지도의 개선 방향', 독서 연구의 과제와 전망, 한국독서학회 창립 기념 학술 발표회 자료집, 한국독서학회.

한철우·홍인선 편저(2007), 학교 현장 독서 지도 어떻게 할 것인가?, 교학사.

허경철 외 6인(1993), 고등학교 교과별(공통수학, 공통과학) 국가 수준 평가 기준 개발 연구(II), 한국교육개발원.

Doll, William E., Jr.(1993), *A Post Modern Perspective on Curriculum*, N.Y.: Teachers College Press.

Department for Education(1995), *The National Curriculum, England*, DEF. The Univ. of the State of New York.

The State Education Department Bureau of Elementary and Second Curriculum Development(1983), *English Language Arts*.

새로운 국어과 교육 과정 개정에 관한 小論*
- 7차 국어과 교육 과정 개정에 즈음하여 -

1. 머리말

국가에 의해 고시되는 교육 과정은 한두 사람의 노력으로 만들어지는 것은 아니다. 교육 과정 개정은 그 당시의 학문의 수준을 드러내는 작업으로, 국어과 교육을 현장에서 실현하는 교사, 연구자, 전문가, 사범대학에서 국어교육학을 담당하고 있는 교수 등 국어과 교육과 국어교육학에 몸담고 있는 인력이 체계적으로 관여하는 일이 필요하다. 해방 이후 60여 년 동안 일곱 차례의 교육 과정 제·개정을 거쳐 왔다. 그동안의 국어과 교육 과정 및 교육 과정의 개정 절차를 살펴보면 장족의 발전을 해 왔다는 것을 알 수 있다. 교육 과정 개정 절차에서부터 교육 과정의 내용에 이르기까지, 국어교육학의 수준을 가늠할 수 있는 상태까지 발전해 왔다.

새로운 교육 과정[1]은 각론과 총론의 관계가 긴밀해지고, 교육 과정을 수시로 개정할

---

* 이 글은 2005년 國語教育學研究 제23집(국어교육학회)에 실렸던 것을 수정 보완한 것이다.

1) '새로운 교육 과정'은 7차 개정을 의미한다. 1997년에 고시된 7차 교육 과정이 10여 년 사용된 것을 생각하면 이 글을 쓸 당시는 '새로운'이라는 수식어가 어색하지 않다고 생각되어 이 글에선 '새로운 교육 과정'이란 용어를 그대로 사용한다.

수 있는 시스템으로 간다고 한다. 지금까지 국어과 교육 과정의 개정이 국어과 내적인 필요에 의해 이루어졌다고 생각하는 사람은 거의 없을 것이다. 교육 과정 전체가 움직이니까 따라가는 것으로 생각했을 사람이 많을 것이다. 상시 연구하고 수정하고 보완하는 체제로 가겠다는 것은 각 교과의 내적 필요에 의해 교육 과정 개정을 하겠다는 의지로 보인다. 그러나 전체 교육 과정의 큰 흐름에 따라, 교육 과정을 일괄 개정하는 것이 순기능도 한다는 것을 인정할 필요가 있다. 이제는 국어교육학이 교과교육학과 교육학에 서로 아이디어를 주고받는 입장이 되면 국어과 교육 과정 개정의 내적인 필요가 더욱 부각될 것이다.

이 글에서는 총론이 움직이는 것에 대하여 논의하지 않고 국어과 교육 과정만, 그것도 '내용' 위주로 새로이 개정될 교육 과정을 생각해 보려 한다. 그동안 교육 과정 개정 작업이 국어과의 성격, 목표, 내용 체계 등 큰 틀을 주로 논의의 대상으로 삼는 경향이 있었다. 여전히 큰 틀이 시원한 해결을 보지 못했기 때문이기도 했고, 영역별로 한 항목 항목을 체계적으로 교육 과정 속에 놓을 만큼 인력 자원도 부족했고, 학문적 성숙이 그것에 미치지도 못했기 때문이라고 생각한다. 물론 국어과 교육의 성격이나 목표가 중요하지만 본고에서는 지금까지의 교육 과정 개정에서 논의된 정도에서 기본적인 틀을 견지하고자 한다. 국어과는 보통 교과로서, 교육을 받는 모든 학습자에게 필요한 교과라는 상식도 유지하려 한다.

학교 현장에선 여전히 교과서가 큰 비중을 차지하고 있다. 교과서 중심이 아닌 교육 과정 중심의 교육을 말하지만 교사와 학생에겐 교육 과정과 교육 현장을 연결짓는 교량 구실을 하는 교과서가 훨씬 다가오는 자료다. 이 교과서를 통해 한 시간 한 시간의 수업이 이루어지고, 한 시간 한 시간이 쌓여 교육이 이루어지는 것이다. 이 매 시간 수업의 토대가 되는 것이 국어과 교육 과정의 영역별 '내용'이라 하겠다. 이 내용의 체계화가 논의의 중심이 될 것이다.

2. 제1차~제7차 국어과 교육 과정의 내용 체계화

제1차~제7차 교육 과정을 살펴보면, 교육 과정 체제는 크게 보아 '성격 → 목표(학교급 목표, 학년별 목표) → 내용(내용 체계) → 방법(지도상의 유의점) → 평가(평가상의 유의점)'라는 틀을 크게 벗어나지 않는다. 이 중 '내용'을 어떻게 제시하고 있느냐 하는 것이 지금까지 하나의 화두가 되고 있다. 지금까지 교육 과정 개발 과정에서 '내용' 영역을 어떻게 가시화할 것인지를 여러 가지로 보여주고 있다. 제1차~제3차는 말하기, 듣기, 읽기, 쓰기의 언어 활동을 중심으로 내용을 조직하고 있는 데 반해, 제4차 시기부터는 언어 활동 뿐만 아니라 국어 지식과 문학을 별도의 내용 영역으로 제시하고 있다. 제4차 시기의 국어과 교육 과정은 〈표현·이해〉, 〈언어〉, 〈문학〉의 세 영역으로 내용을 체계화하고, 세 영역 사이에는 크게 연관성이 없는 것으로 제시하고 있다.[2]

제5차 시기의 교육 과정은 언어 사용 기능의 의미에 대한 학문적 고찰과 함께, 이질적인 세 학문의 복합체로서 국어 교과를 규정하고 있는 제4차 교육 과정을 비판하면서 하나의 교과로서 성립되고 국어과 교육의 全 過程을 일관성 있게 구축하기 위해서는 언어 사용 기능을 핵으로 하여 국어과 교육을 체계화해야 한다는 입장을 취했다. 제4차의 〈언어〉와 〈문학〉은 지식 기반으로 보았다. 그렇지만 교육 과정에서는 내용 영역을 〈말하기〉, 〈듣기〉, 〈읽기〉, 〈쓰기〉, 〈언어〉, 〈문학〉의 여섯 영역으로 구성하고 있다. 실제 교육 과정의 모습은 제4차와 유사해졌지만 교육 과정의 의도를 부각시키려고 언어 사용 기능의 중요성을 좀더 적극적으로 드러내고 있다.[3]

제6차 교육 과정 시기의 내용 영역은 평면적으로 드러나는 모습은 제5차와 동일하다. 그렇지만 내용 영역의 구조를 입체적으로 제시하여, 〈언어 사용 활동의 형태(기능 및 태도)〉, 〈언어 사용 활동의 목적〉, 〈언어 사용 활동의 기저 지식〉을 국어과 교육을 구성하는 세 가지 주요 측면으로 보았다.[4] 이것은 세 가지의 측면을 통해서 국어과 교육에 관한 입장(언어 사용 기능 중시, 배경 학문이 제공하는 개념 중시, 국어 교육과 문학 교육의 이원적 구조 중시)을 통합적으로 이해하려고 한 시도라고 하겠다. 제7차 교육 과정도 6차의 입장을 견지하고 있다. 새로운 개정 작업은 어떤 입장을 가지고 시작하는가? 이것은 중요한 문제이 기는 하지만 '국어교육학'의 정립이, 그 동안 행하여 온 국어과 교육이, 하루 아침에 옳은 길(옳은 길이 있다면)로 갈 수는 없을 것이다. 좀 모순이 덜한 길이 있다면 그것을 택할 수밖에 없다고 생각한다.

교육 과정에 진술된 내용 영역은 평면적일 수밖에 없다. 그런 면에서 4차, 5차, 6차, 7차 시기의 내용 영역이 크게 다르지 않다. 다만 교육 과정에 담겨 있는 의도를 좀더 분명히 하고자 교육 과정 개발 과정의 고심들이 여러 가지 방법으로 나타나고 있는 것이다. 국어교육학에 담겨야 할 '내용'을 논의할 때, 교육 과정의 개정 과정의 고민이 우선적으로 거론된다

---

2) 최현섭(1986), 국어과 교수·학습 모형의 탐색, 論文集 第 20 輯, p. 737.

3) 노명완 외(1991), 國語科敎育論, 갑을출판사, p. 33.

4) 박영목(1993), 제5장 국어과, 국민학교 교육 과정해설, 교육과학사, P.257.

는 점에서 교육 과정의 개정 작업이 중요하다 하겠다.

3. 새로운 국어과 교육 과정 개정에서의 '내용'

3.1. 단계별 내용

현재의 내용 영역은 〈듣기〉, 〈말하기〉, 〈읽기〉, 〈쓰기〉, 〈국어 지식〉, 〈문학〉의 여섯 영역으로 되어 있고, 1학년부터 10학년까지 1년을 단위로 위계를 두고 있다. 일 년을 단위로 위계를 두는 것의 불합리성은 5차 국어과 교육 과정 개정 때부터 거론되었었다.[5] 교육 과정 개발 체제가 상시 연구, 수시 개정으로 간다면, 각 교과의 형편을 충분히 고려하는 체제라면, 새로운 교육 과정에서는 '학년별 내용'이 '단계별 내용'으로 바뀔 수 있을 것이다. 다음과 같이 세 가지 정도의 안을 거론할 수 있을 것이다.[6]

▌1~2학년/3~4학년/5~6학년/7~9학년/10학년(5단계)
▌1~3학년/4~6학년/7~9학년/10학년(4단계)
▌1~3학년/4~6학년/7~10학년(3단계)

지금 교육 과정은 1학년에서 10학년까지가 동일한 '내용 영역'을 가지고 있다. 이 체계도 '단계'에 따라 '내용 영역'을 달리할 필요가 있다. 지금과 같은 내용 영역을 고수한다면 다음과 같은 안을 생각해 볼 수 있을 것이다.

▌5단계
① 1~2학년 〈듣기〉, 〈말하기〉, 〈읽기〉, 〈쓰기〉
② 3~4학년 〈듣기〉, 〈말하기〉, 〈읽기〉, 〈쓰기〉, 〈문학〉
③ 5~6학년 〈듣기〉, 〈말하기〉, 〈읽기〉, 〈쓰기〉, 〈국어 지식〉, 〈문학〉
④ 7~9학년 〈듣기〉, 〈말하기〉, 〈읽기〉, 〈쓰기〉, 〈국어 지식〉, 〈문학〉

---

5) 5차 국어과 교육 과정 개발 시, 한국교육개발원에서 제출한 심의본은 국민 학교 1- 2학년/3-4학년/5-6학년, 중학교 1-3학년으로 단계화하였다.

6) 김상욱(2003), 문학 교육의 길 찾기, 나라말, 126면.
문학교육과정을 다음과 같이 나누고 있다.
1단계: 1학년~4학년, 2단계: 5학년~7학년, 3단계: 8학년~10학년, 4단계: 선택중심교육과정

⑤ 10학년 〈읽기〉, 〈쓰기〉, 〈국어 지식〉, 〈문학〉

▌ 4단계
① 1~3학년 〈듣기〉, 〈말하기〉, 〈읽기〉, 〈쓰기〉
② 4~6학년 〈듣기〉, 〈말하기〉, 〈읽기〉, 〈쓰기〉, 〈문학〉
③ 7~9학년 〈듣기〉, 〈말하기〉, 〈읽기〉, 〈쓰기〉, 〈국어 지식〉, 〈문학〉
④ 10학년 〈읽기〉, 〈쓰기〉, 〈국어 지식〉, 〈문학〉

▌ 3단계
① 1~3학년 〈듣기〉, 〈말하기〉, 〈읽기〉, 〈쓰기〉
② 4~6학년 〈듣기〉, 〈말하기〉, 〈읽기〉, 〈쓰기〉, 〈문학〉
③ 7~10학년 〈듣기〉, 〈말하기〉, 〈읽기〉, 〈쓰기〉, 〈국어 지식〉, 〈문학〉

학교급 내지 단계별, 학년별로 같은 교육 내용을 고수할 필요는 없다고 생각한다. 10년 동안 같은 비중으로 모든 영역을 다 지도하려는 의도는 바람직하지 않다. 이것은 교육 과정의 의도일 뿐 실행되지는 못하고 있다. 지금도 교과서를 통해 영역별 비중을 어느 정도 짐작하게 되어 있다.

단계별로 영역별로 내용 영역을 위와 같이 생각해 볼 수도 있겠고, 내용 영역을 사고 과정 중심으로 〈이해〉, 〈표현〉 두 영역으로 할 수도 있을 것이다. 〈이해〉, 〈표현〉의 내용 영역 구분은 국어과 교육 과정의 체계를 부여하는 데 훨씬 용이하다고 생각된다. 1학년부터 10학년까지 배워야 할 것을 단계에 따라 제시한다면, 〈국어 지식〉, 〈문학〉의 위치가 더욱 명확히 제시될 수 있다. 〈이해〉 영역에 포함되는 것은 '듣기, 읽기, 문학', 〈표현〉 영역에 포함되는 것은 '말하기, 쓰기, 국어 지식, 문학'이 될 것이다. 또한, 국어과 교육 과정에 편입될 '보기, 매체'가 국어과 지도 방법의 하나로 취급될 지, 영역으로 자리매김 할지 명확하지 않더라도 〈이해〉, 〈표현〉으로 느슨한 내용 영역이 설정되어 있으면 좀더 쉽게(?) 국어과 교육 과정 속에 들어 올 것이다.[7]

이렇게 되면 1학년~10학년까지의 내용 영역은 〈이해〉, 〈표현〉으로 구성하고, 하위 범주에서 차이를 둘 수 있을 것이다.

---

7) 노명완은 국어과의 하위 영역은 내용의 관련성이나 교육의 편리성을 위해 잠정적으로 〈말하기·듣기〉, 〈읽기·문학〉, 〈쓰기·문법〉, 〈언어〉의 4영역으로 범주화할 수 있다고 말하고 있다.(노명완 외(2003), 창조적 지식기반사회와 국어과 교육, 박이정, P. 258.)

3.2. <듣기>, <말하기>, <읽기>, <쓰기> 영역의 '내용'

제6차, 제7차에서부터 제시된 교육 과정의 '내용 체계'는 교육 과정이 지니고 있던 여러 가지 문제를 해결했다. 교육 과정 체제 상, '학년별 목표'가 지니고 있던 문제를 해결했고, 막연했던 국어과 교육의 틀을 명확하게 제시하는 구실을 했다. 제6차, 제7차에 제시된 '내용 체계'가 문제점을 가지고 있더라도 국어과 교육의 체계화에 큰 역할을 했음은 인정해야 한다.

제7차 '내용 체계'를 보면 여섯 영역과 각 영역이 4개의 범주로 나뉘어 있고, 그 범주는 몇 개의 하위 범주로 나뉘어 있다(듣기, 말하기, 읽기, 쓰기는 '본질/원리/태도/실제'로, 국어 지식은 '국어의 본질/국어의 이해와 탐구/국어에 대한 태도/국어의 규범과 적용'으로, 문학은 '문학의 본질/문학의 수용과 창작/문학에 대한 태도 /작품의 수용과 창작의 실제'로 되어 있다.). 그리고 이 '내용 체계'에 따라 학년별 내용을 제시하고 있다.[8]

각 영역별로 학년별 내용을 제시한 것을 살펴보면, 〈듣기〉, 〈말하기〉, 〈읽기〉, 〈쓰기〉 영역의 '내용'이 상당 부분 겹치고 있다. 이런 면에서도 내용 영역을 〈이해〉, 〈표현〉으로 하는 게 좋을 것 같다.

〈본질〉에 해당하는 내용을 살펴보면 다음과 같은데, 언어 활동의 통합성을 고려하면, 매 학년마다 같은 진술을 되풀이하는 것보다 〈이해〉, 〈표현〉으로 내용 영역을 나누고, 단계별로 내용 항목을 제시하면 '겹침'을 상당 부분을 해결할 수 있을 것이다.

〈1학년〉듣기(말하기, 읽기, 쓰기)가 인간의 삶에서 필요함을 안다.
〈2학년〉듣기(말하기, 읽기, 쓰기)에는 여러 가지 목적이 있음을 안다.
〈3학년〉지식과 경험이 말(글)의 내용을 이해하는 데 중요함을 안다.
〈4학년〉듣기(말하기, 읽기)에는 여러 가지 방법이 있음을 안다.
         쓰기에는 과정이 있음을 안다.
〈5학년〉들을(말할) 때에는 상황을 고려해야 함을 안다.
         읽기 상황에는 글의 종류, 읽기의 목적과 방법 등이 관련됨을 안다.
         쓰기 상황에는 주제, 목적, 예상 독자 등이 관련되어 있음을 안다.
〈6학년〉듣기(말하기, 읽기, 쓰기)가 의미 형성 과정임을 안다.

---

8) 본질과 원리라는 용어에 관해서 노명완 외(2003), 창조적 지식기반사회와 국어과 교육, 박이정, PP. 256-257 참조.

〈7학년〉듣기와 읽기(읽기와 쓰기/말하기와 듣기/쓰기와 말하기)의 공통점과 차이점을 안다.

〈8학년〉듣기(말하기, 읽기, 쓰기)가 문제 해결 과정임을 안다.

〈9학년〉듣기(말하기, 읽기, 쓰기)가 사회·문화적 과정임을 안다.

〈10학년〉반언어적 표현과 비언어적 표현이 듣기(말하기)에서 중요한 역할을 함을 안다.

읽기(쓰기)가 의사 소통 행위임을 안다.

〈원리〉의 경우도 마찬가지이다. 〈듣기〉와 〈말하기〉의 상호 작용적 특성을 고려하여 듣기 영역과 말하기 영역의 교육 내용이 유사한 경우, 관련 내용을 동일 학년에 함께 제시하여 학습의 밀도를 높이도록 하였다고 하지만(예를 들면 6학년: 여러 가지 표현의 의미를 <u>알아보며 듣는다</u>. 여러 가지 표현을 <u>사용하여 말한다</u>. 8학년: 들은 내용의 <u>응집성을 판단한다</u>. <u>응집성 있게 조직하여 말한다</u>. 등), 옹색한 해설이다.[9]

3.3. 〈국어 지식〉 영역의 '내용'

〈국어 지식〉 영역을 살펴보면 다른 영역의 진술 방식과 많이 다름을 알 수 있다. 〈국어 지식〉이란 영역 명을 생각하면 다른 영역과 '다름'이 마땅하다. 그러나 '방법'에서 제시한 '지식에 대한 설명보다 탐구 학습을 통하여 지식을 생성해 내는 경험을 강조하되, 학습한 내용이 창조적 국어 생활에 활용될 수 있도록 한다.'라는 해설을 살펴보면 여전히 '지식'을 두려워하고 있음을 알 수 있다. 필요한 지식이 있다면 '지식' 부분에서 철저히 가르쳐야 한다. 활동만으로 지식을 전달하기는 어렵다고 생각한다. 〈국어 지식〉이란 영역명이 7차 교육 과정에서 쓰이고 있는데 이 영역 명에서 더욱 잘 드러난다. 해설서를 통하여 표현, 이해 영역과의 상호 교섭을 강조하고 있는데, 여러 가지 방법을 쓰는 것보다 〈이해〉, 〈표현〉으로 영역을 나누고, 그 안에서 〈국어 지식〉의 내용을 제시할 수 있다.

학년별로 제시되어 있는 〈국어 지식〉 내용은 다음과 같은데, 그 내용을 살펴보면 굳이 〈국어 지식〉이라는 영역 속에 있을 필요가 없다. 특히 1학년~6학년까지는 〈표현〉, 〈이해〉 활동 안에서 다루는 것이 타당하고, 7학년~10학년은 1학년부터 6학년까지 학습한 내용을 바탕으로 '지식'을 확실히 다지는 것으로 해야 할 것이다. 다음 〈국어 지식〉 영역의 내용 항목을 살펴보면 7차 국어과 교육 과정을 결정하는 과정에 참여한 사람들도 1학년~6학년까

---

9) 중학교 교육 과정 해설-국어, 도덕, 사회-P.23.

지의 〈국어 지식〉은 언어 사용 기능 속에 충분히 반영할 수 있다고 생각한 것 같다. 〈국어 지식〉 영역의 학년별 내용을 살펴보면 쉽게 찾아볼 수 있다.

〈1학년〉
한글의 낱자의 음가를 안다.(읽기)
우리말이 있음을 알고 우리말을 소중히 여기는 태도를 지닌다.(읽기)

〈2학년〉
자음과 모음을 구별한다.(읽기--1학년)
문장 안에서 꾸며 주는 말의 기능을 안다.(읽기, 쓰기)
고운 말을 사용하려는 태도를 지닌다.(말하기)

〈3학년〉
우리말에는 어순이 있음을 안다.(쓰기)
우리말에는 높임말이 있음을 안다.(읽기)
이어 주는 말의 기능을 안다.(쓰기)
바른말을 사용하려는 태도를 가진다.(말하기)

〈4학년〉
용언의 기본형을 안다.(읽기, 쓰기)
문장의 종류를 안다.(읽기)
어휘의 개념을 안다.(읽기)
낱말과 낱말 사이의 유의 관계, 반의 관계, 하의 관계를 안다.(읽기)
문화 유산인 우리말과 우리글을 소중히 여기는 태도를 지닌다.(말하기, 쓰기)

〈5학년〉
언어가 창조적으로 쓰임을 안다.(듣기, 말하기, 읽기, 쓰기)
우리말에는 시간을 표현하는 말이 있음을 안다.(읽기)
<u>문장 성분의 개념과 기능을 안다.</u>
표준어와 방언의 개념을 안다.(말하기)
공식적인 상황에서 표준어를 사용한다.(말하기)
상황에 따라 방언과 표준어를 구별해서 사용하려는 태도를 지닌다.(말하기)

〈6학년〉

언어에는 규칙이 있음을 안다.(말하기, 쓰기)

언어가 기호임을 안다.(말하기, 쓰기)

고유어, 한자어, 외래어, 외국어의 개념을 안다.(읽기)

문장과 문장 사이의 연결 관계를 안다.(쓰기, 읽기)

표준 발음법에 맞게 발음한다.(말하기)

상황에 따라 표준 발음으로 말하려는 태도를 지닌다.(말하기)

〈7학년〉

<u>음성 언어와 문자 언어의 관계를 안다.</u>

<u>음절의 개념을 안다.</u>

<u>형태소와 낱말의 개념을 안다.</u>

은어, 전문어, 속어, 비어, 유행어의 개념을 안다.(쓰기, 읽기 제재의 한 종류)

동음 이의어와 다의어의 개념을 안다.(읽기)

<u>담화의 구성을 안다.</u>

국어를 순화하려는 태도를 지닌다.(듣기, 말하기, 읽기, 쓰기)

〈8학년〉

<u>언어의 사회성을 안다.</u>

<u>언어의 역사성을 안다.</u>

<u>국어의 음운 체계를 안다.</u>

<u>국어의 조어법을 안다.</u>

관용어의 개념을 안다.(쓰기, 읽기 제재의 한 종류)

<u>발화의 기능을 안다.</u>

국어 사용에서 발견되는 문제를 파악하려는 태도를 지닌다.(말하기, 쓰기)

〈9학년〉

<u>남북한 언어의 차이를 안다.</u>

<u>국어의 음운 변동 규칙을 안다.</u>

<u>품사의 분류 기준과 각 품사의 특성을 안다.</u>

<u>각 문장 성분의 특징과 문장의 구성 원리를 안다.</u>

문장의 구조로 말미암아 의미가 여러 가지로 해석되는 현상을 안다.(읽기, 쓰기)

맞춤법에 맞게 국어를 사용한다.(말하기, 쓰기)

맞춤법에 맞게 국어를 사용하려는 태도를 지닌다.(말하기, 쓰기)

〈10학년〉
<u>언어와 주변 세계의 관계를 안다.</u>
<u>국어의 개략적인 역사를 안다.</u>
<u>문법 요소들의 기능을 한다.</u>
<u>문장의 짜임새를 안다.</u>
<u>장면에 따른 표현 방식을 안다.</u>
문법에 맞게 국어를 사용한다.(말하기, 쓰기)
문법에 맞게 국어를 사용하려는 태도를 지닌다.(말하기, 쓰기)
국어를 발전시키려는 태도를 지닌다.(말하기, 쓰기)

(괄호 속에 영역명은 필자가 표시)

1학년부터 10학년까지 교육 과정에 제시되어 있는 〈국어 지식〉을 살펴보면 1학년 6학년까지의 내용 항목은 읽기, 말하기, 쓰기 등에서 다루어 질 것이고, 7학년부터 10학년까지의 내용 항목 중 '어휘'라는 하위 범주에 속해 있는 것들, 〈태도〉 범주에 속해 있는 것들은 읽기, 듣기, 말하기, 쓰기 영역에서 다루어 질 것이라고 보아도 무방하다. 지식 체계로서 접근할 수 있는 것은 밑줄 그은, 몇 안 되는 항목들이다.

〈국어 지식〉에 제시되어 있는 각 내용 항목은 지나치게 범위가 좁다(1~6학년). 그리고 일반적으로 다른 내용 영역에서는 항목 수가 줄었는데(학습 내용의 적정화) 〈국어 지식〉 영역에선 그렇지 않다. 물론 각 내용 항목이 포괄하는 범위가 좁은 데 이유가 있겠는데, 〈국어 지식〉이란 영역을 1학년부터 설정하더라도 일관성이 반드시 고려되어야 할 것이다.

〈국어 지식〉은 '국어의 본질/국어의 이해와 탐구/국어에 대한 태도/국어의 규범과 적용'으로 내용을 범주화하고 있다. 이 부분 중, '국어의 이해와 탐구', '국어에 대한 태도', '국어의 규범과 적용' 범주는 언어 사용 영역에서 포괄하고, '국어의 본질'은 교과서의 내용 단원으로 구성할 수 있을 것이다.

3.4. <문학> 영역의 '내용'

〈읽기〉 영역과 〈문학〉 영역을 살펴보면 부분적으로 유사한 항목도 있으나 '내용 체계'에 따라 내용 항목이 선정되어 있으므로 〈읽기〉와 〈문학〉은 상이한 체계를 가질 수밖에 없다.

'글'과 '작품'이란 용어로 〈읽기〉와 〈문학〉 영역을 구분하여 제시하고 있다. 교육 과정에서 〈읽기〉와 〈문학〉 영역이 이렇게 각자 영역을 고수하고 있으나 교과서에 와서는 초등학교의 경우 '읽기' 책에서 〈문학〉 영역을 다루고 있다. 교육 과정에서 독립된 영역으로 〈문학〉을 다루게 될 때 교과서를 구성할 때 어려움이 발생하게 되고, 영역의 구분이 실제의 교육 장면에서 '얽매임'을 가져온다. 예를 들어 교과서 구성 시 〈읽기〉 영역의 단원에 문학 제재를 사용하지 못할 때의 어려움이 생각해 보면, 체계에 얽매여 있는 것도 문제가 된다는 것을 알 수 있다.

<표 1> 1학년~10학년 읽기와 문학 영역의 내용 항목

읽 기	문 학
〈1학년〉 -읽기가 인간의 삶에서 필요함을 안다. -글자의 짜임을 알고, 글자를 읽는다. -문장 부호의 쓰임에 유의하며 글을 읽는다. -글을 정확하게 소리내어 읽는다. -대강의 내용을 파악하며 읽는다. -책을 즐겨 읽는 습관을 지닌다.	〈1학년〉 -작품에 표현된 말에서 재미를 느낀다. -작품에 나오는 인물의 모습이나 성격을 상상한다. -작품을 즐겨 찾아 읽는 습관을 지닌다.
〈2학년〉 -읽기에는 여러 가지 목적이 있음을 안다. -낱말, 구절, 문장을 정확한 발음으로 읽는다. -가리키는 말의 내용을 파악하며 글을 읽는다. -장면을 떠올리며 소리내어 읽는다. -바른 자세로 책을 읽는 태도를 지닌다.	〈2학년〉 -작품에 반복적으로 나타나는 말의 재미를 느낀다. -이어질 내용을 상상한다. -재미있는 말이나 반복되는 말을 넣어서 글을 쓴다. -작품에 흥미를 가지고 즐겨 읽는 습관을 지닌다.
〈3학년〉 -지식과 경험이 글의 내용을 이해하는 데 중요함을 안다. -소리나 모양이 같은 낱말이 어떤 의미로 쓰였는지(생각하며) 글을 읽는다. -내용을 확인하며 글을 읽는다. -내용의 연결 관계를 파악하며 글을 읽는다. -분위기를 파악하며 글을 읽는다. -주의를 집중해서 읽는 태도를 지닌다.	〈3학년〉 -작품에는 일상의 세계와 비슷한 상상의 세계가 담겨 있음을 안다. -작품에서 사건이 전개되는 과정을 파악한다. -작품의 분위기를 살려서 낭독한다. -작품에 나오는 인물이 되어 본다. -작품을 스스로 찾아 읽는 습관을 지닌다.

〈4학년〉 -읽기에는 여러 가지 방법이 있음을 안다. -국어 사전에서 낱말의 뜻을 찾는다. -주제를 파악하며 글을 읽는다. -글에 알맞은 제목을 붙인다. -처음부터 끝까지 읽는 태도를 지닌다.	**〈4학년〉** -작품의 구성 요소를 안다. -작품의 구성 요소를 통하여 주제를 파악한다. -작품의 구성 요소를 창조적으로 재구성한다. -작품에 나타난 인물의 삶의 모습을 이해한다. -작품에 나오는 인물의 사고 방식을 이해한다. -읽는 작품에 대해 독서록을 작성하는 태도를 지닌다.
〈5학년〉 -읽기 상황에는 글의 종류, 읽기의 목적과 방법 등이 관련됨을 안다. -문맥을 고려하여 낱말의 의미를 파악하며 글을 읽는다. -사실과 의견을 표현한 부분을 구별하며 글을 읽는다. -이어질 내용을 예측하며 글을 읽는다. -생략된 내용을 추론하며 글을 읽는다. -어휘 사용이 적절한지 알아보며 글을 읽는다. -비유적 표현의 의미를 이해하며 글을 읽는다. -도서관에서의 읽을거리를 찾아 읽는 습관을 지닌다.	**〈5학년〉** -작품은 읽는 이에 따라 수용이 다를 수 있음을 안다. -작품에서 사건의 전개 과정과 인물의 관계를 이해한다. -작품에서 인상적으로 표현한 부분을 찾는다. -작품에 나오는 인물의 다양한 삶을 이해한다. -작품의 일부분을 창조적으로 바꾸어 쓴다. -작품에 대한 생각이나 느낌을 글로 표현하려는 태도를 지닌다.
〈6학년〉 -읽기가 의미 형성 과정임을 안다. -다양한 표현의 의미를 알아보며 읽는다. -글을 읽고, 전체의 내용을 요약한다. -주장에 대한 근거의 적절성을 판단하며 글을 읽는다. -문제 해결 방안의 적절성을 판단한다. -글에 나오는 표현의 적절성을 판단한다. -다양한 읽을거리를 찾아 읽는 태도를 지닌다.	**〈6학년〉** -문학의 갈래를 안다. -작품에서 사건의 전개와 배경의 관계를 파악한다. -작품에 나오는 여러 가지 감각적 표현을 음미한다. -작품에 창의적으로 반응한다. -작품에 반영된 가치나 문화를 이해한다. -작품을 다른 갈래로 표현한다. -가치 있는 작품이나 영상 자료 등을 선별하며 읽는 태도를 지닌다.
〈7학년〉 -읽기와 쓰기의 공통점과 차이점을 안다. -내용을 메모하며 글을 읽는다. -글쓴이의 의도나 목적을 파악하며 글을 읽는다. -내용의 통일성을 평가하며 글을 읽는다. -글의 내용에 대한 생각이나 느낌을 글로 쓰는 태도를 지닌다.	**〈7학년〉** -소통 행위로서의 문학의 특성을 안다. -문학과 일상 언어의 관계를 이해한다. -작품이 지닌 아름다움과 가치를 파악한다. -작품 속에 드러난 갈등의 해결 과정과 인물의 심리 상태와의 관계를 파악한다. -작품 속에 드러난 역사적 현실 상황을 이해한다. -작품에 드러난 사회·문화적 상황에서의 인물의 행동을 파악한다. -작품의 사회적, 문화적, 역사적 상황에 나타난 그 시대의 가치를 이해하려는 태도를 지닌다.

〈8학년〉	〈8학년〉
-읽기가 문제 해결 과정임을 안다. -내용과 내용의 관계를 알 수 있는 표지에 유의하며 글을 읽는다. -글 전체의 짜임을 파악하며 읽는다. -내용 전개 방식을 파악하며 글을 읽는다. -읽은 글의 일관성을 평가한다. -여러 종류의 사전을 글 읽기에 활용하는 태도를 지닌다.	-작품은 사회적, 문화적, 역사적 상황을 바탕으로 창조된 세계임을 안다. -작가가 독자의 반응을 불러일으키기 위해 사용한 언어적 표현의 특징과 효과를 파악한다. -작품이 누구의 눈을 통하여 전달되고 있는지를 파악한다. -다양한 시각과 방법으로 작품을 해석하고 평가한다. -작품에 드러난 작가의 세계관과 그 시대의 사회·문화적 상황을 관련지어 이해한다. -여러 갈래의 글을 쓴다. -작품에 드러난 우리 민족의 전통이나 사상을 비판적으로 수용하는 태도를 지닌다.
〈9학년〉	〈9학년〉
-읽기가 사회·문화적 과정임을 안다. -문장의 중요도를 판정하여 글의 중심 내용을 파악한다. -같은 문제를 다루고 있는 여러 글을 읽고, 주제나 관점의 공통점이나 차이점을 파악한다. -읽는 내용의 신뢰성과 타당성을 판단한다. -표현의 효과를 평가하며 글을 읽는다. -글의 내용을 이해하기 위하여 다양한 매체를 찾아 활용하는 습관을 가진다.	-한국 문학의 개념과 특질을 안다. -한국 문학의 역사적 전개 과정을 이해한다. -작품에 쓰인 여러 가지 표현 방식을 이해한다. -작품에 드러난 작가의 개성을 파악한다. -작품에 드러난 사회·문화적 상황과 작품 창작 동기를 관련지어 이해한다. -한국 문학의 대표적인 작품을 찾아 읽고, 자신의 생각과 느낌을 글로 쓴다. -작품 세계를 창조적으로 수용하려는 태도를 지닌다.
〈10학년〉	〈10학년〉
-읽기가 의사 소통 행위임을 안다. -필요한 정보를 찾으며 글을 읽는다. -정보를 재조직하며 글을 읽는다. -표현의 효과에 대하여 평가하며 글을 읽는다. -읽은 내용의 신뢰성과 타당성을 평가한다. -읽기 활동을 적절히 조절하면서 읽는 태도를 지닌다.	-문학의 기능을 안다. -작품의 구성 요소와 그 기능을 이해한다. -문학의 갈래에 따른 작품의 미적 가치를 파악한다. -작가, 작품, 독자의 관계를 알고, 이를 수용에 능동적으로 활용한다. -작품에 드러난 사회·문화적 상황을 파악하고, 이를 작품 수용에 능동적으로 활용한다. -자신의 생각이나 느낌을 문학적으로 표현한다. -한국 문학의 전통을 창조적으로 계승, 발전시키려는 태도를 지닌다.

위의 〈읽기〉와 〈문학〉 영역에 제시되어 있는 '내용'을 살펴보면 1~6학년에서는 굳이 두 영역이 있을 필요가 있는가 하는 의구심이 생긴다. 6학년에 제시되어 있는 '문학의 갈래를 안다.'는 항목 정도가 〈문학〉 영역에 속하는 것으로 보인다.

박영목(1996)은 문학 텍스트의 읽기 지도 내용이 비문학 텍스트의 읽기 지도 내용과 무관한 체계와 논리에서 선정되는 것은 학생들에게 혼란을 안겨주고 나아가서 피해를 주게 될 것이라고 하고 있다. 그리고 읽기 지도 내용을 선정할 때 독서 상황 변인을 고려해야 하는데, 독서 상황에 따른 효과적인 독서 전략의 계열화 방안을 예로 들어 다음 표를 제시했다.

<표 2> 독서 상황에 따른 효과적인 독서 전략의 계열화

독자 유형	독서자료 유형	독서 목적	독서 전략(활동)
유치원	그림책	즐기기	그림 보고 이야기 하기
1학년	일상 생활에 관한 짧은 글	정확하게 소리내어 읽기	모든 단어를 천천히 그리고 주의 깊게 읽기
3학년	식물의 성장에 관한 글	교과서에 제시된 질문에 답하기	질문을 먼저 읽고, 질문에 대한 답을 생각하면서 읽기
7학년	청소년 소설	즐기기, 독후감 쓰기	독후감의 내용을 마련하면서 읽기
9학년	백경	상징과 주제에 관해 토의할 수 있기	상징적인 표현과 인물의 행동을 통해 소설의 주제 파악하기
11학년	자연 현상에 관한 설명 구조의 텍스트	텍스트에 제시된 정보의 구조 및 재표상	체계적인 학습 전략의 활용, 텍스트의 조직 구조 활용

이 같은 〈표 2〉는 교육 과정 내용 항목의 선정 시 〈말하기〉, 〈듣기〉, 〈쓰기〉, 〈문학〉에서도 효과적으로 쓰인다고 하겠다. 그리고 이런 자료를 통해서도 〈읽기〉와 〈문학〉을 엄격하게 나누는 것은 고려해 보아야 할 문제임을 지적하고 있다. 영역을 엄격히 나눔으로 해서 차별성을 부각시키게 되고 결국 지식 위주로 갈 가능성이 크다(4차 교육 과정 참조). 노명완(2003:257)도 읽기와 문학을 합치면 훨씬 풍부한 교육이 가능하다고 하고 있다. 문학 중심의 국어과 교육으로, 문학 중심의 읽기 지도로 나아간다면, 앞서의 〈읽기〉와 〈문학〉의 내용 항목을 '헤쳐 모여'가 가능하지 않을까 생각한다.

지금까지의 논의를 토대로 새로운 국어과 교육 과정의 '내용 체계'(안)을 그려보자면 다음과 같다.

영역 범주	이 해 1단계 : 2단계: 3단계 : 4단계	표 현 1단계 : 2단계 : 3단계 : 4단계	비 고
본질			
원리			
태도			
실제			

4. 새로운 국어과 교육 과정 개정에서 고려할 점

4.1. '내용' 항목의 제시 방법 고려 – 균질화, 위계화

교육 과정 내용은 진술될 때 평면적일 수밖에 없다. 따라서 처음의 의도가 그대로 드러나지 않는 경우도 있다. 그렇더라도 내용 항목들을 제시할 때는 학년별로, 단계별로 폭과 깊이가 반드시 고려되어야 한다. 정혜승(2002), 전은주(2003)은 7차 교육 과정이 명확성, 구체성, 실현 가능성에 문제가 있다고 지적하고 있다. 내용 항목들의 진술 범위가 너무 좁은 경우, 범위가 너무 넓은 경우가 있어, 진술된 내용의 범위가 편차가 심하고, 따라서 일관성, 명확성이 부족하다고 하고 있다(전자의 예: 상황에 따라서 적절한 어투로 말한다. 후자의 예: 말하기가 사회·문화적 과정임을 안다.). 위에서 지적한 문제 뿐 아니라 영역별 내용의 제시에 있어서 〈본질〉 부분은 중복되는 것이 많고, 〈원리〉도 의도적으로 중복시킨 것이 보인다. 그리고 활동의 예에 포함될 것도 내용으로 제시된 것도 있다. 새로운 교육 과정이 큰 변화를 주기 어렵다고 하더라도 이런 수정-내용 항목의 균질화-은 있어야 할 것이다.

4.2. 〈태도〉 범주의 '내용' 고려

1학년~10학년까지 〈태도〉 범주는 대부분 태도, 습관에 치중해 있다. 해설서에는 〈태도〉 범주의 교육 내용은 흥미나 동기 유발에서 사회적 습관 형성의 순으로 위계를 정해 배열하였다고 말하고 있다. 듣기의 〈태도〉 부분을 살펴보면 위의 해설이 틀린 말이라고 할 수 없으나 구체적으로 교육 과정 '내용'으로서 제시되었을 때 강조해서 길러져야 하는 〈태도〉 범주의 내용이 습관, 태도에 국한되어야 할지 고려해 볼 문제이다. '내용 체계'의 〈태도〉 범주와도

맞지 않다.[10]

　〈1학년〉즐겨 듣는 습관을 지닌다.

　〈2학년〉바른 자세로 듣는 태도를 지닌다.

　〈3학년〉주의를 집중해서 듣는 태도를 지닌다.

　〈4학년〉예절바르게 듣는 태도를 지닌다.

　〈5학년〉끝까지 듣는 태도를 지닌다.

　〈6학년〉여러 가지 매체에서 관심 있는 내용을 찾아 듣는 태도를 지닌다.

　〈7학년〉메모하면서 듣는 습관을 지닌다.

　〈8학년〉상대의 비판을 이해하려는 태도를 지닌다.

　〈9학년〉말하는 이에 적절히 반응하면서 듣는 태도를 지닌다.

　〈10학년〉자신의 듣기 활동을 조절하면서 듣는 태도를 지닌다.

4.3. '내용' 항목의 겹침 현상 고려

　1학년~10학년까지의 〈원리〉 범주의 내용 항목들은 '내용 체계'에 맞추어 제시되어 있다. 앞서 〈본질〉 부분에서도 살펴보았지만, 〈원리〉 범주의 내용 항목도 많이 겹쳐 있다. 영역별 연계와 학년별 연계는 교과서를 만들 때 반드시 고려해야 할 요소이지만, 교육 과정의 구성에도 반드시 영역별, 학년별 연계가 필요한지 생각해 볼 문제이다. 〈듣기〉, 〈말하기〉, 〈읽기〉, 〈쓰기〉 영역에서 절반 정도의 내용 항목이 겹친다면 지나치게 학습할 내용이 적어지는 현상이 나타난다. 이런 점에서도 〈이해〉, 〈표현〉으로 영역을 나누는 게 합리적이라고 생각된다. 〈말하기〉와 〈쓰기〉 영역을 비교했을 때 겹침 현상이 30% 정도 드러나고 있다.

말하기	쓰기
〈1학년〉재미있는 내용을 선정하여 말한다. 〈2학년〉상대의 흥미를 끌 수 있는 화제를 선정하여 말한다. 〈3학년〉원인과 결과가 잘 드러나게 내용을 전개	〈1학년〉재미있는 내용을 선정하여 글을 쓴다. 〈2학년〉읽을 사람의 흥미를 끌 수 있는 내용을 선정하여 글을 쓴다. 〈3학년〉원인과 결과가 드러나게 글을 쓴다.

10) 노명완 외(2003), 전게서, pp.239-247. 지식과 기능, 태도를 분명하게 구분짓기가 어려우며, 태도 교육은 지식과 기능 등 인지적 교육 내용과의 관련 속에서 이루어져야 한다고 말하고 있다.

하여 말한다.	
〈3학년〉공통점이나 차이점이 잘 드러나게 내용을 전개하여 말한다.	〈3학년〉공통점이나 차이점이 드러나게 글을 쓴다.
〈4학년〉주제에 알맞은 내용을 선정하여 말한다.	〈4학년〉주제에 알맞은 내용을 선정하여 글을 쓴다.
〈4학년〉시간이나 공간 순서에 따라 내용을 전개하여 말한다.	〈4학년〉시간이나 공간 순서에 따라 내용을 전개하여 글을 쓴다.
〈5학년〉조사나 관찰을 통하여 내용을 선정해 말한다.	〈5학년〉조사나 관찰을 통하여 내용을 선정해 글을 쓴다.
〈5학년〉분류의 방법으로 내용을 전개하여 말한다.	〈5학년〉분류의 방법으로 내용을 전개하여 글을 쓴다.
〈5학년〉분석의 방법으로 내용을 전개하여 말한다.	〈5학년〉분석의 방법으로 내용을 전개하여 글을 쓴다.
〈6학년〉면담을 통하여 내용을 선정해 말한다.	〈6학년〉면담을 통하여 내용을 선정해 글을 쓴다.
〈6학년〉타당하고 설득력 있는 근거를 제시하며 의견을 제시한다.	〈6학년〉주장을 뒷받침하기에 알맞은 근거를 제시하며 글을 쓴다.
〈6학년〉문제와 해결의 짜임으로 내용을 전개하여 말한다.	〈6학년〉문제와 해결의 짜임으로 내용을 전개하여 글을 쓴다.
〈7학년〉다양한 매체에서 내용을 선정하여 말한다.	〈7학년〉다양한 매체에서 내용을 선정하여 글을 쓴다.
〈7학년〉내용을 통일성 있게 조직하여 말한다.	〈7학년〉내용을 통일성 있게 조직하여 글을 쓴다
〈8학년〉토론을 통하여 내용을 생성해 말한다.	〈8학년〉토론을 통하여 내용을 생성해 글을 쓴다
〈8학년〉응집성 있게 내용을 조직하여 말한다.	〈8학년〉일관성 있게 내용을 조직하여 글을 쓴다
〈9학년〉전달 효과를 고려하여 내용의 전개 방식을 조절하여 말한다.	〈9학년〉표현의 효과를 고려하여 내용의 조직 방식을 조절하며 글을 쓴다.
〈10학년〉상황의 변화에 따라 내용을 적절하게 생성하여 말한다.	〈10학년〉상황에 따라 내용을 적절하게 생성하여 글을 쓴다.
〈10학년〉내용 조직의 일반 원리에 따라 효과적으로 내용을 조직하여 말한다.	〈10학년〉내용 조직의 일반 원리에 따라 효과적으로 내용을 조직하여 글을 쓴다.
〈10학년〉표현과 전달의 일반 원리에 따라 효과적으로 표현하며 말한다.	〈10학년〉표현의 일반 원리를 사용하여 효과적으로 글을 쓴다.

4.4. 7차와 6차의 학년별 내용 비교 - 학습량의 적정화 고려

7차와 6차의 교육 과정에 제시된 '내용'의 양을 비교했을 때 학습량이 줄어들었다고 할 수 있다. 그러나 교육 과정의 '내용'을 가지고 학습량의 적정화를 논하기는 어렵다. 예를 들어, 10학년 읽기 내용 항목이, 6차의 13개 항목에서 6개 항목으로 줄였으므로 학습량이 1/2로 줄었다고(학습량의 적정화) 이야기할 수는 없다. 7차 교육 과정에서는 학년별로 내용이 중복되는 일은 없다. 이것은 학교급으로 나누지 않고, 1학년부터 10학년까지를 하나의 기간으로 보고 있기 때문이기도 하다. 그렇지만 실제 이루어지는 교육은 학교급에 따라 이루어지고 있어, 현실적으로 본다면 겹쳐지는 게 타당하기도 하다. 7학년 '내용'에는, 7학년에서 학습해야 할 내용이 제시되어 있지만 학습자의 입장에선 1학년부터 7학년까지의 '내용'을 알아야 한다는 것으로 이해할 수 있다. 이런 의미에서도 학습량의 적정화를 논하는 것은 단순하지 않다.

그래도 학습량의 적정화를 논하려면, '내용' 진술의 균질화가 이루어져야 한다. 균질화가 이루어져 있지 않으면 각 학년별 '내용' 항목 수가 그대로 학습량의 많고 적음을 말해 주는 것이라고 하기 어렵다. 7차와 6차 교육 과정에서 〈읽기〉 영역으로 비교해 보면 어떤 면에서 7차의 경우 학습량이 적어졌다고 할 수 있을까 의문을 가지게 한다.

7차 읽기 10학년	6차 읽기 고등 학교 국어
(1) 읽기가 의사 소통 행위임을 안다. -6차(1) ㅇ 의사 소통으로서의 읽기의 특성을 설명한다. ㅇ 읽기와 듣기, 말하기, 쓰기를 의사 소통 행위의 측면에서 비교한다. **(2) 필요한 정보를 찾으며 글을 읽는다.** ㅇ 다양한 종류의 글을 읽고, 읽는 목적을 고려하여 필요한 정보를 효과적으로 찾는다. ㅇ 필요한 정보를 찾아 내는 방법에 대해 토의한다. **(3) 정보를 재조직하며 글을 읽는다.** 　　**-6차 (6)(7)(8)(9)** ㅇ 배경 지식을 바탕으로 정보를 재조직하여 글을 읽는다. ㅇ 글쓴이가 글을 쓸 때에는 어떤 정보는 선택하고 어떤 정보는 생략했다는 점에 유의하며 글을 읽는다. **(4) 표현의 효과에 대하여 평가하며 글을 읽는다.** 　　**-6차(10)** ㅇ 표현상의 특징을 알아보며 글을 읽고, 그 효과를 평가한다. ㅇ 주제나 글감이 같은 여러 글을 읽고, 표현상의 특징을 비교하고 평가한다. **(5) 읽는 내용의 신뢰성과 타당성을 평가한다.** 　　**-6차 (12)**	〈읽기의 본질〉 **(1) 의사소통행위로서의 읽기의 특성을 안다.** **(2) 의사소통행위로서의 효과적인 읽기의 방법을 안다.** **(3) 의사소통행위로서의 읽기의 여러 가지 상황을 안다.** 〈읽기의 원리〉 **(4)** 글의 유형과 읽는 목적에 맞게 읽기의 방법을 선택한다. **(5)** 단어의 다양한 의미와 단어들 사이의 의미 관계를 알고, 여러 가지 방법으로 **어휘력을 확장**한다. **(6)** 구조가 복잡한 문장에서 전달하고자 하는 내용을 파악하고, **문장과 문장 사이의 연결 관계**를 말한다. **(7)** 글을 몇 부분으로 나누어 보고, 문단과 문단 사이의 연결 관계에 유의하며 **글 전체의 짜임을 파악**한다. **(8)** 한 편의 글을 끝까지 읽고, **중심 내용이나 주제를 파악**한다. **(9)** 글을 읽고, 경험, 지식, 문맥 등을 활용하여, **생략된 내용이나 세부 내용**을 추론한다. **(10)** 주제나 소재가 같은 여러 글에서 **구성 및 표현**

○ 하나의 주제에 대하여 여러 가지 글을 비교하며 읽고, 읽은 내용의 신뢰성과 타당성에 대해 토의한다. ○ 읽은 내용의 신뢰성과 타당성을 판단하는 기준을 알아본다. **(6) 읽기 활동을 적절히 조절하면서 읽는 태도를 지닌다.** ○ 항상 자신의 읽기 활동을 인식, 점검, 보완하면서 글을 읽는다. ○ 자신이 읽기 활동을 조절하면서 글을 읽는 것의 중요성에 대해 토의한다. ○ 유능한 독자의 읽기 전략을 조사한다.	의 **차이를 파악하고, 그 효과에 대해 평가**한다. (11) 글에 분명히 나타나 있거나 숨어 있는 **글쓴이의 의도나 목적**을 파악한다. (12) 글의 신뢰성, 정확성, 공정성 등에 대해 토의하고, **글의 내용을 비판적으로 수용**한다. (13) **여러 가지 읽을거리를 폭넓게 찾아 읽고, 읽은 내용을 정리하는 습관**을 가진다.

7차 교육 과정에서는 학년별 내용을, '내용'과 '수준별 학습 활동의 예'로 제시하고 있다. 교육 과정이 이런 체제를 갖는 것은 진일보한 것으로 생각된다. 그러나 6차의 학년별 '내용'을 살펴보면 7차의 '내용'과 '수준별 학습 활동의 예'를 묶어 제시한 것에 크게 다르지 않다. 이런 점에서도 학습량의 적정화를 논하기는 어렵다.

다음과 같은 예에서도 찾아볼 수 있다.

7차-말하기-7학년
　(3) 내용을 통일성 있게 조직하여 말한다.
　　　[기본] 효과적인 내용 전개 순서를 생각하여 메모하고, 메모한 것을 바탕으로 내용을 통일성 있게 조직하여 말한다.
　　　[심화] 자신이 말한 내용을 녹음하거나 녹화하여 주제에서 벗어난 내용이 있는지 검토한다.
6차-말하기-중3
　(4) 내용의 효과적인 제시 순서를 생각하여 메모해 보고, 내용들이 유기적으로 관련되게 조직하여 말한다.

7차-쓰기-7학년
　(4) 다양한 표현을 사용하여 글을 쓴다.
　　　[기본] 주어진 속담, 관용 표현. 격언, 명언 등 을 적절히 인용하여 글을 쓴다.
　　　[심화] 주제를 나타내기에 알맞은 속담, 관용 표현, 격언, 명언 등을 찾고, 이를 인용하면서 글을 쓴다.

　(6) 내용을 효과적으로 전달할 수 있는 방법에 대하여 토의해 보고, 속담이나 격언, 또는 다른 사람의 말 등을 적절하게 인용하여 효과적으로 표현한다.

　또, 7차 교육 과정도 6차와 같은 방식으로 내용 항목을 진술한 것도 있다. 다음과 같은 예를 보면 7차 교육 과정의 내용 항목 진술 방식이 다른 항목과 다른 것을 알 수 있다.

　(2) <u>문장의 중요도를 판정하여 글의 중심 내용을 파악한다.</u>
　(3) <u>같은 문제를 다루고 있는 여러 글을 읽고</u>, 주제나 관점의 공통점이나 차이점을 파악한다.

4.5. '내용' 항목의 제시 방법 고려

　'내용' 항목 제시 방법은 교육 과정을 활용하는 사람들에게는 중요한 문제다. 교과서를 개발하는 단계에서는 특히 그렇다. 교육 과정 중심의 교육을 생각한다면 교육 과정은 좀더 구체적인 정보를 담고 있어야 한다. '교육 과정-교육 과정 해설-교과서'의 단계를 거쳐 현장의 수업으로 실행되는 교육 과정이 온전히 실행되기 위해선 교육 과정의 상세화가 요구된다. 이 상세화는 '내용' 항목의 문제이기보다는 '내용' 항목을 지도할 때, 어떤 자료로, 어떤 방법으로 지도할 것인지, 평가 방법이나 평가 자료는 어떻게 구안할 것인지 등, '내용' 항목마다 '방법'과 '평가'가 함께 제시될 필요가 있다.

　지금의 '내용'과 '수준별 활동의 예'로 내용 항목을 제시하는 것보다 자세한 정보를 담을 수 있는 방법이 필요하다. 예를 들자면 지금 '방법'과 '평가'에 제시되어 있는 것보다 구체적인 진술이 되어야 도움이 될 것이다. '4. 방법, 5. 평가' 의 진술은 지금 정도의 수준에서 전반적인 내용을 담는다고 해도 '내용' 부분은 보다 더 상세화 되어야 한다.[11] 어떤 자료를 가지고 어떤 활동을 하며 평가를 어떻게 하며 이런 사항이 교육 과정에 담겨야 한다. 예를 들면 '내용' 부분과 더불어 자료 및 활동, 평가 등이 예시되는 체제를 생각해 볼 수 있을 것이다.

---

11) 교육 과정의 '대강화' 논의가 진행되고 있다고 하는데, 국어 과목의 경우, 교과서를 2종화하면 교육 과정의 '방법', '평가' 부분이 보다 구체적으로 상세화될 필요가 있다고 생각한다.

내 용	자 료	활 동(방법)	평가(방법, 자료, 결과 활용 등)

5. 맺음말

국어과 교육 과정은 해방 이후부터 지금까지 일곱 차례의 제·개정을 거쳤고, 지금 새로운 교육 과정 개정 작업을 진행 중에 있다. 국가 사회의 교육에 대한 높은 기대 등 교육을 둘러싸고 있는 환경이 엄청나게 바뀌고 있다. 주5일제 수업으로 전반적으로 편제가 바뀔 것이고, 국어과의 시간 수가 줄어들게 된다면, 교육 과정 논의의 상당 부분이 변화를 겪게 될 것이다. 그동안 1종 도서로 되어 있던 7학년~10학년의 '국어' 교과서가 2종화 되면 교육 과정에 있어서도 변화를 가져와야 할 것이다. 일반 선택 과목인 〈국어 생활〉, 심화 선택 과목인 〈화법〉, 〈독서〉, 〈작문〉, 〈문법〉, 〈문학〉의 체제도 변화할 것임을 예고하고 있다. 그리고 수준별 교육 과정도 현실에 비추어 좀더 합리적인 방향으로 변화할 것임을 예고하고 있다.[12]

이런 변화 속에서 교육 과정의 개정을 통해 국어과 교육의 질적 변환을 가져오기를 바란다. 그런 기대로 '내용' 부분을 미시적으로 살펴보았다. 교육 과정에 관한 제반 문제는 공동 사고를 요한다. 그래서 개정 작업은 많은 전문가들의 숙의와 합의가 필요하다. 지금까지의 논의는 숙의와 합의의 과정을 활발히 하기 위한 전초가 되기 위한 것이다. 수시로 부분적인 개정이 가능해진 체제가 교과 교육의 발전에 밑거름이 되기를 바란다.

---

12) 이인제(2005), 국가 수준의 국어과 교육 과정, 개정 대상과 방법, 국가수준 교육 과정, 무엇을 어떻게 개정할 것인가?, 연구자료 ORM 2005-33, 한국교육과정평가원, pp. 80-85.

참고문헌

김대행(2005), 교육 과정의 기반을 위한 단상, 함께 여는 국어교육 2005년 봄호, 통권62호.

김대행(2004), 서술에서 수행으로, 제29회 학술발표대회 주제: 국어교육 연구의 방향, 국어교육학회.

김상욱(2003), 문학교육의 길 찾기, 나라말.

김상욱(2004), 시 읽기의 전제와 방법, 제3차 학술발표대회: 文學讀書敎育의 理論과 實際, 문학과문학교육연구소.

노명완 외(2003), 창조적 지식기반사회와 국어과 교육, 박이정.

노명완 외(1990), 국어과교육론, 갑을출판사.

박영목 외(1993), 국민학교 교육과정해설, 교육과학사.

박영목(1996), '읽기 영역 지도 내용 체계화 방안(II)'에 대한 토론문, 읽기 영역 교육 과정 내용의 체계화 연구, 서울사대 국어교육연구소.

박인기(2004), 재개념화, 그리고 가로지르기, 제29회 학술발표대회 주제: 국어교육 연구의 방향, 국어교육학회.

손영애(1996), 읽기 영역 지도 내용 체계화 방안(II), 읽기 영역 교육 과정 내용의 체계화 연구, 서울사대 국어교육연구소.

손영애(2004), 국어과 교육의 이론과 실제, 박이정.

신헌재(2004), 초등 국어 교육 50년의 반성과 그 전망, 학교 교육 50년 반성과 전망, 한국교원대학교.

이용주(1995), 國語敎育의 反省과 改革, 서울대학교출판부.

이인제(2004), 국어과 교육 과정 실태 및 개선 방향, 교과 교육 과정 개선 방안, 한국교육과정평가원.

이인제(2005), 국가 수준의 국어과 교육 과정, 개정 대상과 방법, 국가수준 교육 과정, 무엇을 어떻게 개정할 것인가?, 연구자료 ORM 2005-33, 한국교육과정평가원.

전은주(2003), 국어과 수준별 교육 과정의 실행(實行)에 나타난 문제점과 개선 방향, 국어교육 110, 한국국어교육연구학회.

정혜승(2002), 국어과 교육 과정 실행 요인의 작용 양상에 관한 연구, 고려대학교 박사 학위 논문.

천경록(1997), 말하기·듣기의 교육 내용 구성과 교과서 개발, '97 말하기·듣기 영역 교육 과정 내용의 체계화 연구 보고서, 서울대 교육종합연구원 국어교육연구소.

최현섭 외(2004), 국어교육학개론, 삼지원.

한철우(2004), 국어교육 50년, 한 지붕 세 가족의 삶과 갈등, 학교 교육 50년 반성과 전망, 한국교원대학교.

한철우 외(2004), 표현·이해 교육 연구의 방향과 과제, 제29회 학술발표대회 주제: 국어교육 연구의 방향, 국어교육학회.

자료 : 6차, 7차 국어과 교육 과정 및 교육과정 해설

국어과 교육 과정 개정 시안에 관한 小論*
- 2007 개정 국어과 교육 과정 '현장적합성 검토본'을 중심으로 -

1. 들어가며

새로운 교육 과정[1]이 개정되면서 국어과 교육 과정은 큰 변화를 예고하고 있다. 교과에 따라 변화의 모습이 다를 텐데, 국어과는 부분 개정이란 용어를 쓰기에 부적절할 정도로 많은 변화를 시도하고 있다. 이 변화가 현장에서 어느 정도 효율성 있게 정착될지는 아직 미지수이다. 새로운 국어과 교육 과정이 의도하고 있는 국어과 교육이 '새로운 패러다임'으로 자리 잡을지는 국정에서 검인정으로 바뀔 새로운 교과서 편찬 제도의 변화와 함께 눈여겨 볼 부분이다.

지금까지 일곱 차례의 교육 과정 제·개정을 거쳤고, 여덟 번째의 교육 과정 개정·고시를 눈앞에 두고 있다. 한쪽에서는 그 동안의 교육 과정의 개정에도 불구하고, 국어과 교육이

---

* 이 글은 2007년 국어교육 122(한국어교육학회)에 실렸던 것을 수정·보완한 것이다.
1) 여기서 새로운 교육 과정은 2007 개정 국어과 교육 과정을 말한다. 7차가 1997년 고시되었으니 10년이 지나 교육 과정 개정을 하게 되었으니 '새로운'이란 수식어가 어울린다고 생각하여 이 글에서는 쓰기로 한다.

별 달라진 것이 없었다고도 평하고, 다른 한쪽에선 국어과 교육의 발전을 강조하기도 한다. 같은 현상에 대해 이같이 극단적으로 평가가 달라지는 것은 교육 과정과 교육 현장이 보여주는 괴리 때문일 것이다. 현장 적합성을 알아보기 위해 교육 과정 개정 절차의 하나로 '현장 검토' 단계를 설정한 것은 이러한 교육 과정과 교육 과정이 적용되는 현장의 간격을 줄이기 위한 노력의 하나라고 생각된다.

　본고에서 살펴보려고 하는 것은 '현장적합성 검토본'이다. 현장 검토 결과, 현장의 의견을 얼마나 받아들이느냐는 현장이 개발팀의 의중을 잘 읽었느냐에 따라 달라지리라 생각이 든다. 일선 현장에서 교육 과정이 잘 적용될 수 있을지를 알아보기 위해 현장 검토가 이루어졌는데, 본고도 현장 검토의 일환으로 생각하며 논의를 전개해 나가려고 한다.[2]

2. 새로운 국어과 교육 과정에서의 '성격, 목표'

　교육 과정의 전체 테두리는 현행 7차와 동일하다. 새로운 교육 과정의 체제가 '성격, 목표, 내용, 방법, 평가'로 되어 있는데, 이것은 6차, 7차와 같다. 수준별 학습을 강조하고, 1학년부터 10학년까지 국민 공통 기본 교육 과정을 설치하고, 10년간을 국민공통기본 교육 과정으로 한 묶음으로 제시하는 것도 7차와 달라진 바가 없다.

　'성격'은 국어 교과의 최상위 목표를 언급하고, 무엇을 가르치는지, 어떻게 가르쳐야 할 것인지에 대해 총괄적으로 제시하고 있는 부분이다. 국어과 교육 과정의 서론에 해당된다고 할 수 있다. 새로운 교육 과정에서 어떤 면이 변화하는지를 알게 하는 부분이 '성격'이다. '성격' 부분의 진술에서 중요하게 쓰이고 있는 용어 들을(다매체 시대, 지식, 기능, 맥락, 텍스트, 문법 등) 통해서 어떤 변화를 꾀하려고 하는지 알 수 있다. 그리고 '성격'을 통해 듣기, 말하기, 읽기, 쓰기, 문법, 문학' 여섯으로 나누어 교육 내용 제시하고 유기적 통합을 강조하는 교수-학습 운용을 꾀하고 있음을 알 수 있다.

　'목표'는 10년 동안의 국어과 교육을 통해 성취해야 할 목표를 제시하고 있다. 이 부분도 7차와 거의 같은 진술로 제시하고 있다. '성격'과 마찬가지로 새로운 교육 과정에서 도입된 용어를 사용하고 있지만, 7차와 대동소이하다고 할 수 있다. 학습자 중심으로 교과 목표를 제시하였고(~능력을 기른다→~활용할 수 있다) 인지적 · 정의적 특성을 반영하고 있다고

---

2) '현장 적합성 검토본'은 2007 개정 교육 과정과 다르다. 검토본과 2007 개정 교육 과정을 비교해 보는 것은 2007 개정 교육 과정을 만든 팀의 의도를 잘 파악하는데 도움이 된다.

'현장적합성 검토본'에서 말하고 있다. 7차 교육 과정에서는 '목표'에서 '태도'라는 용어를 명시적으로 사용하고 정의적 영역을 강조했는데, 새로운 교육 과정에서는 '성격', '목표'에서 '태도'라는 용어가 쓰이지 않았다. 이런 면에서 새로운 교육 과정에서 정의적 영역의 목표가 드러나지 않았다고 하겠다.

3. 새로운 국어과 교육 과정에서의 '내용'

교육 과정 중 가장 중요한 부분이기도 한 '내용' 부분은 많은 변화를 시도하고 있다. 국어과 교육의 내용 영역을 '듣기, 말하기, 읽기, 쓰기, 문법, 문학'으로 제시한 것은 큰 변화를 가져오지 않았지만, '듣기, 말하기, 읽기, 쓰기' 영역의 세부 내용은 많은 변화를 보이고 있다. 7차의 경우 '내용 체계'와 '각 학년별 내용'으로 이루어졌으나, 새로운 교육 과정은 '<u>내용 요소 체계</u>와 '텍스트의 유형'과 '학년별 내용'으로 이루어져 있다. '듣기, 말하기, 읽기, 쓰기' 영역은 '학년별 내용'으로 '수준과 범위, 텍스트, 내용 요소'를 제시하여 텍스트로서 학년별 구별을 용이하게 한 점, 학년별 내용은 성취 수준으로 제시해, 목표, 텍스트, 학습 요소를 포괄하는 문장으로 진술한 점이 눈에 띈다. 문법 영역은 '텍스트'를 제시하지 않았고, 문학 영역은 '텍스트'를 제시하고는 있으나, 언어 사용 기능 영역에서와 같은 큰 의미는 없어 보인다.

3.1. 듣기, 말하기, 읽기, 쓰기 영역

1) 내용 요소 체계

교육 과정의 체제는 변함이 없지만 새로운 국어과 교육 과정은 '내용 요소 체계'에서 7차와는 상당히 다른 모습을 띠고 있다.

교육 과정의 '내용' 부분에 7차의 '내용 체계'라는 용어 대신 '내용 요소 체계'란 용어를 쓰고, 내용 요소 체계로 '<u>텍스트, 지식, 기능, 맥락</u>'을 제시하고 있다. 7차와 비교하면 '본질'은 '지식'으로, '원리'는 '기능'으로, '실제'는 '텍스트'로 대응되고 있다. 6차, 7차 교육 과정을 거쳐 오면서 내용 체계를 설명하는 용어로 '본질, 원리'가 쓰였는데, 새로운 교육 과정에서는 '지식 (명제적 지식), 기능(절차적, 방법적 지식)'이라는 용어를 사용하고 있다.[3] '맥락'이란 용어는

---

3) '본질, 원리'에 대한 설명은 노명완 외(2003). 창조적 지식기반사회와 국어과 교육-교육 과정 모형 탐구를

7차 교육 과정의 '성격', '목표' 등에서 볼 수 있었던 용어가 국어과 내용을 설명하는 한 축으로 쓰이고 있다. 7차의 '실제'는 '텍스트'란 용어로 좀더 부각시키고 있다. 새로운 교육 과정에서 학년별 내용을 구축하는데 가장 중요한 축으로 텍스트가 작용하고 있다.

좀더 구체적으로 듣기, 말하기, 읽기, 쓰기의 '내용 요소 체계'의 표를 살펴보면 다음과 같다.

<표 1> 듣기, 말하기, 읽기, 쓰기 영역의 '내용 요소 체계'

영역	지식	기능	맥락	텍스트
듣기	○소통의 본질 ○텍스트 특성 ○매체 특성	○내용 확인 ○추론 ○평가와 감상	○소통 상황 ○대인 관계 ○소통 문화	○정보전달　○설득 ○사회적상호작용 ○정서 표현
말하기	○소통의 본질 ○텍스트 특성 ○매체 특성	○내용 생성 ○내용 조직 ○표현과 전달	○소통 상황 ○대인 관계 ○소통 문화	○정보전달　○설득 ○사회적상호작용 ○정서 표현
읽기	○소통의 본질 ○텍스트 특성 ○매체 특성	○내용 확인 ○추론 ○평가와 감상	○상황 맥락 ○사회·문화적 　맥락	○정보 전달 ○설득 ○사회적상호작용 ○정서 표현
쓰기	○소통의 본질 ○텍스트 특성 ○매체 특성	○내용 생성 ○내용 조직 ○표현과 고쳐 쓰기	○상황 맥락 ○사회·문화적 맥락	○정보전달　○설득 ○사회적상호작용 ○정서 표현

새로운 교육 과정에서의 내용 체계의 변화는 국어과 교육의 전반적인 모습을 바꾸고자 하는 의도를 갖는 것으로 보인다. 6, 7차가 분절적 기능 중심의 국어과 교육에 강조점을 두었다면 새로운 교육 과정은 통합적인 국어과 교육에 강조점을 두고 있다고 한다. 7차 교육 과정이 현장에서 적용되는 장면에선 통합적인 언어 사용을 강조했지만 교육 과정 체제를 살펴보았을 때는 분절적이고 기능 중심의 국어과 교육을 강조하고 있다 하겠다. 이에 반해 새로운 교육 과정이 보여주고 있는 '내용 요소 체계'는 언어 사용의 통합적인 면을 강조하려고 하고 있다. '텍스트'를 교육 과정의 한 축으로 중심에 두고 있는 것도 언어의 통합적인 사용을 유도하고 있다. '텍스트'가 교과서 및 교수-학습 내용 을 짤 때도 주요한 잣대가 될 것인데, '텍스트' 중심의 교수-학습이 이루어진다는 것은 상당 부분 통합적인

중심으로-, 박이정, pp.256~257 참조.

교수-학습을 유도할 것이다. 그러나, 자칫하면 텍스트만 다를 뿐 실제 수업의 모습은 그 단원이 그 단원이라는 3차 시기의 교과서와 비슷한 결과를 낳을 수 있다는 것이 우려되는 점이다.[4]

7차의 '실제'가 새로운 교육 과정에서 '텍스트'로 바뀌면서 국어과 교수-학습에 큰 변화를 가져오려고 한 것처럼, 7차의 '본질'과 새로운 교육 과정의 '지식'을 대응시켜 보면, 이 부분에서도 '텍스트'가 강조되고 있음을 알 수 있다. 7차의 '본질'에 제시되어 있는 내용들은 '필요성, 목적, 개념, 방법, 상황, 특성'을 제시하고 있고, 새로운 교육 과정에선 '지식'의 하위 범주로 'ㅇ소통의 본질 ㅇ텍스트 특성 ㅇ매체 특성'을 제시하고 있다. 새로운 교육 과정의 '지식'의 하위 범주로서 '텍스트 특성'을 제시하고 있는 것에서도 그런 의도를 보여주고 있다.

7차의 '원리' 부분은 그대로 '기능'으로 대응되고 있어 새로운 교육 과정과 7차 교육 과정의 연계를 가장 잘 보여주는 부분이다. 7차의 '태도' 범주는 없어지고 새로운 교육 과정에서는 '맥락' 범주가 국어과의 내용 요소의 한 가지로 제시되고 있다. 언어 사용 행위의 사회적이고 문화적인 측면을 강조하려는 취지로 '맥락' 범주를 한 축으로 제시했다고 하고 있다. 그리고 7차 교육 과정의 '본질'의 내용을 '지식'과 '맥락'에 일부 포함시켰다고 말하고 있다(이인제 외, 국어과 교육 과정 개정(시안)연구 개발, 2005, p.70). 새로운 국어과 교육 과정에서 가장 큰 변화를 가져온 부분이라 할 수 있는 '맥락'의 하위 범주로 듣기, 말하기에서는 'ㅇ소통 상황 ㅇ대인 관계 ㅇ소통 문화', 읽기, 쓰기에서는 'ㅇ상황 맥락 ㅇ사회·문화적 맥락'을 들고 있다.

정의적 요소가 '목표' 및 '내용 체계'에서 '명확'하게 부각된 것은 7차 교육 과정에서이다. 그동안 정의적 요소가 중요함에도 불구하고 교육에서 그리 강조되지 못한 것은 '평가'의 어려움 때문으로 생각된다. 그런 면에도 불구하고 7차 교육 과정에서 '태도' 범주를 설정한 것은 의미있는 일이었다. 새로운 교육 과정에 들어와선 '태도'란 학습이 이루어졌을 때 저절로 이루어지는 것으로 보아 국어과의 한 축으로 보지 않고 있다. 텍스트의 수용과 생산에서 사회·문화적 측면을 부각하려는 의도로 '맥락' 범주를 설정한다고 하고 있다(이인제 외, 국어과 교육 과정 개정(시안)연구 개발, 2005, p.61). 새로운 교육 과정에서는 '텍스트'가 국어과의 한 축을 이루고 있으므로 텍스트 선정 시에 구체적으로 사회·문화적 측면이 고려된다. 그리고 '맥락' 측면도 교수-학습이 이루어지는 동안 내내 이루어져, '맥락' 부분도 학습

---

4) 3차의 경우 '주요 형식'으로 제시되어 있어, '내용' 안에 '텍스트'가 들어와 있는 2007 개정 교육 과정 시안과는 차이가 난다. 다만, '텍스트'가 너무 강조되어 있다는 것이 우려되는 점이다.

이 이루어지면 저절로 이루어진다고 할 수 있다. 문제는 7차의 '태도' 범주와 새로운 교육 과정의 '맥락' 범주 중 어느 것을 강조하는가에 달려있다.

교육 과정에 제시되는 '내용 요소 체계'는 체계적인 면모를 보여주어야 한다. 앞으로 전개될 교육 과정의 '학년별 내용'을 제시할 때, 앞선 '내용 요소 체계'가 길잡이가 되어야 하는데, '내용 요소 체계'가 그런 역할을 하지 못하고 있다. 이는 '텍스트', '지식', '기능', '맥락'이 국어과 교육에서 어떤 위치에서 융합될지 명확하지 않기 때문이다.

2) 텍스트의 유형

학년별 학습 내용이 달라지는 중요한 축이 텍스트 유형이다. 텍스트를 목적에 따라 '정보 전달, 설득, 사회적 상호작용, 정서 표현'으로 유형화하고 있다. 7차 교육 과정에서 '친교'라고 한 것을 '사회적 상호작용'으로 용어가 바뀌었는데, 이로써 텍스트의 선정 시 운신의 폭이 더 넓어졌다고 하겠다.[5]

텍스트 유형을 영역별로 매 학년별로 제시하고 있는 것은 7차 교육 과정과는 뚜렷이 차이나는 부분이다. 여기에서 텍스트가 교육 과정을 이루는 한 축이 되고 있음을 알 수 있으며, 교과서 편찬에도 중요한 축이 되리라는 것을 읽을 수 있다.

다음은 교육 과정에 제시하고 있는 듣기, 말하기, 읽기, 쓰기 영역의 텍스트 유형이다.

<표 2> 듣기, 말하기, 읽기, 쓰기의 '텍스트 유형'

	정보 전달	설득	사회적 상호작용	정서 표현
7	○수업대화 *소개(추천) @설명하는 글 #설명문(원리, 현상) #실험보고서	○토론 ○연설 *대화(설득) *토의(유형) @사설/칼럼 #건의·항의하는 글	○인터뷰(영상) *대화(남녀간) @특별한 경험을 기록한 글 #격려·위로하는 글	○유머와 위트 *발표(예술작품감상) @추리물 @영화, 드라마 #수필

---

5) 김정자(2006), 국어과 교육 과정 개정 시안의 〈쓰기〉 영역의 내용 검토, 작문연구 제3집,한국작문학회, P.182. 에서 '설명, 설득, 사회적 상호작용, 정서 표현'으로 텍스트의 유형을 나눈 것이 타당한가하는 의문 표명하고 있다.

8	○교양강연 *발표(매체활용) @설명문 #요약문(인터넷자료) #학급신문	○회의 *연설*시사보도 @요청, 건의하는 글 @선언문 #이견을 제시하는 글	○대화(세대 간) *전화대화*대화(세대 간) @자서전 #온라인 대화, 문자메시지, 전자우편	○라디오 프로그램 *텔레비전 드라마 @인터넷의 패러디, 풍자의 글 #전기(자서전)
9	○심층보도 *면담 @실용적 정보 서적 #홍보하는 글 (지역, 학교)	○연설/유세 *토론(유형) *협상 @논평@시론(時論) #논증하는 글 #평가하는 글	○이야기/대화(지역 방언) *온라인대화 *토의(지역방언) @가십(촌평) #조언·충고하는 글	○영화/연극 *만담/재담 @시사만화 #영상물
10	○강의 ○발표/보고 *자기소개(매체활용) *보고 @계약서/약관 #전기(주변인물) #해석하는 글(표, 자료)	○광고 *토의 *인터넷 토론 @판결문, 법적 분쟁을 다룬 글 @논설문/평론 #시평(時評)	○사회 방언 *조사발표(사회 방언) @인터뷰기사 #공식적인 인사말	○판소리/가면극 *발표(문학작품 감상) @교양서 #예술작품평

(○: 듣기, *: 말하기, @: 읽기, #: 쓰기의 텍스트 유형)

7차 교육 과정에서는 '실제'라는 범주에 추상적인 수준의 텍스트를 제시해 별 도움이 되지 않았다. 그에 비하면 새로운 교육 과정은 구체적인 텍스트를 제시하고 있다. 예를 들면 '정보 전달'의 목적으로 하는 읽기 텍스트에서 기사문, 기록문, 광고, 설명문, 계약서나 약관, 판결문 등을 학년 수준을 고려해 제시하고 있다. '정보 전달, 설득, 사회적 상호작용, 정서 표현'으로 텍스트의 유형을 나누고, 각 유형의 텍스트를 각 학년별로 단원의 구성이나 단원 수업이 가능하도록 구체적으로 제시하고 있다.

〈표 2〉를 통해서 국어과 교육을 통해 접할만한 모든 것이 텍스트로 들어와 있음을 알 수 있다. 텍스트의 유형을 제시하는 것은 교과서를 개발하는 입장에서 긍정적일 수 있다. 그러나 '이것만'으로 한정함으로써 오는 폐해는 없는지를 검토해 볼 필요가 있다. 또, 3차 교육 과정의 '주요 형식'과 같은 성격의 '텍스트'가 주어져 있는데, 텍스트 중심의 교과서가 편찬되었을 때, 5차, 6차, 7차 교육 과정에 터해 개발된 교과서와는 많은 차이가 있을 수 있다. 무엇보다도 5차, 6차, 7차 교과서가 단원 학습의 목표가 분명히 부각되는 것에 반해 각 단원의 성격(목표)이 흐릿해 질 수도 있다는 것을 고려할 필요가 있다. 분절적 기능 중심 국어과 교육과 통합적인 국어과 교육이 적절한 균형을 찾아야 할 것이다.

그리고, 교육 과정 개정 때마다 학습 내용의 적정화를 강조했었는데, 위에서 텍스트의 예로 제시한 것을 볼 때, 학습 내용의 분량이 과연 적절한가 하는 문제를 다시 생각해 보게 된다. 또한 텍스트의 유형에 따라 학년별 학습 내용을 담고 있는데, 여기서도 과거 학년 목표가 지녔던 문제와 같은 텍스트의 위계가 문제될 수도 있으리라 생각된다. 완벽한 무엇을 기대하기보다, 현재 시점에서 무엇을 기준으로 각 학년의 텍스트를 배열하였는지 밝혀야 할 것이다. 문학 영역의 텍스트와 정서 표현을 담고 있는 텍스트가 구별이 안 되고, 텍스트 유형보다는 개별 텍스트의 내용(요청, 건의, 항의, 특별한 경험, 참여 요구-등)을 분류의 기준으로 삼고 있다.

3) 학년별 내용

새로운 교육 과정은 학년별 내용을 제시하는 부분이 상당히 다르다. 5차, 6차, 7차를 거쳐 오면서 교육 과정의 '내용' 부분을 제시하는 방식은 '기능'(글 전체의 짜임을 파악하며 읽는다. 7차), '전략+기능'(각 문단에서 핵심어나 중심 내용을 찾아보고, 이를 관련되는 것끼리 묶어가면서 글 전체 내용을 요약한다. 6차), '활동+기능'(여러 종류의 글을 읽고, 각 글의 줄거리나 주요 내용을 간추려 말한다. 6차) 등으로 내용을 제시했다. 새로운 교육 과정의 내용 제시 방식은 학년별, 영역별로 '수준과 범위'를 제시하고, '내용'은 '텍스트'와 '내용 요소'를 보여주고 이 '내용 요소'와 관련지어 '성취 수준'(지금까지의 교육 과정에서의 '내용')을 보여주고 있다. 새로운 교육 과정의 학년별 내용은 다음과 같이 제시된다.

〈7학년〉
-듣기-
　　1) 수준과 범위
　　　　-중학교 1학년 각 교과의 내용을 다루는 수업 대화
　　　　-청소년의 일상생활 또는 시사적 쟁점을 주제로 한 모둠 토론
　　　　-학생회장 또는 정치인의 선거 유세 또는 행동이나 태도의 변화를 촉구하는 연설
　　　　-중학생이 관심을 가질 만한 주변의 인물을 대상으로 한 인터뷰
　　　　-청소년의 일상생활을 소재로 한 유머와 위트가 섞여 있는 텔레비전 토크 쇼,
　　　　　만담 등
　　2) 내용-
　　　　[7-듣-(1)] 수업 대화를 듣고 교과 특성을 고려하여 중요한 내용을 메모한다.

〈텍스트〉
　○ 수업 대화 등
〈내용 요소〉
　○ 학습 듣기의 특성 알기
　○ 강조, 요약, 발문 등에 사용되는 담화 표지 알기
　○ 교과별 수업 대화에서 중요한 내용 파악하기

　새로운 교육 과정의 학년별 내용에서의 '수준과 범위'는 그 학년에서 학습할 자료의 수준과 범위를 정하고, '내용'은 그 자료(텍스트)를 가지고 어느 수준까지 성취해야 하는지 제시하고 있다. 국가 수준의 교육 과정은 추상성을 지니고 있다. 지금까지 교육 과정을 개정할 때, 하나의 숙제가 된 것은 보다 구체성을 가질 수 있도록 하는 것이었다. 그런 구체성에 가장 근접한 것이 새로운 교육 과정이라 할 수 있다.

　'수준과 범위'를 통해 해당 학년에 맞는 텍스트를 제시하고자 하는 의도를 보여준다. 상당 부분은 위계화하려는 노력도 보여주고 있다. 그렇지만 교육 과정을 통해 구체화한다고 해도 한계가 있을 수밖에 없으므로 현장 교사의 자율성이 필요한 부분이다.

　말하기와 읽기 영역의 7학년~10학년의 '수준과 범위'는 다음과 같다.

<표 3> 말하기, 읽기 영역의 학년별 '수준과 범위'

	7학년	8학년	9학년	10학년
말하기	・공식적・비공식적 상황에서 관심사나 학습 자료 등을 소재로 한 소개나 발표 ・비공식적 상황에서 다른 사람의 처지를 공감하며 설득하는 말 ・학교 안팎이나 학습 상황에서 제기되는 문제들을 해결하기 위한 몇 가지 유형의 토의 ・학교생활 등에서 빚어지는 남학생과 여학생 간의 대화	・공식적・비공식적 상황에서 관심사나 학습 자료 등을 소재로 한 소개나 발표 ・공식적 상황에서 공통의 관심사에 대한 자신의 생각을 다른 사람에게 설득하는 말 ・생활 주변에서 발생하는 문제의 해결 방안을 제시하는 영상물 ・대인 관계의 유지, 발전을 위하여 주고받는 일상의 전화 대화 ・학교생활이나 성장	・공식적・비공식적인 상황에서 자신을 드러내거나 다른 사람과의 관계를 증진하기 위한 자기소개, 면담, 보고 등 ・사회생활에서 제기되는 문제를 해결하기 위한 일상의 또는 사이버 공간의 토론, 협상, 토의 등 ・개인적 또는 사회적 쟁점을 소재로 한 온라인 대화 ・선인들의 전통적인 해	・공식적・비공식적인 상황에서 자신을 드러내거나 다른 사람과의 관계를 증진하기 위한 자기소개, 면담, 보고 등 ・사회생활에서 제기되는 문제를 해결하기 위한 일상의 또는 사이버 공간의 토론, 협상, 토의 등 ・개인적 또는 사회적 쟁점을 소재로 한 온라인 대화 ・여러 가지 예술 작품

	학교생활이나 성장 문제를 다룬 예술 작품에 대한 감상을 표현하는 말	문제를 다룬 예술 작품에 대한 감상을 표현하는 말	학 문화가 반영되어 있는 만담이나 재담	에 대한 감상을 표현하는 말 발표
읽기	• 읽기의 본질과 원리에 대해 설명하는 글 • 사회적 현안에 대한 제안이나 의견 등이 나타난 사설, 칼럼 • 인물, 소재, 내용 구성 등에서 흥미를 느낄 수 있는 단편소설 분량의 추리물 • 특별한 경험을 기록한 글, 수기 • 인물들의 성격과 가치관이 다양하게 표현된 영화나 텔레비전 드라마	• 소재와 대상이 유사하고 분량이 비슷한 설명문과 논설문 • 사회적 현안에 대해 특정한 방향의 문제 해결을 요청하거나 건의하는 글 • 문제 상황에 대해 집단적 의사를 담아 선언하는 글 • 삶에 대한 성찰을 담은 자서전 • 대상의 본질을 우회적으로 표현하고 있는 풍자물이나 인터넷 패러디	• 관심의 대상이 되는 다양한 분야의 정보 서적 • 사회적 현안에 대한 의견을 제시한 논평 • 시대상이 반영되거나 당대의 중요한 문제를 다룬 수필이나 시론 • 사회적으로 관심의 대상이 되는 인물에 대한 촌평 • 함축적 표현과 풍자성이 뛰어난 시사만화	• 사회적 규범과 전문 용어가 제시되어 있는 계약서나 약관 • 법률적 쟁점, 갈등 상황에서의 분쟁 등을 다룬 판결문, 영화, 드라마 • 사회적 사실에 대한 관점이나 평가가 나타난 논설문, 평론 • 독자들에게 정보와 흥미를 동시에 제공하는 인터뷰 기사 • 다양한 정보와 함께 성찰의 계기를 제공하는 각종 교양서

    학년별로 '정보 전달, 설득, 사회적 상호작용, 정서 표현' 순으로 제시한 '수준과 범위'를 살펴보면 굉장한 심혈을 기울인 것을 알 수 있다. 7학년부터 10학년까지 말하기 영역에서 제시하고 있는 '수준과 범위'의 예를 들어 보면, '설득'에 속하는 텍스트로 '비공식적 상황에서 다른 사람의 처지를 공감하며 설득하는 말→공식적 상황에서 공통의 관심사에 대한 자신의 생각을 다른 사람에게 설득하는 말→사회생활에서 제기되는 문제를 해결하기 위한 일상의 또는 사이버 공간의 토론, 협상, 토의 등'을 제시하고 있다. 읽기 영역을 살펴보면 '사회적 상호작용'에 속하는 텍스트로 '특별한 경험을 기록한 글, 수기→삶에 대한 성찰을 담은 자서전→사회적으로 관심의 대상이 되는 인물에 대한 촌평→독자들에게 정보와 흥미를 동시에 제공하는 인터뷰 기사'를 제시하고 있다. '수준과 범위'를 결정한 준거를 '비공식적 상황에서 공식적 상황으로, 단순한 상황에서 복잡한 상황으로, 전형적인 텍스트에서 특수한 텍스트로, 학습의 순차성'을 들고 있다.[6] 이런 '수준과 범위'가 수업 상황에 도움이 되고 학년별 위계화도 성공적으로 이룰 수 있고, 영역 간의 연관성도 긴밀히 유지하는데

---

6) 이인제 외(2005), 국어과 교육 과정 개정(시안) 연구 개발, 한국교육 과정평가원, pp.63~77.

일조를 하리라 생각된다.

각 학년의 '내용'을 성취 수준으로 제시하고 있는데 이 성취 수준에 도달하기 위하여 배워야 할 내용을 '내용 요소'로 제시하고 있다. '지식, 기능, 맥락'에 해당하는 요소들을 고루 지도할 것을 의도하고 있다고 한다(이인제 외, 국어과 교육 과정 개정(시안) 연구 개발, 2005, p.72).

다음 '듣기, 말하기, 읽기, 쓰기'의 학년별 내용의 예를 살펴보자.

[8-듣-(2)] 회의에서 다른 사람의 의견을 듣고 규칙을 준수하여 협력적으로 반응한다.
〈텍스트〉 학급회의 등
〈내용 요소〉
    ○ 회의 용어와 진행 규칙 알기
    ○ 주장의 요점이나 핵심을 파악하며 듣기
    ○ 바람직한 회의 문화 형성의 중요성 이해하기

[8-말-(2)] 학급 친구들 앞에서 학급 문제에 대한 의견을 호소력 있게 말한다.
〈텍스트〉 연설
〈내용 요소〉
    ○ 청중의 흥미와 관심을 고려하여 내용 선정하기
    ○ 자신감 있게 말하여 신뢰감 높이기
    ○ 표정, 몸짓 등 비언어적 의사소통 수단을 적절히 활용하기

[8-읽-(2)] 요청하거나 건의하는 글을 읽고 주장의 합리성과 수용 가능성을 평가한다.
〈텍스트〉 특별한 사안을 요청하거나 건의하는 글
〈내용 요소〉
    ○ 요청하거나 건의하는 글의 목적과 특성 알기
    ○ 문제 상황과 요구 사항 파악하기
    ○ 주장의 합리성과 수용 가능성 판단하기
    ○ 합리적인 문제 해결 방안을 찾는 태도 기르기

[8-쓰-(2)]글을 쓰는 목적에 맞게 정보를 재구성하여 학급 신문을 제작한다.
〈텍스트〉 학급 신문
〈내용 요소〉
    ○ 서로 다른 목적으로 쓰인 기사 분석하기

○기사를 쓰는 목적에 맞게 자료나 정보를 수집하기
○글을 쓰는 목적에 맞게 정보 재구성하기
○독자에 따라 내용에 대한 반응이 다를 수 있음을 이해하기

[9-읽-(5)]시사만화의 매체 특성을 고려하여 함축된 의미를 해석한다.
〈텍스트〉 시사만화
〈내용 요소〉
○만화의 매체 특성과 표현 방식을 글과 비교하여 이해하기
○그린 이의 태도와 관점 파악하기
○만화 내용과 관련된 배경 지식과 사회적 맥락 알기
○뉴스 등 다른 매체를 통해 알게 된 정보와 시사만화의 내용과 주제를 비교하여
평가하기

교육 과정의 가장 중요한 부분이 '학년별 내용'이다. 교육 과정의 의도가 구체적으로 드러나는 부분이고, 현장의 모습을 그려볼 수 있는 단초를 제공하기 때문이다. '내용 요소'를 통해 '지식' 범주에 해당하는 내용은 비교적 명확하게 제시되고 있다. '맥락' 범주에 해당하는 내용은 명확히 드러나 있는 경우도 있지만 수업을 통해 체득할 수 있는 것으로 볼 수 있다. '기능' 범주는 7차 교육 과정에 비하면 체계적으로 제시하지 못하고 있다. 이런 면모는 성취 수준에서 학년별 차이는 텍스트의 차이이고, 텍스트가 결정이 되면 거기서 '내용 요소'를 결정하는 방식으로 교육 과정의 내용을 구성하고 있는 것으로 보이게 한다. 그러다 보니 '내용 요소 체계'에 제시하고 있는 '지식, 기능, 맥락' 범주가 체계적으로 학습 내용을 선정하는 기준이 되지 못하고 있다. 즉 '내용 요소 체계'가 하는 구실이 명료하게 드러나지 않는다.[7]

또한 각 항목(성취 수준)에 제시되어 있는 '내용 요소'가 포함하고 있는 학습 내용 범위가 넓다. 여기서도 교육 과정을 개정할 때마다 문제가 되었던 '학습 내용 양의 적절성'은 별로 고려되지 않은 듯 하다. 현장에서 교육 과정이 적용될 때 교사의 자율성이 크게 필요한 부분이라 하겠다.

그리고 각각의 성취 수준에 달성하기 위한 '텍스트'를 제시하고 있다. 성취 수준을 제시함에 있어도 어떤 텍스트를 가지고 어떤 활동을 하라고 지시하고 있고, '수준과 범위'에서도 어떤 수준과 범위를 고려한 텍스트가 선정될 것을 말하고 있다. 여기서도 새로운 교육 과정

---

7) 교육 과정의 틀 자체가 바뀌어야 하지 않나 하는 생각이 든다. 텍스트 중심으로 교육 과정의 틀을 마련한다면 〈내용 요소 체계〉의 역할이 달라져야 할 것이다.

에서 '텍스트'가 가장 중요한 축이 되고 있음을 알 수 있다. 기능을 중심으로 교육 과정을 짰을 때 '반복'이라는 현상을 줄이기가 쉽지 않았는데, 텍스트를 축으로 교육 과정을 구성했을 때는 학년별 교육 과정을 구성하는 데 '반복'이란 문제가 없어진다. 반면에 학습해야 할 기능이 잘 드러나지 않는다. 이 문제도 새로운 교육 과정의 하나의 숙제가 되리라고 본다.

위에서 예를 든 9학년 읽기 영역의 5번 항목은 매체와 관련 있는 내용이다(듣기, 말하기, 쓰기 영역에도 매체 관련 항목이 있다). 영화, 텔레비전 드라마, 패러디, 만화 등을 '텍스트'의 한 가지로 넣어 '매체'에 관한 것이 학습 대상이 되고 있다. 다른 영역보다 더 자연스럽게 문학 영역에 포함시킬 수 있을 것 같은데, 문학 영역에는 매체와 관련 있는 항목이 없다.

3.2. 문법 영역

새로운 교육 과정에서의 '문법' 영역은 4차 국어과 교육 과정 시기부터 '언어'라는 영역으로 독립하여, 5차, 6차에 이르기까지 '언어'라는 영역 명을 사용했고, 7차에서는 '국어지식'이라는 영역 명을 사용하고 있다. 7차 국어과 교육 과정 해설을 살펴보면 '언어'라는 영역 명을 '국어 지식'으로 바꾸게 된 이유를 다음과 같이 밝히고 있다.

> "제4차부터 제6차 교육 과정까지 사용하였던 '언어'라는 교육 내용 영역명을 '국어 지식'으로 조정하였다. 그 이유는 '국어'의 교육 대상이 되는 언어가 '국어'이지 '언어' 일반일 수 없고, '언어'와 '국어'와의 관계에서 보더라도 상위 개념이 하위 개념의 밑에 놓이게 되며, '언어' 영역에서 제시하였던 교육 내용의 대부분이 언어 일반에 대한 것이 아니라 주로 '국어의 구조와 체계'에 대한 지식이라는 점 등을 고려하여 영역명을 '국어 지식'으로 한정하는 것이 학습자의 국어 사용 능력 향상을 도울 수 있는 교육 내용을 선정·조직하는데 유효하다고 판단했기 때문이다."[8]

새로운 교육 과정에서 '문법'이란 영역 명을 사용하게 된 것은 "7차에서의 '국어지식'이 갖는 개념상의 한계를 극복하는 의미"라고 말하고 있다(이인제 외, 국어과 교육 과정 개정(시안) 연구 개발, 2005, p.65). '문법'이란 영역 명을 쓰게 된 경위를 좀더 명확하게 제시할 필요가 있겠다.

---

8) 7차 '중학교 교육 과정 해설(II)', P.18 참조.

문법 영역의 '내용 요소 체계'는 다음과 같이 제시하고 있다.

<표 4> 문법 영역의 '내용 요소 체계'

지식	이해와 탐구	맥락	국어 사용의 실제
○언어 본질 ○국어의 특질 ○국어의 역사 ○국어의 규범	○수집과 관찰 ○분석과 증명 ○설명과 일반화	○국어 생활 문화 ○문법 의식	○음운 · 단어 ○문장 · 텍스트

새로운 국어과 교육 과정에서 '문법' 영역의 '내용 요소 체계'는 '국어 사용의 실제, 지식, 이해와 탐구, 맥락'이라는 체계를 보여주고 있다. 7차의 '본질'은 '지식'으로, 7차의 '이해와 탐구'는 그대로 사용하고 있다. 7차의 '태도' 부분은 언어 사용 기능 부분과 마찬가지로 '내용 요소 체계'에서 찾아볼 수 없다. 대신 '맥락'이란 범주를 설정하고 있으며, 7차에서 '국어의 규범과 적용'을 '국어 사용의 실제'로 설정하고 있다.

'지식'의 하위 범주에는 '언어 본질, 국어의 특질, 국어의 역사, 국어의 규범'을 제시하고 있다. '국어의 규범'을 '지식' 범주에 포함시킨 것은 바람직하다고 생각한다. 새로운 교육 과정의 '이해와 탐구'의 하위 범주는 배워할 내용이 아닌 이해하고 탐구하는 방법(수집과 관찰, 분석과 증명, 설명과 일반화)을 제시하고 있다. 다른 영역의 '내용 요소 체계'와도 동떨어진 것으로 보이고, 학년별 내용을 제시할 때 어떤 구실을 하는지도 드러나지 않는다. '맥락'은 '국어 생활 문화, 문법 의식'을 하위 범주로 제시하고, '국어 사용의 실제'의 하위 범주는 언어 단위(음운, 단어, 문장, 텍스트)를 제시하고 있다. 이 범주들은 7차보다 반듯한 체계를 보여주고 있다.

'지식, 이해와 탐구, 맥락' 범주 중 어느 것이 주된 부분인가? 7차까지는 '이해와 탐구' 범주가 중요한 학습 내용이었는데, 위의 '내용 요소 체계'에서는 '지식'이 가장 중요한 학습 내용이 되고 있다. 그렇다면 군이 문법 영역에서 학습할 내용을 '내용 요소 체계'를 고려하여 제시할 필요가 있는가 하는 생각이 든다. 달리 말하자면 '내용 요소 체계'가 필요한가 하는 의문을 제기하고 싶다. '문법' 영역에서 가르쳐야 할 지식이 있고, 이 지식이 언어 사용 활동에 기여(기능)할 수 있게 가르쳐야 한다면, '듣기, 말하기, 읽기, 쓰기' 영역과 같은 내용 체계가 필요 없다면, 내용 영역의 하나로 설정하기보다, '듣기, 말하기, 읽기, 쓰기' 영역 안에 두는 것도 하나의 방법이 될 것이다.

문법 영역에 있어서도 학년별로 '수준과 범위'가 제시되어 있는데, 이것만 보아도 가르쳐야 할 내용을 알게 한다.

<표 5> 문법 영역의 '수준과 범위'

학년	내용
7학년	○언어 사용 방식이 잘 드러난 다양한 매체 ○음성 언어와 문자 언어의 차이를 설명해 주는 텍스트 ○속담, 명언, 관용어구 등이 반영된 문장과 텍스트 ○품사의 종류와 특성을 보여주는 단어 목록 ○피동, 사동 표현에 의해 의미 해석 양상이 달라짐을 파악할 수 있는 문장과 텍스트 ○지시어가 다수 사용된 간단한 텍스트
8학년	○북한 언어의 특징을 보여 주는 단어, 문장, 텍스트 ○다양한 종류의 어휘가 사용된 문장이나 텍스트 ○국어 조어법의 원리를 설명하기에 적절한 단어들 ○여러 가지 의미로 해석될 수 있는 문장 ○상황 맥락에 따라 의미 해석이 달라지는 말이나 글
9학년	○언어의 특질을 보여 주는 텍스트 ○국어의 음운 체계를 설명할 수 있는 음운, 단어, 문장, 텍스트 ○문장의 확장 방식을 보여 줄 수 있는 텍스트 ○응집성의 개념을 설명할 수 있는 텍스트 ○전제와 함축의 개념을 설명할 수 있는 말이나 글 ○화행의 개념을 간단한 수준에서 설명할 수 있는 문장과 텍스트
10학년	○국어의 음운 변동 규칙을 설명할 수 있는 단어나 문장 ○국어의 역사를 보여주는 문장과 텍스트 ○국어 로마자 표기법과 외래어 표기법 등 국어 규범을 보여주는 문장과 텍스트 ○주제 전개 방식을 보여 줄 수 있는 텍스트 ○한글 창제의 원리를 설명할 수 있는 자료나 텍스트

10학년의 성취 수준을 보면, '○국어의 역사를 설명한다. ○국어의 음운 변동 규칙을 안다. ○텍스트 구조와 텍스트 기능의 개념을 알고 주제 전개 방식을 분석한다. ○국어 로마자 표기법과 외래어 표기법을 알고 정확하게 사용한다. ○한글 창제의 원리와 특징을 설명하고 국어를 발전시키려는 태도를 지닌다.'가 제시되어 있다. '수준과 범위'와 잘 대응되고 있음을 알 수 있다. 그리고 10학년의 성취 수준을 살펴보면, '내용 요소 체계'의 '지식' 범주가 명확하게 드러나 있고, '이해와 탐구, 맥락' 범주는 뚜렷이 드러나지 않음을 알 수 있다. 이것은 7학년~9학년의 경우도 마찬가지이다.

최대한 언어 기능 영역과 유사한 '내용 요소 체계'를 만들고자 하는 의도를 읽을 수 있지만 확장된 '문법'의 개념을 받아들이고 있으므로 듣고 말하고 읽고 쓰는 언어 활동과 '문법'을 분리할 필요가 없다는 생각이 든다. 또한 그동안 '문법'이란 용어를 간단하게 쓸 수 있는 걸 '언어', '국어지식'으로 써 왔는데, 이번 개정을 계기로 개념을 분명히 할 필요가 있다. 그리고 학교 교육을 통해 분명히 가르쳐야 할 내용이라 하더라도, 하나의 영역화해서 가르쳐야 하는지 생각할 문제이다.

3.3. 문학 영역

7차 국어과 교육 과정에서는 '문학의 본질, 문학의 수용과 창작, 문학에 대한 태도, 작품 수용과 창작의 실제'로 내용 체계를 보여주고 있다. 새로운 교육 과정에서는 '지식, 수용과 생산, 맥락, 텍스트'로 내용을 체계화하고 있다. 새로운 교육 과정의 문학 영역과 7차는 큰 차이를 보이지 않고 있다. '텍스트' 범주에 '영화, 드라마, 비평'이 더 들어가 있고, '문학에 대한 태도'가 없어지고 '맥락'이 들어간 점이 차이를 보이고 있다. 각 범주의 하위 범주에 속하는 것도 큰 차이를 보이지는 않는다.

새로운 교육 과정에서 '태도' 범주가 없어지고 '맥락'이 새로 들어가 있는데, 언어 사용 영역보다는 '맥락' 범주의 성격이 비교적 뚜렷이 전달되는 것 같다. 그렇지만 '수용·생산 주체 이해, 사회·문화적 맥락, 문학사적 맥락'은 '지식' 범주에 넣는 게 오히려 가르치는 의도에 부합되지 않나 하는 생각이다. '수용과 생산'의 하위 범주로 '내용 이해, 감상과 비평, 작품의 창조적 재구성, 작품 창작'을 들고 있는데, '문학' 영역과 '이해·표현' 영역이 뚜렷이 구분되지 않는다.

문학 영역의 '내용 요소 체계'는 다음과 같다.

<표 6> 문학 영역의 '내용 요소 체계'

지식	수용과 생산	맥락	텍스트
○문학의 본질과 속성 ○문학의 양식과 갈래 ○한국 문학의 역사	○내용 이해 ○감상과 비평 ○작품의 창조적 재구성 ○작품 창작	○수용·생산 주체 이해 ○사회·문화적 맥락 ○문학사적 맥락	-시(시가) -소설(이야기) -극(연극, 영화, 드라마) -수필·비평

'문학' 영역도 '텍스트의 유형'을 제시하고 있다. '문학' 영역의 '텍스트의 유형'은 '듣기,

말하기, 읽기, 쓰기' 영역과는 달리, 장르가 분명해 고민할 필요는 없는 것 같다. 그러나 '듣기, 말하기, 읽기, 쓰기' 영역의 '사회적 상호작용, 정서 표현' 범주와 선명한 선이 그어지지가 않는다. 그리고 '성취 수준'을 제시하는 데도 언어 기능 영역과는 달리 '텍스트의 유형'이 중요한 역할을 하지 않는다.

'문학' 영역의 '수준과 범위'는 2개 학년씩 같은 내용을 제시하고 있다. '수준과 범위'는 제재 선정의 기준이라 할 수 있는 것으로 듣기, 말하기, 읽기, 쓰기 영역과는 그 성격이 다르다. 문학 영역의 '수준과 범위'는 교과서에 실릴 만한 작품은 어떠해야 하는가에 대한 답 내지는 독서 발달 단계를 염두에 둔 답이라 할 수 있다. 즉, 성취 수준과 연관시키기는 어렵다.

> 7, 8학년 〈수준과 범위〉
> -언어 구사가 뛰어나거나 주제 의식이 분명한 시나 시가
> -전형적인 인물이 등장하는 극이나 소설
> -우리 고유의 정서나 언어 표현이 드러나는 작품
> -다양한 문화와 전통으로부터 온 작품
> -작가의 세계관이나 가치가 분명하게 드러나는 작품(8학년만)
> 9, 10학년 〈수준과 범위〉
> -다양한 해석의 가능성이 열려 있는 시나 시가
> -인물의 내면세계나 내적 갈등이 드러나는 짧은 서사
> -일상이나 사회 제도에 대해 의문을 던지고 성찰하도록 하는 작품
> -창작 당시나 이후에 많은 반향을 일으킨 작품
> -근대 문학사에서 널리 인정된 작품
> -많은 사람들에게 호평을 받은, 읽기 쉬운 동시대 작품(10학년만)

'문학' 영역에 제시된 '성취 수준'은 7차 교육 과정과 그리 다르지 않다. 이런 평가는 새로운 교육 과정에서 '문학' 영역의 교수-학습 모습이 7차와 차이를 보이지 않을 것이라는 생각 때문이다. '문학' 영역에서는 '성취 수준'에 도달하기 위한 〈내용 요소〉를 4~5개씩 제시하고 있다. '문학' 영역 역시 '학습량'이 적절한가 하는 의문을 갖게 된다.9) 그리고 '문학' 영역의

---

9) 8학년의 〈성취 수준〉과 〈내용 요소〉를 예로 들어 보면 학습량이 많다는 것을 알 수 있다.
　　[1]작품의 아름다움과 가치를 파악한다. ○문학 갈래의 특성 이해하기 ○작품에 표현된 형식적 구조의 아름다움 파악하기 ○작품에 표현된 내용의 아름다움 파악하기 ○작품에 대한 배경 지식 활용하기 ○문학

성취 수준이 높지 않나 하는 생각을 하게 된다. 예를 들어 10학년의 'ㅇ적절한 근거를 제시하며 작품에 대하여 비평문을 쓴다.'라는 성취 수준은 과하다는 생각한다. '쓰기' 영역 10학년의 '예술 작품에 대한 심미적 경험을 드러내는 작품평을 쓴다.'는 성취 수준이면 충분하다고 생각한다.

지금까지 교육 과정의 '내용' 부분을 살펴보았다. '듣기, 말하기, 읽기 쓰기' 영역의 '내용' 부분에서는 7차보다 구체적인 작업을 시도하고 있다. 특히 학년별로, 영역별로 텍스트를 구체화하려고 고심한 흔적을 보이고 있다. 텍스트를 교육 과정 구성의 한 축으로 설정함으로 해서 '듣기, 말하기, 읽기, 쓰기' 영역에서 '텍스트의 유형'을 보다 정교화하는 것이 숙제로 등장하였고, '기능' 부분이 상당히 약화되어 '지식' 위주의 국어과 교육으로 흘러갈 위험을 배제할 수 없음이 숙제로 등장하였다. '기능' 중심의 국어과 교육의 폐해가 문제시될 만큼 '기능' 중심의 교육이 현장에 널리 파급이 되었는지도 생각해 볼 필요가 있다. '내용 요소 체계'는 국어과 교육의 '내용'을 일목요연하게 보여주는 중요한 역할을 한다. 새로운 교육 과정에서의 '내용 요소 체계'는 그러한 역할을 다하지 못하는 것 같다. 학년별 내용을 구성하는데 있어 그리 큰 역할을 못하고 있다. '문법' 영역은 '내용 요소 체계'에서 변화를 시도하고 있는데, 학년별 내용에서 구체적으로 드러나지 않고 있다. '문학' 영역은 '부분 개정'이란 취지에 부합되게 큰 변화는 없다.

'방법' 및 '평가'는 새로운 교육 과정이 학교 현장의 사용자에게 서비스를 제공하는 것이어야 한다. '내용'이 의도대로 현장에 적용될 수 있게 여러 가지 장치를 마련하는 것도 이

___

작품에 표현된 아름다움과 가치를 인식하기

[2]작품에 대한 다양한 해석을 비교하여 더 나은 해석을 판단한다. ㅇ동일한 작품에 대한 생각이나 느낌도 읽는 이에 따라 달라짐을 이해하기 ㅇ작품이 읽는 이의 지식, 경험, 신념에 따라 달라질 수 있음을 이해하기 ㅇ독자의 인식 수준이나 관심에 따라 작품 감상이 달라짐을 알기 ㅇ해석이나 평가의 관점과 근거를 비교하기 ㅇ상대적으로 우월하다고 판단되는 해석을 근거 들어 옹호하기

[3]작품 세계가 누구의 눈을 통해 전달되는지를 파악한다. ㅇ시적 화자의 시각적 목소리 특성 이해하기 ㅇ소설의 서술자 특성 이해하기 ㅇ반어(아이러니)의 특성 이해하기 ㅇ풍자의 특성 이해하기 ㅇ화자나 서술자의 특성과 주제의 연관성 이해하기

[4]작품에 나오는 인물의 행동을 사회·문화적 상황과 관련지어 파악한다. ㅇ인물의 행동, 사고방식 이해하기 ㅇ작품의 시대적 배경 파악하기 ㅇ작품에서 인물의 행동과 사회·문화적 상황 관련짓기 ㅇ작품과 사회·문화적 상황과의 관계 파악하기

[5]자유롭게 상상한 세계를 문학의 갈래로 표현한다. ㅇ익숙한 사물을 주의 깊게 관찰하여 새로운 점 발견하기 ㅇ익숙한 사물을 의인화하여 새로운 의미 부여하기 ㅇ가상의 인물을 설정하여 그의 인생을 상상하기 ㅇ자신의 상상한 바를 문학 갈래의 특성에 맞게 표현하기

부분에서 해야 한다. '방법'과 '평가' 부분에서 7차와 달리 제시된 부분은 뚜렷이 보이지 않는다. 다만 교과서 편찬 제도가 바뀌는 점을 염두에 둔 '교과서 개발 및 심의 시 유의 사항'이 있다.

4. 나가며

교육 과정 개정 작업은 국어과 교육에 관여하는 사람들의 의견을 집약하는 과정이라 할 수 있다. 지금까지 한정된 시간 속에서 최선을 다한 결과를 놓고 다시 한번 검토해 보았다. 현재의 국어과 교육에 관한 공통된 생각이 무엇인지, 앞으로 남은 문제가 무엇인지, 새로운 패러다임이 어느 정도 자리를 잡을 수 있을지 등을 생각해 보았다. 앞으로 남은 교과서 개발 과정을 거치면서 새로운 교육 과정의 장단점이 드러날 수 있겠고, 새로운 교과서가 현장에 적용되면서 새로운 교육 과정의 적정성을 다시 한번 검증받을 것이다. 각 과정에서 문제점이 도출되고 그것이 새로운 교육 과정에 송환되는 끊임없는 과정을 거치면서 국어과 교육이 발전해 가는 모습을 기대해 본다.

참고문헌

김상욱(2004). 시 읽기의 전제와 방법, 문학독서교육의 이론과 실제, 문학과문학교육연구소 제3차 학술발표대회 자료집.

김정자(2006), 국어과 교육 과정 개정 시안의 <쓰기> 영역의 내용 검토, 작문연구 제3집, 한국작문학회.

노명완 · 정혜승 · 옥현진(2003), 창조적 지식기반사회와 국어과 교육-교육 과정 모형 탐구를 중심으로-, 박이정.

민병곤(2006). 말하기 · 듣기 교육 내용으로서의 '지식'에 대한 고찰, 국어교육학연구 제25집, 국어교육학회.

손영애(2004), 국어과 교육의 이론과 실제, 박이정.

손영애(2005). 1~7차에 이르는 문학 영역 교육 과정 고찰, 한국문학연구의 현 단계, 역락.

손영애(2005). 국어 교육 과정 변천사, 국어교육론1, 한국문화사.

우리말교육연구소 엮음(2004), 외국의 국어 교육 과정 1, 2. 나라말.

이인제 외(2005), 국어과 교육 과정 개선 방안 연구, 연구보고 RRC 2005-3, 한국교육과정평가원

이인제 외(2005), 국어과 교육 과정 개정(시안) 연구 개발, 연구보고 CRC 2005-7, 한국교육과정평

가원.

전국국어교사모임 매체연구부 지음(2005). 매체교육의 길 찾기, 나라말.

한철우(2004). 국어교육 50년, 한 지붕 세 가족의 삶과 갈등, 국어교육학연구 제21집, 국어교육학회.

〈자료〉

교육부(1999), 중학교 교육 과정 해설(II)-국어, 도덕, 사회-.

교육인적자원부, 한국교육과정평가원(2006.4), 국어과 교육 과정 개정 과정과 개정 시안 (현장적합성
    검토본).

국어과 교육 과정에서 '내용 체계'의 위상에 관한 小論*

1. 국어과 교육 과정과 국어과 교육

교육 과정은 학교 교육의 청사진 구실을 한다. 그리고 어느 정도 학교 교육에 제약을 가한다. 어느 과목들을 가르칠 것인지, 몇 시간을 가르칠 것인지 등 기초적인 사안은 교육 과정을 통해서 결정된다. 국어 과목이 중요하다고 해서 영어 과목의 시간을 국어 수업에서 가져 올 수는 없고 영어가 중요하다고 국어 과목의 시간을 영어 수업에서 사용할 수는 없다. 이런 사항은 교육 과정의 총론에 제시되는 편제를 통해 알 수 있다. 개인적인 불만이 있더라도 지켜야 하는 것이다. 이런 면을 보면 교육 과정 문서를 통해서 교육에 대해 사회적으로 중요하게 생각하는 이념을 읽을 수 있다.

1차~7차 교육 과정, 2007 교육 과정은 6~10년의 간격을 두고 교육 과정 개정을 거쳐 왔다. 한 교육 과정이 교실 현장에 적용되면서 드러난 장단점과, 국가·사회적인 큰 변화에 부응하여 다시 교육 과정의 개정이 이루어진다고 하겠다. 2007 교육 과정은 1997년에 고시된 7차 교육 과정의 개정이다. 개정된 교육 과정의 적용 결과 드러난 문제점을 어떻게 반영할

---

* 이 글은 2012년 국어 교육 137(한국어교육학회)에 실렸던 것을 수정·보완하였다.

것인지, 국가·사회적인 큰 이슈가 어떻게 교육에 반영할 것인가를 고민하면서 또 다시 새로운 교육 과정 개정 작업이 이루어지게 된다. 국어 교과의 경우, 2007년에 개정된 교육 과정은 초등의 경우 2011년에 비로소 6학년까지 적용이 되었고, 중학교는 2학년까지, 고등학교는 국어 과목이 2011년 현장에 적용되었다. 교육 과정의 최종 목표는 학생들의 학습을 통해 현장에서 실현되는 것일 것이다. 2007 개정 국어과 교육 과정이 어느 정도 실현되었는지 점검해 보고 또 새로운 교육 과정 개정 작업에 들어가는가? 이 점에 있어서 회의적일 수밖에 없다. 2007년에 개정된 교육 과정에 터해 개편된 교과서가 교육 현장에 완전히 적용되는 것은 2012년도이다. 2009년에 개정된 교육 과정은 무엇이 어떻게 바뀌었는지 공유하고 있지도 못한 형편이다. 그러면서 2011 개정 교육 과정이 8월에 고시되었고, 동시에 교과서 개정 작업에 들어가 있다. 2007, 2009, 2011 개정 교육 과정이 어떻게 자리매김을 할 것인가는 교육 과정 개정에 직·간접으로 관여했던 사람들의 몫이기보다 그 교육 과정을 적용해야 할 현장의 몫일 것이다.

1차~7차까지 교육 과정은 전면 개정을 표방했고 2007 개정 교육 과정부터 부분 개정, 수시 개정을 표방했다. 2007년 개정 이후 2009년, 2011년 개정은 수시 개정이라고 할 수 있으나 부분 개정이란 말이 교육 과정의 구속력을 담보할 수 없다는 점에서 적합한 용어가 아니며, 국어 교과의 경우, 부분 개정이란 말이 무색할 정도로 2007 개정 교육 과정은 많은 변화를 가져왔고, 2009 개정은 학교 교육의 전체 틀을 바꾸고 있다. 그리고 2011년 8월에 고시된 교육 과정도 큰 변화를 보이고 있다.

큰 변화를 짚어 보면 ○2007 개정 국어과 교육 과정은 '국어/ 화법/ 독서/ 작문/ 문법/ 문학/매체언어' 과목을 두고, 1~10학년은 국민공통기본 교육 과정을, 11~12학년은 선택 교육 과정을 두고 있다. 이 시기에 7차 교육 과정에 있었던 '국어생활'이라는 선택 과목이 없어지고 '매체 언어'라는 과목이 생겼다.[1] ○2009 개정 국어과 교육 과정은 '국어/ 화법·작문 I, 화법·작문 II/ 독서·문법 I, 독서·문법 II/ 문학 I, 문학 II' 과목을 두고, 1~9학년은 공통 교육 과정을, 10~12학년은 선택 교육 과정을 두고 있다. 2007 개정 국어과 교육 과정에 있었던 '매체 언어'라는 과목은 없어졌고, 고등학교에서 그 동안 필수 과목이었던 '국어' 과목

---

1) 구영산(2011), 국어교육 정책 종결 과정에서 형성된 고교 선택 과목에서의 '선택'의 의미-'매체 언어' 과목(명)의 폐지를 중심으로-, 각국의 자국어 정책과 국어교육, 서울대학교 국어교육연구소, 제13회 한국어교육 국제학술회의 자료집.
위 논문에서 '매체 언어'가 폐지된 것은 분명한 이유가 있어야 한다고 하였다. '매체 언어'뿐 아니라 '국어생활'이란 과목이 2007년 교육 과정에 와서 없어진 이유도 밝혀져야 할 것이다.

이 선택 과목으로, '화법/ 독서/ 작문/ 문법/ 문학/매체언어'의 여섯 과목이, '화법과 작문', '독서과 문법' 과목이 통합되어 I, II로, '문학' 과목도 문학 I, II로 바뀌었다. 2009 개정 국어과 교육 과정은 선택 과목 체제의 변화를 의도하고 있다. 이런 변화를 시도했기 때문에 화법, 독서, 작문, 문법, 문학, 매체 언어라는 과목의 교육 과정은 사장되었다. ㅇ2011 개정 교육 과정은 공통 교육 과정으로 '국어' 과목이 1~9학년에, 선택 교육 과정으로 '국어 I, 국어 II, 화법과 작문, 독서와 문법, 문학, 고전' 과목이 10~12학년에 제시되고 있다. 2011 교육 과정은 최단기간에 연합 학회가 개정 작업을 한 교육 과정이다.[2] 지금 현재 그 의미를 단정하기는 이르다고 생각되지만 교육 과정 정책 측면에서 심도 있게 논의가 있어야 할 것이다.

2007, 2009, 2011 개정 국어과 교육 과정의 면면을 살펴보려는 노력은 계속되어야 할 필요가 있다. 본고는 교육 과정에 제시된 '내용 체계'를 살펴보면서 그 성격이 어떻게 변하고 있는지를 알아보려고 한다. '내용 체계'는 국어과 교육에서 무엇을 가르칠 것인가라는 질문에 답하는 지름길이 되기 때문이다.

우선 전반적인 교육 과정 체제를 살펴보고, '내용 체계'가 교육 과정 체제의 한 부분으로 어떻게 등장했는지 살펴보고, '내용 체계'가 처음 등장한 6차부터, 7차, 2007년, 2011년 교육 과정에서 '내용 체계'가 어떻게 변화했는지 공통 교육 과정을 중심으로 살펴보고자 한다.[3]

2. 국어과 교육 과정의 체제

국어과 교육 과정은 해방 이후 지금까지 일곱 번의 개정과 세 번의 부분 개정을 거쳐 왔다. 국어과 교육 과정의 체제는 '누구를 위하여(대상 학년), 왜(목표), 무엇을(내용), 어떻게(방법, 평가)'를 담고 있다. 1, 2차의 교육 과정은 학교 급에 따라 진술 방식이나 쓰인 용어가 상이하고, 목표와 내용과 방법과 그것을 담아낼 체제의 제시가 체계적이지 못하다. 그러나 2차 교육 과정에선 '목표/학년 목표/지도 내용/지도상의 유의점'이란 체제를 만들고 있다. 3차 교육 과정은 '목표(일반 목표, 학년 목표)/내용/지도상의 유의점', 4차, 5차 교육 과정은 '교과 목표/학년 목표 및 내용/지도 및 평가상의 유의점'의 체제를 학교 급에 차이 없이 일관되게 보이고 있다. 1차~5차에 걸쳐 교육 과정의 기본 뼈대는 특별히 다르지 않다

---

2) 연합한 학회들: 한국어교육학회, 한국국어교육학회, 국어교육학회, 한국초등국어교육학회, 서울교대초등국어교육연구소.

3) 공통 교육 과정을 중심으로 논의가 이루어지므로 2009 개정 국어과 교육 과정은 본고에서 제외된다.

고 하겠다.

5차 교육 과정까지 교육 과정 개정의 가장 큰 문제는 학년마다 학년 목표와 학년 내용을 구별 지어 제시하는 것이었다. 학년 목표는 교과 목표보다 구체적인 수준에서 각 학년에서 도달해야 할 상태를 알려주는 것으로 1차~5차 교육 과정은 이 학년 목표를 계열화하기 위하여 노력했다. 3차 교육 과정에서는 언어 사용 기능에 관한 내용을 정선하여 이를 계열화하려고 애쓴 흔적을 역력히 볼 수 있다. 예를 들면 초등학교 말하기의 경우, '기초적 태도 → 기초적 기능 → 초보적 기능 → 기능 → 응용 기능'으로 학년별로 차이를 두면서 이를 단계적으로 제시하고자 했다. 그러나 각각의 용어가 뜻하는 바에 대한 개념 규정이 전혀 없는 상태에서, 이런 단계적 용어 설정은 결국 추상적인 수준에 그칠 수밖에 없었다.[4] 4차 교육 과정은 3차의 이런 추상성을 배제하고 학년 목표를 구체적으로 제시하려고 노력하였다고 밝히고 있다.[5] 그러나 4차의 목표 진술도 3차가 지닌 문제점을 그대로 가지고 있고, 무엇보다도 4차의 학년 목표 진술이 갖는 한계점은 목표가 내용을 포괄하지 못한다는 것이다.[6]

5차 교육 과정의 학년 목표 진술은 3, 4차에 비하여 포괄적이고 단계성도 뚜렷하다. 그리고 국민 학교의 경우 2개 학년을 단위로 하여 동일하게 목표를 설정한 것이 특징적이다. 이는 언어 사용 기능의 신장과 학습 주체인 학생의 지적 발달이 1년을 단위로 세분할 수 있을 만큼 뚜렷한 단계를 보이지 않고 언어 기능에 대한 지금까지의 과학적인 연구가 1년을 단위로 언어 기능 발달을 구분할 수 있을 정도로 세분화된 연구 결과를 보여 주지 못하기 때문이라고 밝히고 있다.[7] 사실 세계 주요 국가의 자국어 교육 과정을 살펴보면, 목표를 학년별로 제시한 나라는 우리나라와 일본이 대표적이고 미국, 캐나다, 독일의 여러 주의 교육 과정이나 프랑스나 스웨덴의 교육 과정은 2개 학년 내지 3개 학년을 묶어 제시하고 있다.[8] 5차 교육 과정은 이러한 현실을 감안하여 동의어를 반복하거나 실제의 의미에는

---

[4] 손영애(2004), 국어과 교육의 이론과 실제, 박이정, p.69.
  2011 개정 국어과 교육 과정에서도 '초보적 국어 능력-기초적 국어 능력-핵심적 국어 능력-통합적 국어 능력'이란 용어로 이런 시도를 하고 있다.
[5] 상게서, p.70.
[6] 4차의 경우 학년 목표 진술이 내용을 포괄하지 못한다는 것을 예를 들면, 초등학교 3학년의 "언어" 영역의 목표는 '문장의 기초적인 짜임과 종류를 알게 한다.' 내용은 '(1) 낱말이 일정한 순서로 모여야 문장이 됨을 안다. (2) 문장은 크게 두 부분으로 이루어짐을 안다. (3) 문장에는 크게 두 부분으로 이루어짐을 안다. (4) 두 문장이 이어져 한 문장이 될 수 있음을 안다. (5) 낱말에는 문장이 바뀌는 것과 바뀌지 않는 것이 있음을 안다. (6) 받침은 다른데 발음이 같게 나는 것이 있음을 안다.'인데, (5), (6)은 목표와 관계가 없다는 것이다.
[7] 노명완, 손영애 외(1986),「제5차 초·중학교 국어과 교육 과정시안 개발 연구」, 한국교육개발원, p.105.

별 차이를 주지 못하는 수식어를 사용하여 목표 진술에 차이를 두고자 하는 노력보다는 2개 학년을 단위로 하여 각 단계에서의 강조점 내지 도달해야 할 상태를 포괄적으로 제시하고자 한 것으로 보인다.[9] 1차~4차까지 교육 과정의 학년별 목표는 실질적인 지침이 되지 못했고, 5차에 들어와서는 나름대로 해결을 찾으려 하였다.

6차, 7차, 2007, 2009, 2011 개정 국어과 교육 과정의 체제는 '내용 체계'를 두고 있다. 3, 4, 5차의 '교과 목표/학년 목표 및 내용/지도 및 평가상의 유의점'이란 체제에서 6차, 7차, 2007, 2009, 2011 개정 국어과 교육 과정에서는 '성격/목표/내용-내용체계, 학년별 내용/교수-학습 방법/평가'란 체제를 보이고 있다. 이 두 체제의 큰 차이점은 '학년 목표'가 '내용 체계'로 바뀐 것으로 볼 수 있을 것이다.

6차의 경우 '내용 체계'가 처음으로 교육 과정에 들어오고, 학년 목표가 없어졌다. 7차로 들어오면서 학교 급별 목표도 없어지고 1~10학년까지의 교과 목표가 제시되었다. 2007 개정 교육 과정도 7차와 마찬가지로 학교 급별 목표가 없고, 1~10학년까지의 교과 목표가 제시되었다. 2011 개정 교육 과정은 성격과 목표를 '목표'에서 함께 다루고 있고, 1~9학년을 공통 교육 과정으로 하고, 이를 〈1~2학년군〉, 〈3~4학년군〉, 〈5~6학년군〉, 〈중1~3학년군〉으로 나누어 학년군 성취 기준을 제시하고 있고, 또 학년군별로 영역 성취 기준도 제시하고 있다.[10] 학년 목표(학교 급 목표)라 할 수 있는 '학년군 목표'도 도입하고 있어 '내용 체계'의 성격이 6차, 7차, 2007 개정 교육 과정과는 다를 수밖에 없다. 하지만 '내용 체계'의 성격이 달라져야 한다는 생각을 한 것 같지 않다.

6차 교육 과정은 그 체제가 많이 변했다. 5차의 경우 '① 교과목표, 학년목표, ② 내용, ③ 지도 및 평가상의 유의점'으로 되어 있던 것을 '① 성격, ② 목표(학년 목표 없음), ③ 내용(내용 체계, 내용), ④ 방법, ⑤ 평가'의 체제로 상세화 하였다. 목표는 교과 목표만 제시

---

8) 손영애(1984), 「중학교 국어과 교육 과정 국제 동향 연구」, 한국교육개발원.
　김재춘(2010), 국어과, 수학과, 영어과 교육 과정 개선 방향, 2009 개정 교육 과정에 따른 교과 교육 과정 개선 방향, 국가교육과학기술자문회의 교육 과정 위원회, pp.81~83.

9) 5차 초등학교 국어과의 교육 과정에서는 〈1~2〉학년 수준에서는 언어 활동에 즐겨 참여하는 의욕의 고취에, 〈3~4〉학년 수준에서는 표현 혹은 이해하고자 하는 내용의 정확한 선정·조직 혹은 정확한 파악에, 〈5~6〉학년 수준에서는 목적·상황 등을 종합적으로 고려한 효과적인 언어 사용에 중점을 두어 말하기, 듣기, 읽기, 쓰기의 언어 기능 영역을 일관되게 구성하고 있다. 2011 국어과 교육 과정이 학년 대신 학년군 개념을 도입하고 있는데, 이미 5차 교육 과정 때 그 싹을 보이고 있다.

10) 2011 국어과 교육 과정의 연구사적 특징으로 '공모제 시행, 학회 연합 개발, 학년군제, 5영역, 최단기간 개발 등'을 들고 있다. (2011 개정 국어과 교육 과정의 개정 과정에 대한 점검과 실행 방안, 2011 개정 국어과 교육 과정에 대한 국어교육 관련 학회의 연합 학술대회, 2011.10.1)

하고 5차까지 상세히 진술된 학년 목표는 없어지고, 내용에서는 '내용 체계'를 제시하여 학습 내용의 체계와 연관성을 쉽게 파악할 수 있도록 하였다고 하고 있다(교육부 고시 제1992-11호에 따른 중학교 국어과 교육 과정 해설, 16페이지). 이런 총론의 변화와 함께 국어과 교육 과정은 교사들의 교육 과정 활용도를 높이기 위하여 '성격'항을 신설하고 학년별 도달 목표 제시에 실질적인 지침 되기 어려웠던 '학년별 목표'는 삭제하고, 대신 국어 교과에서 다루어야 할 내용 영역과 내용 수준을 체계적으로 파악할 수 있도록 '내용 체계'를 제시하였다고 하고 있다(교육부 고시 제1992-11호에 따른 중학교 국어과 교육 과정 해설, 24페이지). 학년별 목표 대신 '내용 체계'가 들어 왔음을 알 수 있다. 6차와 마찬가지로 7차도 '내용 체계'가 교육 과정 속에 들어 있고, 커다란 변화 없이 보다 더 '내용 체계'를 공고히 하고 있다. 이는 6차, 7차 교육 과정은 학년별 내용을 선정, 조직한 방법이 크게 다르지 않았다는 것을 의미하기도 한다.

2007 개정 국어과 교육 과정은 여전히 '내용 체계'가 교육 과정에 제시되어 있다. 그러나 '내용 체계'에 많은 변화를 가져 왔다. 6차, 7차에서 사용되었던 '본질'란 용어가 '지식'으로, '원리'란 용어가 '기능'으로 사용되었다. 그리고 '태도'가 6차에서는 '실제'의 하위 범주로, 7차에선 하나의 독립된 '범주'명으로 쓰였는데 2007 교육 과정에서는 '태도'가 빠졌다. 대신, '맥락'이란 새로운 범주가 '내용 체계' 속에 들어왔다. 학년별 내용을 제시하는 방법도 크게 변화를 가져 왔다. 2011 개정 국어과 교육 과정은 최단기간에 개정했다고(6개월) 하지만 교육 과정은 대폭 변화를 가져 왔다. '내용 체계'가 여전히 교육 과정의 체제 속에 들어 있지만, 교육 과정에서 '내용'을 선정 조직하는 방식이 많은 부분에서 차이를 보인다.

5차 교육 과정부터의 체제를 보이면 〈표 1〉과 같다. 이를 통해 교육 과정 체제의 변화를 일별할 수 있다. '내용 체계'가 들어온 것을 제외하면 5차와 6차는 큰 차이를 보이지 않는다. 우선 내용 영역 체계(말하기, 듣기, 읽기, 쓰기, 언어, 문학)에 있어서 동일한 모습을 보이고 있다. 6차부터 '평가' 부분이 독립되어 제시되기 시작했다는 것은 차이점이라고 하겠다.

7차, 2007, 2011 교육 과정은 내용 영역 체계에 있어 큰 변화를 보이지는 않는다. 7차는 '듣기, 말하기, 읽기, 쓰기, 국어 지식, 문학'의 6영역 체계를, 2007 교육 과정은 '듣기, 말하기, 읽기, 쓰기, 문법, 문학'의 6영역 체계를, 2011 교육 과정은 '듣기·말하기, 읽기, 쓰기, 문법, 문학'의 5영역 체계를 보여준다. 2011 교육 과정은 교육 과정 해설로 별도로 만들지 않아서 총론의 내용을 담고 있어 각론의 체계가 달라졌지만 각론의 체제는 7차부터 '성격, 목표'를 제시되었던 것이 '목표'로 묶어서 제시한 것을 제외하면 틀이 달라지지 않았다.

<표 1> 5차~2011 국어과 교육 과정 체제

5차 문교부 고시 제87-7호 (1987.3.31) 중학교	6차 교육부 고시 제1992-11호 (1992.6.30 제정 고시)중학교
가. 교과 목표 나. **학년 목표 및 내용** 　〈1학년〉 　1. 목표 　2. 내용 　　말하기/듣기/읽기/쓰기/언어/문학 　〈2학년〉 　〈3학년〉 다. 지도 및 평가상의 유의점 　1)지도　　　　　2)평가	1. 성격　　　　　2. 목표 3. 내용 　가. **내용 체계** 　　(말하기/듣기/읽기/쓰기/언어/문학) 　나. **학년별 내용**(본질/원리와 실제) 　　〈1학년〉 　　말하기/듣기/읽기/쓰기/언어/문학 　　〈2학년〉 　　〈3학년〉 4. 방법 5. 평가
7차 교육부 고시 제1997-15호 (1997.12.30. 제정 고시)	2007년 개정 국어과 교육 과정 교육인적자원부 고시 제2007
1. 성격　　　　　2. 목표 3. 내용 　가. **내용 체계** 　　(듣기/말하기/읽기/쓰기/국어지식/문학) 　나. **학년별 내용** 　　(내용/수준별 학습 활동의 예) 　　〈1학년〉~〈10학년〉 　　듣기/말하기/읽기/쓰기/국어 지식/문학 4. 방법　　　　　5. 평가	1. 성격　　　　　2. 목표 3. 내용 　가. **내용 체계** 　　(듣기/말하기/읽기/쓰기/문법/문학) 　나. **학년별 내용** 　　(담화/글, 언어자료, 작품의 수준과 범위) 　　(성취 기준/내용 요소의 예) 　　〈1학년〉~〈10학년〉 　　듣기/말하기/읽기/쓰기/문법/문학 4. 교수-학습 방법　　　　5. 평가
2011년 교육과학기술부 고시 제2011-361호	
3. 목표 (성격, 목표) 4. **내용의 영역과 기준** 　가. **내용 체계** 　　(듣기ㆍ말하기/읽기/쓰기/문법/문학) 　나. **학년군별 세부 내용** 　　〈1~2학년군〉 　　**학년군별 성취 기준** 　　-듣기ㆍ말하기- 　　**영역 성취 기준** 　　**내용 성취 기준**	읽기/쓰기/문법/문학 　　- 국어 자료의 예(1~2학년군)- 　　(담화/글/문학 작품) 　　〈3~4학년군〉 　　〈5~6학년군〉 　　〈중1~3학년군〉 5. 교수-학습 방법 6. 평가

5차와 6차의 체제를 비교해 보면, '내용 체계'가 학년 목표와 깊은 관계가 있음을 알 수 있다. 학년 목표에 해당하는 것을 '내용 체계'가 담당하고 있다. 학년별 내용을 제시하기 전에 무엇을 학습할 것인지, 학년별로 학습해야 할 내용의 체계를 담고 있는 것이 '내용 체계'이다. 〈표 1〉을 통해 교육 과정 체제 속으로 들어 온 '내용 체계'는 '학년 목표'와 완전히 같지는 않지만, '학년 목표'와 밀접한 연관을 맺고 있다는 것을 알 수 있다.

3. 국어과 교육 과정의 '내용 체계'

3.1. 6차, 7차 국어과 교육 과정의 '내용 체계'

6차 국어과 교육 과정이 고시되면서(1992년) 국어과 교육 과정이 해결하고자 고심했던 몇 가지 문제는 해결되었다. '학교 급별 목표-학년별 목표-학년별 내용-지도 및 평가상의 유의점'의 체제를 갖추고 있던 교육 과정이 6차에 와서 '성격-(학교 급별)목표-내용(내용 체계/학년별 내용)-방법-평가'의 체제로 바뀌면서 각 학교 급별 목표가 진술에 있어 차이가 나야 하고, 각 학년별 목표를 학년마다 차이 나게 진술해야 하는 어려움에서 벗어나게 되었다.[11] 이런 결과는 '내용 체계'가 교육 과정의 한 부분으로서 작동함으로써 가능했다. 즉, '내용 체계'가 '학년별 목표'의 역할을 부분적으로 하게 되었다는 것이다. 그 학교 급에서 무엇을 배우게 되는지가 체계적으로 제시됨으로써 가능해진 것이다.

6차 교육 과정부터 제시되었던 '내용 체계'는 7차에서 약간의 변화를 보여주지만, 큰 틀을 7차도 그대로 유지하고 있고, 2007, 2011 개정 국어과 교육 과정에서의 '내용 체계'는 많은 변화를 보여주고 있다. '내용 체계'는 말 그대로 국어과에서 가르쳐야 할 내용의 체계를 말한다. 국어과에서 무엇을 가르칠까는 국어교육학의 학문 체계와 깊은 연관을 가지며 사범 대학의 교육 과정과도 연관성을 가진다. 예를 들면 6차 중학교 '내용 체계'를 통해 현장에서 문법, 문학만 아닌, 말하기, 듣기, 읽기, 쓰기도 가르쳐야 한다는 것을 보여주고, 직전 교육으로서 사범대학에서도 지금까지 중요한 학문 영역으로 다루어지는 국어학, 국문학뿐 아니라 언어 기능도 중요한 영역으로 가르쳐야 한다는 것을 보여주고 있다. 6차의 '내용 체계'는 1~5차 교육 과정에서 무엇(내용)을 가르치고자 의도했는지를 분석해 보고, 그 내용들을 범주화 해 보여주고 있다.[12]

---

11) 손영애(2004), 국어과 교육의 이론과 실제, 박이정, p.148.

<표 2> 6차 중학교 '내용 체계'

영역	내 용		
말하기	1. 말하기의 본질 　1) 말하기의 특성 　2) 말하기의 기본 과정과 절차 　3) 말하기의 여러 가지 상황	2. 말하기의 원리 　1) 내용 선정의 여러 가지 원리 　2) 내용 조직의 여러 가지 원리 　3) 표현 및 전달의 여러 가지 　　원리	3. 말하기의 실제 　1) 정보 전달을 위한 말하기 　2) 설득을 위한 말하기 　3) 친교 및 정서 표현을 위한 　　말하기 　4) 공식적인 말하기의 태도 및 　　습관
듣기	1. 듣기의 본질 　1) 듣기의 특성 　2) 듣기의 기본 과정과 절차 　3) 듣기의 여러 가지 상황	2. 듣기의 원리 　1) 정보 확인의 여러 가지 원리 　2) 내용 이해의 여러 가지 원리 　3) 평가 및 감상의 여러 가지 　　원리	3. 듣기의 실제 　1) 정보를 전달하는 말듣기 　2) 설득을 위한 말듣기 　3) 친교 및 정서 표현을 위한 　　말듣기 　4) 공식적인 말듣기의 태도 및 　　습관
읽기	1. 읽기의 본질 　1) 읽기의 특성 　2) 읽기의 기본 과정과 절차 　3) 읽기의 여러 가지 상황	2. 읽기의 원리 　1) 단어 이해의 여러 가지 원리 　2) 내용 이해의 여러 가지 원리 　3) 평가 및 감상의 여러 가지 　　원리	3. 읽기의 실제 　1) 정보를 전달하는 글 읽기 　2) 설득하는 글 읽기 　3) 친교 및 정서 표현의 글 읽기 　4) 정확한 읽기의 태도 및 습관
쓰기	1. 쓰기의 본질 　1) 쓰기의 특성 　2) 쓰기의 기본 과정과 절차 　3) 쓰기의 여러 가지 상황	2. 쓰기의 원리 　1) 내용 선정의 여러 가지 원리 　2) 내용 조직의 여러 가지 원리 　3) 표현 및 전달의 여러 가지 　　원리	3. 쓰기의 실제 　1) 정보 전달을 위한 글 쓰기 　2) 설득을 위한 글 쓰기 　3) 친교 및 정서 표현을 위한 　　글쓰기 　4) 정확한 글 쓰기의 태도 및 　　습관
언어	1.언어의 본질 　1) 언어의 특질 　2) 언어와 인간 　3) 언어와 사회	2. 국어의 이해 　1) 음운의 체계와 변동 　2) 단어의 형성 　3) 문장의 구성 요소와 기능 　4) 단어의 의미 　5) 문장과 이야기	3. 국어 사용의 실제 　1) 표준어와 표준 발음 　2) 맞춤법 　3) 국어 순화 　4) 국어를 정확하게 사용하는 　　태도 및 습관

---

12) '내용 체계'를 만드는 사전 작업으로 1~5차까지 각 영역별로 내용을 나열하고, 그 중에서 같거나 비슷한 항목들을 묶어 범주화하고 각 범주에 범주명을 부여하는 식으로 작업이 이루어졌다. 물론, 다른 나라의 교육 과정도 참고하였고 그 당시의 교육 과정 이론로 참고하였다.

	1. 문학의 본질	2. 문학 작품의 이해	3. 문학 작품 감상의 실제
문학	1) 문학의 특성 2) 문학의 기능	1) 작품과의 친화 2) 작품 구성 요소의 기능 3) 작품의 미적 구조 4) 작품 세계의 내면화 5) 인간과 세계의 이해	1) 시 감상 2) 소설 감상 3) 희곡 감상 4) 수필 감상 5) 문학 작품을 바르게 이해하고 감상하는 태도 및 습관

　　〈표 2〉에 따라 학년별 내용은 〈표 3〉와 같이 제시하고 있다. 우선 각 항목이 어느 범주에 들어 있는지를 밝히고 있다. 첫 항목(1)은 '본질' 범주에, 다음 항목(2)에서부터 (8)까지는 '원리와 실제' 범주에 속한다는 것을 제시하고 있다. '원리와 실제'를 살펴보면, '실제'가 분명히 드러나 있지는 않으나 하위 범주(정보 전달, 설득, 친교와 정서 표현)를 어느 정도 암시하고 있음을 알 수 있다. '원리와 실제'의 마지막 항은 태도를 제시하고 있다. 항목(2)~항목(7)은 '원리'의 하위 범주(내용 선정, 내용 조직, 표현 및 전달)를 따르고 있다.[13] 6차의 교육 과정에서는 '내용 체계'를 둠으로 해서 각 내용 항목에서 뚜렷하게 '무엇을 가르칠 것인가'를 보여주고 있다.

　　1~5차 교육 과정 시기의 각 영역의 내용이라 해서 6차와 국어과 교육의 내용이 크게 다르지는 않았다. 그 때까지 산만하게 흩어져 있는 '내용'들을 체계화해서 교육 과정 속에서 조금은 분명한 모습을 드러내었다고 할 수 있다. 즉, 잡다하게 나열되어 있는 내용에 각각의 위치를 지정해 줌으로써 학년 간의 계열성 및 학년 내의 각 지도 내용 사이의 관계를 부여하고 있는 것이다. 이 '내용 체계'를 시작으로 해서 국어과 교육의 체계화에 대한 논의가 보다 활발하게 되는 계기가 되었다. '본질', '원리'라는 용어의 쓰임으로 해서 개념적 지식, 절차적 지식이란 개념이 쓰이고 '지식'이란 용어가 국어과에서 좀더 폭넓게 쓰이기 시작했다. 그리고 가능하면 지도 방법을 교육 과정에 녹여 넣으려고 시도하였다. 〈표 3〉의 밑줄 그은 부분은 그런 의도로 들어간 것이다.

---

13) 말하기 (2)는 내용 선정과 표현 전달과 관계있다. 이런 항목도 군데군데 눈에 뜨인다.

<표 3> 6차 학년별 내용 (중학교 1학년 말하기)

중학교 1학년

-말하기-

〈말하기의 본질〉

(1) 생각이나 사물을 여러 가지 방법으로 표현하여 보고, 말이 생활에서 중요한 의사소통의 수단임을 안다.

〈말하기의 원리와 실제〉

(2) 겪은 일이나 읽은 글에서 화제에 적합한 내용을 선정하여, 알맞은 어조로 말한다.
　　　　　　　　　　　　　　　　　　　　　　　　　　　　　　-내용 선정, 표현 전달

(3) 지난 일이나 계획한 일에 대하여 시간이나 공간의 바뀜이 잘 드러나게 내용을 조직하여 말한다.
　　　　　　　　　　　　　　　　　　　　　　　　　　　　　　　　　　　-내용 조직

(4) 둘 이상의 사물이나 사건을 비교하여 보고, 차이점이나 공통점이 잘 드러나게 내용을 조직하여 말한다.
　　　　　　　　　　　　　　　　　　　　　　　　　　　　　　　　　　　-내용 조직

(5) 다른 사람의 이야기를 듣고, 그 내용을 요약하여 말한다.　　　　　　　-내용 조직

(6) 글을 읽어 보고 글에서 받은 감동을 생생하게 전달할 수 있는 단어를 사용하여 말한다.
　　표현과 전달

(7) 말할 내용을 효과적으로 전달하는 데 필요한 비언어적 요소에 대하여 말해보고, 적절한 몸짓이나 표정을 나타내며 말한다.　　　　　　　　　　　　　　　　-표현과 전달

(8) 여러 가지 말하기 상황에 능동적으로 참여하는 태도를 가진다. -태도
　　　　　　　　　　　　　　　　　*밑줄 그은 부분은 활동의 예라고 볼 수 있다.

7차 교육 과정부터는 교육 과정의 큰 테두리가 달라졌다. 1학년부터 10학년까지를 국민공통기본 교육 과정으로 한 묶음으로 묶고, 11학년에서 12학년을 선택과정으로 묶었다. 7차 교육 과정에 제시된 '내용 체계'는 6차와 같이 학교 급에 따라 제시된 것이 아니라 1학년~10학년의 '내용 체계'로 제시되었다. 7차 교육 과정이 고시되면서 '내용 체계'는 보다 체계가 갖추었다. 6차에서 '실제' 범주의 하위 내용으로 들어 있는 '태도'가 독립 범주로 제시되어 '인지'와 '정의'가 분명하게 교육 과정에 자리 잡게 되었다. 국어과는 6차와 마찬가지로 6개 영역으로 구성되어 있다. 6차와 다른 점은 말하기, 듣기가 듣기, 말하기로 순서가 바뀌어 있고, 6차의 '언어' 범주명은 '국어 지식'이란 용어를 쓰고 있다.[14] 그리고 '실제'를 점선으로 처리해서 본질, 원리, 태도 범주에 깔려 있다는 것을 보여주고 있다. 이런 부분으로 볼 때 '내용 체계'가 더 체계화 되었다고 하겠다.

---

14) 교육부(1999), 중학교 교육 과정 해설(II), p.18. 6차까지 '말하기→듣기'의 순서가 7차에 와선 '듣기→말하기'의 순서로 된 것은 학습자의 언어 발달 양상을 고려한 것이고, 4차부터 6차까지 '언어' 범주명을 '국어 지식'으로 조정한 것은 '국어' 교과와의 개념의 상하가 맞지 않으며, 이 영역에서 학습할 내용은 국어에 대한 지식이므로 이에 맞추어 '국어 지식'이란 용어로 조정되었다고 하고 있다.

7차 교육 과정에 제시된 '내용 체계'의 예를 들면 다음과 같다.

<표 4> 7차 '내용 체계'(말하기)

영역	내 용		
말 하 기	○말하기의 본질 -필요성　　-목적 -개념　　　-방법 -상황　　　-특성	○말하기의 원리 -발성과 발음 -내용 생성 -내용 조직 -표현과 전달	○말하기의 태도 -동기　　　-흥미 -습관　　　-가치
	○말하기의 실제 　-정보 전달하는 말하기　　　　　-설득하는 말하기 　-정서 표현의 말하기　　　　　　-친교의 말하기		

7차 국어과 교육 과정의 내용 체계 〈표 4〉에 따라 제시된 학년별 내용을 예를 들면 다음과 같다.

<표 5> 7차 학년별 내용(9학년 말하기)

9학년 -말하기- (1) 말하기가 사회·문화적 과정임을 안다.　　　　　　　　　　　　　－본질 (2) 화제의 가치를 고려하여 논의할 만한 내용을 선정하여 말한다.　　－원리(내용 생성) (3) 전달 효과를 고려하여 내용의 전개 방식을 조절하여 말한다.　　－원리(내용 조직) (4) 상황에 따라 반언어적 표현과 비언어적 표현을 조절하여 말한다.　－원리(표현과 전달) (5) 상대의 반응을 고려하면서 말하는 태도를 지닌다.　　　　　　　－태도

　　첫 항은 '본질'에 관한 항목, 마지막 항목은 태도에 관한 항목, 나머지는 '원리'에 관한 항목이다. '원리'에 관한 항목들은 하위 범주에 철저하게 대응되도록 교육 과정을 짜고 있다. 6차 교육 과정보다 완벽하게 체계화하고 있다. 7차 교육 과정은 6차에 비해 학년별 내용의 항목이 적다. 내용의 30%를 줄인다고 하는 취지에 맞춘 결과이나 '수준별 학습 활동의 예'에서는 6차와 같은 기술 방식(전략+기능, 활동+기능, 활동)을 사용하고 있다.[15]

---

15) 7차 읽기를 예로 들면, 본질에 해당하는 '[8-읽기-(1)] 읽기가 문제 해결 과정임을 안다.'에 대하여 〈수준별 활동의 예〉으로 '[기본] 글을 잘못 읽어서 어려움을 겪은 경험을 말해 보고, 문제의 해결 방안에 대하여 토의한다. [심화] 읽기가 문제 해결 과정임을 알려 주는 예를 조사하여 발표한다.'를 제시하고 있다. 활동을

6, 7차 교육 과정에서는 '내용 체계'가 '학년별 내용'을 조직하는 틀이 되고 있다. 7차 교육 과정은 '분절적'이라는 비판을 많이 받기도 했으나 '내용 체계'와 '학년별 내용' 사이의 연관성을 가장 확실하게 보여주고 있다. 반면에 '실제' 범주는 '학년별 내용'을 선정할 때 형식적인 역할만 하고 있다. 6, 7차 교육 과정에 의한 교과서 편찬은 국정 제도 아래 이루어졌기 때문에 '실제'가 '학년별 내용'을 구성하는데 형식적인 역할만 한다는 것은 크게 문제가 될 수 없었다. 어떤 제재(실제)를 '하나' 선정하는 것이 충돌을 일으킬 여지가 없기 때문이다. 물론 이런 것이 비판의 중심이 되었다.

6차 교육 과정에 비해 7차 교육 과정에서는 '태도'가 독립된 범주로 자리 잡고 있고, '실제' 범주의 위치가 분명하다. 6, 7차 교육 과정은 '설명문을 써라'가 아니라 설명문이란 무엇인지(본질), 어떻게 설명문을 조직하는지(원리)를 학습하고 실제 글을 써 보는 것을 의도하고 있다. 7차의 경우는 이러한 의도가 분명하게 '내용 체계'에서 드러나고 있다. 교육 목표를 달성하기 위해선 '본질, 원리, 태도' 범주와 '실제' 범주가 유기적으로 관련되어야 함을 보여주고 있다. 예를 들면, '쓰기 능력을 길러주기 위해 '쓰기'를 보다 잘 수행하는데 필요한 쓰기의 필요성, 목적, 방법, 상황 등 '본질'에 관한 학습, 실제의 쓰기 수행과 직접적으로 관련되는 '원리'에 관한 학습, 바람직한 글쓰기의 '태도'에 관한 학습이 구체적인 언어 자료 산출과 통합되어야 함[16]을 중시하고 있다.

6차, 7차에서는 '내용 체계'가 그 구실을 분명히 하고 있다. 그리고 학년별 내용을 선정 조직하는 중심축의 역할을 '내용 체계'가 담당하고 있다. '본질, 원리, 태도' 중 '원리'(기능)가 중심축의 구실, 1차 조직자의 역할을 하고 있다.

3.2. 2007, 2011 개정 국어과 교육 과정의 '내용 체계'

2007 교육 과정은 1997년 7차 교육 과정이 고시되고 10년 동안의 기초 연구와 여러 분야의 연구가 쌓여서 그 토대 위에 개정이 이루어졌다. 2007년 개정 국어과 교육 과정을 고시하면서 개정의 배경을 ○수준별 교육 과정에서 수준별 수업으로 전환, ○언어 환경의 변화, ○제7차 국어과 교육 과정의 내적 문제 개선을 들고 있다. 제7차 국어과 교육 과정의 내적 문제로서 ○개별적이고 단편적인 내용 요소 중심의 교육 내용 선정, ○실제와 내용 간, 내용 간의

제시하고 본질이나 원리를 알도록 하는 점에서는 6차와 다르지 않다.
16) 교육부(1999), 중학교 교육 과정 해설(II), 20쪽.

분절성, ○담화와 글의 수용, 생산 활동에 작용하는 맥락에 대한 관심 부족, ○교육 내용의 타당성, 적정성, 연계성 부족, ○교육 과정에 대한 정확하고 원활한 소통을 돕는 정보의 부족을 들고, 이러한 국어과 내적인 문제를 개선하려 하였다. 완벽한 개선이란 있을 수 없고, 2007 개정 국어과 교육 과정의 지향점을 제시했다고 할 수 있다.

〈표 6〉을 통해서도 언어 환경의 변화를 반영한 점, 맥락을 중시한 점, 실제를 중시한 점 등을 감지할 수 있다.

<표 6> 2007년 개정 국어과 교육 과정 '내용 체계'(말하기)

말하기의 실제		
-정보를 전달하는 말하기 -설득하는 말하기 -사회적 상호 작용의 말하기 -정서 표현의 말하기		
지식		기능
○소통의 본질　○담화 특성　○매체 특성		○내용 생성　○내용 조직　○표현과 전달
맥락		
○상황 맥락　　○사회 문화적 맥락		

위의 2007 개정 국어과 교육 과정의 '내용 체계'를 통해서도 7차와 다른 점을 이해할 수 있다. '실제'가 제일 위로 자리를 옮겼다. 이 의미는 '실제'를 가장 중요하게 보고 있다는 것을 말해 준다. '실제' 범주는 언어 활동의 목적에 따라 '정보 전달, 설득, 사회적 상호 작용, 정서 표현'으로 하위 범주를 삼고 있다. 언어 활동의 목적에 따른 '실제' 범주가 성취 기준을 선정하는 기준이 되는 것이다. 6, 7차 교육 과정에서는 '본질'로 쓰였던 것이 '지식'으로, '원리'로 쓰였던 것이 '기능'으로 자리 잡고 있다.[17] 그리고 6, 7차의 '태도'가 없어지고 '맥락'이 '내용 체계'의 한 범주로 등장하고 있다.[18] '맥락'은 담화나 글의 수용·생산 활동에서 고려해야 할 사회·문화적 배경을 말한다. 그동안 교육 과정(1차~7차)에 터하여 교과서를 편찬하는 과정에서도 '맥락'이 중요하게 고려되었다. 2007 교육 과정에 와서 '맥락'이 국어과 '내용 체계'의 한 범주로 선정했다는 것은 '맥락'이 더 '중요함'을 부각시킨 것이다. 교육 과정이 의사결정 과정을 거칠 때, '태도'가 수업의 결과로서 선명히 드러나지 않음을 내세워 '맥락'을

---

17) 2007 '내용 체계'에서 '기능'은 6, 7차의 '원리'로 완전 일치하고 있고, '지식'은 부분적으로 '본질'과 일치하고 있다. 이 부분에서 2007 교육 과정에서는 '기능'보다 〈더〉는 아니지만 '지식'을 중시하고 있음을 알 수 있다.

18) 맥락과 태도 범주에 대하여 7차의 태도 범주에서 다루어진 '필요성, 목적, 상황'은 맥락에서 다루어진다고 이야기하고 있다.(교육과학기술부(2007), 중학교 교육 과정 해설(II), p.19)

범주로 결정하였지만, 2007 개정 국어과 교육 과정에서 '맥락'은 여전히 분명하게 제시되지 못하고 있다.[19] 이런 현상은 학년별 내용에서도 분명하게 나타나지 않는 것에서도 알 수 있다.

2007 개정 교육 과정의 '내용 체계'가 보여주는 의도가 '학년별 내용'을 통해 어떻게 드러나고 있는지 살펴보자. '학년별 내용'에서 제일 눈에 띄는 것은 〈담화(글)의 수준과 범위〉이다. 어떤 담화(글)를 선정하여 학습할 것인가가 가장 중요하고, 1차 조직자로서 '실제'가 중요함을 알 수 있다. 이 담화(글) 자료로 수업을 하면서 주어진 목표(성취 기준)를 달성할 것을 요구하고 있다.

무엇을 축으로 해서 교육 과정을 체계화할 것인가는 교육 과정을 사용하는 측과 공급하는 측의 원활한 의사소통을 위해서 분명히 할 필요가 있다. '내용 체계'가 어떤 방식으로 학년별 내용을 체계화했는지 2007 개정 교육 과정은 분명히 밝히고 있다. 9학년의 〈말하기〉 영역을 살펴보자.

－말하기－

담화의 수준과 범위

(1) 문제 해결을 위한 전문가 면담	정보
(2) 학교 안팎이나 학습 상황에서 제기되는 문제를 해결하기 위한 토의	설득
(3) 사회적 상황에서 제기되는 문제들을 해결하기 위한 협상	사회적 상호작용
(4) 해학 문화가 반영되어 있는 재담	정서

성취 기준-내용 요소의 예

(1) 문제 해결을 목적으로 전문가를 선정하여 면담한다.
  ○ 알맞은 전문가 선정하기
  ○ 정보를 얻는데 적합한 질문 준비하기
  ○ 수집한 정보를 재구성하여 문제 해결하기
(2) 토의의 유형과 절차를 이해하고 주제에 알맞은 방식으로 토의한다.
  ○ 토의의 유형에 따른 진행 절차 알기
  ○ 논제에 알맞은 방식으로 내용 구성하기
  ○ 다른 사람의 의견을 능동적으로 수용하려는 태도 가지기

---

19) 김혜정(2013:105)은 2007 개정의 한계로 '맥락의 불명료한 정체성', '지나친 상세화', '영역간 개념 및 용어의 불일치', '학습 내용 경중의 차이'를 들고 있다.

(3) 의견이 다른 상대와 협상을 통해 문제를 해결한다.
　　○협상의 중요성을 이해하고 진행 절차 알기
　　○협상을 통해 문제를 해결하는 방법 이해하기
　　○상대의 의견을 존중하는 표현 방법 활용하기
(4) 우리나라의 전통적인 해학 문화를 이해하고, 이를 재담에 활용한다.
　　○해학의 구조와 표현 특징 이해하기
　　○우리나라 해학 문화의 전통 이해하기
　　○전통 해학을 재담에 활용하기

위의 예를 살펴보면 '실제', 즉 담화의 수준과 범위가 1차 조직자로서 내용 요소를 규정하고 통어한다고 하는 것이 잘 드러나고 있다.[20] '(1) 면담, (2) 토의, (3) 협상, (4) 해학, 재담'을 학습한다는 것을 분명히 하고 있다. 그리고, '내용 요소의 예'을 참고하여 학습할 '지식, 기능'을 보여 주고 있다. 그런데, 문제는 '내용 체계'에서 제시된 '지식'(○소통의 본질 ○담화 특성 ○매체 특성), '기능'(○내용 생성 ○내용 조직 ○표현과 전달), '맥락'이 균형 있게 들어가 있느냐 하는 것이다. 위의 예를 볼 때 '지식'은 '~알기'로 진술되어 있고, '기능' 은 '~내용 구성하기, ~표현 방법 활용하기' 등으로 진술되어 있다. '맥락'은 분명하게 드러나 있지 않다. 또, '내용 체계'에서 사라진 '태도'는 내용 요소의 예로 들어가 있다. 2007 개정 국어과 교육 과정의 '내용 체계'를 보면서 각 학년의 학습 내용이 무엇일지 큰 틀을 그리기는 어렵다. 각 학년별, 영역별로 제시되어 있는 〈담화/글의 수준과 범위〉를 통해 다양한 담화/글을 다루고 있음을 알 수 있는 정도의 정보를 주고 있을 뿐이다. '내용 체계'가 교육 과정에 들어오기 전, 학습 내용 하나하나가 나열되어 있는 때와 비슷한 양상을 띠고 있다.

7차 국어과 교육 과정에서 교과서를 구성하는 방식과 2007 개정 국어과 교육 과정에서 교과서를 구성하는 방식이 확연히 다른 데서 2007 개정 국어과 교육 과정의 면모를 엿볼 수 있다. 예를 들어, 7차 교과서는 쓰기 단원의 제목이 '내용의 선정'이고 그 단원에서 배우는 핵심은 내용을 선정하는 여러 가지 방법을 학습하는 것이다. 2007 개정 국어과 교육 과정에 의해 만드는 교과서는 단원의 제목이 '이순신 장군의 일생'이라면, 그 단원에서 배우는 핵심은 '전기'라는 텍스트에 대해 학습(지식)하고, 전기문을 읽기 위하여 여러 가지 읽기 전략을 배울 수도 있고, 또는 전기문을 쓰기 위하여 면담을 하거나 여러 책에서 자료를 수집하여 쓸 내용을 생성하고 그런 다음 내용을 조직하여 표현하고 고쳐 쓰는 등의 일련의 활동을

---

20) 교육과학기술부(2008), 중학교 교육 과정 해설(II), pp.19~20.

한다. 7차가 기능 중심이고 분절적이라면 2007 개정 국어과 교육 과정은 '실제' 중심의 '지식, 기능' 통합을 보여 준다. 2007 교육 과정의 의도가 잘 구현된다면 많은 이점을 가질 수 있다. 그러나 '내용 체계'의 지식, 기능이 어떻게 균형을 잡을 것인가는 여전히 문제가 된다.

2011 개정 국어과 교육 과정은 학년 교육 과정이 아닌 학년군 교육 과정으로 변화를 주었고, 〈표 1〉에서 본 것 같이 '4. 내용의 영역과 기준'으로 '가. 내용 체계/ 나. 학년군별 세부 내용'을 두고 있다.[21] '나. 학년군별 세부 내용'은 '**학년군** 성취 기준-**영역** 성취 기준-**내용** 성취 기준-**국어 자료**의 예'으로 제시하고 있다. '학년군별 성취 기준과 영역별 성취 기준' 은 3차, 4차, 5차에서의 학년 목표의 성격을 보여주고 있다. '내용 성취 기준'은 지금까지 교육 과정에서 학년별 내용으로 제시되었던 것을 가리키고 있다. 6차부터 교육 과정에서 학년 목표가 없어지고 '내용 체계'가 등장했는데, 2011 교육 과정은 '학년군별, 영역별 성취 기준'이 목표의 성격으로 다시 등장하고 '내용 체계'는 그대로 살리고 있다.[22] '학년군'이 등장함으로써 교육 과정이 많이 간단해졌다. 초등학교는 3개 학년군, 중학교가 1개 군으로 편성되어, 9개 계단을 4개 계단으로 축소했다. 학년군의 도입이 국어과 교육 과정을 체계화 하는 데 기여할 수 있다면, 그것으로 제 역할을 할 수 있다.[23] 그러나, '내용 체계'와 '**학년군** 성취 기준-**영역** 성취 기준-**내용** 성취 기준-**국어 자료**의 예'의 관계가 체계적이지 못하다. 전자는 후자와 밀접한 관련을 맺지 않고 6차, 7차, 2007 개정 교육 과정에 있었던 것이니까 그냥 그 자리에 두고 있는 것 같은 형상이다. '**학년군** 성취 기준-**영역** 성취 기준-**내용** 성취 기준-**국어 자료**의 예'는 '학년군별 세부 내용'으로 제 자리를 잡고 있다.

1~9학년의 국어 교과의 목표는 다음과 같다.

국어 활동과 국어와 문학을 총체적으로 이해하고, 국어 활동의 맥락을 고려하여 국어를 정확하고 효과적으로 사용하며, 국어를 사랑하고 국어 문화를 누리면서 국어의 창의적 발전과 국어 문화 창조에 이바지할 수 있는 능력과 태도를 기른다.

---

21) 지금까지 교육 과정에서 사용해 왔던 용어를 달리 사용하고 있다. 지금까지 '내용'이란 용어를 '내용의 영역과 기준'으로, '학년별 내용'을 '학년군별 세부내용'으로 사용하고 있다.

22) 6차, 7차, 2007 교육 과정을 거치면서 좀더 구체적이고 명확한 목표가 필요하다고 생각한 것 같다. 학년 목표에 준하는 것의 필요성 뿐 아니라 2007년에 와서는 '내용 체계'가 변화를 가져올 필요도 있었다고 생각된다. 2011년에 와서는 더욱더 '내용 체계'의 변화가 필요해졌다.

23) 5차 교육 과정에서 학년군 도입의 단초를 읽을 수 있다. 초등학교 1-2학년, 3-4학년, 5-6학년, 중학교 1-3학년의 학년목표가 각각 동일하게 제시되어 있다.

가. 국어 활동과 국어와 문학에 대한 기본적인 지식을 익힌다.

나. 다양한 유형의 담화와 글을 비판적이고 창의적으로 수용하고 생산한다.

다. 국어의 가치와 중요성을 인식하고 국어 생활을 능동적으로 하는 태도를 기른다.

교과 목표의 체제는 특별히 달라지지 않았다. 전문과 3항(지식, 기능, 태도)으로 제시된 것은 2007과 다르지 않았다고 볼 수 있다.[24] 교과 목표 아래 다음과 같이 '내용 체계'를 제시하고 있다.

<표 7> 2011 국어과 교육 과정 '내용 체계'(읽기)

실제
○다양한 목적의 글 읽기 　-정보를 전달하는 글 -설득하는 글 -친교 및 정서 표현의 글 ○읽기와 매체

지식	기능	태도
○읽기의 본질과 특성 ○글의 유형 ○읽기와 맥락	○낱말 및 문장의 이해 ○내용 확인　　○추론 ○평가와 감상 ○읽기 과정의 점검과 조정	○가치와 중요성 ○동기와 흥미 ○읽기의 생활화

'내용 체계'만 살펴보면 '실제'를 1차 조직자로 부각시켰던 2007 교육 과정의 방향은 계속 지켰던 것으로 보인다.[25] '맥락' 범주가 없어지고 '태도' 범주 다시 살아난 것은 '맥락'이 교육 과정이나 교과서에서 뚜렷하게 자리를 잡지 못해서라고 생각한다.[26] '지식' 범주에 들어 있던 '매체'가 '실제' 범주에 들어 있는 것, '맥락'이 지식의 하위 범주로 들어 있는 것이 2007 교육 과정과 두드러진 차이라 하겠다. 그리고 '실제' 범주가 2007년에는 '정보 전달, 설득, 사회적 상호작용, 정서 표현'으로 분류했던 것을 2011년에는 '정보 전달, 설득, 친교 및 정서 표현'으로 분류했다.

---

24) 천경록(2011), 한국의 국어과 교육 과정 정책 분석, 각국의 자국어 정책과 국어 교육, 제13회 한국어교육 국제학술회의 자료집, 서울대학교 국어교육연구소, p.119.

25) 2011 국어과 교육 과정 개정을 위한 교육 과정 개발 방향 공청회(2011년 7월 9일) 자료선 2007 개정 교육 과정과 마찬가지로 실제 범주를 상위 범주(1차 조직자)로 설정하고 '지식, 기능, 태도' 범주가 실제 범주의 규정을 받는 하위 범주(2차 조직자)로 설정하였다고 기술하고 있다.

26) 태도 범주가 다시 살아난 것은 현장의 목소리를 반영한 결과라고 2011년 교육 과정 개정 작업을 맡았던 팀은 말하고 있다.

2011 교육 과정은 해설서를 따로 두지 않았기 때문에 '내용 체계'와 '학년급별 세부 내용' (학년군 성취 기준-영역 성취 기준-내용 성취 기준-국어 자료의 예)과의 관계가 분명하게 기술되어 있지 않다. 그리고, 교육 과정의 체제 속에서 '내용 체계'의 위상도 뚜렷하지 못하다.

2011 개정 교육 과정은 '내용 체계' 아래에 학년군 성취 기준을 두고 있다. 이 학년군 성취 기준을 살펴보면, '초보적 국어 능력-기초적 국어 능력-핵심적 국어 능력-통합적 국어 능력'으로 학년군의 차이를 부각시키고, '듣기·말하기, 읽기, 쓰기, 문법, 문학' 5영역의 성취 기준을 제시하고 있다. 그리고 내용 성취 기준(내용)을 두고 있다. 영역별로 내용 성취 기준을 제시하고 난 다음, 국어 자료의 예를 두고, 국어 자료로 '담화', '글', '문학 작품'을 제시하고 있다.

학년군 성취 기준과 영역 성취 기준의 관계는 점차 상세화로 가면서 자세한 기준을 두고 있다. 그러나 대강화와 상세화를 놓고 보았을 때 학년군 성취 기준는 대강화를, 영역 성취 기준은 상세화를 지향한다고 할 수 있겠으나 〈표 8〉을 보면 여전히 학년군 성취 기준을 벗어나지 못하고 있다. 학년군 성취 기준의 앞 두 문장은 그 학년군에서 성취해야 할 목표를 제시하고 있다. 첫 문장에서 '초보적 국어 능력-기초적 국어 능력-핵심적 국어 능력-통합적 국어 능력'으로 목표를 진술하고, 다음 문장에서 구체적으로 '초보적 국어 능력-기초적 국어 능력-핵심적 국어 능력-통합적 국어 능력'에 대해 기술하고 있다. 그 다음, 듣기·말하기 (①), 읽기(②), 쓰기(③), 문법(④), 문학(⑤)에 관한 목표를 언급하고 있는데, 이 부분은 영역 성취 기준과 대동소이하다는 것이다. 그렇다면 영역 성취 기준을 없애든지, 학년군 성취 기준 중, 후반부를 영역 성취 기준으로 두든지 하는 게 보다 합리적이라고 생각된다.

1~2학년군의 성취 기준을 살펴보면 앞의 두 문장(일상생활과~찾는다)은 2개 학년 동안 성취 기준으로 모자람이 없다. 3~4학년군, 5~6학년군, 7~9학년군도 마찬가지로 앞의 두 문장으로 각 학년군의 성취 기준으로서 모자람이 없다. 그 밑에 듣기·말하기(①), 읽기(②), 쓰기(③), 문법(④), 문학(⑤) 영역의 성취 기준을 제시하고 있다. 학년군 성취 기준을 〈표 8〉과 같이 제시한 것을 보면 영역 성취 기준을 따로 내세울 필요가 없다.

<표 8> 학년군 '성취 기준'(2011 교육 과정)

목표-1학년부터 9학년까지의 목표(전문과 3항의 목표)			
학년군	1-2 학년군	3-4 학년군	5-6 학년군	7-9 학년군
학년군 성취 기준	일상생활과 학습에 필요한 초보적 국어 능력을 갖춘다./자신의 경험을 바탕으로 국어 생활에 즐겁게 참여하여 국어 생활에 대한 관심을 자기 주변에서 찾는다. 대화와 발표 상황에 바른 자세로 즐겁게 참여하고,① 글을 정확하게 소리 내어 읽으며,② 자기의 주변에서 보고 느낀 것을 글로 쓴다.③ 기초 어휘를 익히면서 국어에 대해 관심을 가지고,④ 문학이 주는 즐거움을 경험한다.⑤	일상생활과 학습에 필요한 기초적 국어 능력을 갖춘다./대상과 상대를 고려하여 국어 생활을 효과적으로 수행하며 국어 생활에 대한 관심을 일상생활과 이웃으로 넓혀 간다. 공적인 상황에서 분명하게 의사소통하고,① 글의 내용을 명확하게 파악하며,② 자신의 생각이 잘 드러나게 글을 쓴다.③ 어휘의 다양한 특성을 이해하고 문장을 자연스럽게 쓰며,④ 문학 작품을 읽고 자신의 말로 표현한다.⑤	일상생활과 학습에 필요한 핵심적 국어 능력을 갖춘다./상황과 목적을 고려하여 국어 생활을 능동적으로 수행하며 국어 생활에 대한 관심을 다양한 사회 현상으로 넓혀 간다. 여러 상황에서 목적에 맞게 의사소통하고,① 글의 의미를 능동적으로 구성하며 읽고,② 독자와 목적을 고려하여 글을 쓴다.③ 어휘 의식을 높이고 국어 문화의 특성을 이해하며,④ 문학 작품에 대한 해석의 근거를 찾아 구체화하고 문학 작품이 지닌 개인적·사회적 의미를 이해한다.⑤	일상생활과 학습에 필요한 통합적인 국어 능력을 갖춘다./ 상대의 의도를 고려하여 상호작용하고 국어 생활에 대한 관심을 다양한 국어 문화의 세계로 넓혀 간다. 여러 상황에 적합하게 효과적으로 의사소통하고,① 여러 유형의 글을 비판적으로 읽으며,② 표현 효과를 고려하면서 글을 쓴다.③ 어휘 능력을 확장하고 국어 문법의 주요 내용을 종합적으로 이해하며,④ 문학 작품을 다양하면서도 주체적인 관점으로 해석한다.⑤

'내용 체계'는 '학년군 성취 기준'과의 관계와 '내용 성취 기준'과의 관계를 놓고 봤을 때, '내용 성취 기준'과 긴밀한 관계를 맺고 있어야 한다. '내용 성취 기준'은 구체적으로 그 학년군에서 배워야 할, 학습 내용을 제시하는 것이므로 '어떤 축'이 기준이 되고 있는지를 '내용 체계'는 제시해 주어야 한다. 6차, 7차는 '본질, 원리, 태도'를 고루 제시하고 있지만, '원리'가 가장 중요한 축이 되고 있다. 2007 교육 과정은 '실제'가 가장 중요한 축이 되고 있음을 분명히 밝히고 있다. 2011 교육 과정은 '내용 체계'에서 드러난 것은 2007과 크게 다르지 않은데, 내용 성취 기준을 살펴보면 중심축을 찾아보기 어렵다. 〈표 9〉에서 읽기 영역 내용 성취 기준을 살펴보면, (1)~(11)항의 순서가 의미하는 바가 무엇인지도 전혀 나타나지 않는다. 실제, 지식, 기능, 태도 범주 중, 어느 범주를 중심으로 고려한 것인지 알 수

없다. 학습의 난이도도 물론 아니다.[27]

<표 9> 중학교 읽기 내용 '성취 기준'(2011 교육 과정)

내용 성취 기준	(1) 지식과 경험, 글의 정보, 읽기 맥락을 토대로 내용을 예측하며 글을 읽는다. ─지식+기능 (2) 글이나 매체에 제시된 다양한 자료의 효과와 적절성을 평가하며 읽는다. ─실제+기능 (3) 읽기 목적에 따라 적절한 방법으로 글의 내용을 요약한다. ─지식+기능 (4) 설명 방식을 파악하며 설명하는 글을 읽는다. ─지식+실제 (5) 논증 방식을 파악하며 주장하는 글을 읽는다. ─지식+실제 (6) 글의 내용을 토대로 질문을 생성하며 능동적으로 글을 읽는다. ─기능+태도 (7) 동일한 대상을 다룬 서로 다른 글을 읽고 관점과 내용의 차이를 비교한다. ─기능 (8) 글의 표현 방식을 파악하고 표현의 효과를 평가한다. ─기능 (9) 자신의 삶과 관련지으며 글의 의미를 해석하고 독자의 정체성을 형성한다. ─태도 (10)읽기의 과정과 원리를 이해하고 자신의 읽기 과정을 점검하고 조절한다. ─지식+기능 (11)읽기의 가치와 중요성을 깨닫고, 읽기를 생활화하려는 태도를 지닌다. ─태도

위의 읽기 영역의 성취 기준들에서 중심축을 찾기는 어렵다. 2007 교육 과정과 같이 '실제'가 중심축이 되고 있지 않다. 2007 개정 교육 과정에서는 학년별 내용에서 '실제'가 중심축임을 보여 주고 있는데 2011년 개정 교육 과정은 그렇지 않다. '실제'에 해당하는 것이 2007 교육 과정 같이 영역별 학년별 내용이 시작되는 서두에 제시하지 않고, 학년군별 영역별 성취 기준을 제시하고 난 다음, 마지막에 '국어 자료의 예'로서 '담화, 글, 문학 작품'을 제시하고 있다. 이것을 보아도 '실제'가 중심축이 될 수는 없다. '실제'가 아닌 '기능'을 중심축으로 보고 있지도 않다. 〈표 9〉를 보면, 각 항목의 진술이 지식+기능, 실제+기능, 지식+실제, 태도 등으로 되어 있다. (1)~(11)의 배열이 난이도에 따른 것이라 해도 설명이 옹색하다.

중학교 읽기, 쓰기 영역의 내용 성취 기준에 따른 '국어 자료의 예'(글)는 다음과 같다.

-학습자의 지식과 경험, 수준에 맞는 설명문
-비교, 대조, 분류, 분석, 정의 등의 설명 방식이 잘 나타난 설명문
-관찰, 조사, 실험한 내용을 바탕으로 절차와 결과가 드러나게 쓴 보고하는 글

---

27) 학년군 교육 과정을 도입했음에도 교과서를 편찬 단계에 와서 학년별로 교육 과정의 세부 내용을 나누었다고 한다. 읽기 영역은 위에서부터 (1)-(4) 1학년, (5)-(7) 2학년, (8)-(11) 3학년을 나누었다고 한다. 학년군을 시도한 교육 과정의 의도가 없어지면서 각 학년의 읽기 교육이 파행적으로 이루어 질 수밖에 없다. 예를 들어 태도와 관련되는 항목은 3학년에만, 1학년에는 설명문만, 2학년에서는 논설문만 학습하게 되어 있다. 학년별로 교과서를 편찬할 때 고려해야 할 사항은 (1)~(11)항을 기계적으로 나누는 게 아닌 (1)~(11)항이 3개 학년 동안 나선형으로 되풀이되어야 할 것이다.

-의견의 차이가 드러나는 문제에 대해 타당한 근거를 들어 주장하는 글
-학교나 지역 사회에서 일어난 일을 소재로 하여 건의하는 글
-주장과 근거가 분명한 논설문이나 시평
-글감이나 대상이 같은 둘 이상의 사설, 기사문
-시대적, 사회적 배경이 잘 드러나는 글, 전기문이나 평전
-생활 체험을 바탕으로 자신의 생각이나 느낌을 담은 수필
-자신의 삶을 성찰하는 자서전이나 삶에 대해 계획하는 글
-읽기의 과정과 원리를 설명한 글
-매체 특성이 잘 나타난 문자 메시지, 전자 우편, 인터넷 게시판, 블로그 등

위의 '글'은 읽기 영역이나 쓰기 영역의 성취 기준을 도달하기 위하여 제재를 선택할 때 도움을 준다. '~예'에 속하는 것으로 구속력은 '없다'라고 하겠지만 2007 교육 과정에서의 교과서 편찬 경험에 비추어 '국어 자료의 예'는 상당한 강제성을 지닐 것이다. '실제'가 1차 조직자로서 역할을 한다는 것은 공청회 자료에서 밝히고 있다. 그렇다면 '국어 자료의 예'가 교육 과정 체제에서 대단한 구속력으로 다가와야 할 텐데, 3차 교육 과정 때와 같이 상당히 형식적인 것에 지나지 않을 처지에 있는 것 같다. 내용 성취 기준에 각 항목에 대한 해설을 주고 있기 때문에 어떤 자료를 가지고 수업을 해야 할지에 대한 아이디어를 주고 있기 때문이다.

2011 개정 국어과 교육 과정은 '목표/내용의 영역과 기준-가. 내용 체계, 나. 학년군별 세부 내용/교수-학습 방법/평가'의 체제를 가지고 있으나, 교육 과정 체제에 대해 별 신경을 쓰지 않은 것 같다. 학년 목표(학년군 목표)가 6차, 7차, 2007 교육 과정까지 없었던 것이 부활되면서 '내용 체계'와의 연관성을 어떻게 가질지에 대해 고민한 흔적을 찾기 어렵다. '체계'가 흐트러져 있다는 것은 계획부터 마무리에 이르기까지 일관성을 가지고 교육을 이끌어 가기 힘들다. 학년별 목표가 없어지면서 '내용 체계'가 교육 과정에 들어왔다. 학년군 성취 기준과 영역 성취 기준이 '내용 체계'와 연관 지어 학년별로 무엇을 학습해야 하는지 이해하는 데 도움이 되지 않는다. 내용 성취 기준도 '내용 체계'를 크게 염두에 두고 있지 않다. 2011 개정 국어과 교육 과정에 들어오면서 교육 과정 체제에서 '내용 체계'의 존재 의의가 많이 쇄락했음을 알 수 있다.

4. 나오며

　6차 교육 과정부터 '내용 체계'가 교육 과정의 체계 속으로 들어왔다. 매 학년마다 학년 목표를 구별지어 진술하는 것이 그동안 교육 과정 개정 작업에 있어 가장 어려운 문제였는데, 이런 문제가 교육 과정 체제에서 학년 목표가 없어지고, '내용 체계'가 들어옴으로써 해결되었다. 학년 목표와 '내용 체계'의 역할이 완전히 일치하는 것은 아니었지만, 국어과 교육에서 학습할 내용을 일목요연하게 보여줄 수 있었고, 학년별, 영역별로 학습할 내용을 체계적으로 보여주었다. 6차, 7차 교육 과정에서는 '본질, 원리, 태도, 실제' 중 '원리'가 중심축이었다. 7차 교육 과정에선 6차에 비해 훨씬 체계화된 모습을 보이고 있으나, '분절적인' 교육 과정으로 비판을 받았다. 2007 교육 과정은 '실제, 지식, 기능, 맥락' 중, '실제'가 중심축이었다. '실제'가 1차 조직자가 됨으로 7차의 분절적인 면에서 통합적인 면이 두드러지게 2007 교육 과정을 개정하였다. 2011 교육 과정은 '내용 체계'를 '실제, 지식, 기능, 태도'로 구성하고, '실제'가 여전히 1차 조직자로 중심축의 구실을 한다고 이야기하고 있다. '내용 체계'는 2007 교육 과정의 방향을 따르고 있으나, 2011 교육 과정은 학년군 교육 과정을 지향하고 있어, 교육 과정 체제 자체가 변화를 가져 와야 했음에도 불구하고 체계화에는 신경 쓰지 못한 것 같다. '내용 체계'와 '학년군 세부 내용'의 관계에서 '내용 체계'가 그 의미가 돋보이지 않는다. 2011 교육 과정에서의 '내용 체계'는 그 위상이 뚜렷하지 않다고 하겠다.

　6차부터 교육 과정에 들어온 '내용 체계'가 언어 기능 이론의 발전에 기여한 바 크지만, 문법, 문학 영역의 발전은 그에 못하다. 문법 영역과 문학 영역의 '내용 체계'는 따로 논의를 필요로 한다. 선택 과목도 '내용 체계'를 도입하고 있으나 이것도 별도의 논의가 필요하다. 선택 과목의 '내용 체계'는 세부 내용의 차례를 보여 주는 역할을 한다고 할 수 있다.

　국어과 교육 과정은 국어과 교육의 청사진 구실을 한다. 그 중에서 '내용 체계'는 국어과 교육에서 무엇을 가르칠 것인지를 일목요연하게 보여주는 것이다. 2009년, 2011년 급박하게 교육 과정 개정이 이루어졌다. 지금부터라도 교육 과정의 체계를 반듯하게 하는 노력이 있어야 할 것이다.

참고문헌

구영산(2011). 국어교육 정책 종결 과정에서 형성된 고교 선택 과목에서의 '선택'의 의미-'매체 언어' 과목(명)의 폐지를 중심으로-, 각국의 자국어 정책과 국어교육. 서울대학교 국어교육연구소. 제13회 한국어교육 국제학술 회의 자료집.

김재춘(2010). 국어과, 수학과, 영어과 교육 과정 개선 방향. 2009 개정 교육 과정에 따른 교과 교육 과정 개선 방향. 국가교육과학기술자문회의 교육 과정 위원회.

김혜정(2013). 2007 읽기 독서 교육 과정의 성과와 과제: 장르 중심 구성과 맥락 요소를 중심으로, 독서연구 제29호, 한국독서학회.

노명완 · 손영애 외(1986). 제5차 초 · 중학교 국어과 교육 과정 시안 연구 개발, 한국교육개발원.

박영목(1997). 쓰기 영역 교육 과정 설계의 원리와 절차. 쓰기 영역 교육 과정 내용의 체계화 연구. 서울대학교 교육종합연구원 국어교육연구소 연구보고서.

박영목 · 손영애(1992). 제6차 교육 과정 각론 개정 연구-고등학교 국어과-. 한국교육개발원.

서종훈(2011). 2009년 개정 국어과 교육 과정에 대한 비판적 고찰. 우리말교육현장연구. 우리말교육현장학회.

손영애(1984). 중학교 국어과 교육 과정 국제 동향 연구. 한국교육개발원.

손영애(1996). 읽기 영역 지도 내용 체계화 방안(II). 읽기 영역 교육 과정 내용의 체계화 연구. 국어교육연구소 학술발표회 자료집.

손영애(2004). 국어과 교육의 이론과 실제. 박이정.

손영애(2005). 새로운 국어과 교육 과정 개정에 관한 小論. 국어교육학연구 제23집. 국어교육학회.

손영애(2009). 국어과 교육 과정 변천사-'교수-학습 방법'을 중심으로-. 국어교육 130. 한국어교육학회.

이인제 외(1997). 제7차 국어과 교육 과정 개발 연구. 한국교육개발원 교육과정개정연구위원회.

천경록(1997). 말하기 · 듣기의 교육 내용 구성과 교과서 개발. 말하기 · 듣기 영역 교육 과정 내용의 체계화 연구. 서울대학교 교육종합연구원 국어교육연구소 연구보고서.

천경록(2011). 한국의 국어과 교육 과정 정책 분석. 각국의 자국어 정책과 국어 교육. 제13회 한국어교육 국제학술회의 자료집. 서울대학교 국어교육연구소.

한국어교육학회 외 4개 학회(2011). 2011 개정 국어과 교육 과정의 개정 과정에 대한 점검과 실행 방안. 2011 개정 국어과 교육 과정에 대한 국어교육 관련 학회의 연합 학술대회 자료집.

2011 국어과 교육 과정 개정을 위한 교육 과정 개발 방향 공청회 자료집(2011년 7월 9일)

문교부(1988). 국민학교 교육 과정 해설.

문교부(1988). 중학교 국어과 교육 과정 해설.

문교부(1989). 고등학교 국어과 교육 과정 해설.

문교부(1986). 교육 과정(1946~1981) 국어과 · 한문과.

교육부(1992). 국민학교, 중학교, 고등학교 국어과 교육 과정.

교육부(1997). 국어과 교육 과정.

교육부(1999). 중학교 교육 과정 해설(II).

교육인적자원부(2007). 국어과 교육 과정.

교육과학기술부(2008). 중학교 교육 과정 해설(II).

교육과학기술부(2011). 국어과 교육 과정

국어과 교육 과정에서 '교수-학습 방법'에 관한 小論*

1. 머리말

　2007 개정 국어과 교육 과정은 국어과 교육에 있어 많은 변화를 예고하고 있다. 국어과는 부분 개정이란 용어를 쓰기에 부적절할 정도로 많은 변화를 시도하고 있다. 이 변화가 현장에서 어느 정도 효율성 있게 정착될지는 아직 미지수이다. 2007 개정 국어과 교육 과정이 의도하고 있는 국어과 교육이 '새로운 패러다임'으로 자리 잡을지는 국정에서 검인정으로 바뀐 새로운 교과서 편찬 제도의 변화와 함께 눈여겨 볼 부분이다.[1]

　제7차 교육 과정이 고시된 지 10년, 그동안 학문공동체는 여러 분야에서 괄목할 만한 연구 성과를 축적해 왔고 현장의 국어 교사 및 연구자들은 7차의 문제점들을 끊임없이 비판

---

* 이 글은 2009년 국어 교육 130(한국어교육학회)에 실렸던 것을 수정 · 보완하였다.

1) 중 · 고등학교 국어교과서는 7차까지 국정이었으나 2010년부터 중학교 1학년부터 연차적으로, 고등학교 국어 과목은 2011년부터 검인정 교과서가 쓰였다.

해 왔다. 국어과 교육 안팎에서 제기된 다양한 비판과 요구를 체계적으로 반영하여 2007년에 국어과 교육 과정이 고시되었고 그에 터해 교과서 개발 작업이 진행되고 있다. 7학년부터 10학년까지의 교과서가 검인정으로 개발되므로 각 학교에서 교과서를 선정하는 과정을 거치게 되고 그 과정에서 선정의 주체는 교사가 될 것이므로 교과서를 보는 안목, 교육 과정의 의도를 파악하는 안목을 길러야 할 필요가 있다.

제7차 국어과 교육 과정을 현장에 실현하면서 부각된 문제들로 1) 개별적이고 단편적인 내용 요소 중심의 교육 내용 선정, 2) 실제와 내용 간, 내용 간의 분절성, 3) 담화와 글의 수용, 생산 활동에 작용하는 맥락에 대한 관심 부족, 4) 교육 내용의 타당성, 적정성, 연계성 부족, 5) 교육 과정에 대한 정확하고 원활한 소통을 돕는 정보의 부족 등을 들고 있다.[2] 이런 문제 의식을 갖고 개정의 중점 사항으로, ○담화와 글의 수용, 생산 중심의 국어 교육 지향, ○실제와 내용 요소 간의 관련성, 내용 요소 간의 통합성 강조, ○학교 수준에서의 수준별 교육 지향, ○담화와 글의 생산, 수용 활동에 작용하는 맥락 강조, ○교육 내용의 타당성, 적정성, 연계성 강화, ○다양한 정보 제공을 통한 소통성의 강화, ○언어 환경의 변화에 따른 '매체' 관련 내용의 확대를 들고 있다.

수용, 생산 중심의 국어과 교육을 지향하고, 실제와 내용 요소 간의 관련성과 내용 요소 간의 통합성을 강조하며, 학교 수준에서의 수준별 교육 지향하고 맥락을 강조하고 있지만, 이것은 실제 교실 수업에 따라 성패가 드러나는 것이다. 이 말은 교육 과정의 의도를 실현하기 위해서는 현장과 교육 과정 개발자와의 합일이 필요하다는 것이다. 그리고 교육 내용의 타당성, 적정성, 연계성을 강화하겠다는 의도는 교육 과정 개정 시 항상 화두가 되는 것이지만 말만으로 그치지 않고 개선을 시도하려면 많은 문제를 해결하겠다는 의지가 필요하다.[3] 또 2007 개정에서는 교육 과정의 의도가 현장에 잘 전달될 수 있도록 다양한 정보 제공을 통한 소통성의 강화를 들고 있다. 현장 적합성을 알아보기 위해 교육 과정 개정 절차의 하나로 '현장 검토'를 설정한 것은 이러한 노력의 하나로 짐작할 수 있다. 또 언어 환경의 변화에 따른 '매체' 관련 내용의 확대를 개정의 중점 사항의 한 가지로 들고 있는데, 이것은 2007 개정 국어과 교육 과정이 교사들에게 다가가기 어렵게 하는 요소가 될 수 있다. 새로운 내용 요소가 자리잡는 데는 상당한 시간이 필요한 것으로 생각된다.

---

2) 교육인적자원부 고시 제2007-79호에 따른 중학교 교육 과정 해설(II) 국어, 도덕, 사회, pp.3~7.
3) 학습 내용의 적절성의 경우, 성취 기준, 내용 요소의 예를 기계적으로 살펴보더라도 7차보다 학습의 양이 많다.

이런 교육 과정의 의도가 현장에서 자리잡기 위해서는 '어떻게'가 구체적으로 제시될 필요가 있다. 본고는 이 부분의 교육 과정(교수-학습 방법)을 중점적으로 보고자 한다. 해방 이후 70여 년 동안 나름대로 국어과 교육의 발전을 의도하면서 '국어과 교육 과정'을 개정 고시해 왔다. 제1차부터 교실 현장에서의 교육 과정 실현을 위해 어떤 장치를 해 왔는지 살펴보고 2007 개정 국어과 교육 과정의 '교수-학습 방법'을 면밀히 살펴보고, 교재(교과서)와 수업 현장에서 어떻게 실현되어야 할지 살펴보고자 한다, 2007 개정 국어과 교육 과정은 교과서 편찬 제도가 바뀜으로써 교재의 구성 혹은 재구성하는 교사의 역할이 더욱 중요함으로 교육 과정에 제시된 '교수-학습 방법'을 면밀히 살펴볼 필요가 있다. 이런 측면의 고찰은 현장에서의 국어과 교육의 실천과 다음 개정에 밑거름이 되기 위함이다.

2. 국어과 교육 과정에 제시된 '교수-학습 방법'

교육 과정은 무엇을 누구에게 어떻게 가르치고 평가할 것인지에 관한 일련의 학교 교육의 뼈대를 보여주는 것이다. 교육 과정은 '성격, 목표, 내용, 교수-학습 방법, 평가'라는 체제를 갖고 있는데, 가르칠 내용이 제시되고 이것을 어떻게 가르칠 것인지(교수 학습 방법), 어떻게 평가할 것인지(평가)를 제시하는 것은 교육 과정의 실현을 위해 대단히 중요하다. 교수-학습 방법이나 평가에 관한 지침이 구체적일수록 현장의 사용자에게 선택의 여지가 더 주어진다는 점에서 긍정적인 구실을 할 수 있다. 교육 과정의 '내용'이 의도대로 현장에 적용될 수 있게 여러 가지 장치를 마련하는 것도 이 부분에서 해야 한다.

2.1. 제1차~제3차 국어과 교육 과정4)

제1차~제3차의 국어과 교육 과정은 4영역(말하기, 듣기, 읽기, 쓰기) 체제로 구성되어 있다. 이 시기는 지식 위주의 국어과 교육을 지양하고 기능 위주의 국어과 교육을 하고자 하였다. 이러한 모습은 교육 과정의 면면을 통해 알 수 있다. 그럼에도 불구하고 현실의

---

4) 제1차부터 제7차와 2007 개정 국어과 교육 과정까지를 제1차~제3차와 제4차~제7차, 2007년 개정 국어과 교육 과정으로 나누어서 살펴보는 것은 전자는 4영역 체계를 갖고 있고 후자는 크게 보아 6영역 체계를 갖고 있기 때문이다(4차는 3영역 체계이나, 학년별 내용에는 말하기, 듣기, 읽기, 쓰기, 언어, 문학의 6영역으로 되어 있다).

국어과 교육은 역으로 지식 위주의 국어과 교육이 승했던 시기이다.

　제1차 중학교 국어과 교육 과정에는 '지도상의 유의점'을 제시하지 않았지만, '1. 우리나라의 교육 목적과 국어 교육'에서 어떻게 가르쳐야 하는지, 어디에 초점을 두고 지도해야 하는지를 자세히 말하고 있다.[5] 제2차 중학교 국어과 교육 과정에서는 체계적이고 구체적으로 어떻게 가르칠 것인지를 제시하지는 못했지만, '지도상의 유의점'에서 다음과 같은 지침을 주고 있다.[6]

　　〈2차〉 중학교
　　IV. 지도상의 유의점
　　　1. 학습 지도에 있어서는 교과서 중심에 치우치거나 분과 학습의 형태를 취하지 말고, 단원 학습에 기반을 두어 종합적인 지도를 할 것.
　　　2. 국어과의 지도는 국어 시간 및 기타 모든 교과 활동과 교과 외 활동에서 지도하여 그 실효를 거두도록 할 것.
　　　3. 단원 학습의 본질을 살려서 학습 문제를 중심으로 풍부한 자료를 선택 이용하며 획일적인 지도 방법을 지양하여 특히 음성 언어와 창작 지도에 힘쓰도록 할 것.
　　　4. 학습 지도에 있어서는 학생의 개인차와 남녀별 심신의 발달 상태에 유의하며, 적절한 방법을 적용하여 특히 기초 학력의 충실을 기할 것.
　　　5. 문법은 국어의 정확한 사용을 목표로 하여, 생활에서 활용되는 어법을 중심으로 지도하고 학문적 체계에 치중하지 않도록 할 것.
　　　6. 각 학교는 지방의 실정과 학생의 실태를 고려하여 교육 과정을 재구성하여 지도의 중점을 설정하고 이를 구체화하도록 힘쓸 것.
　　　7. 지역의 특수성을 고려하여 단원을 설정할 때에도
　　　　(1) 사회 형성의 기능
　　　　(2) 인간 형성의 기능
　　　　(3) 문화 전달의 기능
　　　　등 언어의 기능을 고려하여 이를 만족시키도록 할 것.
　　　8. 따로 보충 단원을 마련하여 학습 지도를 할 때에는 학습 내용에 예시된
　　　　(1) 기초적인 언어 능력

---

5) 문교부(1986), 교육 과정(1946-1981) 국어과 · 한문과 pp.106-114.
6) 제1차 국민학교 교육 과정에는 '국민 학교 국어과 지도 방법'이라 하고 교수-학습 방법에 관한 사항을 제시하고 있다.

(2) 언어 사용의 기술

　　　(3) 언어 문화의 체험과 창조 등을 참고하여 지역과 학생의 특수성을 살리도록
　　　　할 것.

　9. 단원 학습을 전개할 때에는 항상 다음과 같은 준비를 갖추고, 계획적인 활동을
　　　거쳐서 평가하고 재계획하도록 힘쓸 것.

　　　(1) 단원의 목표

　　　(2) 단원의 내용

　　　(3) 자료의 수집

　　　(4) 도입

　　　(5) 기본적 지도

　　　(6) 발전적 활동

　　　(7) 평가

　10. 학생들의 자발적인 학습 활동을 장려하여 독서 습관을 기르고, 양서를 선택하
　　　여 취미를 신장시키도록 힘쓸 것.

　11. 학생들의 언어 실태와 지역적 특성을 자각하도록 하여, 모든 교육 활동에서
　　　항상 언어 순화에 힘쓰도록 할 것.

　　　　　　　(*밑줄은 필자가 그은 것임. 7번과 8번은 의도적으로 편집한 것임.)

　제2차 중학교 '지도상의 유의점'을 살펴보면, 국어과의 도구적 성격을 밝히고 있음을 알 수 있다. 종합적인 지도를 할 것을 지침으로 제시하고 있는데, 이 부분은 영역의 통합, 연계와 같은 의미로 쓰였다고 하겠다. 그리고 다른 교과나, 교과 외 활동에서도 국어 지도를 할 것 권하고 있는데, 이 항목은 상당 부분 구체적인 기능에 관심을 두기보다는(미시적 접근), 기능의 숙달이 이루어지고 난 다음 할 수 있는 거시적 접근에 관심을 갖고 있다.

　음성 언어와 창작 지도를 강조하고 있는데, 이를 통해 오늘날의 국어과 교육과 같이 음성 언어 교육이 잘 안 되고 있는 점, 쓰기 지도(창작 지도)가 잘 안 되고 있다는 걸 알 수 있다. 그리고 기초 학력의 충실을 강조하고 있고, 문법 지도는 학문적 체계에 치중하지 말 것을 말하고 있다. 지식 위주의 문법 교육, 지나치게 전문적인 내용에 치우치는 문법 교육을 지양할 것을 이야기하고 있는 작금의 문법 교육을 보는 듯하다.

　그리고 교육의 지방화를 위해 교육 과정의 재구성을 말하고 있다. 단원 구성 시, 사회 형성 기능, 인간 형성 기능, 문화 전달 기능 등의 언어 기능을 만족시킬 수 있어야 하며 지역과 학생의 특수성을 살리되, 기초적인 언어 능력, 언어 사용 기술, 언어 문화의 체험과

창조 등을 교육 과정의 학습 내용에 예시된 것을 참고할 것을 이야기하고 있다. 어느 정도 실현이 가능했을지는 알 수 없으나 이 시기 교육이 지방화를 강조하고 있음을 알 수 있다. 국가 수준의 교육 과정을 참고하여 그 지역에, 학생의 특수성에 부합되는 교육을 할 것을 말하고 있는 것이다.

단원 전개의 체제를 보여주고 있으며, 자발적인 학습 활동을 장려하고 좋은 독서 습관을 기르며, 언어 순화에 힘쓸 것을 말하고 있다. 자기주도적 학습을 강조하고 있는 지금의 교육 과정과 맥락이 닿아 있다고 할 수 있다.

중학교 교육 과정을 살펴볼 때 2차에 와서 처음으로 '지도상의 유의점'을 만나게 된다. 교육 과정을 실현하는데 이런 것을 반드시 지켜줄 것을 요구하고 있는데, 지금도 유의해야 할 내용이라는 것을 알 수 있다.

제3차 교육 과정은 전체적으로 체계를 잘 갖춘 모습을 보여주고 있다. 목표와 내용 등이 체계를 갖추고 있으나 '지도상의 유의점'은 2차와 크게 다르지 않은 모양을 보여준다.[7] 국어

---

7) 3차 중학교 교육 과정에 제시된 지도상의 유의점은 다음과 같다.
   다. 지도상의 유의점
     (1) 국어 교육은 국어과의 교육 활동뿐 아니라 교육 활동 전반을 통하여 이루어지므로, 국어과는 중학생의 언어 생활을 원활히 할 수 있는 바탕을 마련하기 위하여, 다른 교과 및 특별 활동과 유기적인 관련을 가지고 국어 학습의 기본 사항을 다루며, 나아가 이를 활동의 선도적 역할을 담당하도록 한다.
     (2) 국어과의 지도에 있어서는 국어 사용의 기능뿐 아니라 국어를 통한 문화의 계승과 가치의 체득, 실천면도 동시에 강조되어야 한다.
     (3) 각 영역에서 얻은 이해, 태도, 기능은 곧 다른 영역에 전이될 수 있도록 지도한다.
     (4) 중학생의 언어 현실에 항상 관심을 두고 언어 순화에 힘쓰도록 지도한다.
     (5) 말하기 · 듣기 · 읽기 · 쓰기의 기회를 계획적으로 고루 주도록 한다.
     (6) 말하기와 듣기는 편의상 구분하였으나, 실제의 지도에 있어서는 종합적으로 다루도록 한다.
     (7) 어조와 발음의 지도
     (8) 읽기는 독해력 양성에 힘씀은 물론 독서 활동을 활발히 할 수 있도록 제재 선정의 기준에 따라 풍부한 읽을거리를 선정하여 지도한다.
     (9) 문학 작품의 읽기는 현대 국어의 정서법에 따라 옮긴 우리나라 고전과 우리나라의 현대 작품을 위주로 하고, 한문으로 된 우리나라 문학 작품과 외국의 문학 작품을 현대 국어로 번역하여 여기 더하도록 한다.
     (10) 연출은 편의상 읽기 영역에 포함시켰으나 독립된 창조 활동의 하나이므로 교육적인 계획 아래 연출의 체험을 가지도록 하되, 다른 학습 활동에 지장을 주지 않아야 한다.
     (11) 어법, 정서법
     (12) 글짓기는 글짓기 능력을 기름은 물론 글짓기로써 학생의 생활을 풍부히 할 수 있도록 하여야 하므로 글짓기에 대한 지식의 과다한 주입에 치우치지 말고 실제로 글을 쓰는 기회를 계획적으로 많이 주도록 한다.
     (13) 글씨쓰기는 바르고 아름답게 쓸 수 있도록 지도하여야 한다.   (*밑줄-필자)

활동이 국어과 뿐 아니라 모든 교과 활동에서 이루어지는 것임을 강조하여 국어과가 선도적인 역할을 담당해야 함을 밝히고 있다. 국어과의 방법 교과, 도구 교과로서의 역할을 강조하고 있으며 각 영역에서 익힌 이해, 태도, 기능이 다른 영역에 전이될 수 있도록 말하고 있다. 언어 순화를 강조함은 2차 교육 과정과 같다.

각 영역의 지도에 있어서 네 영역을 고루 지도할 것, 말하기와 듣기는 종합적으로 다룰 것, 읽기는 독해력 양성에 힘쓰며 독서 활동을 활발히 할 것, 문학 작품의 읽기에 있어 기준을 분명히 제시하고 있다. 연출을 독립된 창조 활동으로 경험할 수 있게 할 것, 글짓기의 기회를 계획적으로 많이 줄 것, 글씨는 바르고 아름답게 쓸 수 있도록 할 것 등을 제시하고 있다. 그리고 말하기와 듣기를 언급하면서 어조와 발음의 문제를 다루고 있고 글짓기를 언급하면서 어법과 정서법을 자세히 다루고 있다. 3차에 있어서도 거시적 독서 지도를 강조하고 있다. 2차와 같이 수업 시 단원 전개의 체계를 보여주고 있지는 않다. 제3차에서는 '제재 선정의 기준'을 따로 두어 교과서 개발 시 어떤 주제의 제재를 사용해야 할지 보여주고 있다. 이런 성격의 '제재 선정의 기준'이 지금까지 교육 과정의 한 부분이 되고 있다.

2.2. 제4차~제7차, 2007 개정 국어과 교육 과정

제4차는 말하기, 듣기, 읽기, 쓰기 영역에 분산되어 있던 '문법'과 '문학'을 독립시켜, '표현·이해(듣기, 말하기, 읽기, 쓰기), 언어, 문학'의 3영역 체제로, 제5차~제7차, 2007 시기는 '듣기, 말하기, 읽기, 쓰기, 언어(국어지식, 문법), 문학'의 6영역 체제로 구성되어 있다.

제4차 교육 과정의 '지도상의 유의점'은 1차~3차에 비해 간단하다. 4개 항으로 '지도'할 때의 유의점을 진술하고 있다. 표현·이해 영역과 언어 영역과 문학 영역이 상호 관련되게 지도할 것을 명시하고 있다. 작문(쓰기) 지도 방법을 제시하고, 문학 창작 지도는 정규 시간에 모든 학생을 대상으로 해서는 안 된다고 못 박고 있다. 그리고 읽기 및 문학 작품의 선정에 관해서는 3차의 [제재 선정의 기준]에 해당하는 사항을 언급하고 있다(3차와 같이 제재 선정의 기준이 장황하지는 않다.). 교과서(교재)와 관련되는 사항에 대해서 언급하지 않고 있고, 작문 지도 외에 다른 지도 방법을 언급하지 않고 있다.[8] 학문 중심 교육 과정을

---

8) 작문지도는 전체적 접근(한 편의 완성된 글을 짓는 방법)과 부분적 접근(글의 부분을 이루는 낱말 선택, 문장과 문단의 구성, 표현 방법의 선택 등을 독립적, 집중적으로 다루는 방법)을 병행하도록 한다고 언급하고 있다.

표방하고 있는 4차 국어과 교육 과정 시기는 교과서의 체제의 변화와 함께 '지식'이 중요한 지도 사항이 되고 있다. '언어, 문학' 영역에서 중시했던 지식이 단편적인 것이 아닌 체계적인 것으로 나아가기 위해 '어떻게' 가르쳐야 할지 '지도상의 유의점'에 전혀 제시하지 못하고 있다.

제5차 국어과 교육 과정은 언어 사용 기능의 신장을 국어과 교육의 궁극적인 목표로 하여 기능 교과로서의 국어과 교육의 성격을 부각시켰다. 이에 따라 교수-학습 상황에서의 주체를 학생으로 보고, 학생들의 자신의 언어로 자신의 주변 세계에 대하여 말하고, 듣고, 읽고, 쓰는 기회를 많이 주고자 하였다. 또한 언어 사용의 결과보다 언어 사용의 과정을 중시하고, 교실에서 일어나는 교수-학습이 타 교과의 학습 및 실제의 언어 생활에서 효과적으로 활용될 수 있도록 교수-학습 내용의 실제성을 강조하였다. 즉, 국어과 수업의 내용과 활동이 실제 상황과 유사하도록 하였다. 그러나, 5차 국어과 교육 과정의 이러한 정신은 교육 과정의 체제나 내용면에서 분명하게 제시되지는 않았다. '지도 및 평가 상의 유의점'에 제시된 '지도' 부분은 4개 항으로 구성되어 있는데 '어떻게' 가르쳐야 하는지에 대하여 구체적이지 않고(교수-학습 방법 관해서는 아무런 언급도 없다.) 목표에 해당하는 사항을 언급하면서 목표에 부합되는 지도를 할 것을 말하고 있다.[9] 5차 교육 과정에 터해서 편찬된 국어 교과서는 획기적으로 변했다. 교과서의 획기적인 변화가 수업 모습까지 획기적으로 바꾸기 위해서는 교육 과정 단계에서부터 '어떻게'라는 정보가 주어져야 하는데 그 수준에까지 이르지는 못했다.

제6차에서는 이전의 교육 과정에 비하여 구체적인 교수-학습 방법을 제시한 것에 의미를 둘 수 있다. 말하기, 듣기, 읽기, 쓰기 영역의 지도 방법으로 직접 교수법을 제시했고 문법의 지도에 탐구 과정 중심의 지도법을 제시하고 있다. 그리고 영역별로 어떻게 지도할 것인가를 제시하고 있다. 6차 교육 과정에서는 교과서를 영역별로 구성하되 학년별 '내용'을 바탕으로 하여 목표 중심으로 구성함을 명시하고 있다(5차 교과서도 영역별, 목표별로 구성되었으나 교육 과정을 개정하면서 이러한 사항이 결정되지 않았었다). 6차 교육 과정에 터해 만들어질 교과서가 5차와 같은 방향을 지향함을 명시함으로써 교육 과정을 통해 교과서의 큰 틀에 대한 정보를 주고 있고, 영역별로 교과서 구성의 핵심적인 사항을 제시하고 있다.[10]

---

9) 최영환(2003)은 '초등학교 국어과 교수-학습 방법의 변화와 지향'(국어교육 111, 한국어교육학회, p.209.)에서 5차의 경우 '지도' 항에서는 목표나 내용에 대한 일반적 진술을 반복하고 있다고 말하고 있다.

10) 6차 중학교 국어과 교육 과정의 '방법' 부분에 다음과 같이 제시하고 있다.
    마. 국어 교과서는 중학교 국어과의 특성을 살려 국어 사용 능력을 균형 있게 신장시킬 수 있도록 '말하기,

제7차 교육 과정에 와서는 수준별 교육 과정이 어떻게 현장에 적용될 수 있을지가 큰 숙제였기 때문에 보충 학습과 심화 학습을 계획할 때의 유의 사항을 교육 과정에 명시하고 있다. 그리고 전반적인 국어과 교수-학습 방법에 있어 유의할 사항을 비교적 자세하게 언급하고 있으며 각 영역별 교수-학습을 실시할 때 '내용 체계'(본질, 원리, 태도)와 연관성을 충분히 살려 전개할 것을 말하고 있다. 국어 지식 지도에는 탐구 학습이 여전히 강조되고 있으며, 문학 지도에 있어서는 문학 창작 지도에 관한 부분을 제시하고 있다.11) 7차에 들어와서 창작 부분이 처음 도입되었기 때문에 이에 대한 설명을 비교적 자세히 하고 있다. '개작, 모작, 생활 서정의 표현' 등을 방법론으로 제시하고 있고 궁극적으로 심층적인 감상을 위한 것이라고 하고 있다. 교수-학습 자료를 언급한 부분에서 지금까지와 마찬가지로(3~6차) 교육 과정이 추구하는 '인간상'과 '교육 과정의 편성 운영 지침'에 제시된 것을 반영할 것을 말하고 있다. 7차에서는 교수-학습 자료를 언급하는 자리에서 교과서에 관해 간단하게 설명하고 있으며(6영역을 균형 있게 다룰 것을 한 항목으로 제시하고 있음) 보충 심화 학습을 위해 교과서 이외의 자료를 활용할 것을 언급하고 있다.

2007 개정 국어과 교육 과정은 '교수-학습 방법'을 '가. 교수-학습 계획, 나. 교수-학습 운용'으로 체계화하고 있다. 4차~7차까지 교육 과정에 있던 '교수-학습 자료' 선정에 관한 지침은 주고 있지 않다. 이는 교과서 편찬 제도가 바뀐 것에 기인할 것이다. 그리고 '내용'

듣기, 읽기, 쓰기, 언어, 문학의 여섯 영역이 균형 있게 다루어지도록 한다.

(1) 말하기·듣기 영역은 말하고 듣는 능력을 체계적으로 신장시킬 수 있도록 말하기 및 듣기의 원리나 절차에 따라 실제로 말하고 듣는 <u>활동 중심</u>으로 구성한다.

(2) 읽기 영역은 읽기 영역의 '내용'을 체계적으로 학습할 수 있는 읽기 자료를 바탕으로 하여, 읽기 능력을 효과적으로 신장시킬 수 있도록 글을 읽고 이해하는 일련의 <u>과정 중심</u>으로 구성한다.

(3) 쓰기 영역은 쓰기 능력을 체계적으로 신장시킬 수 있도록 쓰기의 원리나 절차에 따라 실제로 쓰는 <u>활동 중심</u>으로 구성한다.

(4) 언어 영역은 구체적인 국어 자료로부터 언어 지식을 도출할 수 있는 <u>탐구 과정 중심</u>으로 구성한다.

(5) 문학 영역은 여러 종류의 문학 작품을 즐겨 읽고 감상하는 <u>활동 중심</u>으로 구성한다.

(6) 국어 교과서에서 다루게 될 제재는 가급적 교육 과정 구성 방침에 제시된 바람직한 인간상과 편성·운영 지침에 제시된 <u>도덕, 환경, 보건·안전, 경제, 진로, 근로 정신 함양, 통일 교육</u> 등을 반영할 수 있는 내용으로 선정한다.(*7차/<u>도덕 교육, 인성 교육, 환경 교육, 경제 교육, 근로 정신 함양 교육, 진로 교육, 통일 교육, **한국 문화 정체성 교육, 세계 이해 교육, 해양 교육</u>** 등을 반영할 수 있는 내용으로 선정)

(7) 국어 <u>교과서의 단원</u>은 교육 과정의 <u>영역별로 구성</u>하되, 학년별 '내용'을 바탕으로 하여 <u>목표 중심</u>으로 구성한다.　　　　　　　　　　　　　　　　　　　　　　　　　　(*밑줄-필자)

11) '문학 창작 지도를 전 학생을 대상으로 하지 말 것'은 1차~6차까지 고수되었다. 7차에 와서야 '창작'이 교육 과정에 들어오게 되었다.

부분에 '담화(글)의 수준과 범위'가 제시되어 있으므로 별도로 한 부분으로 제시할 필요는 없었을 것이다.

2007 개정 국어과 교육 과정에서는 학습자가 의미 있는 국어 학습 경험을 하게 하여 창조적인 국어능력을 길러주도록 해야 한다는 것이 국어과 교수-학습의 가장 큰 목표로 부각되고 있다. 이를 위하여 여섯 영역의 유기적 연관성(영역별 내용 간의 관련성, 학년별 내용 간의 연계성) 강조, 자기주도적인 국어 능력 신장, 일상생활 및 다른 교과의 학습에의 중요성, 학습 목표와 학습 과정의 중시, 다양하고 풍부한 담화, 글, 언어 자료, 작품 등의 활용 등을 내세우고 있다.

그리고 교수-학습 계획 단계에서 개인차의 해소, 영역 간, 영역 내의 학습 요소 통합 지도를 중요하게 부각시키고 있다. 교수-학습 방안을 계획하는 단계에서 개인차를 해소하기 위한 방안을 마련할 것을 말하고 있는데, 이는 '수준별 교육 과정(7차)'에서 '학교 수준에서의 수준별 교육(2007 개정 국어과 교육 과정)'으로 나아가는 면을 보여준다. 또한 교수-학습 계획 단계에서 '통합성'을 강조하여, 구체적으로 통합의 방법을 교육 과정에 제시하고 있다. 개인차의 해소 방안이나 통합 방안을 마련하는 것은 교사의 창의적인 노력이 필요한 부분이다. 매 시간의 국어 수업을 생각하면 교육 과정에 제시된 것은 여전히 추상적이지만 교육 과정의 실현을 위한 첫 단계는 교육 과정을 보다 세밀하게 보아야 함을 강조하고 싶다. 어떤 방향으로 갈 것인가를 결정하기 위하여.

교육 과정의 운용에 있어서 '담화(글, 언어 자료, 작품)의 수준과 범위', '성취 기준', '내용 요소의 예'를 고려할 것을 강조하며 구체적인 교수-학습 방법을 제시하고 있다.[12] 그리고 각 영역별(듣기, 말하기, 읽기, 쓰기, 문법, 문학) 교수-학습에서 강조해야 할 사항을 제시하고 있다. 개인차를 고려한 교수-학습, 영역 간, 영역 내의 학습 요소의 통합을 고려한 교수-학습을 강조하고 있다.

지금까지 교육 과정(1~7차, 2007 개정 국어과 교육 과정)에 제시된 교수-학습 방법을 간략히 살펴보았다. 교수-학습 계획을 수립할 때 지금까지의 교육 과정에서는 말하기, 듣기, 읽기, 쓰기, 문학, 국어지식(문법) 영역의 유기적인 통합, 상호 관련성을 부각시키고 있다.

---

12) 7차 보다 다양한 방법-직접 교수법, 문제 해결 학습법, 창의성 계발 학습법, 반응 중심 학습법, 탐구 학습법,, 현장 학습법, 개별화 학습법, ICT 활용 학습법, 가치탐구 학습법, 토의 토론식 교수법, 협동 학습법 등-을 제시하고 있다.

이는 국어과 성격에 대한 암묵적인 동의가 있었음을 알 수 있다. 교수-학습 방법을 논할 때 가장 염두에 두었던 것은 문법(언어, 국어지식)을 지도하는 데 있어 전문적인 지식을 강요하는 일이 없어야 한다는 것이다. 그리고 어떻게 가르칠 것인가 하는 문제에 있어서는 탐구 방법이 도입되고 있다. 구체적인 지도 방법이 교육 과정에 도입된 것은 문법 영역이 처음이었다고 할 수 있다. 6차 교육 과정부터는 직접교수법을 비롯하여 여러 가지 지도 방법이 교육 과정의 '교수-학습 방법'에 소개되었다. 그리고 문학 영역에 창작(생산)이 다루어진 것은 7차부터이다. 그동안 문학 영역은 감상 위주의 학습을 하도록 하였는데 교육 과정에 창작 부분이 들어오고 '교수-학습 방법'에 그 지도 방법을 제시하고 있다.

교수-학습 자료를 선정하는 문제는 2007 개정 교육 과정을 제외하고 지금까지 교육 과정에서 다루어졌다. 제3차 교육 과정에서는 '제재 선정의 기준'을 두어 교과서를 개발할 때 어떤 제재를 선정하는 것이 좋을지 지침을 두고 있다. 이때부터 '지도상의 유의점'이나, '방법'의 한 항목으로 제재 선정의 기준을 제시하고 있다. 이대규(1985)는 문서화된 교육 과정(장기적 교육 과정)은 교과서나 지도서 개발(중기적 교육 과정)에 대한 기초 마련의 역할까지만 하면 되므로 지도 및 평가에 대한 유의점은 중기적 교육 과정에서 다룰 사항이고 장기적 교육 과정에는 자료 선정의 기준을 명시해야 한다고 하였다. 그런데 지금까지의 교육 과정에 제시된 내용은 중기적인 교육 과정, 즉 교과서, 지도서를 개발하는데 크게 도움이 되는 것은 아니었다. 교육 과정에서 제재 선정에 관한 것을 다루었으나, 주로 자료의 주제에 관한 지침으로 되어 있어, 교육 과정을 구체화시키는 교과서 개발 시의 자료 선정에 대한 구체적인 지침 역할을 하지는 못했다. 6차 교육 과정에는 교과서를 어떤 방식으로 만들 것인지 밝혀 놓고 있으나(국어 교과서의 단원은 교육 과정의 영역별로 구성하되, 학년별 '내용'을 바탕으로 하여 목표 중심으로 구성한다고 제시) 다른 시기의 교육 과정에선 어떤 방식으로 교과서를 만들 것인가를 밝히지 않았다.

교육 과정에 주어진 '교수-학습 방법'은 지금까지는 수업 시간에 활용하기엔 여전히 추상적이다. '방법'을 구체적으로 제시하기 위해선 문서화된 교육 과정이나 교육 과정 해설서 외에 다른 교육 과정 자료가 필요하다. 국어과 교육이 방법 교과로서의 성격이 인식되지 못한 것은 아니었으나, 실제의 모습은 학년이 거듭될수록 내용 교과의 모습을 띠고 있다. 이러한 교육 과정의 의도와 현장 국어 수업과의 괴리는 실천 수준까지 파고들 지도 방법에 대한 실증적 연구 결과가 축적되지 못한 것에 크게 기인한다. 교육 과정에 제시된 '교수-학습 방법'이 큰 방향을 지시하는 역할은 하나, 구체적인 아이디어를 제공할 후속 조치가 없는 상태여서 교육 과정과 현장 교육을 연결하는데 크게 기여하지 못하는 것이다.

지금까지는 국정 교과서 제도 아래에서 미흡하나마 '지도서'를 그런 자리(구체적인 아이디어 제공)에 둘 수도 있었으나 검정 제도 아래에서는 불가능하다. 이제는 교사의 개인적인 경험에서 나오는 지식이 공적 지식으로 탈바꿈할 수 있도록 제도적인 뒷받침이 되어야 할 것이다. 검인정 제도 아래서는 다양한 교과서가 공급될 수 있고 그 교과서를 가지고 창의적인 수업이 가능하겠지만 반대급부도 만만치 않아 보인다. 검정 교과서의 경우, 검정을 통과했다 하더라도 교육 과정의 의도를 완전히 반영했다고 하기는 어렵기 때문에 교사의 역할이 국정 제도 때보다 훨씬 중요하다. 그런 의미에서 2007 개정 국어과 교육 과정 '교수-학습 방법'에서 제시하고 있는 내용을 꼼꼼하게 들여다볼 필요가 있다.

3. 2007 개정 국어과 교육 과정 '교수-학습 방법'의 검토

2010년부터 연차적으로 2007 개정 국어과 교육 과정에 터해 교과서(교재)가 만들어지고 그 교과서가 중심이 되어 국어 수업이 이루어질 것이다. 2007 개정 국어과 교육 과정을 이해하고 교과서를 선정하고 교사가 수업을 구안하는 데 중요한-내용 체계(담화/글, 지식과 기능, 맥락), '통합', '수준별 수업'-문제를 검토하고자 한다. 이는 교육 과정을 이해하고 교과서를 올바르게 선정하고 교육 과정의 현장에서의 올바른 실현을 위한 것이다.

3.1. 담화/글, 지식과 기능, 맥락

교재는 어떤 방식으로든지 교육 과정의 의도를 반영하여야 한다. 교육 과정의 '성격, 목표, 내용 체계' 등을 통해 전체적인 개정 방향이나 국어과 교육에서 지향하는 바가 드러나야 하고, '학년별 내용'(〈수준과 범위〉, 〈성취 기준〉, 〈내용 요소의 예〉)으로 보다 구체적으로 그 모습이 드러나야 한다. 24종의 중학교 1학년 국어 교과서가 검정을 통과하였다고 한다. 이 중 한 종을 선정하는 것이 현장 교사의 처음 과제가 될 것인데, 교육 과정의 의도를 명확히 아는 것이 그 첫걸음이 될 것이다.

2007 개정 국어과 교육 과정의 '내용 체계'는 '지식, 기능'과 이것을 아우르는 '실제(담화, 글)', 담화나 글을 실체성을 갖게 하는 '맥락'으로 구성되어 있다. 7차까지의 교육 과정은 '지식'에 대하여 조심스러운 태도를 보여주었다. 교과서로, 현장 수업으로 내려가면서, 지식

부분이 확대 재생산되는 예를 많이 봐 왔기 때문이라 생각된다. 이런 태도에 비해 2007 교육 과정은 '내용 체계'에서 '지식'을 명시적으로 자리매김을 하고 있다. '기능'은 그동안 1차~7차에 이르기까지 교육 과정에서는 늘 강조되었었다. 이 부분은 2007 개정 국어과 교육 과정에서도 여전히 '기능'이 실질적으로 교수-학습이 되도록 하는 것이 큰 숙제가 될 수 있다. 그리고, 개정 국어과 교육 과정의 가장 큰 특징이 학년별, 영역별로 어떤 담화, 글을 사용할 것인지를 분명히 드러내었다는 것이다. 그동안의 교육 과정에서는 '실제'가 상징적인 의미밖에 가지지 못했다면 2007 개정 국어과 교육 과정에서는 '글' 뿐 아니라 '담화'까지 분명한 자리를 갖고 있으며, '담화/글'이 교육 과정의 가장 중요한 축을 형성하고 있다. 2007 개정 국어과 교육 과정에 터해 만들 교재에서는 텍스트(글, 담화)가 더욱 중요해질 것이고 '맥락'이 텍스트를 선정하는데 구체적인 역할을 하게 될 것이다. 7차 국어과 교육 과정에 터한 교재 개발은 지도할 '기능'을 선정하고 그 '기능'을 지도하기 위해 어떤 담화나 글을 가져 올 것인가를 생각하였지만 2007 개정 국어과 교육 과정에 터한 교재 개발은 어떤 '담화/글'을 지도할 것인지 결정하고 그 텍스트를 지도하기 위해 어떤 '지식, 기능'이 필요한가를 생각한다.[13] 교과서의 선정에 있어 텍스트는 늘 가장 중요한 잣대인데, 검인정으로 개발되는 이번 교과서는 텍스트의 〈수준과 범위〉가 2007 개정 국어과 교육 과정에 제시되어 있음을 염두에 두어야 한다. 교육 과정은 학년에 따른 계열성을 나름대로 마련하고 있기 때문에 학년별 영역별 〈수준과 범위〉는 교과서의 학년별 단계를 보여주는 구실을 한다.

　〈성취 기준〉은 단원의 목표를 구성하는 핵심 요소이다. 〈성취 기준〉은 학습 목표와 학습 내용을 알려주는 역할을 한다. 〈성취 기준〉에 도달하기 위해 필요한 활동을 전개하기 위한 자료는 〈수준과 범위〉를 통해 교육 과정에 제시되어 있고, 일련의 학습 내용과 과정은 〈내용 요소의 예〉를 통해서 제시되어 있다. '내용 체계'가 각 학년의 학습 내용을 제시할 때 기준이 되는데, '실제'는 〈수준과 범위〉로 분명히 드러나고, '지식'과 '기능'과 '맥락'은 〈내용 요소의 예〉에 드러나 있다. 교재 개발의 기본이 되는 요소는 '내용 체계'와 '학년별 내용'(〈수준과 범위〉, 〈성취 기준〉, 〈내용 요소의 예〉)에 들어있다. 2007 개정 국어과 교육 과정은 이런 면에서 교재 개발에 친절한 안내를 하고 있으며 교사의 운신의 폭을 넓혀 주고 있다.

---

13) 7차에서는 '본질, 원리, 태도'(내용)가 상위 범주이고 실제 범주가 하위 범주였고, 2007 개정 국어과 교육 과정에서는 실제 범주가 상위 범주(1차 조직자)이고, '지식, 기능, 맥락'(내용 요소)이 하위 범주(2차 조직자)로서 1차 조직자(실제 범주)의 규정을 받는다고 말하고 있다.(교육인적자원부 고시 제2007-79호에 따른 '중학교 교육 과정 해설(II) 국어, 도덕, 사회' p.18)

2007 개정 국어과 교육 과정에 터해 이루어지는 교수-학습은 첫째, '지식'을 비중 있게 다룰 것을 의도하고 있다. 단원으로, 아니면 하나의 제재로서, 혹은 학습의 과정에서 차시로 다루든, '지식'이 중요하게 다루어질 것을 의도하고 있다. 둘째, 교수-학습 과정에서 '기능'은 분절적이 아니라 총체적으로 다룰 것을 의도하고 있다. 2007 개정 국어과 교육 과정에 제시된 〈성취 기준〉을 통해서도 이런 면을 분명히 읽을 수 있다. 셋째, 2007 개정 국어과 교육 과정에 터한 교수-학습은 담화나 글(텍스트) 중심의 수업이 될 것이다. 2007 개정 국어과 교육 과정은 어떤 텍스트를 각 학년에 어떻게 배치할 것인지 고심한 흔적을 보여주고 있다.

교수-학습 과정에서 지식(명제적 지식)에 비중을 두는 것은 의도와 다르게 지나치게 지식 위주로 흐를까 하는 염려를 불러온다. 제1차부터 제7차까지 교육 과정에서 '지식'을 경원시한 것도 이 때문이다. 언어 활동으로 자연스럽게 넘어가기에는 학습 시간이 적어서 지식 수업에 그치게 된다는 이야기를 한다.. 그럼에도 불구하고, '소통의 본질, 글의 특성, 담화의 특성, 매체의 특성, 언어의 본질, 국어의 특질, 국어의 역사, 국어의 규범, 문학의 본질과 속성, 문학의 양식과 갈래, 한국 문학의 역사' 등에 관한 지식이 교육 과정이 한 부분으로 들어가 있다는 것을 가볍게 보아서는 안 된다. '지식'과 '기능'의 교육이 균형 잡혀 이루어지는 것이 관건이 될 것이다. 이 부분이 교과서 선정의 한 기준이 되어야 한다. 그리고 이 '지식과 기능'이 어떻게 주어질 것인가(어떤 활동을 통하여 제시되는가) 하는 부분에서 24종 교과서의 개성이 드러날 것이다. 제1차 시기의 교육 과정에서부터 지금까지 지나친 지식 위주의 국어 수업을 염려한 것을 읽을 수 있었다. 이제는 그런 염려 때문에 필요한 지식을 적극적으로 다루지 못해서는 안 될 것이다.

3.2. 영역 간, 영역 내의 통합

2007 개정 국어과 교육 과정은 영역 간, 영역 내의 통합을 7차 때보다 강조하고 있다. 통합의 강조는 교과서 편찬 과정에서의 고려 사항이 될 수 있고, 교실 수업을 맡고 있는 교사가 유념할 사항이 되기도 한다. 그러기 위해서는 교육 과정을 꼼꼼히 보아야 한다. 교과서 편찬 제도가 달라짐으로 해서 현장 교사에게도 교육 과정에 대한 이해가 더욱 필요하다.

언어 사용의 통합성은 국어과 교육 과정에서 늘 강조하던 것이다. 국어과 교육 과정(1차~7차)에 제시된 구체적인 내용에 있어서는 분절의 형태를 취하고 있지만 실제 사용하는 언어의 모습은 통합성을 띤다. 2007 개정 국어과 교육 과정에서는 통합성을 지향하여 학년별 내용을 '성취 기준'으로 나타내고 있다. 교육 과정의 진술에서부터 어느 정도 통합을 지향하고 있는 것이다.[14] 교육 과정의 모든 내용 부분이 통합을 지향할 수는 없더라도 2007 개정 교육 과정은 진술부터 통합을 의도하고 있다. 이 통합은 언어 사용의 통합을 의미하고 있다. 2007 개정 국어과 교육 과정에는 국어 활동의 총체성을 고려하여 영역 간, 영역 내의 학습 요소를 통합하여 지도할 것을 지침으로 주고 있다. 영역별로 고유성이 반영되어 있는 학습 요소와 통합이 가능한 학습 요소를 나누어, 통합이 가능한 것은 통합할 것을 권하고 있다. 표현·이해의 사고 과정을 고려하여 말하기와 쓰기, 듣기와 읽기를 통합하는 방식, 음성 언어와 문자 언어의 특성을 고려한 듣기와 말하기, 읽기와 쓰기를 통합하는 방법, 매체 관련 내용 요소의 지도 시는 듣기, 말하기, 읽기, 쓰기, 문법, 문학 영역과의 통합을 고려하고 있다. 문법, 문학 수업을 위한 듣기, 말하기, 읽기, 쓰기의 통합도 권하고 있다.[15] 말하고 듣고 읽고 쓰는 능력, 문법 능력, 문학 능력이 통합적으로 이루어지는 '실질적'인 언어 상황을 강조하기 위하여 통합적인 교수-학습 필요하며 평가의 효율성 측면에서도 통합은 의미가 있다. 7차의 경우, '평가' 부분에서 '통합'이란 용어를 사용하고 있는 것은 평가의 효율성을 중요하게 본 것이다.[16] 이런 면에서 자연스러운 통합, 효과적인 학습 목표 달성을 가능하게 하는 통합이 검정 교과서의 선정 기준이 되어야 할 것이다. 이의 전제 조건은 학습 목표의 통합, 즉 성취 기준의 통합이 이루어져야 한다. 기계적인 통합이 아닌 수업 전개 속에서 실제에 가깝게 활동이 이루어져야 함을 말하고 있다.

---

14) 김정자(2007), 읽기와 쓰기의 관련성 측면에서 본 국어 교육 과정과 교재의 문제점(한국작문학회 제10회 연구발표회 자료집)에서는 '통합'의 개념이 다양한 수업 방법을 말하는 것으로 보고 있었음. 그러나 다음과 같은 예를 보면 어느 정도 교육 과정에서부터 '통합'을 고려한 것으로 보인다.
2007-9학년 읽기-논평을 읽고 글쓴이의 태도와 표현의 효과를 평가한다.
7차-9학년 읽기-표현의 효과를 평가하며 글을 읽는다.

15) 교육인적자원부 고시 제2007, 국어과 교육 과정, pp.92~93.
매체 관련 내용 요소는 교육 과정 개발할 때부터 듣기, 말하기, 읽기, 쓰기에 통합되어 있었다. 2007 개정 국어과 교육 과정은 담화/글 중심 교육 과정을 표방하고 있기 때문에 매체 관련 내용 요소가 자연스럽게 녹아들어 있다. 7차 교육 과정과 같이 기능 중심 교육 과정의 경우에는 별도의 내용 영역이 아닌 상태에서 교육 과정에서 중요한 내용 요소로 들어오기가 어려웠을 것이다.

16) 7차에서는 국어과 교육 과정에는 '평가'에만 통합이란 용어를 쓰고 있다.
'5. 평가' 부분에 통합이란 용어가 2번 쓰였다.
"5. 평가 나. 평가 목표와 내용 (2)(나) 국어 사용 능력을 구성하는 하위 영역과 이 요인이 **통합적으로** 실현되는 능력을 평가할 수 있게 선정한다. 다. 평가 방법 (4) 평가 목표와 상황에 따라 필요한 경우에는 영역 **통합적** 평가 방법을 활용할 수 있다."

2007 국어과 교육 과정에서는 통합 지도을 위하여 자료를 개발할 때 다양한 방법이 있음을 말하고 있다. 주제 중심으로 내용 요소 유기적으로 통합, 다양한 상황 중심으로 관련되는 내용 요소 통합, 종합적인 사고가 요구되는 문제 상황을 제시하고 그 해결 과정에 필요한 내용 요소 통합, 다양한 담화 또는 글을 중심으로 내용 요소 통합 등을 제시하고 있다. 7학년~10학년의 경우, 문제 상황을 제시하고 해결 과정에 필요한 내용 요소를 통합하거나, 담화/글 중심으로 내용 요소를 통합하는 것이 일반적인 통합의 모습으로 나타난다. 예를 들면 다음과 같은 항목이 있다.

[7-쓰기-3] 문제 해결 방안이나 요구 사항을 담아 건의하는 글을 쓴다.
[7-읽기-3] 건의하는 글을 읽고 주장의 합리성과 수용 가능성을 평가한다.
[7-말하기-3] 인터넷 게시판의 내용을 비판적으로 분석하고 인터넷 토론에 주체적으로
　　　　　　참여한다.

[8-읽기-4] 자서전을 읽고 글쓴이의 삶을 시대 상황과 관련지어 이해한다.
[8-쓰기-5] 여러 가지 표현 방법을 활용하여 자신의 삶이 잘 드러나게 자서전을 쓴다.

[9-읽기-2] 논평을 읽고 글쓴이의 태도와 표현의 효과를 평가한다.
[9-듣기-2] 연설을 듣고 내용과 형식을 비판적으로 평가한다.
[9-쓰기-2] 의견 차이가 드러나는 문제에 대하여 적절한 근거를 들어 논증하는 글을
　　　　　　쓴다.

[10-문학-(4)] 문학 작품에 대한 비평적 안목을 갖춘다.
[10-쓰기-(5)] 예술 작품에 대한 심미적 경험을 드러내는 비평문을 쓴다.

[10-말하기-(3)] 여러 가지 토론의 유형을 알고, 쟁점을 찾아 토론하여 문제를 해결한다.
[10-듣기-(2)] 토론을 듣고 찬성과 반대의 입장을 비교하여 논제를 깊이 있게 이해한다.
[10-쓰기-(3)] 시사 문제에 대하여 자신의 관점을 명료하게 드러내는 시평을 쓴다.

최지현 외(2007)는 언어 자료를 중심으로 말하고 듣고 읽고 쓰는 언어 활동의 성격을 고려할 때, 통합의 가능성은 '활동의 동시성, 활동의 연속성, 활동 원리의 동일성' 등이 이루어질 때 가능하다고 말한다. 두 가지 이상의 학습 목표가(활동이) 선후 관계없이 동시에

이루어지는 경우가 '활동의 동시성'(맞춤법을 안다/맞춤법에 맞게 글을 쓴다.), 두 가지 이상의 학습 목표가 선후 관계를 가지면서 시간상 연속적으로 이루어지는 활동으로 이루어지는 경우가 '활동의 연속성'(문학-읽기-말하기/듣기, 문학-읽기-쓰기, 듣기-말하기, 듣기-쓰기), 활동은 다르지만 활동을 가능케 하는 원리가 유사한 경우를 '활동 원리의 동일성'(문학작품에 나타난 표현 방식을 활용하여 말하거나 쓰는 활동을 하는 것)이라 하고 있다. 이 세 가지는 상호배타적인 것은 아니라고 이야기하고 있다. 위의 든 7학년~10학년 성취 기준들은 '활동의 연속성', '활동 원리의 동일성'을 보여 주는 예들이라 하겠다.

2007 개정 국어과 교육 과정에서는 영역 간의 통합 뿐 아니라 영역 내의 통합도 이야기하고 있다. 영역 내의 통합은 5, 6, 7차 교과서가 목표 중심 교과서이므로 영역 내 통합은 자연스럽게 이루어졌다. 이것은 학습의 효율성을 위해서도 필요한 것이다. 예를 들면 다음과 같은 경우를 들 수 있다.

[10-문법-(4)] 국어의 로마자 표기법와 외래어 표기법을 알고 정확하게 사용한다.
[10-문법-(2)] 국어의 음운 규칙을 안다.

[10-문법-(5)] 한글 창제의 원리와 한글의 독창성을 안다.
[10-문법-(1)] 국어의 역사를 이해한다.

[10-문학-(1)] 문학이 인간의 삶에 미치는 긍정적인 의미와 효과를 발견한다.
[10-문학-(3)] 인간의 보편적인 삶의 조건에 비추어 문학 작품을 이해한다.

그리고 매체 관련 내용은 듣기, 말하기, 읽기, 쓰기, 문법, 문학, 이 6개 영역과 통합할 것을 이야기하고 있다. 매체 관련 내용은 애초 이 여섯 영역에 통합해서 제시하고 있어 통합에 문제될 것은 없다. 다만 '교수-학습의 방법'으로서 매체가 아닌, '교수-학습의 내용'으로서 매체가 다루어지는 것이 쉽지 않은 문제가 될 것이다. 교과서에 교육 과정의 의도를 잘 담아내기도 쉽지 않을 것이며, 또 책으로서의 교과서로는 성취 기준에 도달하기도 어려울 것이다. 교과서를 선정할 때 매체 관련 부분을 어떻게 구현했는가 하는 것도 하나의 준거가 되어야 할 것이다. 예를 들면 매체 관련 부분은 다음과 같이 제시되어 있다.

[7-읽-(5)] 영화에 등장하는 인물의 가치관이나 사고방식을 비판적으로 이해한다.

[8-듣-(4)] 라디오 프로그램을 듣고 진행자의 말하기 특성과 효과를 평가한다.
[9-쓰-(5)] 영상 언어의 특성을 살려 영상으로 이야기를 구성한다.

위의 예는 가르쳐야 할 '내용'으로서 다루어져야 하며 그 내용에는 지식과 기능이 다 담겨있는 것이다.

통합을 이야기할 때, 유념할 것은 부수적인 활동을 '통합'된 것으로 보아서는 안 되며(예: 질문에 답하는 활동 등), 학습 목표로 제시되어야 하며 둘 이상의 영역이 통합될 때 어느 한쪽으로 치우친 수업도 되어서는 안 된다는 것이다. 2007 개정 국어과 교육 과정에서도 통합 지도 시에는 특정 영역에 치우치지 말 것, 영역 간의 공통점 차이점 고려할 것, 한 영역에서 학습한 내용을 다른 영역에 적용할 것, 통합 취지에 맞는 교수-학습(실질적인 통합, 유기적 통합)을 할 것 등을 이야기하고 있다.

지금까지의 통합은 동일 학년에서의 통합을 이야기했다. 이재기(2006), 노은희(2008)는 이런 경우 수평적 연계라는 말을 쓰고 있다. 2007 개정 국어과 교육 과정은 학년별로 교육 과정을 조직할 때 각 학년 간의 유기적인 연계(계열성, 위계성)를 강조하고 있는데, 이 종적인 연계성은 전체 교육 과정이 상당히 견고한 틀을 가질 것을 전제하고 있다. 각 학년을 지도하는 교사의 입장에서 종적인 연계를 파악하고 있으면 수평적 연계, 통합을 이루어 수업을 구안할 때, 보다 완벽한 통합을 이룰 수 있을 것이다. 즉, 교육 과정이 통합 요소를 많이 가지고 있어야 현장의 수업에서 자연스런 유기적인 통합이 보다 쉽게 이루어진다는 것이다. 수직적인 연계가 고려되면 교과서 선정이 보다 이상적일 수 있으나 지금 형편은 그렇지 않다. 현 상태에서는 동일 학년에서 통합을 고려할 수밖에 없다. 그렇지만 교과서를 편찬을 하는 쪽에서는 수직적인 연계를 반드시 고려해야 한다.[17]

3.3. 수준별 수업

2007 개정 교육 과정의 '편성·운영 지침'을 살펴보면 수준별 수업에 관한 지침을 주고 있다. 기본 지침에 국어, 사회, 수학, 과학, 영어 교과에서는 수준별 수업을 권장하고 있고(12 쪽), 학교 수준에서 교육 과정을 편성할 때 수준별 수업을 적용하는 교과는 심화 보충 학습을

---

17) 학년군 교육 과정은 중학교의 경우, 1~3학년 교과서가 한꺼번에 검정에 들어갔다. 이 경우 수직적 연계가 검정의 중요한 평가 준거가 될 수 있다.

위한 추가 시간이 필요한 경우, 재량 활동에 배당된 시간 등 별도의 시간을 활용할 수 있다(19쪽)고 하였다. 그리고 수준별 수업을 단위 학교에서 운영할 경우, ○교과용 도서 이외의 수준별 교수-학습 자료는 교육청이나 학교에서 개발한 것을 사용할 수 있고 ○수준별 수업을 적용할 경우, 학습 결손을 보충할 수 있도록 '특별 보충 수업'을 운영할 수 있으며, 특별 보충 수업의 편성 운영에 관한 제반 사항은 학교가 자율적으로 결정한다(22쪽)고 하고 있다. 국어과도 수준별 수업이 어떻게 운영될 것인가를 결정해야 할 것으로 보인다.

7차 국어과 교육 과정에서는 교수-학습 계획에서 보충·심화 학습 계획을 제시하고 있는데, 2007 개정 국어과 교육 과정에는 그 부분이 없다. 이것은 교육 과정 개정의 배경을 논하면서 수준별 교육 과정에서 수준별 수업으로 전환됨을 밝히고 있는 것과 연관된다. 수준별 교육 내용의 선정, 수준별 교수-학습 방법의 적용을 국가 수준에서 학교 및 교사 수준으로 위임하고 있다. '수준별 교육 과정'에서 '수준별 수업'으로 바뀌면서 '수준별 교육'이 보다 내실화를 다질 수 있다고 보고 있는 것이다. 학습자의 수만큼 다양한 수준이 존재하는 현실에서 학습자의 수준을 가장 잘 판단할 수 있는 사람은 교사라 할 수 있다. 그런 의미로선 교사에게 위임하는 것이 합리적일 수 있다. 그러나 30명이 넘는 학생들이 생활하는 교실에서 개인차를 어떻게 해소할 수 있을지 여전히 숙제로 남는다.

2007 개정 국어과 교육 과정의 '교수-학습 계획'에서 개인차를 해소하기 위한 교수-학습 방안으로 다음을 제시하고 있다(국어과 교육 과정, pp.91~95).

○수업 시간이나 방과 후 교육 활동 등을 활용하고 ○학습자의 학습 결손이 누적되지 않게 학습 목표와 학습 과제를 선정할 때 학습자의 개별 특성 고려하고, 시기는 학습자와 수업 상황에 따라 적절하게 조정하며 ○다양한 교수-학습 자료 개발 등을 이야기하고 있다. 다양한 심화·보충 자료의 개발은 교사 개개인보다는 교육청, 학교 단위에서 이루어져야 하겠지만 어떻게 운영할 것인가는 교사의 몫일 수밖에 없다. 24종의 검인정 국어 교과서를 살펴볼 때 보충·심화 활동을 교과서의 체제에 넣고 있는 것도 있고 넣지 않은 것도 있을 것이다. 7차 국어과 교육 과정에 터해 개발된 교과서에서도 보충·심화 학습 자료가 성공적으로 활용되지 않았음을 상기할 때, 수준별 수업에 교사의 노력이 특히 필요함을 말해 주고 있다. 학습자의 관심, 흥미, 선행 학습 경험, 학습 준비도, 학업 성취 수준 등을 고려하여 자료를 개발하고 스스로 자신의 능력이나 학습 단계를 점검할 수 있는 평가 자료를 개발하고 다양한 매체를 활용하여 자료를 개발할 것을 이야기하고 있는데, 이런 것이 가능하기 위해서는 교사가 가르치는 일에 더 많은 시간을 투입하도록 해야 하고 또한 교사들의 공동 사고가

요구된다고 하겠다. 그리고 이런 작업을 통해 교사의 사적인 경험이 공적 경험이 되고 공적인 지식이 되도록 해야 할 것이다.

개인차를 고려한 수업(수준별 수업)을 효과적으로 운용을 위하여 ○수업 시간 중 피드백이 적재적소에 이루어지고, ○학습자가 자신에게 적절한 과제를 선택할 수 있어야 하며, ○자율적으로 자기 능력을 파악하여 심화·보충 학습 과제를 적절히 수행할 수 있어야 하고, ○교사가 개인차를 고려한 소집단을 구성해서 교수-학습을 전개하도록 해야 한다고 말하고 있다. 수업의 성패는 물론 교사의 손에 달렸지만, 교사가 잘 활용할 수 있는 교과서를 개발하는 것은 공급자의 몫이다. 개인차를 고려한 수업, 수준별 수업을 염두에 둔 교과서인가 하는 것도 교과서 선정의 기준이 될 것이다.

4. 맺음말

제1차 국어과 교육 과정부터 제7차 국어과 교육 과정, 2007 개정 국어과 교육 과정의 '교수-학습 방법'을 살펴보았다. 교육 과정의 '성격, 목표, 내용, 교수-학습 방법, 평가'로 이루어진 체제에서 '내용' 부분이 제일 중요하고 어떻게 가르치고 어떻게 평가할 것인가를 논할 때에도 '내용'이 전제되는 것이다. 이 '내용'이 교과서로 한차례 변형을 거치고, 이 교과서를 중심으로 교실 수업이 이루어지면서 '내용'이 매 차시 수업의 목표로 변형을 거치게 된다. 이 과정에서 유의할 사항을 '교수-학습 방법'에서 지침으로 주고 있다. 교과서의 편찬 제도가 바뀌면서 보다 치밀한 이해가 요구되는 교육 과정을 '교수-학습 방법'을 중심으로 살펴보았다.

해방 이후 70여년 동안 교육 과정의 개정을 거듭하면서 각 시기마다 국어과 교육의 모습을 바꾸고자 해 왔다. 교육 과정이 국어과 교육의 이상이라면 교실 현장에서 실현되고 있는 수업의 모습은 국어과 교육의 현실이라 할 수 있는데, 이상과 현실 사이의 간격이 얼마나 좁혀졌는지가 국어과 교육의 성패를 가늠하게 해 줄 것이다. 제1차~제7차에 이르기까지 국어과 교육의 모습이 기대만큼 긍정적인 변화를 보여주지 못한 것은 '어떻게' 가르칠까 하는 것이 구체적으로 제시되지 못했기 때문이다. 이는 지금까지의 교육 과정을 살펴보면 확인할 수 있다. 각 '내용' 항목(2007 개정 국어과 교육 과정에서의 '성취 기준')의 '교수-학습 방법'과 '평가'가 실제적인 모습으로 드러날 수 있어야 교실 현장의 발전적인 모습을 볼 수 있다고 생각한다.[18] 이 단계까지 국어과 교육을 이끌어 오는 것도 국어과 교육을 연구하고 실천하는 사람들의 몫이라고 생각된다.

2007 개정 국어과 교육 과정이 실현되는 모습은 지금까지와는 상당히 달라질 것이다. 그동안 국정 교과서이기 때문에 묻혀 있었던 문제가 보다 선명하게 드러날 것이다. 이런 문제를 최소화하기 위해서도 교육 과정을 세밀히 볼 필요가 있다. 그런 의미에서 2007 개정 국어과 교육 과정이 제시하고 있는 '교수-학습 방법'에서 특히 실제(담화/글), 지식과 기능, 맥락을 어떻게 조화시킬 것인가, 영역 간 통합이 어떻게 유기적으로 이루어질 것인가, 수준별 수업이 어느 정도 가능한가를 짚어 보았다.

교과서 편찬 제도가 바뀌면서, 그에 따라 교사의 역할도 커지면서, 이상과 현실의 괴리가 역동적인 모습으로 좁혀질 수도, 교육 외적 요소로 인하여 교사의 역할이 적어지면서 이상과 현실 사이의 간격이 더 벌어질 수도 있을 것이다. 국어과 교육의 수준이 국어 교사의 질을 넘어 설 수 없다는 평범한 말을 다시 생각하게 된다. 교육 과정과 그에 터한 교과서 개발, 교과서를 중요한 교재로 하여 이루어지는 국어 수업, 이것이 체계적으로 이루어지는 것이 국어과 교육의 기본이다. 교육 과정과 교과서 개발 과정의 복잡함과 개발 과정에 발생하는 역학 관계, 현장의 수업을 담당하고 있는 교사들, 세상이 복잡한 만큼 이 과정도 복잡하고 어려운 과정임에 틀림없으나 포기할 수 없는 과제이다.

참고문헌

김정자(2006), 국어과 교육 과정 개정 시안의 <쓰기> 영역의 내용 검토, 작문연구 제3집, 한국작문학회.

김정자(2008), 읽기와 쓰기 통합 지도를 위한 국어과 교육 과정과 교과서, 작문연구 제6집, 한국작문학회.

노은희(2008), 말하기와 쓰기의 통합에 대한 일고찰, 작문연구 제8집. 한국작문학회.

박정진(2005), 국어 교과서 개발을 위한 방향 탐색, 국어교육 118, 한국어교육학회.

서유경(2009), 매체언어교육의 실행 방안 연구, 국어교육 128, 한국어교육학회.

손영애(2004), 국어과 교육의 이론과 실제, 박이정.

손영애(2005), 국어 교육 과정 변천사, 국어교육론1, 한국문화사.

손영애(2005), 새로운 국어과 교육 과정 개정에 관한 소론, 국어교육학연구 제23집, 국어교육학회.

손영애(2008), 새로운 국어 교과서 구성 방안, 국어교육125, 한국어교육학회.

---

18) 졸고(2005), 새로운 국어과 교육 과정 개정에 관한 소론, 국어교육학연구 제23집, 국어교육학회, pp.209~210.

신헌재(2009), 초등 개정 국어과 교육 과정의 구현 방안, 국어교육 128, 한국어교육학회.

이대규(1985), 국어과 교육 과정에 관한 연구, 논문집 제27집, 한국국어교육연구회.

이재기(2006), 국어과 교육 과정 개정 시안 수정·보완 연구, 한국교육과정평가원.

이재기(2006), 맥락 중심 문식성 교육 방법론 고찰, 청람어문교육34.

임천택(2007), 새국어과 교육 과정의 내용 선정 범주-'맥락'의 현장 소통 방안, 청람어문교육36.

전은주(2003), 국어과 수준별 교육 과정의 실행에 나타난 문제점과 개선 방향, 국어교육110, 한국국어교육연구.

정혜승(2002), 국어과 교육 과정 실행 요인의 작용 양상에 관한 연구, 고려대학교 박사 학위논문.

최영환(2003), 초등학교 국어과 교수 학습 방법의 변화와 지향, 국어교육 111, 한국어교육학회.

최지현, 서혁, 심영택, 이도영, 최미숙, 김정자, 김혜정(2007), 국어과 교수 학습 방법, 역락.

〈자료〉
문교부(1989), 초등학교 교육 과정 해설.

문교부(1988), 중학교 국어과 교육 과정 해설.

문교부(1989), 고등학교 국어과 교육 과정 해설.

문교부(1986), 교육 과정(1946~1981)국어과·한문과.

교육부(1992), 초등학교, 중학교, 고등학교 국어과 교육 과정

교육부(1997), 국어과 교육 과정.

교육부(1999), 중학교 교육 과정 해설(II)

교육인적자원부(2007), 국어과 교육 과정.

교육인적자원부(2008), 중학교 교육 과정 해설(I)(II).

국어과 교육 과정에서 살펴본 고등학교 선택 과목 변천에 관한 小論*
- 〈독서와 문법〉 과목을 중심으로 -

1. 들어가며

교육 과정은 학교 교육의 청사진 구실을 한다. 그리고 어느 정도 학교 교육에 제약을 가한다. 어느 과목들을 가르칠 것인지, 몇 시간을 가르칠 것인지 등 기초적인 사안은 교육 과정을 통해서 결정된다. 국어 과목이 중요하다고 해서 영어 과목의 시간을 국어 수업에서 가져 올 수는 없고 영어 과목이 중요하다고 국어 과목의 시간을 영어 수업에서 사용할 수는 없다. 이런 사항은 교육 과정의 총론에 제시되는 편제를 통해 알 수 있다. 개인적인 불만이 있더라도 지켜야 하는 것이다. 이런 면을 보면 교육 과정 문서를 통해서 교육에 대해 사회적으로 중요하게 생각하는 이념을 읽을 수 있다.

교과서는 학교 교육을 실제 모습을 보여주는 구체적인 매개 구실을 한다. 교사와 학생들

---

* 이 글은 2012년 새국어 교육 제93호(한국 국어교육 학회)에 실렸던 것을 수정·보완하였다.

이 교과서를 매개로 하여 매 시간 교수 학습을 하게 된다. 흔히 우리는 교육의 질이 교사를 능가할 수 없다고 하는데, 교과서가 교육의 질을 능가할 수 없다고 할 정도로 교과서는 교육 과정을 현장에의 실현 여부를 판가름하는 잣대가 된다.

고등학교의 국어과 교육은 교육 과정과 교과서에 터하여 이루어지는 것은 마찬가지이나 고등학교 교육은 상당히 복잡하게 이루어지므로 국어과 교육 과정과 교과서가 현장에 미치는 영향이 달라진다. 교육의 문제점을 이야기할 때도 거의 고등학교 교육에 집중되어 있다. 고등학교 교육의 문제는 교육 내적인 문제이기보다 교육 외적인 문제이며, 교육 정책과 관련되는 문제이기도 하다. 그래서 교육 과정이나 교과서 문제에 덜 신경을 쓰는 학교급이 고등학교급이라고 생각할 수 있다. 교과서를 구입하지만 실제 수업 시간엔 EBS 문제집을 푼다는 이야기를 흔히 듣게 되는 것도 교육 과정이나 교과서의 고등학교에서의 위상을 말해 주는 것으로 보인다. 그래도 그 모든 것의 시발점은 교육 과정, 교과서이다. 검인정에 참여하는 많은 출판사의 귀가 교육 과정에 쏠려 있는 것을 보아도 알 수 있는 일이다.

2009 개정 교육 과정에 터하여 고등학교 선택 과목은 〈국어〉, 〈화법과 작문 I, II〉, 〈독서와 문법 I, II〉, 〈문학 I, II〉으로 고시되었다. 그리고 2011년부터 현장에 적용되고 있다. 고등학교 국어 과목이 2011년부터 현장에 적용되었고, 나머지 선택 과목들은 2012년부터 현장에 적용되었다. 새롭게 적용된 고등학교 선택 과목들의 교과서는 2013년까지 적용되고, 2014년부터 2011 개정 교육 과정[1]에 터해 편찬된 교과서가 적용될 것이다.

2007 개정 교육 과정이 고시되면서 고등학교 선택 과목으로 〈화법〉, 〈독서〉, 〈작문〉, 〈문법〉, 〈문학〉, 〈매체언어〉가 발표되었다. 이 교육 과정은 교과서로 구체화되지 못하고 死藏되었고, 2009 개정 교육 과정에서는 선택 과목들의 통합을 시도하였고, 2011 개정 교육 과정에서는 통합을 공고히 하려는 의도를 분명히 하고 있다.

〈화법〉과 〈작문〉의 통합, 〈독서〉와 〈문법〉의 통합, 이 통합이 기계적이라는 비판을 받았고, 그 비판은 여전히 유효하다. 2009, 2011 개정 교육 과정에서 6차, 7차에서 독립된 과목으로 존재했던 〈화법〉, 〈독서〉, 〈작문〉, 〈문법〉이 〈화법과 작문〉, 〈독서와 문법〉이라는 과목으로 존재하게 되었고, 2012년부터 현장에서 적용되는, 이 통합 현상은 앞으로 2011 개정 교육 과정이 적용되는 시기까지는 유효하리라 본다.

---

1) 김중신(2011:56)은 '2009 개정 국어과 교육 과정'이 정확한 표현이라고 하고 있다. 각론이 2011년에 고시되었으나 총론은 2009년에 고시된 것이므로 정확한 표현은 '2009 개정 국어과 교육 과정'이나 의사소통의 편의로 본고에선 '2011 개정 국어과 교육 과정'이라고 사용한다. 이 시기의 고등학교 선택 과목은 〈국어 I/ 국어II/ 화법과 작문/ 독서와 문법/ 문학/ 고전〉으로 고시되었다.

〈화법과 작문〉보다 〈독서와 문법〉이 통합의 논리를 찾기가 어렵다고 한다.[2] 〈화법〉, 〈독서〉, 〈작문〉, 〈문법〉, 〈문학〉이 다섯 과목을 통합하여 세 과목으로 제시하고자 할 때, 여러 가지 조합이 가능할 것이다. 독서를 중심으로 통합을 생각해 볼 때, '독서-문학, 독서-문법, 독서-작문, 독서-화법'이 가능하다. 독서와 문학은 글을 직접 읽어야 한다는 공통점, 독서와 문법은 단어와 담화 수준에서 공통점을 찾을 수 있고, 독서와 작문은 문자언어로서 의사소통하는 것에 공통점이 있으며, 독서와 화법은 이해 측면에서 공통점을 가진다고 할 수 있다. 그러나 국어 교과라는 명칭으로 묶일 수 있는 공통점보다 교과의 각 영역으로서의 차이점이 더 부각될 수 있다. 각각의 과목은 내적 논리보다는 외적인 논리에 의해 통합이 되었기 때문에 이 점은 계속 논란이 될 것이다. 또한 통합 공통점이 가장 덜하다고 판단되는 〈독서와 문법〉은 더 하리라 생각된다.

현장에는 '독서와 문법'이란 교과서가 쓰이고 있고, 교육 과정 상 통합이 되어 있고, 학생들의 수업 부담을 경감해 주려고 통합을 했다면 이것이 순한 역할을 하도록 해야 한다. 본고는 지금까지 독서(읽기)와 문법(언어)이 교육 과정에서 어떤 위치를 점하고 있었는지 살펴보고, 순한 역할의 가능성을 살펴보고자 한다. 결국 고등학교에서의 선택 과목이 어떠한 위상을 차지하고 있었던가에 대한 답을 될 것이다.[3]

2. 교육 과정에 나타난 선택 과목-〈독서〉, 〈문법〉 과목

1955년 1차 교육 과정이 고시되었는데, 이 시기에는 고등학교 국어과 교육 과정에는 선택 과목이 제시되지 않았다. 그 당시에는 漢字와 漢文의 지도가 선택 과목의 성격으로 제시되어 있었다. 1963년 고시된 2차 교육 과정에는 한문 과정과 고전 과정이 제시되어 있다. 1973년 고시된 3차 교육 과정에는 〈고전〉과 〈작문〉이 제시되었다. 3차 교육 과정 시기부터는 한문이 과목으로 독립되어 〈한문 I〉, 〈한문 II〉가 교육 과정에 제시되었다. 1981년 고시된 4차 교육 과정 시기부터 〈문법〉이 선택 과목의 하나로 등장했다. 〈현대 문학〉, 〈작문〉, 〈고전

---

2) 민현식(2010:21~24)은 〈독서·문법〉의 통합은 최선이 아닌 차선이라고 하며 'ㅇ통합의 상대성, ㅇ학문적 근거(텍스트언어학), ㅇ상향식, 하향식 독서 원리와 언어 단위의 상호 연계성, ㅇ고전 문해력 함양에 독서와 문법의 협력 가능, ㅇ교육 현장의 긍정적 반응'을 들어 〈독서〉와 〈문법〉의 통합이 가능함을 이야기하고 있다.

3) 본고에서의 통합은 교육 과정 상의 과목의 통합을 말한다. 교수-학습에서의 통합이나 교과서 편찬 상 영역 간, 영역 내의 통합을 말하는 것은 아니다.

문학)과 함께 선택 과목으로 제시되었다. 1987년 고시된 5차 교육 과정에도 〈문학〉, 〈작문〉, 〈문법〉 과목이 선택 과목으로 제시되었다. 이때 〈문학〉은 현대문학과 고전문학을 포함하고 있는 것이니 4차, 5차 시기의 선택 과목은 같은 괘를 밟고 있다. 1~5차 시기까지의 교육 과정은 국어과에서 언어 사용 기능이 가장 중요하다는 인식을 계속 유지하고 있었다. 그렇지만 고등학교 교육 과정은 듣고 말하고 읽고 쓰는 능력이 국어과를 통해 길러 주어야 한다는 인식이 당위성을 넘어서서 구체적인 실현의 모습으로 나아가지는 못하였다고 할 수 있다. 작문을 통해 쓰는 능력을 길러 주어야겠다는 정도의 인식만 있었다고 하겠다.

1992년 6차 교육 과정이 고시되면서 선택 과목이 〈화법〉, 〈독서〉, 〈작문〉, 〈문법〉, 〈문학〉 과목으로, 국어 교과가 체계를 반듯하게 갖추었다. 1997년 7차 교육 과정에서의 선택 과목도 6차와 같은 체계를 보여주고 있다. 2007 개정 교육 과정에서도 〈화법〉, 〈독서〉, 〈작문〉, 〈문법〉, 〈문학〉 과목이 여전히 선택 과목으로 체계를 갖추고 있다. 초ㆍ중ㆍ고를 거쳐 보통 교과로서 국어과 교육의 완성을 보여준다고 할 수 있다.

교육 과정의 체제를 보면 70 여년 동안 10여 차례 교육 과정 개정을 거쳐 오면서 상당히 세련되고 정련되어 왔다고 할 수 있다. 국어교육학이 학문으로도 건강한 모습을 보이면서 발전해 왔다고 할 수 있다. 그런데 2009 개정 교육 과정, 2011 개정 교육 과정을 거치면서 그 동안 쌓아 온 국어과 교육 과정의 정련된 모습이 흐트러지고 있다. 2009 개정 교육 과정의 주요 쟁점은 선택 과목의 통합이라 할 수 있다. 속 내용이 달라지지 않은 채로 〈화법〉과 〈작문〉, 〈독서〉와 〈문법〉의 통합을 의도하여 2007 교육 과정의 선택 과목 교육 과정은 死藏되고 2009 교육 과정에서 〈화법과 작문 I, II〉, 〈독서와 문법 I, II〉이라는 과목이 선을 보이고 있고, 2011 개정에 와서 〈화법과 작문〉, 〈독서와 문법〉이란 과목은 좀 더 굳건하게 자리를 잡고 있다.

<표 1> 고등학교 국어 교과 선택 과목

4차(1981년)	5차(1987년)	6차(1992년)	7차(1997년)
현대문학 작문 고전문학 문법　　　(14-18단위) *국어 14-16단위	문학 8단위 작문 6단위 문법 4단위 *국어 10단위	화법 4단위, 독서 4단위 작문 6단위, 문법 4단위 문학 8단위 *국어 10단위	화법 4단위, 독서 8단위 작문 8단위, 문법 4단위 문학 8단위 *국어 8단위

2007 교육 과정	2009 교육 과정	2011 교육 과정	
화법 6단위, 독서 6단위 작문 6단위, 문법 6단위 문학 6단위, 매체언어 6단위 *국어 8단위	국어 화법과 작문 I 화법과 작문 II 독서와 문법 I 독서와 문법 II 문학 I, 문학 II (기본 단위 5)	국어 I, 국어 II 화법과 작문 독서와 문법 문학, 고전 (10-15단위)	*국어: 필수 과목 · 2009, 2011의 국어, 국어 I, 국어II는 선택 과목

그동안의 고등학교에서의 국어 교과가 어떻게 변해 왔는지 〈표 1〉를 통해 알 수 있다. 필수 과목의 비중이 낮아지고 선택 과목의 비중이 점점 커지다가 2009 개정에 이르러 필수 과목이 없어지고 모든 과목이 선택 과목으로 바뀌었다. 〈문법〉 과목은 4차부터, 〈독서〉 과목은 6차부터 선택 과목으로 제시된다. 이 두 과목을 통합해서 하나의 선택 과목으로 제시된 것은 2009 개정 교육 과정부터이다. 왜 통합을 지향했을까에 대하여 교과 내적인 문제가 아니고 교과 외적인 문제에서 촉발되었다고 누구나 그렇게 생각한다. 교과 내적인 문제에서 촉발된 것은 아니더라도 과연 통합이 어느 정도 가능할 것인지를 고려해 보는 것은 국어교육학을 업으로 삼는 사람들에게 중요한 일이다.

2.1. 1차, 2차, 3차 고등학교 국어과 교육 과정

1, 2차 교육 과정 시기는 국어 교과 속에 선택 과목이 분명하게 자리잡고 있지는 않다. 이 시기의 읽기 영역과 문법 영역을 살펴보면[4] 이 두 영역의 통합이 그리 이상한 조합은 아니다. 말하기, 듣기, 읽기, 쓰기 영역이 통합된 모습을 보여주고 있다. 읽기 영역에 문학 영역을 주로 연결하고 있지만 각 영역이 읽을거리 중심으로 접근하고 있기 때문에 읽기와 문법의 통합도 가능한 것으로 보인다. 읽기 영역의 내용이 읽기 기능 중심이기보다는 읽을거리 중심이고, 문학, 문법은 읽을거리의 통하여 학습하게 되어 있는 항목이 많아 독서(읽기)와 문법의 통합이 자연스럽다. 읽을거리를 찬찬히 읽어가면서 문법 사항도 지도하고 읽을거리 내용을 이해하기 위해 역사적 사실, 인물에 대한 설명 등, 주석 달듯이 읽기 지도를 한 시절을 생각해 보면 이 시기에서의 독서와 문법의 통합이라고 하는 것이 수업의 일반적인

---

4) 1, 2차 고등학교 교육 과정은 체제가 반듯하지 못하다. 읽기 영역에서 독서 기술이라는 용어도 쓰이고 있고 문법 영역 내용을 국어 문제라는 용어도 사용하고 있다.

모습이라 할 수 있다. 국어 수업의 모습이 그러하니 선택 과목이 확실한 체계를 보여주지 못했다.

3차 시기는 한문 관련 내용이 국어과에서 삭제되고 〈작문〉이 〈고전〉과 함께 선택 과목으로 자리잡고 있다. 이 시기에도 국어 수업도 1, 2차와 마찬가지로 읽을거리 중심의 수업, 독본 위주의 수업이 일반적인 모습이라 한다면 독서(읽기)와 문법의 통합이 별 이상할 것도 없는 것으로 받아들일 수 있다. 언어 사용 기능을 길러주어야 한다는 당위성을 구체화 시키지 못한 이 시기가 2009, 2011 개정이 기댈 수 있는 교육 과정의 한 면모를 보여준다 하겠다. 3차 고등학교 교육 과정의 '나. 제재 선정의 기준'에 '(2) 어학에 관한 내용'이 7개 항-국어의 개념 및 특질, 국어사의 개요, 훈민정음의 제자 원리, 국어 음운론의 개요, 국어 문장론의 개요, 국어 품사론의 개요, 국어 정서법-이 제시되어 있는데, 이 항목들은 읽기 영역에 읽을거리로 제시될 수 있는 것이 대부분으로 읽기와 문법이 서로 독립적인 영역이라 할 수 없을 것이다.

2.2. 4차, 5차 고등학교 국어과 교육 과정

학문 중심 교육 과정을 표방한 4차 교육 과정에서는 그 성격 상 읽기(독서)와 언어(문법)의 통합은 여지가 없는 이야기이다. 〈국어〉 과목의 '다. 지도 및 평가 상의 유의점'에 "언어의 지도는 되도록 학생들의 언어 생활과 관련지어 이루어지도록 한다."는 언어 영역과 읽기(이해) 영역과 관련지어 지도할 여지를 주고 있다. 하지만 평가의 유의점을 살펴보면 "'언어'는 체계적인 언어 지식과 그 적용 능력을 중심으로 하여 평가한다."에서 언어와 읽기(이해) 영역을 통합할 여지를 없애고 있다(문교부 고시 제422호). 그리고 4차 시기는 '표현·이해, 언어, 문학'의 3영역에 기반을 두고 교육 과정이 만들어졌으므로, 선택 과목에도 〈문법〉 과목이 자리 잡았다. 이 4차 시기부터 선택 과목의 하나로 〈문법〉이 지금까지 중요한 과목이 되어 있다. 선택 과목으로 등장한 〈문법〉 과목의 내용은 다음과 같다.

<표 2> 4차 〈문법〉 과목의 '내용'

(가) 국어의 개념, 비문법적 문장 가려 내기
(나) 언어의 본질 알고, 국어 구조 분석하기
(다) 문장 성분 구분, 국어의 구문 분석하기
(라) 문장의 구조와 그 요소 사이의 호응 알기

(마) 문맥적 의미를 알고 문장 부호를 바르게 쓰기
(바) 품사를 분류하며 형태 분석을 하기
(사) 품사의 하위 분류와 그 특성 알기
(아) 숙어의 유형와 품사의 전성을 알기
(자) 음운의 종류와 그 체계 알기
(차) 음운 변화의 조건과 규칙 알기
(카) 국어와 국자의 특질과 국어 맞춤법 알기
(타) 국어 애호와 국어 국자 문제에 대하여 바른 생각 가지기

4차가 학문 중심 교육 과정을 표방했다고 하였지만, 선택 과목 〈문법〉의 거의 모든 항목은 지식을 목표로 하고 있다. 이런 성격으로 말미암아 4차 시기는 읽기(독서)와의 통합과는 거리가 멀어진다. 이 시기는 변형생성문법이 대세를 이루고 있었으나 문법 과목에선 구조주의 언어학, 기술주의 언어학이 여전히 큰 비중을 차지하고 있었다.

5차 〈국어〉 과목의 교육 과정은 언어 사용 기능이 국어과에서 主가 되며 언어(문법), 문학에 대한 지식은 副가 된다는 생각을 했었지만, 교육 과정에서 구체적으로 드러나지는 못했다. 단지 '목표'의 제시나 '지도상의 유의점' 등에서 통합이나 지식의 활용을 강조하려고 한 것을 알 수 있다. 〈국어〉 과목의 6개 항의 목표에서 '5) 언어와 국어에 관한 일반적인 지식을 바탕으로 국어를 바르게 이해하게 한다.'의 목표 항이나 '지도 및 평가상의 유의점'에서 "언어" 영역의 지도에서는 언어 및 국어에 대한 올바른 이해에 중점을 두되 지식 자체의 전수보다는 구체적인 국어 자료로부터 지식을 도출해 내는 지식의 생산 과정에 중점을 둔다.' 는 항목이나, "언어' 평가는 국어에 대한 일반적인 지식과 올바른 이해에 중점을 둔다.'(문교 부 고시 제88-7호) 등에서 고등학교 〈국어〉 과목에서 읽기 영역과 언어 영역(문법)이 통합될 수 있는 약간의 가능성이 보이고 있지만 실제 교육 과정을 개정할 때에 통합을 염두에 두지 는 않았다. 〈국어〉 과목 외에 선택 과목의 경우에도 마찬가지의 모습을 보여주고 있다. 〈문법〉 과목의 3개 항의 목표의 한 항으로 '국어와 국자에 대하여 올바른 생각을 가지고 효과적인 국어 생활을 영위하게 한다.'에서 미미하나 약간의 통합의 가능성이 엿볼 수 있고, '지도 및 평가상의 유의점'에서 '~실제의 국어 생활에 기여할 수 있도록 지식의 활용에 중점을 두어 지도한다.'(문교부 고시 제88-7호)는 항에서 통합의 가능성을 엿볼 수는 있으나 내용 항목은 지식 위주로 통합의 가능성을 찾아보기 어렵다. '목표'나 '지도 및 평가 상의 유의점'에 서 통합을 하려는 의도를 보이나 구체적으로 수업을 이끌고 가는 '내용' 항목에서는 가능성을 두고 있는 것이 거의 없다. 결국은 '목표'나 '지도 및 평가상의 유의점'에서의 진술은 당위성에

그치고 있다.

4차부터 선택 과목으로서 〈문법〉이 등장했는데, 등장 시기가 학문 중심 교육 과정을 표방한 시기였고 국어학을 배경 학문으로 하는 〈문법〉 과목은 국어학 연구 성과를 손쉽게 도입하여 그 이후 듣기, 말하기, 읽기, 쓰기의 언어 사용 기능에 대해 학문적으로 교육적으로 고민한 것에 비하면 국어 교과에서 배경 학문이 뚜렷한 영역으로, 큰 고민이 없는 영역으로 자리 잡았다.

2.3. 6차, 7차 고등학교 국어과 교육 과정

1992년 제6차 국어과 교육 과정에 고등학교 선택 과목으로 〈화법〉, 〈독서〉, 〈작문〉, 〈문법〉, 〈문학〉 과목을 제시하여 국어 교과의 체제가 필수 과목 〈국어〉 과목과 선택 과목이 반듯한 체제를 갖추었다. 〈화법〉과 〈독서〉 과목이 선택 과목으로, 일선 고등학교에서도 선택해서 가르칠 수 있게 된 것이다. 6차 교육 과정 시기부터 '내용 체계'로서 각 과목의 체제를 보여주고 있다. 따라서 〈독서〉과 〈문법〉 과목도 나름대로 '내용 체계'를 보여주고 있다.

고등학교 〈국어〉 과목은 필수 과목으로서 듣기, 말하기. 읽기, 언어(문법), 문학의 통합을 이야기하고 있다. '4. 방법'에서 '-학습 목표가 유기적인 관련을 맺도록 한다.'(교육부 고시 제1992-19호:38)로 제시하고 있다. 그러나 통합의 단초를 찾아볼 수 있는 것은 여기서 그치고 있다. 6개 영역 사이의 통합이 이 정도라면 개개의 과목으로 심화 과정에 설정되어 있는 〈독서〉와 〈문법〉 과목은 보다 개별적인 과목으로서의 독립성을 부각시키고 있는 것은 당연한 일이다.

〈독서〉 과목과 〈문법〉 과목의 내용 체계를 살펴보면, 통합의 가능성을 보이고 있는 부분을 찾아볼 수는 있다.

<표 3> 6차 <독서>, <문법> 과목의 내용 체계

독서		문법	
영역	내용	영역	내용
1)독서의 본질	가)독서의 기능과 특성 나)독서의 심리적 과정 다)독서의 목적과 방법	1)언어의 본질과 국어의 특질	가)언어의 본질 나)언어와 인간 다)국어의 특질과 변천

2)독서의 원리	가)단어 이해 기능 나)독해 이해 기능 ○자구적 독해 ○추론적 독해 ○비판적 독해 ○감상적 독해	2)국어의 이해	가)음운의 체계와 변동 나)단어의 갈래와 형성 다)문장의 구성 요소와 짜임새 라)단어의 의미 마)문장과 이야기
3)독서의 실제	가) 정보를 전달하는 글 읽기 나) 설득하는 글 읽기 다) 친교 및 정서 표현의 글읽기 라) 독서와 학습 방법 마) 태도 및 습관	3)국어 사용의 실제	가)단어와 문장의 올바른 구사 나)표준어와 맞춤법 다)국어를 정확하고 효과적으 로 사용하는 태도 및 습관

　　〈독서〉 과목의 '단어 이해 기능'과 〈문법〉 과목의 '단어의 갈래와 형성, 단어의 의미', 그리고 '문장과 이야기, 단어와 문장의 올바른 구사' 부분은 내용 체계에서 서로 관련지어 학습시킬 수 있다고 말할 수는 있다. 즉, 〈독서〉 과목과 〈문법〉 과목을 통합할 수 있을 것이다. 그러나 각 과목의 교육 과정의 '내용'을 보면 통합하기가 쉽지 않음을 볼 수 있다. 애초 각각의 과목으로 나름의 학문적 배경을 가지고 있는 것으로 교육 과정 개정 과정에서 통합을 전혀 염두에 두지 않았으므로 이런 현상은 당연한 결과이다.5)

　　〈표 3〉에서 밑줄 그은 것은 〈문법〉 내용을 〈독서〉로 가져 와서 통합하기는 그래도 용이하

---

5) 〈6차 독서〉와 〈6차 문법〉 내용 중에서 통합이 가능할 항목 들을 찾아보면 다음과 같다.
　〈6차 독서〉
　(가) 단어 이해 기능
　　① 사전, 문맥 등을 이용하여 단어의 의미를 파악한다.
　　② 단어의 구조와 단어들 사이의 의미 관계를 파악한다.
　　③ 속담, 격언, 관용구 등 숙어적 표현의 의미를 파악한다.
　〈6차 문법〉
　(2) 국어의 이해
　(나) 단어의 갈래와 형성
　　① 품사 분류와 그 기준에 대하여 이해한다.
　　② 단어를 형성하는 단위와 방법에 대하여 이해한다.
　(라) 단어의 의미
　　① 의미의 종류와 단어들 사이의 의미 관계에 대하여 이해한다.
　　② 의미 변화의 양상에 대하여 이해한다.
　(3) 국어 사용의 실제
　(가) 단어와 문장의 올바른 구사
　　① 단어를 올바르게 선택하고 사용한다.

나, 〈문법〉 과목에 〈독서〉 과목의 목표를 가지고 와서 가르치기는 어렵다. 이것은 〈독서〉라는 과목의 특성에 기인한다. 모든 과목의 의사소통은 읽을거리를 기초로 하므로, 모든 과목의 바탕은 읽기 기능이다. 〈독서〉 과목의 '성격'에 〈독서〉 과목의 진정한 의의는 바로 범교과적인 학습력의 제고에서 찾아야 한다(6차 교육 과정 49쪽)는 이야기에서도 이런 성격을 찾아볼 수 있다. '문법' 과목의 성격에서는 '정확한 사용'에 중점을 두고 있다(교육부 고시 제1992-19호: 63쪽). 이런 성격의 일면을 보아서 어느 과목이 主가 되고 어느 과목이 副가 되는가를 결정하기는 어렵다.

6차 시기의 〈국어〉 과목 교육 과정은 말하고 듣고 읽고 쓰는 언어 사용 기능과 문법(언어), 문학의 6 영역으로 이루어져 있다. 교육 과정이 6 영역으로 구성되어 있고 교과서는 〈읽기〉 단원, 〈언어〉 단원, 〈문학〉 단원, 〈말하기·듣기〉 활동, 〈쓰기〉 활동으로 구성되어 있다. 이 교과서를 가지고 수업을 할 때 적절한 통합이 이루어질 수 있지만, 읽고 쓰고 말하고 듣는 이런 활동은 목표를 향하는 것이어야 의미를 가지게 된다. 수업 시간엔 말하고 듣고 읽고 쓰고 하는 활동이 이루어지지만 그것은 각 영역의 목표 달성과는 거리가 있다. 3차 교육 과정에 터한 교과서로 국어 수업이 이루어지던 때를 생각해 보면 말하고 듣고 읽고 쓰고 하는 통합적으로 활동이 되지만 매 수업 시간이 천편일률적인 수업이 이루어졌다. 영역별 단원을 구성한 것은 이런 식의 국어 수업을 지양하고자 한 결과이고, 선택 과목으로서 〈화법〉, 〈독서〉, 〈작문〉, 〈문법〉, 〈문학〉을 두게 된 것도 이런 이유가 있다고 보아야 할 것이다.

1997년 고시된 7차 교육 과정에서는 10학년(고등학교)에선 6차와 동일한 6 영역을 고수하고 있고, 심화 선택 과목으로 〈화법〉, 〈독서〉, 〈작문〉, 〈문법〉, 〈문학〉 일반 선택 과목으로 〈국어 생활〉이 있었다. 심화 선택 과목은 6차와 동일하다. 〈독서〉 과목 교육 과정에서는 실제를 중시하고, 사회 생활 및 평생 학습의 기초를 마련하는데 의의를 둔다고 '성격'에서 밝히고 있고, 〈문법〉 과목 교육 과정에서는 지식을 단순 암기하는 방법을 지양하고 탐구 학습을 강조하여 국어를 더 잘 이해하고 논리적 사고력과 국어 문제의 해결을 위한 통찰력을 기르는 데 중점을 둔다고 '성격'에서 밝히고 있다. 6차에 비하면 〈독서〉 과목은 학교를 벗어나 범위가 더욱 넓어지고 있고, 〈문법〉 과목은 탐구 학습, 사고력을 중시하고 있다. 이런 변화를 보여줌에도 불구하고 통합을 의도하지 않아 6차와 같이 '내용 체계'와 '내용' 부분에서 어느 정도 통합을 이룰 수 있는 부분에서도 전혀 관심이 없다. 〈독서〉 과목과 〈문법〉 과목은 별도의 과목이어서 당연한 일이지만. 〈표 4〉의 밑줄 그은 부분 정도는 통합을 시도할 수도 있겠다.

<표 4> 7차 <독서>, <문법> 과목의 내용 체계

〈독서의 이론〉	〈영역/내용〉
(1) 독서의 본질	(1) 언어와 국어
(가) 독서의 기능과 특성	(가) 언어의 본질 (나) 언어와 인간
(나) 독서의 과정	(다) 국어와 국어 문화
(다) 독서의 방법	(2) 국어 알기
(라) 독서의 가치	(가) 음운의 체계와 변동
(2) 독서의 원리	(나) <u>단어의 갈래와 형성</u>
(가) 독서의 준비	(다) <u>국어의 어휘</u>
(나) 독해	(라) <u>문장의 구성 요소와 짜임새</u>
① <u>단어, 문장, 문단의 독해</u>	(마) <u>단어의 의미</u>
② 글 전체의 독해	(바) <u>문장과 담화</u>
③ 비판적 독해	(3) 국어 가꾸기
④ 감상적 독해	(가) 국어사용의 규범
(다) 독해 과정의 인식	(나) 정확한 국어 생활
(라) 독서와 학습 방법	(다) 국어 사랑의 태도
(3) 독서의 태도	
〈독서의 실제〉(1)~(8)	

6차, 7차 선택 과목 〈독서〉, 〈문법〉 교육 과정을 살펴보면 〈독서〉 과목에서 '단어에 관한 사항', 〈문법〉 과목에서 '단어, 문장, 담화에 관한 사항'이 두 과목에 있어 통합이 가능한 것으로 보인다. 글을 읽기 위해서는 필요한 지식인 이 문법 지식을 독서에 어떻게 접목시켜야 할지가 관건이 될 것이다. 즉, 〈독서〉와 〈문법〉이 통합될 때 무엇이 主가 되고 副가 될 것인가 문제가 될 것이다. 6, 7차 경우, 독서 지도는 화법, 작문 과목 등과 유기적으로 연계하여 지도해야 한다고 하고 있다(6차 고등학교 교육 과정:53, 7차 교육 과정:135). 독서 (읽기)와 화법(듣기, 말하기), 작문(쓰기)과의 연계를 중요시하고 있는데, 문법과 문학에 관해서는 언급이 없다. 문법을 어느 영역과 통합한다는 것은 생각할 수 없는 것으로 치부되었다는 것을 알 수 있다.[6]

---

6) 〈7차 독서〉와 〈7차 문법〉 내용 중에서 통합이 가능할 항목 들을 찾아보면 다음과 같다.
　〈독서〉
　　① 단어, 문장, 문단의 독해
　　　㉮ 글에 나오는 중요 단어를 찾고, 여러 가지 방법으로 단어의 의미를 파악한다.
　　　㉯ 책, 신문, 잡지 등 다양한 자료를 읽고 학습 어휘 목록집을 만든다.
　　　㉰ 문장과 문장, 문단과 문단을 연결하는 표지와 생략된 표지를 찾고 그 관계를 이해한다.
　4. 교수-학습 방법
　　바. 독서 지도는 화법, 작문 과목 등과 유기적으로 연계하여 지도해야 하며, 교수 학습에서는 글의 특성에

2.4. 2009, 2011 개정 국어과 교육 과정

2007년 개정 고시된 선택 과목들(화법, 독서, 작문, 문법, 문학, 매체 언어)의 교육 과정은 교과서로 구체적인 모습을 보이지 않았고 2009년에 선택 과목 교육 과정이 통합을 시도하여 〈화법과 작문 I, II〉, 〈독서와 문법 I, II〉 과목의 교육 과정이 선을 보이게 된다. 이 통합은 기계적인 통합, 물리적인 통합으로 비판을 많이 받게 된다. '성격' 부분을 봐도 통합의 근거를 전혀 제시하지 못하고 있다. 2012년부터 현장에서 적용되고 있는 교과서의 모습도 한 권에 독서와 문법이 각각 독서는 독서대로 문법은 문법대로 자리하고 있다. 국어 교과의 내적 논리에 의한 것이기보다는 외적 논리에 의해 만들어졌기 때문이다. 태생이 기형적이라고 하더라도 이제 모든 학생들이 선택해서 배우고 있고, 교사의 입장에서는 효과적인 교수 학습 방법에 대한 고민이 있는, 현장의 해결 시급한 문제이다.

2009년에 개정 고시된 고등학교 선택 과목의 교육 과정은 그 내용에 있어선 2007 개정 교육 과정을 가져와 쓰고 있는 형편이다.[7] 그럼에도 불구하고 김중신(2011:53)의 지적대로

　　　　따라 알맞은 수업 모형을 적응한다.
　〈문법〉
　(2) 국어 알기
　　(나) 단어의 갈래와 형성
　　　① 국어의 품사 분류와 그 기준을 이해한다.
　　　② 국어의 단어를 형성하는 단위와 방법을 이해한다.
　　(다) 국어의 어휘
　　　① 국어 어휘의 존재 양상을 이해한다.
　　　② 국어 어휘의 체계를 이해한다.
　　(라) 문장의 구성 요소와 짜임새
　　　① 국어의 문장 성분과 구조를 이해한다.
　　　② 국어 문법 요소의 기능과 그 의미를 이해한다.
　　　③ 국어 문장의 여러 가지 짜임새를 이해한다.
　　(마) 단어의 의미
　　　① 의미의 종류와 단어 사이의 의미 관계를 이해한다.
　　　② 의미 변화의 양상을 이해한다.
　　(바) 문장과 담화
　　　① 발화 행위로서의 언어 현상을 이해한다.
　　　② 담화의 표현 및 이해에 작용하는 요소를 이해한다.
　　　③ 담화의 구조를 이해한다.
　4. 교수-학습 방법
　　나. 문법 분야에만 치중하지 말고, 국어 전반에 대하여 폭넓게 이해하는 데 도움이 되는 내용을 선정하여 지도한다.

7) 매체언어 과목을 死藏되었으므로 매체언어의 내용은 다른 선택 과목에 부분적으로 들어가 있다. 〈독서와

시작되기 전에 종결을 맞이하게 된 2007 개정 선택 과목의 처지를 보게 된다. 그리고 2009 개정 교육 과정에 의하면 1~9학년(초·중)의 국어 과목은 필수 과목이고 10~12학년(고등학교) 국어 과목은 선택 과목이다. 2007 개정 교육 과정에서 10학년까지 필수 과목으로 개정된 것이기 때문에 2007과 2009 개정 교육 과정에서 10학년이 근본적으로 성격이 다를 수밖에 없는데, 3년(2011~2013) 동안은 2007 개정 교육 과정에 의하여 만들어진 10학년 교육 과정에 의하여 검인정으로 개발된 것으로 현장에서 사용하였다. 3년 정도의 수명을 가진 교과서, 비경제적인 교과서가 현장에서 쓰였다. 선택 과목의 위상을 보여주는 사건이 아닐 수 없다.

2009년의 교육 과정은 〈국어〉, 〈화법과 작문 I〉, 〈화법과 작문 II〉, 〈독서와 문법 I〉, 〈독서와 문법 II〉, 〈문학 I〉, 〈문학 II〉 2011년에 개정 고시된 교육 과정은 〈국어 I〉, 〈국어 II〉, 〈화법과 작문〉, 〈독서와 문법〉, 〈문학〉, 〈고전〉으로 선택 과목을 제시하고 있다. 2009 개정 교육 과정은 2012년부터 현장에 적용되고 있고, 2011 개정 교육 과정은 2014년부터 현장에 적용될 것이다(국어 I, 국어 II는 2014년부터 사용).

2011 국어과 교육 과정 개정을 위한 시안 개발 연구(2011년 정책연구개발사업, 교육과학기술부)에 의하면 국어과 교육 과정 개정의 배경을 국가 사회적 요구와 국어 교육의 내적 요구로 나누어 들고 있다. ○미래 사회를 대비하기 위해 창의성과 인성을 갖춘 인재 육성 필요 ○다문화, 다민족, 국제화(글로벌) 사회에 대한 준비로서의 국가 정체성 교육 강화 ○사교육비 경감을 통한 사회적 비용 축소 ○녹색성장 교육 강화 ○진로 집중 과정 운용에 적합한 선택 과목의 재정비 필요를 국가 사회적 요구로 들고 있다. 사회의 급격한 변화를 교육 과정에 반영하고자 하고 있고, '국어'라는 교과를 통해서도 이러한 요구를 반영하고 있다.[8]

국어과 교육 내의 요구로 ○교육 과정과 대학 입시의 연계성 확보 ○학습자의 발달 수준에 적합한 국어과 교육 과정 적정화 ○학년별 학년군별 성취 기준의 구체화 ○국어과 선택 과목의 내용 영역 간의 타당한 결합 도출 ○보통교과와 전문교과의 연계성 강화를 들고 있다.[9] 교육 과정 적정화는 매번 교육 과정을 개정할 때 이슈가 된다. 그럼에도 불구하고 적정화가 정말 실현되고 있느냐는 별개의 문제이다. 당위성을 가진 말이라고 할 수 있겠는

문법 I)에 〈독서〉 부분에 매체언어 내용이 들어있다.

8) 인성 강조에 의해 2012년에 교육 과정의 부분 개정을 가져왔다.

9) 교육과학기술부의 '교과 교육 과정 개정 방향(2011년 1월 25일 발표)'에 따르면 기존의 학년별 교육 과정을 학년군별로 개발하여 교육 과정의 비약이나 중복을 방지하고 내용의 연계성을 강화하는 것이 교육 과정 개편의 방향이라고 한다. 그런데, 초등의 경우 국정으로 교과서가 개발됨으로 '학년군별'은 별다른 문제없이 현장에 적용 가능하나, 중학교의 경우, 검인정 교과서이기 때문에 상당히 복잡한 문제가 발생한다.

데, 2011 개정에는 '지나치게 내용이 비대하여, 내용 요소 20% 이상 축소할 필요가 있다'고 하고 있다. 특히 초등의 경우 다른 교과와의 중복을 말하고 있다. 그렇지만 20%의 근거에 대한 설명은 없다. 학년군별로 성취 기준을 구체화하고 있기 때문에 교육 과정에 제시되는 성취 기준이 감소할 가능성은 충분히 가지고 있다. 교육 과정과 대입과의 연계성을 확보한다는 것은 무엇을 말하는지 애매하다. 교육 과정과 대학 입시가 서로 연계성이 있어야 한다는 것은 당연히 그리해야 한다. 이번 개정에서 가장 내세울 것은 '학년군'을 도입한 것을 들 수 있고, 선택 과목의 내용 영역 간의 타당한 결합을 도출한다는 것이 가장 어려운 숙제라고 할 수 있다.

국어과 교육 내적의 요구가 2011 개정 국어과 교육 과정이 개정되는 과정에 얼마나 잘 반영되었느냐 하는 것을 별도의 문제로 치부하더라고 2009 개정 교육 과정부터 문제가 되어 온 국어과 선택 과목의 내용 영역 간의 타당한 결합이 이루어졌느냐는 여전히 뜨거운 감자가 되고 있다. 교육 과정에서의 〈독서와 문법〉이란 명칭은 '통합'을 전제로 하고 있다. 그런데 2011 국어과 교육 과정 개정을 위한 시안 개발 연구(2011년 정책연구개발사업, 교육과학기술부)에서는 〈독서와 문법〉 과목은 실제 '통합'이 어렵다고 고백하고 있다.

2011 국어과 교육 과정 개정을 위한 시안 개발 연구(2011년 정책연구개발사업, 교육과학기술부)에서 〈독서와 문법〉은 통합형 성취 기준이 하나도 없고 '독서와 언어의 본질'과 같이 내용 체계의 상위 제목 차원으로만 묶이는 느슨한 통합을 하고 있다(185쪽)고 하면서 문법이 독자성이 강하기 때문에 현장에서의 문법 기피 현상을 피하기 위한 고육지책이었다고 말하고 있다. 현장에서의 문법 기피 현상이 두 과목(6차, 7차 독서, 문법)을 한 과목으로 묶는다고 해결되는 것은 아니다. 교육 과정이란 뼈대를 고치기보다는 그 아래 현장 교육이 바뀔 수 있는 정책이 고심의 대상이 되어야 할 것이다.

<표 5> 2011 <독서와 문법>의 내용 체계

독서와 언어의 본질	○독서의 본질	○언어의 본질	
국어 구조의 이해	○음운　　　○단어	○문장　　　○담화	
글의 구조와 독서의 방법	○글의 구성 원리	○독서의 방법	
독서의 실제와 국어 자료의 탐구	○독서와 국어 생활 ○독서의 가치와 성찰	○국어 자료의 탐구	

〈독서와 문법〉과목 교육 과정에서 취한 '내용 체계'를 보면 2011 국어과 교육 과정 개정을 위한 시안 개발 연구(2011년 정책연구개발사업, 교육과학기술부)에서 말한 의도를 알 수 있다.

2009 개정 교육 과정에서 보여 주고 있는 교육 과정의 '내용 체계'와 2011년 교육 과정과 비교해 보면 '내용 체계'의 상위 제목 차원으로만 묶이는 느슨한 통합도 시도하지 않는 것을 알 수 있다.[10] 이 교육 과정에 따라 개발된 교과서도 '내용 체계'처럼 기계적으로 독서과 문법이 나뉘어 있다. 교육 과정과 교과서가 통합을 시도했다고 할 수 없지만, 교과서의 대단원 차원에서 아주 느슨한 양상을 보여 주고 있다.

<표 6> 2009 국어과 교육 과정에 의한 <독서와 문법> 교과서 목차

가. 지학사	나. 천재 교육
1. 말, 글, 삶 　01. 언어와 삶　02. 독서와 삶 2. 독서의 이론과 실제 3. 국어의 이해와 탐구 4. 매체, 언어, 독서	1. 독서의 본질 　(1) 언어의 본질과 독서의 특성 　(2) 독서의 과정과 방법 　(3) 독서의 맥락과 가치 2. 독서의 원리 3. 국어의 구조 4. 국어와 생활 5. 매체 언어와 독서

---

10) 2009 국어과 선택 과목 독서와 문법 I, II 내용 체계

〈독서〉1 지식 ○독서의 특성 ○글의 특성 ○독서의 과정과 방법 ○독서의 맥락 ○독서의 역사와 가치 ○독서와 매체 언어 기능 ○독서의 준비 ○독서의 수행(사실적 독해, 추론적 독해, 비판적 독해, 감상적 독해, 창조적 독해) ○독서의 성찰과 조절 ○독서의 활용 ○매체 자료의 비판적 수용	〈독서〉2 글의 유형 ○목적에 따른 글 읽기 ○제재에 따른 글 읽기 ○시대에 따른 글 읽기 ○지역에 따른 글 읽기
〈문법〉1 국어와 앎 ○언어의 본질　　○국어의 구조 국어와 삶 ○일상 언어　　○매체 언어 ○사회 언어　　○학술 언어	〈문법〉2 국어와 규범 ○정확한 발음 ○올바른 단어 사용 ○정확한 문장 표현 ○효과적인 담화 구성 국어와 얼 ○국어의 변천　　　○국어의 미래

1. 말과 글의 규범 2. 말과 글의 다양성 3. 말과 글의 역사	1. 글의 목적과 독서 2. 글의 분야와 독서 3. 시대와 지역에 따른 독서와 국어 생활 4. 국어 생활과 규범 5. 국어의 역사와 미래

위 〈표 6〉에서 예로 보는 두 종의 교과서는 밑줄 그은 단원에서 아주 느슨한 통합을 보여 준다고 할 수 있다. 독서와 문법이 통합을 이루었다고는 전혀 할 수 없는 두 종의 교과서의 목차를 보면 분절적으로 독서의 내용과 문법의 내용을 담고 있음을 알 수 있다. 2011 교육 과정에 터해 개발되고 있는 〈독서와 문법〉 교과서가 어떤 모습으로 선 보일지는 미지수이나, '내용 체계'와 교과서의 목차가 크게 다르지 않다고 했을 때 2009 교육 과정에 터한 교과서와 다를 것 같지는 않다. '내용 체계' 뿐 아니라 세부 내용을 살펴보아도 〈독서와 문법〉 과목에서 두 영역(독서와 문법)은 통합되지 않은 채 단순한 결합의 차원에서 그저 나열되고 있다고 김규훈(2012)은 지적하고 있다. 6차, 7차 〈독서〉과 〈문법〉 과목이 설정되어 있을 때, 두 과목의 통합의 가능성을 보여주는 부분을 찾아볼 수 있는 그 정도의 통합에서 더 나아가지 못하고 있는 것이다.

3. 고등학교 선택 과목의 위상-〈독서와 문법〉 과목

이관규(2011)는 문법은 문법의 존재감이 확실하게, 독서도 마찬가지로 독자성이 드러나도록 교육 과정을 만들고 교과서를 편찬할 때 통합할 수 있다고 이야기하고 있다. 즉, 집필자에 따라 독자적으로 혹은 통합으로 교과서를 편찬할 수 있다고 하고 있다. 현재 교과서가 교육 과정에 근거해서 편찬되는 것이어서 독립한 과목으로 교육 과정에 제시되어 있는 경우, 교과서에서의 통합(독서와 문법)은 거의 불가능하다고 하고 있다.[11]

통합이 교육 과정에서의 통합, 교과서에서의 통합, 수업 시간에서의 통합을 생각할 때 문제가 되는 통합은 교육 과정에서의 통합이다. 1~4차 교육 과정 시기는 수업 현장에서의 통합(통합이 되었다면), 5~7차 교육 과정 시기와 2007 개정 교육 과정 시기는 교과서와 수업 에서의 통합, 2009, 2011 개정 교육 과정은 교육 과정과 교과서와 수업의 통합이라 할 수

---

11) 이관규(2011)에서의 기본적인 견해는 문법, 독서를 독립시켜야 한다고 생각하는 것으로 읽힌다.

있다. 선택 과목은 1~7차까지 교육 과정과 교과서, 수업에 있어서 통합을 논하지 않았다. 교육 과정에서 선택 과목의 체제가 6차 교육 과정에 와서 완전한 모양을 보이고 있고 6차, 7차에 걸쳐 교과서로서 〈독서〉라는 과목이 교과서로 등장했기 때문에 〈화법〉과 더불어 교육 과정의 체제와 교과서의 체제가 각각 자리잡는 시기로 볼 수 있겠다.

2011 국어과 교육 과정 개정을 위한 시안 개발 연구(2011년 정책연구개발사업, 교육과학기술부:188쪽)에서는 진정한 의미의 교육 과정 통합은 성취 기준을 중심으로 한 완전한 통합이 바람직한 것은 사실이나 이번 개정안에서는 거기까지 나아가지는 못했다. 그 이유는 독서와 문법 영역이 각각의 독립성이 강할 뿐 아니라 통합적 접근에 충분한 연구 성과의 축적 없이 무리하게 통합을 추진할 경우, 자칫 추상적인 명제적 통합에 머물 우려도 배제할 수 없기 때문이다. 아울러 교과서 개발자들로 하여금 더욱 큰 어려움을 줄 수 있다는 판단도 작용하였다고 말하고 있다. 이관규(2011)는 "만약에 시간이 충분하고 연구가 충분했더라면 '독서와 문법' 교육 과정의 '내용 체계' 및 세부 항목이 물리적 결합이 아닌 화학적 통합이 될 수 있었을까? 아니 그것은 본질적으로 가능한 것이었을까?" 하는 의문을 제기하고 있다.

처음부터 통합의 의도는 교과 외적인 요소가 강하게 부각되어서 '의도'를 벗어나 학문적으로 통합의 의미를 찾아보는 노력이 어쩌면 무용한 것이 아닌가 하는 생각을 하게 되는 것이다. 그렇더라도 무용한 것인지 아닌지를 살펴보기 위해서 선택 과목의 통합을 논하기 위해서는 1-9학년 교육 과정의 체제의 연관성 위에 논의할 필요가 있다.

아래 〈표 7〉을 통해 2011 국어과 교육 과정을 살펴보면 〈1-2학년〉, 〈3-4학년〉, 〈5-6학년〉에 제시된 문법 영역은 읽기 영역, 쓰기 영역에서 충분히 다룰 수 있는 성취 기준을 제시하고 있다. 교과서도 그런 의도를 반영하여 편찬되고 있다.

1~4학년의 문법 영역의 성취 기준은 읽기 영역에서 다루어도 무방하다.[12] 5~6학년의

---

12) 2011 개정 교육 과정에 제시된 읽기 영역의 성취 기준은 다음과 같다.
　〈1-2〉학년군
　(1) 글자의 짜임을 이해하여 글자를 읽고, 읽기에 관심을 가진다.
　(2) 낱말과 문장을 정확하게 소리 내어 읽는다.
　(3) 의미가 잘 드러나도록 글을 알맞게 띄어 읽는다.
　(4) 글의 분위기를 살려 효과적으로 낭독하고 읽기의 재미를 느낀다.
　(5) 글의 내용을 자신이 겪은 일과 관련지어 이해한다.
　(6) 글을 읽고 중요한 내용을 확인한다.
　〈3-4〉학년군
　(1) 글을 읽고 대강의 내용을 간추린다.
　(2) 글쓴이의 마음이나 인물의 마음을 짐작하며 글을 읽는다.

문법 영역은 음운과 통사 부분에서 문법 영역의 성격이 드러나지만, 읽기, 쓰기, 듣기·말하기 영역에서 다룰 수 있는 성취 기준 들이라고 생각된다. 그럼에도 5영역으로 체제를 고수한 것은 초·중의 교육 과정의 '내용 체계'가 일관성을 중시했기 때문으로 보인다.

<표 7> 2011 개정 국어과 교육 과정 문법 영역 '성취 기준'(초등학교)

1-2 학년군	(1) 한글 낱자(자모)의 이름과 소릿값을 알고/ 정확하게 발음하고 쓴다.
	(2) 다양한 고유어를 익히고 소중히 여기는 태도를 기른다.
	(3) 낱말과 낱말의 의미 관계를 알고/ 활용한다.
	(4) 문장의 기본 구조를 이해하고 문장 부호를 바르게 쓴다.
3-4 학년군	(1) 소리와 표기가 다를 수 있음을 알고/ 낱말을 바르게 발음하고 쓴다.
	(2) 표준어와 방언의 가치를 알고 상황에 따라 효과적으로 사용한다.
	(3) 국어의 낱말 확장 방법을 알고/ 다양한 어휘를 익힌다.
	(4) 낱말들을 분류해 보고 국어사전에서 낱말을 찾아본다.
	(5) 문장을 끝내는 다양한 방식을 알고/ 자신의 의도에 맞게 문장을 사용할 수 있다.
	(6) 높임법을 알고/ 언어 예절에 맞게 사용한다.
5-6 학년군	(1) 발음과 표기, 띄어쓰기가 혼동되는 낱말을 올바르게 익힌다.
	(2) 낱말이 상황에 따라 다양하게 해석됨을 이해하고 효과적으로 표현할 수 있다.
	(3) 고유어, 한자어, 외래어의 개념과 특성을 알고 국어 어휘의 특징을 이해한다.
	(4) 절을 연결하는 다양한 방식을 알고 표현 의도에 맞게 문장을 구성한다.
	(5) 국어의 기본적인 문장 성분을 이해하고 성분 사이의 호응 관계가 올바른 문장을 구성한다.
	(6) 관용 표현의 특징을 알고 담화 상황에 맞게 사용한다.

초등 문법 영역의 진술은 '지식과 활동, 태도'로 되어 있는데, 지식 부분은 3차 중학교 교육 과정에서 '지도상의 유의점' 7항, 11항[13]으로 음운, 통사 등을 제시한 것과 같이 2011

___

(3) 읽기 과정에서 지식과 경험을 적극적으로 활용하며 글을 읽는다.
(4) 글을 읽고 중심 생각을 파악한다.
(5) 글쓴이가 제시한 의견의 타당성을 평가한다.
(6) 글에 대한 경험과 반응을 다른 사람과 나눈다.
〈5-6〉학년군
(1) 문맥을 고려하여 낱말의 의미를 파악하며 글을 읽는다.
(2) 글의 짜임에 따라 글 전체의 내용을 요약한다.
(3) 내용을 추론하며 글을 읽는다.
(4) 여러 가지 독서 방법이 있음을 알고 이를 적용한다.
(5) 글에 나타난 글쓴이의 관점이나 의도를 파악한다.
(6) 주장의 타당성을 판단하며 주장하는 글을 읽는다.
(7) 다양한 읽을거리를 스스로 찾아 읽고, 자신의 독서 습관을 점검한다.
13) 3차 중학교 국어과 교육 과정 '다. 지도상의 유의점' 7항, 11항 내용은 다음과 같다.

개정 교육 과정 '5. 교수-학습 방법'에서 문법에서 배워야 할 내용(지식)을 다루는 방법도 있을 수 있고, '국어 자료의 예'로 충분히 제시할 수도 있다. 교과서에서는 내용 단원으로 편찬도 가능하다. 그리고 활동, 태도 부분은 목표 단원에서 다룰 수 있을 것이다. 같은 수준에서 읽기와 문법의 성취 기준을 취급해야 한다는 것을 고집하지 않으면 여러 가지 방법으로 문법 내용을 보다 풍부하게 가르칠 방안이 있을 수 있다. 지금 교육 과정에서도 성취 기준을 제시하는 방법이 다른 것은 읽기(독서), 문법 두 영역의 배경 학문이 다르기 때문으로 모든 영역의 세부 내용을 진술하는데 일관성에서 벗어날 필요도 있는 것으로 보인다. 특히 초등에서는 언어 기능 중심으로 교육 과정을 조직하는 것을 생각해 볼 수 있다.

중 1~3학년의 문법 영역의 성취 기준은 독립된 항목으로 다룰 수도 있지만 내용 단원으로 제시할 수도 있는 것들이 있다. '설명하는 글'을 다룬 읽기 단원에서 '(1) 언어의 본질과 기능을 이해한다. (11) 한글의 창제 원리와 가치를 이해한다.'와 같은 성취 기준을 다룰 수 있고, 음운 부분은 문법 영역의 성격이 두드러지지만 듣기·말하기 영역에서 다룰 수 있다.

<표 8> 중 1~3학년군 읽기, 문법 영역의 '성취 기준'

읽기	문법
(1) 지식과 경험, 글의 정보, 읽기 맥락을 토대로 내용을 예측하며 글을 읽는다.	(1) 언어의 본질과 기능을 이해한다.
(2) 글이나 매체에 제시된 다양한 자료의 효과와 적절성을 평가하며 읽는다.	(2) 음운 체계를 탐구하고 그 특징을 이해한다.
(3) 읽기 목적에 따라 적절한 방법으로 글의 내용을 요약한다.	(3) 어문 규범의 기본 원리와 내용을 이해한다.
(4) 설명 방식을 파악하며 설명하는 글을 읽는다.	(4) 음운 변동의 규칙성을 탐구하고 자연스러운 발음의 원리를 이해한다.
(5) 논증 방식을 파악하며 주장하는 글을 읽는다.	(5) 단어의 짜임을 분석하고 새말이 만들어지는 원리를 이해한다.
(6) 글의 내용을 토대로 질문을 생성하며 능동적으로 글을 읽는다.	(6) 품사의 개념과 특성을 이해하고 단어를 적절하게 사용한다.
(7) 동일한 대상을 서로 다른 글을 읽고 관점과 내용	(7) 문장의 구조를 탐구하고 자신의 생각을 다양한 구조의 문장으로 표현할 수 있다.

7항-어조와 발음의 지도는 다음과 같은 점에 유의하되, 아는 데서 끝나지 않고, 실제에 활용할 수 있도록 지도하고, 전문적 지식을 강요하는 일이 없도록 한다. (가)어조-소리의 장단·고저, 소리의 강약 (나)발음 일반-된소리 발음, 울림소리 발음, 머리소리 규칙, 끝소리 규칙 (다) 소리의 배합-동화, 첨가, 생략

11항-어법과 정서법 지도는 다음과 같은 점에 유의하되, 아는 데서 끝나지 않고, 실제에 활용할 수 있도록 지도하고, 전문적 지식을 강요하는 일이 없도록 한다. (가) 성분-문장의 성립, 갈래, 쓰임, 배열, 생략 (나) 문장의 호응과 일치, 통일 (다) 품사-단어의 뜻, 갈래, 쓰임, 어미 활용 (라) 정서법-맞춤법, 문장 부호 사용법

의 차이를 비교한다.	(8) <u>어휘의 유형과 의미 관계를 이해하고 활용</u> <u>한다.</u>
(8) 글의 표현 방식을 파악하고 표현의 효과를 평가 한다.	(9) 문법적 기능을 담당하는 요소들의 특징을 이해하고 담화 상황에 맞게 사용할 수 있다.
(9) 자신의 삶과 관련지으며 글의 의미를 해석하고 독자의 정체성을 형성한다.	(10) 담화의 개념과 특성을 이해하고 담화 상황 에 적합한 국어 생활을 한다.
(10) 읽기의 과정과 원리를 이해하고 자신의 읽기 과정을 점검하며 조절한다.	(11) <u>한글의 창제 원리와 가치를 이해한다.</u>
(11) 읽기의 가치와 중요성을 깨닫고 읽기를 생활화 하려는 태도를 지닌다.	

선택 과목 〈국어 I〉, 〈국어 II〉의 '내용 체계'는 '화법(듣기 · 말하기), 독서(읽기), 작문(쓰기), 문법, 문학'으로 5영역으로 되어 있다. 독서와 문법 영역의 성취 기준은 다음과 같다.

<표 9> <국어 I>, <국어 II> 교육 과정의 독서와 문법 영역 '성취 기준'

	국어 I	국어 II
독 서	(4) 글의 의미를 구성하는 사고 과정으로서의 독서의 특성을 이해한다. (5) 여러 가지 독서 방법을 이해하고 상황에 맞 는 독서 방법을 적용하여 글을 읽는다. (6) 독서의 목적과 상황, 독자의 흥미나 가치관 등을 고려하여 글을 스스로 선택하여 읽는 태도를 기른다.	(4) 시대에 따라 글쓰기의 관습이나 독서 문화 가 다름을 이해한다. (5) 문제 해결적 사고 과정으로서 독서의 특성 을 이해하며 다양한 유형의 글을 읽는다. (6) 다양한 매체 자료를 비판적으로 분석하고 평가하며 읽는다.
문 법	(10) 음운과 음운 체계를 이해하고 교양 있는 발음 생활에 대해 알아본다. (11) 어휘 체계와 양상을 이해하고 그것을 상황 에 맞게 활용한다. (12) 한글 맞춤법의 원리와 내용을 알고 교양 있는 표기 생활에 대해 알아본다.	(10) 올바른 문장 표현과 효과적인 담화 표현의 양상을 탐구한다. (11) 국어의 변천을 이해하고 국어의 발전 방향 을 탐구한다. (12) 한글의 제자 원리와 가치를 이해하고 우리 말글을 사랑하는 태도를 기른다.

〈표 9〉를 살펴보면 〈국어 I〉 문법 영역 (10), (12)를 제외하면 문법 영역을 독서 영역에서 통합할 수 있는 것들이다. 이는 중학교 1~3학년군 문법 영역보다 독서와 통합할 수 있는 항목이 많다. 〈국어 I〉, 〈국어 II〉는 고등학교 국어 과목이 선택 과목 체제로 운영되지만 모든 학생들이 학습할 과목으로 생각한 것 같다. 〈국어 I〉, 〈국어 II〉를 온전히 학습해야 각 영역의 성취 기준이 달성되고, 아마도 고등학교를 졸업하면서 이 정도의 성취 기준에 도달해야 한다고 생각한 것 같다.

국어과 교육 과정은 초·중학교의 국어 과목에서 고등학교 〈국어 I〉, 〈국어 II〉 과목에 이르기까지 '내용 체계'가 화법(듣기·말하기) 독서(읽기), 작문(쓰기), 문법, 문학의 5영역 체제를 유지하면서 일관성을 지키고 있다. 이 일관성을 지켜 심화 선택 과목을 구성할 때 그대로 〈화법〉, 〈독서〉, 〈작문〉, 〈문법〉, 〈문학〉으로 각각 과목으로 유지할 수 있었는데, 2011년 교육 과정에선 이 부분에 와서 〈독서와 문법〉, 〈화법과 작문〉, 〈문학〉, 〈고전〉으로 심화 선택 과목을 제시하였다.

12년을 염두에 둘 때, 초·중학교에서의 국어 과목과 고등학교 〈국어 I〉, 〈국어 II〉 과목은 화법(듣기·말하기) 독서(읽기), 작문(쓰기)으로 '내용 체계'를 구성하고, 선택 과목으로 〈문법〉, 〈문학〉을 두면, 여러 가지 현실적인 문제를 해결하고 선택률의 문제도 해결할 수 있을 것 같다. 초·중학교의 국어 과목과 고등학교 〈국어 I〉, 〈국어 II〉 과목은 기능을 중심으로 필요한 지식을, 선택 과목 〈문법〉과 〈문학〉 과목은 지식을 중심으로 필요한 기능을 중심으로 교육 과정을 조직한다. 이 때 문법과 문학을 폭넓은 개념으로 사용해야 할 것이다.

초·중 9년 동안 1706시간이 국어 과목을 학습하는 시간인데, 이 시간은 주 5일 학교 생활 중에 초등학교에서는 매일, 혹은 하루에 2시간을 학습하는 시간이며, 중학교에서는 3년 동안 거의 하루에 한 시간은 국어 학습을 하게 되는 시간이다. 이 시간 상의 비중을 보아서도 초·중학교 교육 과정에 보다 공을 들이게 되고, 모든 학생들이 공통으로 학습해야 하므로 교육 과정을 반듯한 체제를 갖추지 않으면 안 되는 이유가 된다고 생각된다. 고등학 교에서 3년 동안 국어 교과는 기초 영역에 속하면서 이수 단위는 15단위이다. 문과의 경우 고등학교 3년 동안 학습하는 것으로는 학기 당 일주일에 2시간 혹은 3시간을 하면 된다. 이과의 경우는 10단위를 이수하면 된다. 초·중에 비하면 고등학교에서 국어 교과의 비중은 적다. 거기에 모든 과목은 선택 과목 체제로 이루어지기 때문에 고등학교에서의 국어 교과의 성격을 분명히 할 필요가 있다. 2011 개정 교육 과정에서는 〈국어 I〉, 〈국어 II〉, 〈화법과 작문〉, 〈독서와 문법〉, 〈문학〉, 〈고전〉 과목들을 선택 과목으로 고시했다. 현실적으로 이 과목들이 어느 정도 선택되느냐 하는 것은 아마 대학수학능력 시험의 향방에 달렸으리라 본다. 7차 교육 과정의 〈화법〉과 〈문법〉 과목의 선택률[14]이 독서와 문법, 화법과 작문의 통합에 가장 큰 동인이 되었는데, 이러한 통합이 선택률과의 연관성 혹은 화법과 문법의 존재감에 얼마나 영향을 주었는지는 미지수이다.

---

14) 정구향 외(2009)에 의하면, 7차 선택 과목 채택률은 다음과 같다. 화법 6.0%, 독서 26.9%, 작문 20.3%, 문법 6.2%, 문학 40.6%

4. 나가며

1차, 2차, 3차는 국어 교과 속에 선택 과목으로 문법, 독서가 없었던 시기이다. 그렇다고 해서 문법, 독서(읽기)가 국어 시간에 가르쳐지지 않은 것은 아니다. 문법 지식을 지나치게 많이 지도한다거나 읽기 위주의 국어 수업이 이루어진다거나 할 정도로 문법, 독서(읽기)가 중요한 위치를 차지하고 있었다. 4차, 5차 시기에 〈문법〉 과목이 선택 과목으로 제시되었고, 6차, 7차 시기에 〈독서〉 과목도 〈문법〉 과목과 함께 선택 과목으로 등장했다. 6차, 7차 시기에는 〈화법〉, 〈독서〉, 〈작문〉, 〈문법〉, 〈문학〉, 이 선택 과목들이 서로 경쟁하는 입장이 되었다. 〈화법〉, 〈문법〉 과목이 선택률이 낮은 것이 문제가 되어서 급기야 이 두 선택 과목이 다른 선택 과목과 통합하여 〈화법과 작문〉, 〈독서와 문법〉이 탄생한다. 선택률이 낮다고 하는 문제를 기계적인 통합으로 해결하려 했다는 것은 제대로 된 전문가들의 역할이 없었다는 것을 말하고 있다. 박인기(2009)는 교육 과정 패러다임 상 큰 변혁을 겪으면서도 그 변혁의 생성 원천을 교과 자신이 만들어 낸 적이 없는 편이라고 지적하고 있다. 1~7차 교육 과정, 2007, 2009, 2011 개정 교육 과정, 해방 이후 10여 차례 교육 과정 개정이 있어 왔는데, 특히, 2007, 2009, 2011 개정 교육 과정에 대하여 국어 교과가 학문적인 반성을 거칠 만한 물리적인 시간 여유도 없었고, 또 많은 인적 자원들이 검정 교과서 집필로 옮겨 갔기 때문에 국어과 교육 과정의 학문성에 대해 풍부한 논의가 어려웠던 것으로 보인다. 선택 과목 교육 과정이 死藏된 것, 급속하게 선택 과목이 통합된 것 등에 대하여 학문적인 논의가 충분히 이루어져야 할 것이다.

이러한 논의의 한 방법으로 교육 과정 '내용 영역'이나 '내용 체계'에 유연하게 접근할 필요가 있다. 초·중학교의 국어 과목과 고등학교 〈국어 I〉, 〈국어 II〉 과목은 기능을 중심으로 필요한 지식을, 선택 과목 〈문법〉과 〈문학〉 과목은 지식을 중심으로 필요한 기능을 중심으로 교육 과정을 조직하고, 〈문법〉 과목과 〈문학〉 과목의 외연을 넓힐 필요가 있다.

외부의 소용돌이 속에서 〈독서와 문법〉이라는 과목이 생겼다고 하더라도 현장에서는 하나의 과목으로 자리잡고 있는 현실을 무시할 수는 없다. 교과서는 구입하지만 교과서가 중요한 교재가 못되는 현실 속에서 국어 교과가 건강한 진화를 이루기 위한 소론이 마친다.

참고문헌

김규훈(2011), 국어과 교육 과정의 통합적 내용 구성 방안-2011 교육 과정 '독서와 문법'과목을 대상으로-, 새국어교육 제89호, 한국 국어교육 학회.

김종률(2012), 국어과 통합교육 개선 방안 연구-텍스트 수용 생산 과정을 중심으로-, 새국어교육 제92호, 한국 국어교육 학회.

김중신(2011), 2009 개정 국어과 교육 과정 개발 연구 과정의 비판적 검토, 국어교육학연구 제41집, 국어교육학회.

민현식(2010), 統合的 文法 敎育의 意義와 方向, 문법교육 제12집, 한국문법교육학회.

민현식 외(2011), 2011 국어과 교육 과정 개정을 위한 시안 개발 연구, 교육과학기술부.

박인기(2009), 교과의 생태와 교과의 진화-교과의 개념에 대한 패러다임 변화와 국어교과의 진화 조건, 국어교육학연구 제34집, 국어교육학회.

손영애(2004), 국어과 교육의 이론과 실제, 박이정.

손영애(2009), 국어과 교육 과정 변천사 소론-'교수-학습 방법'을 중심으로, 국어교육 130, 한국어교육학회.

손영애(2012), 국어과 교육 과정에서 '내용 체계'의 위상에 관한 소론, 국어교육 139, 한국어교육학회.

신호철(2012), 국어교육을 위한 연계성의 이론과 실제, 한국문화사.

이관규(2011), 통합적 국어교육의 가치와 '독서와 문법', 국어교과교육연구제18호, 국어교과교육학회.

임규홍(2010), '문법'과 '독서'의 통합성, 문법교육 제12집, 한국문법교육학회.

이삼형(2010), '문법' 영역과 '작문' 영역의 통합 문제, 문법 교육 제12집, 한국문법교육학회.

전은주(2010), 화법과 문법의 통합 교육 내용 구성, 문법 교육 제12집, 한국문법교육학회.

정구향 외(2009), 고교 국어 선택 과목 교육 과정 개정 연구, 한국교육과정평가원.

〈자료〉

문교부(1989), 초등학교 교육 과정 해설.

문교부(1988), 중학교 국어과 교육 과정 해설.

문교부(1989), 고등학교 국어과 교육 과정 해설.

문교부(1986), 교육 과정(1946~1981)국어과·한문과.

교육부(1992), 초등학교, 중학교, 고등학교 국어과 교육 과정

교육부(1997), 국어과 교육 과정.

교육부(1999), 중학교 교육 과정 해설(II)

교육인적자원부(2007), 국어과 교육 과정.

교육인적자원부(2008), 중학교 교육 과정 해설(I)(II).

교육과학기술부(2009), 국어과 교육 과정.

교육과학기술부(2011), 국어과 교육 과정.

(주) 지학사(2012), 독서와 문법 1, 2.

천재교육(2012), 독서와 문법 1, 2.

II. 국어 교과서

새로운 국어 교과서 구성 방안*
- 국정에서 검인정으로 바뀌는 시기에 즈음하여 -

1. 들어가며

교과서를 논하기 위해서는 반드시 교육 과정을 먼저 논해야 한다. 학교 교육의 중추가 되는 것이 교육 과정이면 교과서는 교육 과정의 의도를 현장에 실현하기 위한 교량이라 할 수 있다. 교육 과정의 의도를 현장에 살리는 다양한 방법 중에 교과서는 중요한 역할을 하는데, 지금까지의 국어 교과서는 국정이란 틀에 갇혀서 교육 과정의 심층적 실현의 모습이 매우 경직되어 있다고 하겠다. 교과서는 1페이지부터 마지막 페이지까지 샅샅이 가르치고 배워야 하는 부담스런 존재, 교사의 자율적 창의성을 실현시키기엔 하나의 권위로 앞을 가로막는 장애였다.

해방 이후 70여 년 동안의 국어과 교육의 역사는 문서화된 교육 과정의 의도를 교실 현장에서 실현하기 위한 노력으로 설명될 수 있다. 그동안 국어과 교육은 국가 수준에서 일곱 차례의 교육 과정 개정과 이에 따른 교과서의 개편을 거쳤다. 교육 과정의 개정을 통해 국어과 교육의 목표와 내용의 체계를 확립하면서 교육 과정의 의도와 교육 현실 사이의

---

* 이 글은 2008년 국어 교육 125(한국어교육학회)에 실렸던 것을 수정·보완하였다.

거리를 좁히기 위한 노력을 계속해 왔다. 이러한 발자취는 1~7차 교육 과정과 그에 따른 교과서의 변화 과정을 통해 확인할 수 있으며, 이러한 노력의 결과로 국어과 교육이 질적인 발전을 이루었음도 부인할 수 없는 사실이다. 특히 5차 교육 과정에 의한 교과서의 개편 결과는 교과서 개편에 따른 교과 교육의 혁신 사례로 꼽힐 만큼 교육적 성과를 거둔 것으로 평가되기도 하였다.[1] 그럼에도 불구하고 '국정'이란 제도에서 벗어나지 못한 교과서로서 부정적인 평가도 많이 받아왔다.

교육 과정을 개정하는 일은 교육적 사항에 대한 의사 결정 과정이라 할 수 있다. 국어과 교육 과정을 정하기 위해서는 국어과 교육을 통해 길러주고자 하는 바가 무엇인지, 그것을 위하여 무엇을 얼마나 어떻게 가르칠 것인지 하는 근본적인 문제에서부터 어떤 용어의 개념을 규정하는 세부적인 문제에 이르기까지 논의를 통해 결정해야 한다. 이러한 교육 과정 개정 작업의 결과는 일차적으로 국가 수준의 문서화된 교육 과정과 이 교육 과정을 토대로 개발되는 교과서로 나타난다. 특히 교과서는 현장에서의 교육 활동을 규정하는 결정적인 역할을 한다. 이러한 의미에서 교과서가 지닌 의미를 보다 명료하게 체계적으로 이해할 필요가 있다. 이런 이해의 바탕 위에 검인정으로의 교과서 편찬 제도의 변화를 받아들이고 다양한 교과서를 선택 수용할 수 있는 기초를 다질 수 있다.

이를 위하여 본고에서는 1~7차 시기의 교과서 구성 방안을 개관하고 이를 원용하여 새로운 교과서[2]의 단원 구성 방안을 생각해 보고자 한다.

2. 국어 교과서의 단원 구성 방식과 구성 체제

국어교육학사전에는 '단원(單元)은 어떤 주제나 교육 내용을 편의상 통일성을 가지는 하나로 묶은 학습의 단위를 말하며, 국어과에서의 단원이란 학습 활동이 가능하도록 언어 활동이나 경험을 중심으로 조직한 학습 자료의 체제를 의미한다'(국어교육학사전: 189)고 정의 내리고 있다. 본고에서는 단원은 교육 과정에 제시된 지도 내용을 근거로 설정된 목표를 학습시키기 위한 수업의 최대 단위를 말한다. 단원은 단원의 목표 달성을 위하여 선정된

---

[1] 이용숙(1992), 한국교육의 종합 이해와 미래 구상(III) - 교육 내용과 수업 방법편 -, 서울:한국교육개발원, pp.134~159.

[2] 여기서도 '새로운'이란 용어를 쓰겠다. 10여년 사용하던 7차 교육 과정 시기의 교과서에 대비하여 검인정으로 바뀌는 교과서는 여러모로 '새로운' 것이었으므로 이 용어를 사용한다.

교수-학습 활동의 자료인 제재들로 이루어진다. 하나의 단원에 여러 개의 제재가 동원될 수 있으며 반드시 인쇄된 글로서 제시될 필요는 없다. 예를 들어 사진 자료나 그림 자료, 시청각 자료 등도 교수-학습 제재로 동원될 수 있는 것이다.

본고에서 말하는 단원 구성 방식은 하나하나의 단원의 설정에 적용되는 기준의 문제이고 단원 구성 체제는 한 단원 내에서 제재들이 제시되는 방법의 문제이다. 즉, 단원 구성 방식은 단원 간의 문제이고 단원 구성 체제는 단원 내의 내용 조직상의 문제이다.

그동안 1차부터 7차에 이르기까지 교과서는 구성 방식에 있어서는 교과서를 구성하는 여러 가지 모형을 보여주었고, 단원 내부의 체제에 있어서도 많은 발전을 보여주었다. 이에 대비해서 교과서의 외적 체제에 관한 것도 상당히 중요한 자리를 점하고 있지만 교과용 도서의 외적 체제에 관해서는 교과 교육을 연구하는 이들의 관심을 받지 못했다. 전체적인 편집 체제와 관계해서 전체 쪽수나 삽화나 사진 등의 배치 등이 주먹구구식에서 벗어나지 못했다. 편집 체제도 중요한데. 교과서의 편집에 관한 이론이 크게 교과서에 들어와 있지 않음을 지적하고 있다[3]. 한국교육과정평가원에서 1998년 낸, 보고서 『교과서 모형 개발 연구』에서는 6차 시기에 이르기까지 교과서가 외양 체제 면에서 도서만 교과서로 인정하고, 다양한 자료의 사용을 제한하고, 판형이나 활자, 색도, 지질, 삽화, 사진 등이 시대에 많이 뒤떨어졌다고 지적하고 있다. 7차 교과서는 외양의 이런 면은 많이 개선되었지만 교과서 편집에 관하여 별다른 진전이 없다. 이런 면은 국어 교과서도 마찬가지이다. 본고에서도 교과서의 내부 체제라 할 수 있는 단원의 구성 방안에 초점을 두고 논의를 전개하려 한다.

2.1. 1차~7차 시기의 교과서 단원 구성 방식과 구성 체제

교과서 단원 구성 방식은 어떤 관점에 의해 교과서를 편찬했는지를 알게 해 주는데, 단원 구성 방식은 차례를 통해 쉽게 알 수 있다. 1~7차에 이르는 교과서의 구성 방식을 중학교 2학년 교과서를 예로 들어 살펴보자.

1955년에 고시된 1차 교육 과정 시기의 교과서의 단원 차례를 살펴보면 교육 과정에 제시된 내용 영역이나 지도 요소에 따라 단원을 설정하고 있음을 알 수 있다.

---

3) 이종국(2005), 한국의 교과서상, 일진사, pp.242.

<1차 중학 국어 차례>
　2-1 : 시의 세계/ 기행문/ 전화와 방송/영화와 시나리오/신문과 잡지
　2-2 : 한글/효과적인 문장 표현/독서 생활의 길잡이/전기/회의

　이런 방식으로 단원 구성을 시도했기 때문에 '전화와 방송, 회의'와 같은 말하기, 듣기 영역과 관련되는 단원, 그리고 '신문과 잡지, 효과적인 문장 표현'과 같은 쓰기 영역 관련 단원의 설정이 가능했던 것이다. 이러한 단원들은 그 단원에서 초점을 두고 있는 활동의 내용, 영역, 형식 등에 따라서 단원을 구성하고 있는 점에서 5차 교육 과정에 의한 교과서와 일맥상통한다. 읽기 영역 관련 단원들은 글의 종류를 염두에 두고 단원을 구성하고 있다. '기행문, 전기'와 같은 단원들이 그 예이다. 이러한 단원 구성 방식은 4차 교육 과정 시기의 교과서와 맥을 같이 한다. '시의 세계, 영화와 시나리오'와 같이 문학 관련 단원 역시 장르별로 단원을 구성하고 있는데 이 역시 4차 교육 과정 시기의 교과서와 맥을 같이 하는 것이다. 읽기 기능의 지도를 위한 단원의 설정에서 눈에 띄는 것은 '독서 생활의 길잡이'와 같은 단원이다. 이 단원은 구체적인 읽기 자료를 동원하여 읽기 기능을 길러 주려는 단원이기보다는 읽기의 방법과 관련되는 정보, 많은 읽을거리를 접하기 위해 필요한 도서관에 대한 지식을 주는 단원이다. 이 단원의 성격은 학습하는 방법을 학습시키는 것을 목표한다고 할 수 있다. 그리고 '한글'과 같은 단원은 내용 단원으로서 글의 내용 자체가 학습의 내용이 되는 단원이다. 이러한 내용 단원은 1차~7차 교육 과정 시기의 교과서에 모두 들어 있다. 국어과 고유의 내용 영역으로 인식되어 온, 국어 및 문학 일반과 국문학 일반에 관한 지식을 주기 위해 내용 단원이 설정되어 있다. 이런 1차 교과서는 앞으로 있을 교과서의 구성 방식을 보여주고 있다. 새로운 교육 과정이 텍스트(글, 담화)를 중시하고 있는데, 이런 면도 잘 보여주고 있다.

　1차 교육 과정 시기의 교과서는 단원 내에 설정된 제재들 사이의 관계가 비교적 긴밀하다. 이 점에서 2차, 3차 시기의 교과서에 비하여 오히려 발전적인 측면을 보이고 있다. 즉, 단원명이 단원에 속해 있는 제재를 모두 포괄하고 있으며, 제재 학습의 의도 및 방향을 제시하고 있다. 예를 들어, 중학 국어 1학년 2학기의 'Ⅲ. 설명과 논설'이란 단원에는 '1. 곤충의 본능, 2. 설명문을 쓰려면, 3. 산림을 사랑하자, 4. 논설문을 쓰려면'과 같은 4개의 제재가 제시되고 있다. 여기서 '1. 곤충의 본능'과 '3. 산림을 사랑하자'는 각각 설명문과 논설문의 예로서 제시되고 이 예문에 터해 설명문과 논설문을 쓰는 방식을 설명한 글을 각각 제시하고 있는

것이다. 말하기나 쓰기 영역의 단원은 대개 이와 같이 말하기나 쓰기 활동을 하는 방법을 설명해 주는 제재가 설정되어 있다.4) 제재 사이의 이러한 긴밀성은 새로운 교육 과정에 준해 개발되는 국어 교과서가 참고할만하다.

<1차 중학교 1학년 2학기 단원의 예>
   III. 설명과 논설
     1. 곤충의 본능   2. 설명문을 쓰려면   3. 산림을 사랑하자
     4. 논설문을 쓰려면

이 시기의 교과서가 지향한, 위와 같은 단원 구성상의 취지가 국어 수업 현장에서 어느 정도 실현되었는지에 대해서는 실증적인 자료가 없다. 다만 교과서의 단원 구성이 교육 과정의 영역을 고려하고 있고, 영역별로 그에 적합한 방식으로 단원명을 부여한 점, 그리고 단원 내의 제재들 사이의 유기적 관련성을 중시하고 있다는 점에서 이 시기의 교과서는 나름대로 국어 교과서 단원 구성의 한 방식을 보여주고 있다.

그럼에도 불구하고 단원 구성 체제에 있어서는 수업의 방향을 고스란히 보여주지 못하고 있다. 위의 예를 단원을 보면 설명문을 쓰는 활동, 논설문을 쓰는 활동으로 나가지는 못하고 있다. 각각의 제재에 대해 간단한 '익힘 문제'로서 교과서의 역할을 마무리짓고 있다. 그러나 단원의 시작 면에 단원명과 더불어 단원의 학습 목표와 학습 방향을 간략하게 제시하고 있어 제재글을 목표에 합당하게 지도할 수 있는 길을 열어놓고 있다.

<1차: 단원 구성 체제>
    단원의 안내(단원 시작하면서 목표와 방향을 간략하게 제시)
    읽을거리+익힘 문제(4문제 정도 제시)
    읽을거리+익힘 문제(4문제 정도 제시) ··

1963년에 고시된 2차 교육 과정은 1차와 다르지 않은 모습을 보여주는데, 교과서 구성 방식은 같지 않다.

---

4) 낭독법, 회화를 잘하려면, 연극을 상연하려면, 회의법 등과 같은 제재들이 이에 속한다.

〈2차 중학 국어 차례〉
　2-1 : 시를 벗삼아/나라를 사랑하는 마음/보람있는 생활/오가는 정/국어의 자랑
　2-2 : 문학에의 길/우리의 생활/영화와 시나리오/신문과 잡지/우리 고전의 모습

이 시기의 교과서 단원명은 '나라를 사랑하는 마음, 보람 있는 생활'과 같이 제재로 선정된 글의 주제를 고려한 것도 있고, 1차와 같이 '영화와 시나리오, 신문과 잡지'와 같이 텍스트의 유형을 중심으로 한 단원도 있고, '국어의 자랑, 우리 고전의 모습'과 같은 내용 단원도 있다. 이 시기의 교과서는 전반적으로 교육 과정의 내용을 직접 제시하는 방법보다 간접 제시 방법을 취하고 있다. 이런 면에서 3차 교육 과정 시기의 교과서의 단원 구성 방식과 아주 가까운 모습을 보인다.

〈2차 중학 국어 2학년 1학기 단원의 예〉
　III. 보람있는 생활
　　1. 신문배달　　2. 방송극을 듣고서　　3. 전화, 라디오, 텔레비전
　　4. 교내 방송을 통하여　　5. 우리들의 모임

위의 단원의 예를 살펴보면, 단원을 이루고 있는 제재들 사이의 긴밀성이 떨어진다. 단원 시작면에 제시하고 있는 단원을 안내하는 글을 통해서도 알 수 있다.[5] 단원 구성 체제를 통해 학습 방향을 제시할 수 있지만 그 점은 1차 시기의 교과서와 다르지 않다. '익힘 문제'를 간단히 제시하고 그것도 글의 내용을 묻는 것에 그치고 있다.

1973년에 고시된 3차 교육 과정 시기의 교과서는 1차 시기의 교과서만큼 많은 시사점을 주고 있다. 단원 구성 방식을 단원 차례를 통해 살펴보면 다음과 같다.

---

5) 위의 III. 단원에는 다음과 같은 안내하는 글이 실려 있다. 이를 통해서도 제재들 사이의 긴밀성이 떨어짐을 알 수 있다.
　"이제, 여러분은 스스로 일하고 스스로 공부할 때가 되었다. 부지런히 일하고 배워서 자주성 있고 국어 생활에 통한 사람이 되자.
　여가를 이용하여 일함으로써 근면성과 자주성을 기르고, 말하고 듣는 평소의 언어 생활을 통하여 쓰기까지도 익숙하게 할 수가 있다.
　신문 배달을 통하여 대중 전달의 중요성과 근로 정신을 배우고, 전화, 라디오, 텔레비전, 마이크 등을 이용하는 요령을 알며, 바르게 듣고 바르게 말하며 옳게 이해하는 훈련을 쌓자. 그리고 방송 예술을 감상하고 그 기능을 연구하여 우리말을 곱게 쓰도록 해야겠다."

〈3차 중학 국어 차례〉
2-1 : 새로운 결의/삶의 보람/참 아름다움/스스로 지키려는 마음/문학 이야기(2)
2-2 : 첫가을/빛나는 강산/슬기로운 길/아름다운 우리말(2)/어린 시절

　　3차 시기의 국어 교과서는 읽을거리의 주제를 중심으로 단원을 꾸미고 있다. 국어 교과서임을 알게 해 주는 단원은 '문학 이야기(2), 아름다운 우리말(2)' 정도이다. 이 내용 단원들은 3차 교육 과정의 '제재 선정의 기준 (19)'항을 반영하고 있다.[6] 다른 단원의 경우 차례에 제시된 제목만으로 이 교과서가 국어 교과서인지를 판단하기가 어려울 정도이다. 도덕 교과서의 단원 목차라고 해도 크게 이상할 것이 없는 것이다. 이는 단원의 구성이 학습 활동과 관련되는 가치 덕목이나 학습 활동 결과 심어 주고자 하는 가치 덕목과 관련되어 있기 때문이다. 3차 시기의 교과서는 텍스트(읽을거리)의 주제를 중심으로 단원을 구성했다는 것을 알 수 있다.

〈3차 중학 국어 2학년 1학기 단원의 예〉
　　참 아름다움
　　11. 5월의 시　　　　12. 어린이 예찬　　　13. 얼굴
　　14. 휙휙 내닫는 길　　15. 조국

　　이러한 단원 구성 방식은 각 단원에 속해 있는 제재들을 통해 더욱 분명히 알 수 있다. '참 아름다움' 단원에 속해 있는 제재들은 시, 수필, 소설 등의 장르가 다 포함되어 있다. 이런 제재들이 한 단원으로 묶인 것은 그 기준이 지나치게 추상적이어서 제재의 선정, 배열이 임의적인 것으로 보인다. 즉, 이 시기의 교과서의 단원 구성은 교육 과정의 지도 내용을 중심으로 목표가 설정되고 그 목표를 달성하기 위한 일련의 학습 활동을 제공하기 위하여 적절한 제재를 선정 조직하는 절차를 거치지 않고 있다. 특정 주제와 관련되는 읽을거리들을 선정한 다음, 적절한 기준(추상적인 수준의 주제)으로 이 읽을거리들을 각 단원에 배분하는 방식을 취하고 있다. 이런 점에서 3차 교육 과정 시기의 교과서는 1차 교육 과정 시기의 교과서보다 오히려 퇴보한 면을 부여주고 있다. 결과적으로 이 시기의 교과서는 교육 과정

---

6) 제재 선정의 기준은 학년 구별없이 제시하고 있는데, (1)~(18)까지는 가치 덕목을 제시하고 있고, (19)에서 국어과 특유의 지식 체계에 관한 제재(국어에 대한 이해를 높이기 위한 것/우리 문학에 대한 이해를 높이기 위한 것)를 싣도록 하고 있다.

자체에서는 국어과 교육의 체계화를 시도했음에도 불구하고 교과서는 단원의 구성 방식에서 이런 교육 과정의 의도를 지나치게 우회적인 방법으로 전달하고 있어 교육 과정의 의도가 실현되지 못하는 결과를 낳았다. 그럼에도 불구하고 3차 시기의 교과서 구성 방식은 대단원이 소단원 전체를 묶을 때 유용하게 쓸 수 있는 방법이어서 새로운 교육 과정에 준해 교과서를 편찬할 때 참고할 만하다. 그리고 단원의 구성 체제를 보여주는 '공부할 문제'는 교육 과정과 교과서를 잘 연결해 주는 역할을 하게 편찬되어 있다. 독립된 면에 '공부할 문제'를 제시하고 교육 과정의 모든 영역을 고루 반영하고 있다. '공부할 문제'의 1번은 말하기 및 듣기 영역의 지도 내용을, 2번은 글의 내용과 직결되는 독해 활동(읽기 영역의 지도 내용)을, 3번은 글의 내용과 관련지어 더 생각해 보는 활동(쓰기 영역, 읽기 영역 등)을, 4번은 漢字 학습을 위한 것이다. 지나치게 기계적이라고 할 만큼 모든 '공부할 문제'는 대개 이러한 방법으로 되어 있다.

〈3차: 단원 구성 체제〉
읽을거리(본문)+공부할 문제(1면)-읽을거리(본문)+공부할 문제(1면)‥

이러한 '공부할 문제'를 통해 통합적인 언어 사용 활동을 유도할 수 있다. 즉, 같은 주제에 대하여 말하고 듣고 읽고 쓰는 활동을 유기적으로 수행할 수 있게 수업을 조직할 수도 있는 것이다. 주제를 핵으로 하여 말하고 듣고 읽고 쓰는 활동을 조직하는 것이 어느 단원의 경우나 가능한 것은 아니지만 '새로운 결의'라는 대단원에 '나의 미래'라는 소단원의 예와 같은 단원의 경우에는 '나의 미래'에 대한 글을 읽고, 또 학생들이 자신의 미래에 대하여 말하거나 글로 쓰고 다른 사람의 생각을 듣는 등의 활동을 유기적으로 조직할 수 있다. 이런 측면에서 제재 글의 주제를 중심으로 단원을 구성한 3차 교육 과정 시기의 교과서는 좀더 발전적인 모습을 띨 수도 있다. 물론 그러기 위해서는 교사가 글을 위주로 단원을 파악하지 않고 '공부할 문제'를 중심으로 단원을 분석하고 수업을 조직할 수 있는 능력을 갖추어야 할 것이다.

1981년 고시된 4차 교육 과정 시기의 교과서도 국어 교과서의 한 유형을 보여주고 있다. 단원 차례를 보면 '국문학 이야기'와 같은 내용 단원을 제외하면 교과서의 단원 구성 방식이 문종을 기준으로 하고 있음을 알 수 있다.

<4차 중학 국어 차례>
  2-1 : 시의 세계/논설문/수필/설명문/소설/전기/희곡/기행문/일기와 편지/국문학이야기

　　문종을 기준으로 단원을 구성하고 있으므로 매 학기마다 같은 문종이 되풀이되고 있다.
이 시기의 교과서에서 각 단원의 제재 선정 시의 가장 중요한 기준은 제재 글이 설명문이면
설명문으로서의 형식적 요건을 분명히 가지고 있느냐 하는 점이다. 텍스트의 대표적인 유형
을 기준으로 단원을 구성한 4차 교과서는 새로운 교육 과정에 터한 교과서의 구성의 중요한
한 방편이 될 수 있을 것이다.
　　이 시기의 단원 구성 체제는 많은 변화를 보이고 있다. 우선 단원을 시작하면서 학습
목표와 그 목표에 대해 해설을 제공하고, 학습 방향을 제시하고 있다는 점이 돋보인다.
단원의 길잡이 구실을 하고 있는 면은 1면을 차지하고 있는데, 4차 교육 과정이 학문 중심
교육 과정을 표방하고 있어 이 면은 장르에 대한 지식을 설명하고 있다. 새로운 교육 과정에
서 지식이 차지하고 있는 비중을 생각하면 이러한 교과서 편찬 방식을 원용할 수 있다.
　　그리고 '공부할 문제'도 체계적이고, 일관성을 유지하고 있다. 1번에서는 학습 목표를
확인하고 2번에서는 독해, 3번에서는 읽을거리의 내용과 관련지어 더 생각해 보는 활동,
4번에서는 조사, 정리, 발표 등의 활동을 요구하고 있다.
　　4차 시기의 교과서의 단원 구성 체제에서 문법과 작문을 독립 활동을 하도록 하고 있다.
문법은 교육 과정에 따라 학습 내용을 제시하고 있고, 작문은 문종에 따른 학습 활동을
구성하고 있다. 문법의 내용은 같은 단원이라는 연관성을 찾아볼 수 없고, 작문은 같은
단원에 속한다는 연관성은 찾아볼 수 있으나 쓰기 영역 교육 과정을 구현한다는 의미에서
한 단원이란 긴밀성을 찾아보기는 어렵다.

　　<4차: 단원 구성 체제>
　　단원 안내(1면) - 읽을거리(본문) + 공부할 문제(1면) - 읽을거리(본문) + 공부할 문제(1면) -
　　　문법(2면) - 작문(2면)

　　1987년~1988년에 개정 고시된 5차 교육 과정에 준해 개발된 교과서는 교육 과정의 영역에
따른 단원 구성 방식을 취하고 있다. 1차부터 4차까지의 교과서는 크게 보아 읽을거리 중심
의 독본에서 벗어나지 못했다고 할 수 있다. 이에 반해 5차 시기의 교과서는 교수-학습
방법의 변화를 유도하여 읽기 뿐 아니라 말하고 듣고 쓰는 기능의 신장을 의도하였다.

<5차 중학 국어 차례>
2-1 : 어떻게 읽을까/의견 말하기/생각의 정리/단어/소설의 구성/국문학 이야기/주제와
     소재/조리 있게 말하기/구성하기/품사의 특성/내용과 줄거리/자세히 풀어쓰기/
     요약하며 읽기/문장의 짜임/시의 언어/판단하며 읽기/희곡의 구성(17개 단원)

위의 차례를 살펴보면 읽기 영역의 목표를 학습하기 위한 단원(어떻게 읽을까, 주제와
소재, 요약하며 읽기), 말하기 영역의 목표를 학습하기 위한 단원(의견 말하기, 조리 있게
말하기) 등이 설정되어 있음을 알 수 있다. 또한 이 시기의 교과서는 제목이 암시하는 바와
같이 목표를 중심으로 단원을 구성하고 있다. 즉, '음운의 변동'은 언어 영역의 단원이면서
음운의 변동과 관련되는 사항을 학습하는 단원으로 설정된 것이다. 이런 점을 보아 5차
교육 과정 시기의 교과서 단원은 영역별, 목표 중심 구성 방식을 취하고 있다.

5차 시기의 교과서는 영역별 목표별로 단원을 구성함으로 해서 그 동안 읽기 활동 시에
부수적인 역할에 머물렀던 말하기, 듣기 활동이 독립된 단원으로 구성되어 체계적인 지도가
가능하게 되었고 4차 교육 과정 시기의 교과서에서 읽기 중심 단원 뒤에 별도 제재로 제시되
었던 언어(문법)와 작문이 독립 단원으로 더욱 체계성을 띠게 되었다. 이런 측면에서 5차
교육 과정 시기의 교과서는 교육 과정의 의도를 가장 직접적인 방식으로 교과서를 통해
구현하고 있다고 해야 할 것이다. 또한 학습 활동 중심의 체제를 취했기 때문에 단원 구성의
의도를 보다 분명히 하고 있다. 이 시기의 교과서는 '단원의 길잡이-제재를 통한 학습활동-
단원의 마무리'의 뼈대를 가지고 있다.

<5차: 단원 구성 체제>
단원의 길잡이(1면)
제재 1(읽을거리/학습활동의 안내나 관련 지식 설명)+학습 활동
제재 2(읽을거리/학습활동의 안내나 관련 지식 설명)+학습 활동
   ‥
단원의 마무리(1면~3면)

5차 시기의 교과서의 가장 두드러지는 점은 음성 언어 영역이 독자적인 단원으로 다루어
지게 된 점과 실제적인 언어 사용의 활동이 교실 상황에서 이루어질 수 있도록 학습 활동을
제시하고 있는 점이다. 그러나 5차 교육 과정은 사고 기능으로서의 언어 기능을 중시하고

결과보다는 과정 중심의 국어 수업을 의도했지만 교과서의 단원 구성 체제 및 학습 활동의 전개 방식에서 이런 취지가 크게 부각되지는 못한 것으로 판단된다. 그리고 '단원의 길잡이'와 '학습 활동' 그리고 '단원의 마무리' 사이의 유기적인 관련성 및 학습의 심화 과정이 그리 명료하지 못한 점도 지적할 수 있다. 5차 교육 과정 시기의 교과서는 국어과 교육에 하나의 큰 획을 긋는 변혁을 시도했지만 그것이 충분히 세련된 형태로 구체화되는 단계까지는 이르지 못하고 있다.

1992년에 고시된 6차 교육 과정 시기의 교과서는 5차보다 세련된 형태를 보여주고 있는 것 이외는 달라진 점이 없다. 이 시기의 교과서도 5차와 마찬가지로 영역별로, 목표별로 단원을 구성하고 있으며 단원 구성 체제도 '단원의 길잡이-학습 활동-단원의 마무리'라는 큰 틀에서 벗어나지 않는다. 단원의 수가 줄였고(1학기의 경우 5차에선 17개, 6차에선 14개), '단원의 길잡이'가 보다 친절해졌고(2면에 걸쳐 제시), 쓰기 단원의 경우에도 제재(소단원)의 안내가 주어져 있다.

1997년에 고시된 7차 교육 과정 시기의 교과서는 단원 구성 방식이 5차와 6차 시기의 교과서와 같은 방식을 취하고 있지만 5차와 6차 시기를 거치면서 문제가 되었던 것을 보완하려는 의도가 비치고 있다. 특히 중학교 교과서는 외양이 큰 변화를 보여준다. 판형이 국판에서 4×6 배판으로 바뀌고 학기 당 두 권으로 나누어 교과서를 편찬(국어-읽기, 문학 영역, 생활 국어-듣기, 말하기, 쓰기, 국어 지식)하고 활자 모양이나, 아이콘을 의도를 가지고 활용하는 등 많은 변화를 보여준다. 그리고 영역별 단원을 근간으로 하지만 영역의 통합도 시도하고 있다. 이런 시도는 5차와 6차 시기의 영역별 단원 구성의 단점이 계속 논의된 결과이다. 5차와 6차 교과서가 분절적 지도를 지향했다면 7차 교과서는 통합적 지도를 부분적으로 시도한 것이다.

〈7차 중학 국어 차례〉
2-1 : 국어-감상하며 읽기/어떻게 읽을까/우리 고전의 맛과 멋/삶과 문학/글과 사전/작품 속의 말하는 이(읽기, 문학 영역)/생활 국어-즐거운 언어 생활/토론하며 내용 마련하기/국어의 언어적 특징과 음운/내용 구성하여 쓰기/목적에 맞는 말과 글/바르게 쓰기(듣기, 말하기, 쓰기, 국어 지식 영역)

7차 시기의 교과서는 위의 차례에서 보듯이 영역별, 목표별 단원을 구성하고 있다. 이런 면은 5차, 6차와 다르지 않다. 그러나, 단원의 구성 체제는 많이 달라진 모습을 보여주고 있다.

<7차: 단원 구성 체제>
　▲ 국어 책
　　단원의 길잡이(2면)-[읽기 전에(1면)+읽을거리+학습 활동(2면)]-[읽기 전에(1면)+
　　　읽을거리+학습 활동(2면)]-보충·심화
　　한자 공부(4줄 정도)
　　이 단원을 마치며(7줄 정도)
　▲ 생활 국어 책
　　단원의 길잡이(2면)-[학습 활동 안내(1면)+활동 1+활동 2··]-[학습 활동 안내(1
　　　면)+활동 1+활동 2··]-보충·심화
　　이 단원을 마치며 (7줄 정도)

7차 시기의 교과서는 '단원의 길잡이'가 학습자의 동기 유발이나 배경 지식이나 경험을 이끌어 내기 위한 역할을 하기 위하여 단원에 대한 안내, 설명이 친절하게 제시되어 있고(고등학교 국어 책은 이런 관점을 취하지 않음) 읽을거리를 제시함에 있어 '읽기 전 활동, 읽는 중의 활동, 읽은 후의 활동'으로 읽는 과정을 배려하고 있다. 읽는 중의 활동을 위하여 날개에 물음을 제시하고 있고, 읽는 후의 활동은 <내용 학습>, <목표 활동>, <적용 학습>을 하도록 세심하게 배려하고 있다. 말하고 듣고 쓰는 활동을 제시함에 있어서도 목표 달성을 위해 일련의 활동을 순차적으로 밟도록 하고 있다. 즉, 5차, 6차 교과서에 비해 활동 과정을 세밀하게 제시하고 있다. 또한, 7차 교육 과정이 수준별 교육을 지향하고 있어 보충, 심화 과정이 교과서에 제시되어 있다. 그리고 5차, 6차의 단원의 마무리가 연습 문제를 제시함으로 그 역할을 다한 것으로 되어 있는데 반해, 7차 교과서는 단원을 마치면서 단원의 목표를 다시 한번 강조하는 방식을 선택하고 있다.

새로운 국어과 교육 과정에 터해 검인정으로 만들어지는 교과서의 직접적인 모델은 7차 시기의 교과서일 것이다. 모델 역할을 다하기 위해서는 실제 교수-학습 과정에서 교과서가 어떻게 사용되는지에 대한 치밀한 분석이 뒤따라야 할 것이다.

2.2. 단원의 구성 방식과 구성 체제의 예

지금까지 살펴본 1차~7차 시기의 교과서를 보면 '관점 반영의 기능, 내용 제공 및 구체화의 기능, 교수-학습 자료의 제공, 교수-학습 방법의 제시, 학습 동기 유발의 기능, 연습을 통한 技能의 정착 기능, 평가 자료의 제공 기능' 등 교과서의 기능을 확인할 수 있다.[7] 각 시기별 단원 구성 방식을 통해 국어교육관의 변화를 알 수 있다(관점의 반영). 3차 주제 중심, 4차는 문종 중심, 5차, 6차, 7차는 영역(기능) 중심, 1차, 2차 교과서는 부분적으로 문종 중심, 영역 중심, 주제 중심이 혼용되어 있음을 알 수 있다. 이런 것을 통해서 관점을 파악할 수 있다. 또 추상적이고 포괄적으로 진술된 교육 과정의 내용을 교과서를 통해 구체화한다(내용 제공 및 구체화). 7차 7학년의 쓰기 영역 '다양한 표현을 사용하여 글을 쓴다.'라는 내용을 교과서에서 '다양한 표현을 사용한 글과 그렇지 않은 글을 비교하고 표현의 효과를 알 수 있다.'는 목표 아래 두 가지 글을 비교한다든지 하여 교육 과정의 내용을 보다 구체화한다. 국어 교과서는 많은 학습 자료를 제공한다(교수-학습 자료의 제공). 읽을거리를 제공한다면 감동적인 글, 형식이 뚜렷한 글, 목표에 부합되는 글을 제공하려 애쓰고 내용에 알맞은 삽화를 제시한다든지 하는 것이 모두 최선의 자료를 보여주려는 노력이라 할 수 있다. 이런 노력뿐 아니라 단원 구성 체제를 통해 교수-학습 방법을 보여주려 한다(교수-학습 방법의 제시).

1차, 2차 시기의 교과서는 교수-학습 방법에 대한 인식을 보여주지 못하고 있다. 3차, 4차는 교수-학습 방법에 대한 인식이 없지는 않았으나 뚜렷하지는 못했다고 할 수 있다. 5차 시기부터 교수-학습 방법에 대한 인식이 뚜렷해졌고 6차를 지나 7차에 이르면서 다양한 학습 방법을 제시하고 있다. 그러면서 7차에 오면서 삽화, 사진, 편집 등에서 학생들의 동기를 유발할 수 있는 다양한 방법을 모색하고 있다(학습 동기 유발). 1차~7차까지 연습을 통한 技能의 정착을 위해 '익힘 문제(1, 2차), 공부할 문제(3, 4차), 학습 활동(5차, 6차, 7차)'등을 두어 이런 역할을 하고자 했음을 알 수 있다(연습을 통한 技能의 정착). 1차, 2차 시기의 교과서는 기능의 정착을 위한 연습이 극히 미미하다. 3차부터는 연습을 위한 지면을 넓히고 교육 과정의 의도를 수행하려 하였다. 7차 시기의 교과서에 이르러서는 체계적으로 연습을 통한 기능의 정착을 의도하고 있다. 이뿐 아니라 7차에 와서는 심화, 보충 자료를 제공하기 위해 평가 자료를 교과서에 싣고 있다(평가 자료의 제시).[8] 1차~6차(중학교) 시기의 교과서

---

7) Petty, W.T. & Jensen, J.M. (1983). Developing Children's Language, Baston ; Allyn and Bacon, pp.108~109 참조.

는 평가 자료를 제공하는 기능은 미약하다. 그렇다고 해서 수업을 전개하는데 평가가 도외시 되지는 않았을 것이다. 새로운 교과서의 편찬도 이런 교과서의 기능에서 할 것이다.

1) 새로운 국어과 교육 과정과 교과서

교과서는 어떤 방식으로든지 교육 과정의 의도를 반영하여야 하고, 새롭게 개발되는 교과서는 현재 교과서의 부족한 면을 개선해 나가야 한다. 전체적인 개정 방향이나 국어과 교육에서 지향하는 바가 중요하긴 하나 구체적인 의도는 새로운 교육 과정에서 제시하고 있는 '내용 체계'와 '학년별 내용'(〈수준과 범위〉, 〈성취 기준〉, 〈내용 요소의 예〉)으로 나타난다. 이 부분들이 교과서 개발의 청사진을 구성하는 요소들이라 할 수 있다.

새로운 교육 과정의 '내용 체계'는 '지식, 기능'과 이것을 아우르는 '실제(담화, 글)', 담화나 글을 실체성을 갖게 하는 '맥락'으로 구성되어 있다. 지금까지의 교육 과정은 '지식'에 대하여 조심스러운 태도를 보여주었다. 교과서로, 현장 수업으로 내려가면서, 지식 부분이 확대 재생산되는 예를 많이 봐 왔기 때문이라 생각된다. 이런 태도에 비해 새로운 교육 과정은 '내용 체계'에서 '지식'을 명시적으로 자리매김을 하고 있다. 새로운 교육 과정의 의도를 고려한다면 '지식'이 교과서의 구성 방안의 하나로 등장할 수 있을 것이다. '기능'은 그동안 1차~7차에 이르기까지 교육 과정에서는 늘 강조되었었다. 이 부분은 여전히 실질적인 '기능' 교육이 될 수 있는 교과서의 편찬이 필요하다. 새로운 교육 과정의 가장 큰 특징이 학년별, 영역별로 어떤 담화, 글을 사용할 것인지를 분명히 드러내었다는 것이다. 그동안의 교육 과정에서는 '실제'가 상징적인 의미밖에 가지지 못했다면 이번에는 교육 과정에서 분명한 자리를 갖고 있다. 지금까지도 교과서에서는 '실제'가 중요한 자리를 차지하고 있었다(독본이라 할 정도로). 그러나 새로운 교육 과정에서는 '글' 뿐 아니라 '담화'까지 분명한 자리를 마련하고 있다. 그렇다면 새로운 교과서에서 텍스트가 더욱 중요해질 것이고 '맥락'이 텍스트를 선정하는데 구체적인 역할을 하게 될 것이다.

'성취 기준'은 단원의 목표를 구성하는 핵심 요소이다. '성취 기준'은 학습 목표와 학습 내용을 알려주는 역할을 한다. '성취 기준'에 도달하기 위해 필요한 활동을 전개하기 위한 자료는 〈수준과 범위〉를 통해 교육 과정에 제시되어 있고, 일련의 학습 내용과 과정은 〈내용

---

8) 6차 시기의 고등학교 국어 교과서에도 평가 자료를 제시하고 있다. 그리고 7차 고등학교 국어 교과서에 심화 보충을 위한 평가 자료가 실려 있다.

요소의 예〉를 통해서 제시되어 있다. '내용 체계'가 각 학년의 학습 내용을 제시할 때 기준이 되는데, '실제'는 〈수준과 범위〉로 분명히 드러나고, '지식'과 '기능'과 '맥락'은 〈내용 요소의 예〉에 드러나 있다. 교과서 편찬의 기본이 되는 요소는 '내용 체계'와 '학년별 내용'(〈수준과 범위〉, 〈성취 기준〉, 〈내용 요소의 예〉)에 들어있다. 새로운 교육 과정은 이런 면에서 교과서 개발에 친절한 안내를 하고 있다.

새로운 교육 과정에 터해 만들어지는 교과서는 첫째, '지식'을 비중 있게 다룰 것을 의도하고 있다. 단원으로, 아니면 하나의 제재로서, 혹은 학습의 과정에서 차시로 다루든, '지식'이 중요하게 다루어질 것을 의도하고 있다. 둘째, 교수-학습 과정에서 '기능'은 분절적이 아니라 총체적으로 다룰 것을 의도하고 있다. 새로운 교육 과정에서 제시된 〈성취 기준〉을 통해서도 이런 면을 분명히 읽을 수 있다. 셋째, 새로운 교육 과정에 터한 교과서는 담화나 글 중심의 교과서가 될 것이다. 새로운 교육 과정에서 어떤 텍스트를 각 학년별로 어떻게 배치할 것인가를 고심한 흔적을 찾아볼 수 있는데, 이것을 통해서도 텍스트 중심의 교과서를 예상할 수 있다.

교과서에서 지식(명제적 지식)을 강조하는 것은 의도와 다르게 지나치게 지식 위주로 흐를까 하는 염려를 불러온다. 그리고 언어 활동으로 자연스럽게 넘어가기에는 학습 시간이 적어서 지식 수업에 그치게 된다는 이야기를 한다. '소통의 분질, 글의 특성, 담화의 특성, 매체의 특성, 언어의 본질, 국어의 특질, 국어의 역사, 국어의 규범, 문학의 본질과 속성, 문학의 양식과 갈래, 한국 문학의 역사' 등에 관한 지식이 교육 과정이 한 부분으로 들어가 있다는 것을 가볍게 보아서는 안 된다. '지식'과 '기능'의 교육이 균형 잡혀 이루어져야 할 것이다.

언어 사용의 통합성은 교육 과정에서 늘 강조하던 것이다. 교육 과정(1~7차)에 제시된 구체적인 내용에 있어서는 분절의 형태를 취하고 있지만 실제 사용하는 언어의 모습은 통합성을 띤다. 새로운 교육 과정에서는 통합성을 지향하여 학년별 내용을 '성취 기준'으로 나타내고 있다. 교육 과정의 진술에서부터 어느 정도 통합을 지향하고 있는 것이다.[9] 모든 교육 과정의 내용 부분이 통합을 지향할 수는 없더라도 새로운 교육 과정은 진술부터 통합을

---

9) 김정자(2007), 읽기와 쓰기의 관련성 측면에서 본 국어 교육 과정과 교재의 문제점(한국작문학회 제10회 연구발표회 자료집)에서는 '통합'의 개념이 다양한 수업 방법을 말하는 것으로 보고 있음. 그러나 다음과 같은 예를 보면 어느 정도 교육 과정에서부터 '통합'을 고려한 것으로 보인다고 하고 있다.
8차-9학년 읽기-논평을 읽고 글쓴이의 태도와 표현의 효과를 평가한다.
7차-9학년 읽기-표현의 효과를 평가하며 글을 읽는다.

의도하고 있다. 이 통합은 언어 사용의 통합을 의미하고 있다. 새로운 교육 과정에는 국어 활동의 총체성을 고려하여 영역 간, 영역 내의 학습 요소를 통합하여 지도할 것을 지침으로 주고 있다. 영역별로 고유성이 반영되어 있는 학습 요소와 통합이 가능한 학습 요소를 나누어 통합이 가능한 것은 통합할 것을 권하고 있다. 표현·이해의 사고 과정을 고려하여 '말하기, 쓰기와 듣기, 읽기를 통합하는 방식, 음성 언어와 문자 언어의 특성을 고려한 듣기와 말하기, 읽기와 쓰기를 통합하는 방법, 매체 관련 내용 요소의 지도 시는 듣기, 말하기, 읽기, 쓰기, 문법, 문학 영역과의 통합을 고려하고 있다. 문법, 문학 수업을 위한 듣기, 말하기, 읽기, 쓰기의 통합도 권하고 있다.[10]

국어 교과서 편찬 과정에서 늘 글이 중요한 역할을 했다. 새로운 교육 과정에서는 '글' 뿐 아니라 '담화'도 대등하게 중시하고 있다. 각 학년마다, 영역마다 〈수준과 범위〉를 제시하여 명료하게 어떤 글이나 담화를 취할 것인지 예를 들어 보여주고 있다. 이런 의미에서 어떤 '글, 담화'냐 하는 것이 새로운 교과서에서는 더욱 부각될 것이다. 이 부분은 교육 과정 '내용 체계'를 구성함에 있어 '맥락'을 하나의 축으로 삼은 것에서도 알 수 있다.

교과서의 개발은 이렇게 교육 과정의 큰 틀 안에서 이루어진다. 그뿐 아니라 현재 교과서의 부족한 부분을 개선하려는 의지를 보여 왔다. 1차~7차 시기의 교과서들에서 이런 의지를 읽을 수 있다. 큰 문제부터 작은 문제에 이르기까지 이런 노력이 계속되어야 한다.

2) 단원 구성 방식과 단원 구성 체제의 예

(1) 대단원과 소단원

단원은 목표를 달성하기 위한 일련의 활동의 집합이라 할 수 있다. 새로운 교과서의 단원 구성은 7차 초등학교 국어 교과서의 단원 구성과 같이 '대단원'과 '소단원들'로 구성할 수 있다. 텍스트(글, 담화) 중심, 맥락 중심, 언어 사용의 통합성을 구현하기에는 '단원의 단선 구조'(단원 1, 단원 2, 단원 3.-)보다는 '단원의 이중 구조'(대단원-소단원 1, 소단원 2, 소단원 3.--)가 효율적이다. 대단원 내에서의 소단원들은 계열성을 주기가 쉽고, 대단원들은 어느 정도 자유롭게 순서를 바꿀 수 있다.

---

10) 교육인적자원부 고시 제2007, 국어과 교육 과정, pp.92~93.

대단원 1			대단원 2			--
소단원 1	소단원 2	소단원 3	소단원 1	소단원 2	소단원 3	--

새로운 교육 과정에는 학년별로 성취 수준의 수가 7학년은 27개, 8학년, 9학년은 28개, 10학년은 29개가 제시되어 있다. 대단원에 각각 세 개의 소단원을 둔다면 학기 당 4~5개의 대단원을 둘 수 있다. 하나의 대단원에 3~4주를 배당할 수 있을 것이다. 성취 수준을 달성하기 위하여 학습해야 할 요소(〈내용 요소의 예〉)로 제시된 것은 3~4항목이다. 이렇게 보면 교육 과정을 구현하기가 쉬운 일이 아니다. 소단원 내에서, 소단원 간에서 통합을 성공적으로 이룰 때 교육 과정의 구현이 가능해질 것이다.

(2) 단원 구성 방식의 예

단원의 구성 방식은 어떤 방식으로 단원을 편성하느냐 하는 문제로 단원의 차례를 통해 알 수 있다. 새로운 교육 과정에서 제시하는 '내용 체계'는 '실제(글, 담화), 지식, 기능, 맥락'을 근간으로 하고 있다. 이 중 어느 부분이 강조되느냐에 따라 여러 가지 국어 수업 양상이 가능하다.

'맥락'을 단원 구성의 축으로 잡는다면 3차 시기의 교과서에서 예를 찾아볼 수 있다(예; 새로운 결의). '기능'을 단원 구성의 축으로 삼는다면 말하기, 듣기, 읽기, 쓰기 등의 영역별로 교과서를 꾸몄던 5차~7차의 차례를 통해 쉽게 찾아볼 수 있다(예; 설득하는 글쓰기). '지식'을 축으로 삼는다면 내용 단원의 단원명(예; 국어의 특질)에서 그 예를 찾아볼 수 있다. '실제' 부분을 중심축으로 삼는다면 4차 시기의 교과서(예; 설명문, 건의문 등)를 예로 들 수 있다.

단원 구성 방식에서 단원 차례가 일련의 학습의 계열성을 주고 있는 경우('기능'을 중심축으로 단원 구성, '지식'을 중심축으로 단원 구성)는 단원의 차례를 함부로 바꿀 수는 없을 것이다. 그러나, 시후절기, 학습자의 흥미 등에 따라 단원 구성을 한 경우는 비교적 자유롭게 단원의 순서를 바꿀 수 있다. 대단원의 경우가 후자, 소단원의 경우가 전자라 하겠다.

대단원, 소단원으로 이중 구조를 취한다면 크게 보아 3차 교과서의 구성 방식을 원용할 수 있다. 즉, 주제별로 대단원을 구성하는 것이다. 3차 교과서는 소단원은 읽을거리(글)의 제목이 바로 소단원의 제목이고, 소단원들의 주제가 대단원의 제목의 밑바탕이 되는 것이다.

〈예〉 3차 : 3학년 1학기
대단원 : 새로운 신념
소단원 : 1. 3월   2. 한국 학생의 정신   3. 시련의 참뜻   4. 조국의 젊은이여

위의 단원 구성 방식은 읽을거리 중심의 교과서를 지향하고 있다. 그러나 새로운 교과서에서는 읽을거리만 중심이 되는 교과서를 지양하고 있다. 읽기 단원뿐 아니라 다른 영역의 단원도 주제(활동 주제, 맥락 등)를 밑바탕으로 단원을 구성할 수 있다. 즉, 각 소단원이 크게 보아 통합을 지향하므로 다음과 같은 구성이 가능하다. 대단원이나 소단원이 모두 주제 중심으로 꾸밀 수 있다. 또한 대단원은 주제 중심으로 소단원은 목표별, 영역별로 꾸밀 수 있을 것이다.

주제 중심 대단원	주제 중심의 소단원 + 주제 중심의 소단원 + 주제 중심의 소단원

〈예〉 7학년
대단원 : 십 년 후의 나
소단원 : 1. 여러 가지 직업들(나의 멘터)/ 2. 나의 삶 / 3. 나의 계획

주제 중심 대단원	목표별, 영역별 소단원 + 목표별, 영역별 소단원 + 목표별, 영역별 소단원

〈예〉 9학년
대단원 : 아름다운 인생
소단원 : 1. 감상과 표현   2. 평가하는 글   3. 영상으로 하는 이야기

지식(글, 담화) 중심의 대단원을 구성할 수도 있다. 이 경우, 4차 교과서를 원용한다고 볼 수도 있으나 글과 말을 포괄하는 점에서 4차와는 다르다. 4차 교과서는 설명문, 전기, 소설 등 장르에 따라 대단원을 구성하고 있으나 소단원은 읽을거리(글)의 제목이 바로 소단원의 제목이 되어 읽을거리 중심으로 구성되어 있다.

〈예〉 4차 : 3학년 1학기
대단원 : 3. 설명문

소단원 : (1) 화랑도   (2) 소재와 표현

새로운 교과서의 경우 지식(글, 담화) 중심으로 대단원을 구성하고 영역별로 소단원을 구성할 수 있다. 이 경우도 통합을 지향한다.

지식(글, 담화) 중심의 대단원	영역별 소단원 + 영역별 소단원 + 영역별 소단원

〈예〉 8학년
대단원 : 건의하는 말·글
소단원 : 1. 말하기·듣기   2. 읽기·쓰기   3. 쓰기·문법

1~7차까지 국정으로 개편되어 왔던 교과서들은 나름대로 '국어 교과서'의 한 모델 역할을 충분히 해 왔다. 검인정으로 바뀌는 시점에서 1~7차 교과서의 장점을 취하고 발상의 전환을 통해 또 다른 모습의 교과서를 기대해 본다. 각 소단원의 전개는 '목표 중심 수업'이 가능한 것이어야 한다.

〈예〉 8학년
대단원 : 건의하는 말·글
소단원 : 1. 말하기·듣기-지식 중심 수업/기능 중심 수업
        2. 읽기·쓰기-지식 중심 수업/기능 중심 수업
        3. 쓰기·문법-지식 중심 수업/기능 중심 수업

위에 예로 든 새로운 교과서의 구성 방식은 대단원 사이에 느슨한 위계성와 체계성이 필요하고 같은 대단원에 속하는 '소단원' 사이의 엄정한 위계성과 체계성이 요구된다. 이런 구성은 언어 활동의 통합적 지도가 가능하고, 텍스트 중심의 학습이 용이하게 이루어질 수 있게 한다. 교사의 역할이 보다 확대될 수 있는 것도 이러한 단원 구성의 장점이 될 수 있다. 그러나 자칫하면 대단원과 소단원의 유기적인 연관성을 부여하기가 어렵고, 단원의 목표를 명쾌하게 나타내기가 어렵다. 이런 점은 교육 과정이 가지고 있는 한계로서, 각 단원의 기능 목표가 분명하지 못한 것은 단점이 될 수 있다.

(3) 단원 구성 체제의 예

학습 방법의 학습이 가능한 교과서가 되기 위해서 단원의 구성 체제가 중요하다. 주제 중심, 지식 중심, 기능 중심 등 다양한 구성 방식을 원용하더라고 단원의 내적 체제는 짜임새 있게 체계적으로 제시되어야 한다. 그동안의 교과서들은 이 부분이 미흡했다. 특히 1, 2차 교과서는 내적 체계의 중요성을 인식하지 못하였고, 3, 4차 교과서에서는 이 부분에 대한 인식은 분명했으나 교과서의 의도를 분명히 전달하진 못했다. 5차에 들어와서부터 학습 방법의 학습에 대한 인식이 뚜렷해져 교과서에 그 의도를 담아 실현할 수 있게 체제를 구성 했으나 그 동안의 국어 교육의 모습을 단기간에 바꿀 수는 없었다. 그래서 국어 교과가 자리를 잡는데 시간이 걸렸다. 주석식 국어 수업-한 줄 한 줄 읽으면서 낱말 뜻, 역사적인 사실, 문법 사항 등을 설명하는 국어 수업-이 나름대로 전혀 의미가 없다고 할 수는 없으나 그동안 교육 과정 개편과 그에 따른 교과서 개편에 기울인 노력에 비하여 성과가 미미한 것은 내적 체제의 문제라 할 수 있다. 국어 교과서의 구성 방식(외적 체제)에 있어서는 진전을 보았지만, 구성 체제에 있어서는 몇 차례의 교육 과정 개정을 거치면서 현장에 조금 씩 파급되었다. 교육 과정의 의도가 현장에서 실행되지 못했다는 비판은 이상(교육 과정)과 현실(교실 현장) 사이의 괴리라고 할 것이다. 지금의 현장 모습이 그동안의 교과서 개편을 통하여 단원 구성 체제에 있어 진전을 볼 수 있었던 것은 교육 과정의 의도를 실현시키려는 노력, 현장 및 학계의 異論을 조정해 가는 노력, 理論을 현장에 받아들이고 조정하는 노력의 결과라 하겠다.

단원의 체제는 정교해질 필요가 있다. 교과서를 통해 학습하는 방법의 학습이 이루어져야 하고, 국어교육학의 이론적 발전이 드러나야 하고, 이론과 실제가 어우러지는 국어과 수업의 현장이 드러나야 한다. 단원 구성 체제는 단원의 성격에 따라 융통성 있게 주어질 필요가 있다. 앞서 논한 것과 같이 지식 중심, 기능 중심, 맥락(주제) 중심의 단원이냐에 따라 단원의 구성 체제는 달라져야 한다.

〈단원 구성 체제의 예〉
대단원의 목표와 대단원 안내, 어휘 학습 (2면)
소단원 1 - 소단원의 목표와 소단원 안내 (2면)
　　　　　　(1) 학습 활동　　　(2) 학습 활동　　　(3) 학습 활동
　　　　　　마무리, 평가(1면)
소단원 2 - 소단원의 목표와 소단원 안내 (2면)

(1) 읽을거리+학습 활동   (2) 읽을거리+학습 활동   (3) 읽을거리+학습 활동
마무리, 평가(1면)
소단원 3 - 소단원의 목표와 소단원 안내 (2면)
(1) 읽을거리+학습 활동   (2) 학습 활동
(3) 읽을거리+학습 활동   (4) 학습 활동
마무리, 평가(1면)
대단원 마무리, 평가

위의 단원 구성 체제의 예에서 소단원 1은 말하기·듣기 단원, 소단원 2는 읽기, 문학 단원, 소단원 3은 쓰기, 문법 단원으로 구성해 보았다.

단원의 구성 체제는 학습 과정의 명료화와 학습 과제의 적절성을 추구해야 한다. 교수-학습 과정을 명료하게 제시하는 일은 교사와 학생에게 무엇을 어떻게 해야 하는지에 대한 명확한 인식 하에 주어진 과제를 수행할 수 있게 해 준다. 이러한 학습 과정을 통해 과제 수행의 방법 및 절차에 대한 안내를 받게 되고 단원 학습이 요구하는 사고의 방법을 익히게 된다. 명료하게 제시되는 학습 과정과 함께 단원의 목표 및 학습의 각 단계에 적절한 과제를 제시하는 일은 학습자의 흥미를 유발하고 유의미한 언어 사용 활동을 통해 학습의 목표에 도달하게 해 준다. 학습 과정의 명료화가 단원 구성 체제의 외적 통제 요인이라면 학습 과제의 적절성은 단원 구성 체제의 내적 통제 요인으로서 이 두 가지는 동전의 양면과 같은 것이다. 학습 과정이 명료하지 못할 때 적절한 과제가 제시될 수가 없으며 적절한 학습 과제의 제시가 없이는 학습의 외형적 과정은 무의미한 것이 된다.

3. 나가며

새로운 국어과 교육 과정은 많은 변화를 보이고 있다. 교육 과정이 많은 변화를 시도했을 뿐만 아니라, 그에 따른 교과서의 편찬도 국정에서 검인정으로 크게 바뀌었다. 그동안 교과서가 교재의 한 가지이며 교수-학습 현장에서 교과서가 지닌 자율성을 논하였지만 그동안 국어 교과서는 국정으로서 권위를 인정받고 있었고 어느 교재보다 체계적이고 배워야 할 내용을 균형 있게 담고 있는 공식화된 교재여서 그 권위는 당연한 것으로 받아들여졌다. 교과서가 가르쳐야 하는 대상이 아니고 교육 과정 목표를 수행하는 데에 필요한 하나의 수단으로 보아야 한다고 말한다. 국어 교과서를 '목적'이 아니고 '수단'으로 보게 되면 국어과

교수-학습이 제자리를 찾는데 크게 기여할 것이다. 검인정으로 교과서 편찬 제도가 바뀌어 다양한 모습의 교과서가 자리 잡기 위해서는 聖典으로서 교과서를 보는 관점에서 하나의 手段으로 보는 관점이 필요하다. 그러기 위해서는 다양한 '거리'가 넘치는 창의적 사고가 번쩍이는 국어 교과서가 필요하다.

새로운 국어 교과서의 편찬 제도(검인정)는 다양하고, 창의적인 교과서. 질적으로 한 단계 수준이 높아진 교과서를 전제로 하고 있다. 이런 전제를 만족시키는 교과서가 되기 위해서는 교사의 역할이 중요할 수밖에 없다. 새로운 교육 과정이 지향하는 교과서는 교육 과정과 조화롭게 연계가 되고, 교과서에 관한 고정적인 생각을 불식하여 여러 가지 형태의 교과서, 교수 학습 자료가 수요자의 다양한 욕구에 부합되도록 해야 한다. 완전한 형태의 교과서가 있는가 하면, 교사와 학생이 만들어가는, 교과서로서 불완전한 형태의 교과서도 있을 수 있다. 그리고, '교과서는 책이다'라는 생각에서 벗어나 다양한 매체를 끌어와 쓸 수 있어야 할 것이다. 7차까지 국정에 묶여 있어서 '나는 이런 교과서를 만들겠다'는 의지를 마음으로만 가지고 있었던 많은 분들이 그 뜻을 펼칠 수 있기를 소원한다.

참고문헌

김명순(2003), 활동 중심 읽기 교육의 내용 연구, 한국교원대학교 박사 학위 논문.
김상욱(2006), 국어교육의 재개념화와 문학교육, 역락.
김수업(2004), 국어교육의 길, 나라말.
김정자(2007), 읽기와 쓰기의 관련성 측면에서 본 국어 교육 과정과 교재, 한국작문학회 제10회 연구발표회 자료집.
김정자(2006), 국어과 교육 과정 개정 시안의 <쓰기> 영역의 내용 검토, 작문연구 제3집, 한국작문학회.
김정호 외(1998), 교과서 모형 개발 연구, 한국교육과정평가원.
김창원(2007), 국어교육론 -관점과 체제-, 삼지원.
노명완 외(1988), 국어교육론, 갑을출판사
박정진(2004), 학교급별 국어 교과서의 단원 전개 방식 분석, 한국초등국어교육 제25집, 한국초등국어교육학회.
박정진(2007), 『2007년 수정 국어과 교육 과정』에 대한 비판적 이해, 국어국문학145, 국어국문학회.
손영애(2004), 국어과 교육의 이론과 실제, 박이정.
손영애(2007), 새로운 국어과 교육 과정 시안에 대한 몇 가지 소론, 국어교육 122, 한국어교육학회.
서울대학교 국어교육연구소(1999), 국어교육학사전, 대교출판.

이삼형 외(2007), 국어교육학과 사고, 역락.

이용숙(1992), 한국교육의 종합 이해와 미래 구상(Ⅲ)-교육 내용과 수업 방법편-, 서울:한국교육개발원.

이인제(2005), 국어과 교육 과정 개선 방안 연구, 한국교육과정평가원.

이종국(2005), 한국의 교과서상, 일진사.

정혜승(2002), 국어과 교육 과정 실행 요인의 작용 양상에 관한 연구, 고려대학교 박사학위 논문.

정혜승(2006), 좋은 國語 敎科書의 요건과 單元 構成의 방향, 語文硏究 제34권 제4호, 韓國語文敎育硏究會.

최영환(2003), 국어교육학의 지향, 삼지원.

최지현 외(2007), 국어과 교수-학습 방법, 역락.

W.T. Petty & J.M. Jensen(1983), Developing Children's Language, Baston : Allyn and Bacon.

제1차~제7차 중학교 국어 교과서 체제 및 내용 분석*

1. 머리말

해방 이후 50여년 동안 국어과 교육은 여섯 차례의 교육 과정 개정과 이에 따른 교과용 도서의 개편을 거쳤다. 그 동안 국어과 교육은 교육 과정의 개정을 통해 국어과 교육의 목표와 내용의 체계를 확립하면서 교육 과정의 의도를 이상(理想)으로 삼아, 교육의 현실과 이 이상과의 거리를 좁히기 위한 노력을 계속해 왔다. 이러한 발자취는 제1차~제7차 교육

---

* 이 글은 '국어과 교육의 이론과 실제'(2004) 중 '국어 교과서 구성 방안'을 일부 참고·수정하였다. 검인정으로 교과서 편찬 제도가 2007 개정부터 바뀌었다. 국정 제도 아래 편찬된 1차~7차 시기의 교과서를 정리할 필요가 있다고 생각하여 이 글을 싣는다.

과정과 그에 따른 교과서의 변화 과정을 통해 확인할 수 있으며[1], 이러한 노력의 결과로 국어과 교육이 질적인 발전을 이루었음도 부인할 수 없는 사실이다. 특히 제5차 교육 과정에 의한 교과서의 개편 결과는 교과서 개편에 따른 교과 교육의 혁신 사례로 꼽힐 만큼 교육적 성과를 거둔 것으로 평가되기도 하였다.[2]

교육 과정은 학교에서의 국어과 교육을 실행하는 데 근간이 된다. 교육 과정 문서에는 각 학교급별 국어과 교육의 목표 및 그 목표 달성을 위한 학년별 내용, 선정된 내용을 지도하고 평가하는 방법에 대한 지침을 포괄하고 있다. 교육 과정을 통해 해당 학교급 및 학년에서 가르쳐야 할 내용의 폭과 깊이를, 그리고 국어과 교육의 기본 방향을 알 수 있는 것이다. 교육 과정에 제시된 이러한 교육의 큰 방향이 보다 구체적으로 드러나는 것이 교과서이다. 교과서는 교육 과정의 정신이 현장 교실에서 실현될 수 있도록 하는 교량 구실을 한다. 교육 과정이 추상적인 수준의 계획이라면 교과서는 교육 과정을 재해석하여 교사와 학생들에게 보다 명시적으로 구체적인 교수-학습의 내용 및 방향을 제시해 주는 것이다.

교과서는 문서화되어 있는 교육 과정을 근거로 하여, 교육 과정의 의도를 교육 현장에 전달할 수 있도록 한 여러 교재 중의 하나이다. 그리고 흔히 교과서 중심의 교육이 아닌 교육 과정 중심의 교육을 하라고 말한다. 그러나 우리의 현실에서는 교과서 이외의 교재가 거의 없다시피 하고, '교과서를 가르친다'고 할 정도로 교과서의 내용(자료)을 가르쳐야 할 지식, 개념, 원리, 기능 그 자체로 받아들이고 있다. 즉, 교육 과정에서 제시하고 있는 교육의 목표와 그 목표 달성을 위해 가르쳐야 할 것으로 선정된, 해당 교과의 내용(지식, 개념, 원리, 기능)을 교수-학습 활동을 통하여 학생들에게 성취될 수 있도록 자료화한 것으로 교과서를 받아들이기보다는 그 자체가 교육의 목표이자 내용으로 이해되는 것이다. 이러한 현실에서 교과서는 유일무이한 학습 자료이자 학교 수업 및 입시에서 하나의 성전으로 인식되게 되었다. 이러한 경직된 교과서관에 대한 반성과 함께 다양한 교수-학습 자료의 필요성에 대한 인식이 확산되고 있기는 하지만 여전히 교과서는 교수-학습 상황에서 가장 중요한 변인의 하나로 작용하고 있다. 교과서가 교육 현장에서 누리고 있는 이러한 절대적인 권위에 비하면 그 동안 이 분야에 대한 연구는 대단히 일천하다.[3]

---

1) 교과서의 체제 변천에 관해서는 이삼형(1994), '중학교 교과서 체제 변화에 대하여', 國語敎育學 硏究제4집 참조.
2) 이용숙(1992), '한국교육의 종합 이해와 미래 구상(III) -교육 내용과 수업 방법편-', 서울:한국교육개발원, pp134~159.
3) 2007 개정 국어과 교육 과정 고시와 함께 국정에서 검인정으로 바뀌면서 검정 기준를 정하는 문제, 일선

해방 이후 여섯 차례의 교육 과정 개정이 이루어졌고 그에 따른 교과용 도서의 개편 작업이 이루어졌지만 교과서 개발에 지침이 될 수 있는 원리적 측면의 이론적 연구는 전무하다시피하다. 더구나 그 동안의 교과서 개발 과정은 기록으로 남아 있지도 않아 교과서 개발 과정에서 제기되었던 문제점 및 의사 결정 과정이 개발 참여자의 개인 경험 측면의 정보로만 남아 있을 뿐 계속되는 개발 과정에 체계적으로 전달되지 못하였다. 이러한 형편이어서 교과서 개발의 외적 절차는 상당 수준 정교하게 설정되어 있지만 내적 절차는 체계적으로 정립되어 있지 못하다. 이러한 형편은 국어교육학의 학문적 성과와도 무관하지 않다. 박인기(1992)의 지적대로 국어과 교재론의 정립은 국어과 교육의 내용 및 방법에 대한 연구 결과를 모두 포괄하는 것이어야 하기 때문이다.

이 글에서는 제1차 교육 과정 시기부터 제7차 교육 과정 시기까지의 중학교 국어 교과서를 대상으로 각 시기의 교과서들이 교육 과정의 의도를 어떤 방식으로 구체화하고 있는지 그리고 그 한계점은 무엇인지 검토하고 이를 바탕으로 교육 과정의 의도를 효과적으로 구현할 수 있는 국어 교과서의 구성에 대한 실천적 방안을 모색해 보고자 한다.

2. 국어 교과서의 구성상의 변천

교과서의 개편은 교육 과정의 개정과 함께 한다. 즉, 교육 과정이 개정되고 이 개정된 교육 과정의 취지에 따라 교과서가 개편되는 것이다. 따라서 어떤 방식으로든 교과서는 교육 과정 개정의 취지나 기본 방향을 반영하게 된다. 지금부터 각 교육 과정 시기별로 교과서의 구성 방안을 단원 구성 방식과 단원 구성 체제 측면에서 살펴보고자 한다.

단원은 교육 과정에 제시된 지도 내용을 근거로 설정된 목표를 학습시키기 위한 수업의 단위를 말한다. 단원은 단원의 목표 달성을 위하여 선정된 교수-학습 활동의 자료인 제재들로 이루어진다. 하나의 단원에 여러 개의 제재가 동원될 수 있으며 반드시 인쇄된 글로서 제시될 필요는 없다. 예를 들어 사진 자료나 그림 자료, 시청각 자료 등도 교수-학습 제재로 동원될 수 있는 것이다.

이 글에서 말하는 단원 구성 방식은 하나하나의 단원의 설정에 적용되는 기준의 문제이고 단원 구성 체제는 한 단원 내에서 제재들이 제시되는 방법의 문제이다. 즉, 단원 구성 방식은

학교에서 어떤 교과서를 선정하느냐하는 문제 이런 문제가 제기되면서 교과서에 관한 이론적 연구가 이루어지기 시작했다.

단원 간의 문제이고 단원 구성 체제는 단원 내의 내용 조직상의 문제이다.

　교육 과정의 개정 취지 및 개정 방향 그리고 교육 과정에 제시되어 있는 교육 내용을 어떤 체제로 담아내느냐, 그리고 어떤 자료를 활용하여 담아내느냐 하는 것은 교실에서의 국어과 수업과 관련하여 큰 의의를 가진다. 교과서가 교육 과정의 의도를 어떤 방향으로 구현하는가에 따라 교육 과정의 의도가 보다 효율적으로 현장 교육에 투입될 수도 있고 그렇지 못할 수도 있기 때문이다. 단원 구성 방식을 통해 교과서의 내용 선정 방식 및 교과서 전체의 체제를 파악할 수 있고 단원 구성 체제를 통하여 교과서의 내용(학습 자료)의 조직 방식으로서의 체제를 이해할 수 있다.

2.1. 제1차 교육 과정 시기의 교과서

　1955년에 제정 고시된 제1차 국어과 교육 과정은 기본적인 언어 습관의 형성, 언어 사용 기능의 올바른 신장에 역점을 두고 생활 경험을 통한 지도를 강조하였다. 교육법 제94조 1항(일상생활에 필요한 국어를 정확하게 이해하며 사용할 수 있는 능력을 기른다.)과 6항(인간 생활을 명랑하고 화락하게 하는 음악, 미술, 문예 등에 대하여 기초적인 이해와 기능을 기른다.)에 근거하여 언어에 관한 면과 문학에 관한 면을 국어과에서 다루어야 함을 지적하고 있다. 또한 음성 언어의 측면도 문자 언어의 측면과 동일한 비중으로 다루어야 함을 명시하고 있다.

　제1차 교육 과정은 이러한 취지 아래 국어과의 지도 목표를 말하기, 듣기, 쓰기, 읽기로 나누어 제시하고 각 영역별로 학년별 지도 내용을 제시하고 있다.

──────────── 〈제1차 중학교 국어과 교육 과정의 구성 체제〉 ────────────

1. 우리나라의 교육 목적과 국어 교육(우리 나라 교육 목적, 중학교 교육 목적, 국어 교육의 나아갈 바, 국어 교육의 목표, 의의, 지도상의 유의점 등을 상술)
2. 국어과의 지도 목표
   언어 기능 기술, 말하기 3개항, 듣기 2개항, 쓰기 3개항, 읽기 3개항으로 목표 기술
3. 중학교 국어과의 지도 내용
   지도 요소 (1)기초적인 언어 능력 (2)언어 사용의 기술 (3)언어 문화의 체험및 창조
   지도 내용 (1)기초적인 언어 능력 (2)언어 사용의 기술 (3)언어 문화의 체험및 창조
4. 각 학년의 지도 내용(말하기, 듣기, 읽기, 쓰기로 나누어 각 학년의 지도 내용을 제시)

───

제1차 교육 과정의 구성 체제는 크게 '목표-지도 내용'으로 구성되어 있다. 교과서 구성에 대한 지침을 담고 있지는 않지만 '1. 우리나라의 교육 목적과 국어 교육'에서 국어과 교육의 방향, 지도상의 유의점, 그리고 어떤 제재를 선정하여 지도할 것인지 등에 대한 지침을 제공하고 있다.

1) 단원 구성 방식

제1차 교육 과정 시기의 교과서는 위에서 말한 교육 과정의 의도를 비교적 정확하게 반영하고 있다. 이 시기의 교과서의 단원 구성 방식을 살펴보면 교육 과정의 내용 영역이나 지도 요소를 반영하고 있다. 이런 방식으로 단원 구성을 시도했기 때문에 말하기, 듣기, 읽기, 쓰기가 고루 반영되어 있다. 참고로 이 시기의 중학교 2학년 1,2학기 교과서의 단원의 목차를 살펴보면 다음과 같다.

―――――――――――― 〈제1차 교육 과정 시기의 교과서 단원 목차〉 ――――――――

중학 국어 II-I
I. 시의 세계
II. 기행문
III. 전화와 방송
IV. 영화와 시나리오
V. 신문과 잡지

중학 국어 II-II
VI. 한글
VII. 효과적인 문장 표현
VIII. 독서 생활의 길잡이
IX. 전기
X. 회의

제1차 교육 과정 시기의 교과서의 단원 목차를 살펴보면 교육 과정에 제시된 내용 영역이나 지도 요소에 따라 단원을 설정하고 있음을 알 수 있다. 이런 방식으로 단원 구성을 시도했기 때문에 'III. 전화와 방송, X. 회의'와 같은 말하기, 듣기 영역과 관련되는 단원, 그리고 'V. 신문과 잡지, VII. 효과적인 문장 표현'과 같은 쓰기 영역 관련 단원의 설정이 가능했던 것이다. 이러한 단원들은 그 단원에서 초점을 두고 있는 활동의 내용, 영역, 형식 등에 따라서 단원을 구성하고 있는 점에서 제5차 교육 과정에 의한 교과서와 일맥 상통한다. 이러한 단원 구성의 방침은 단원의 첫면에 제시되어 있는 단원의 학습 방향에서 확인할 수 있다.

Ⅲ. 전화와 방송

　　1. 전화

　　2. 모든 것을 소리로만 전하는 방송

　　3. 라디오의 구실

　　4. 장미꽃 피는 날 〈방송극〉

　　5. 효과에 대하여

우리의 언어 생활 가운데서도, 듣는 생활은 말하기와 쓰기를 익숙하게 하는 데 중요한 기초가 되는 것이다.

특히 현대 문명의 이기(利器)를 이용한 전화와 방송은, 우리의 일상생활과 밀접한 관계를 가지게 되었다.

이들을 이용하는 요령을 알고, 소리만으로 전달되는 모든 것을 바로 듣고 옳게 이해하는 훈련을 쌓으며 방송 예술의 감상과 그 기능을 연구하여, 언어의 정화(淨化)를 기해야 하겠다.

위의 인용문은 'Ⅲ. 전화와 방송' 단원의 첫 면에 제시된 내용인데 이 단원이 듣기 활동 위주로 지도되어야 함을 알게 해 주고 있다.

읽기 영역 관련 단원들은 글의 종류를 염두에 두고 단원을 구성하고 있다. 'Ⅱ. 기행문, Ⅸ. 전기'와 같은 단원들이 그 예이다. 이러한 단원 구성 방식은 제4차 교육 과정 시기의 교과서와 맥을 같이 한다. 'Ⅰ.시의 세계, Ⅳ. 영화와 시나리오'와 같은 문학 관련 단원 역시 장르별로 단원을 구성하고 있는데, 이 역시 제4차 교육 과정 시기의 교과서와 맥을 같이 하는 것이다. 읽기 기능의 지도를 위한 단원의 설정에서 눈에 띄는 것은 'Ⅷ. 독서 생활의 길잡이'와 같은 단원이다. 이 단원은 구체적인 읽기 자료를 동원하여 읽기 기능을 길러 주려는 단원이기보다는 읽기의 방법과 관련되는 정보, 많은 읽을거리를 접하기 위해 필요한 도서관에 대한 지식을 주는 단원이다. 이 단원의 성격은 학습하는 방법을 학습시키는 것을 목표로 한다고 할 수 있다.

그리고 'Ⅵ. 한글'과 같은 단원은 내용 단원으로서 글의 내용 자체가 학습의 내용이 되는 단원이다. 이러한 내용 단원은 제1차~제5차 교육 과정 시기의 교과서에 모두 들어 있다. 국어과 고유의 내용 영역으로 인식되어 온, 국어 및 문학 일반과 국문학 일반에 관한 지식을 주기 위해 내용 단원이 설정되어 있다.

제1차 교육 과정 시기의 교과서는 단원 내에 설정된 제재들 사이의 관계가 비교적 긴밀하다. 이 점에서 1차 시기의 교과서는 2차, 3차 시기의 교과서에 비하여 오히려 발전적인 측면을 보이고 있다. 즉, 단원명이 단원에 속해 있는 제재를 모두 포괄하고 있으며, 제재 학습의 의도 및 방향을 제시하고 있다. 예를 들어, 중학 국어 1학년 2학기의 'III. 설명과 논설'이란 단원에는 '1. 곤충의 본능, 2. 설명문을 쓰려면, 3. 산림을 사랑하자, 4. 논설문을 쓰려면'과 같은 4개의 제재가 제시되고 있다. 여기서 '1. 곤충의 본능'과 '3. 산림을 사랑하자'는 각각 설명문과 논설문의 예로서 제시되고 이 예문에 터해 설명문과 논설문을 쓰는 방식을 설명한 글을 각각 제시하고 있는 것이다. 말하기나 쓰기 영역의 단원은 대개 이와 같이 말하기나 쓰기 활동을 하는 방법을 설명해 주는 제재가 설정되어 있다.[4] 제재 사이의 이러한 긴밀성은 교육 과정의 영역을 기준으로 단원을 설정했기 때문에 가능한 것이다.

이 시기의 교과서가 지향한, 위와 같은 단원 구성상의 취지가 국어 수업 현장에서 어느 정도 실현되었는지에 대해서는 실증적인 자료가 없다. 다만 교과서의 단원 구성이 교육 과정의 영역을 고려하고 있고, 영역별로 그에 적합한 방식으로 단원명을 부여한 점, 그리고 단원 내의 제재들 사이의 유기적 관련성을 중시하고 있다는 점에서 이 시기의 교과서는 나름대로 국어 교과서 단원 구성의 한 방식을 보여주고 있다.

2) 단원 구성 체제

교과서는 국어 수업의 양상을 알게 해 주는 중요한, 그리고 상당히 객관적인 척도가 된다.[5] 이 시기의 국어 수업의 실상을 경험적으로 알기는 어려우나 교과서의 단원 구성 체제를 통해 어떤 방향의 수업이 가능했으리라는 것을 유추할 수 있다.

제1차 교육 과정 시기의 교과서의 단원 구성 방식은 크게 보아 교육 과정의 내용 영역을 중심으로 하고 있기 때문에 국어과의 지도 내용 요소를 잘 반영하고 있다. 그러나 단원의 목표 달성을 위해 선정된 구체적인 제재의 성격 및 그 제시 방법에 있어서는 교육 과정에서 의도했던 국어 수업과 거리가 있다. 즉, 교실에서의 국어 수업의 방향을 지시한다고 할 수 있는 단원의 구성 체제를 살펴보면 음성 언어와 문자 언어에 걸친 균형있는 언어 사용 기능의 신장이 어렵게 되어 있다.

---

4) '낭독법', '회화를 잘하려면', '연극을 상연하려면', '회의법' 등과 같은 제재들이 이에 속한다.
5) 박수자(1994), 독해와 읽기 지도, 국학자료원, pp.130~132.

<표 1> 제1차 교육 과정 시기의 교과서 단원 구성 체제

단원명 ○제재명 ○제재명 ○제재명 ○제재명	제재1 (몇 페이지에 걸쳐 제재 글 제시)	제재2 (제재 글 제시)	제재3 (제재 글 제시)	제재4 (제재 글 제시)
학습 목표와 학습 방향 기술	익힘 문제 (제재 글이 끝난 다음 4~5개 정도의 문제 제시)	익힘 문제	익힘 문제	익힘 문제

* 단원의 제재의 수가 일정하지 않음.
* 익힘 문제가 소홀히 다루어지고 있음.
* 제재가 어떤 활동(토론하기나 회의하기 등과 같은)을 위한 사전 설명이나 안내의 성격인 경우는
  '익힘 문제'가 제시되어 있지 않음.

단원의 구성 체제는 위에서 보듯이 어느 단원이나 첫 면에는 단원명과 그에 딸린 제재명이 제시되고 그 단원의 학습 목표와 학습 방향을 간략하게 기술한 글이 제시되어 있다. 단원의 시작 부분에 학습 방향 및 학습 목표를 제시한 것은 제3차 교과서에 비하여 발전적이다.

각 단원에 속해 있는 제재들의 제시 방법은 단원에 따른 특색이 분명하지 않다. 즉, 모든 단원에서 제재는 읽을거리 형태로 제시되고 있다. 이런 의미에서 이 시기의 교과서는 읽을거리 중심의 독본 형태(reading material)를 취하고 있다고 할 수 있다. 즉, 말하기 영역에 속하는 단원에서 말하기의 방법을 설명한 제재를 제시하고 있는데 그 방법을 적용해 실제적인 말하기 활동을 할 수 있도록 유도하는 장치는 미흡하다는 것이다. 교실에서 실제로 말하기 활동을 할 수 있도록 유도하는 방식으로 제재를 제시하고 않고 글로써 제시하고 있는 것이다. 이런 구성 체제는 결국 영역 간의 차이 없이 모든 단원에서 글을 읽고, 글의 내용을 설명하고 해설하는 식의 수업을 유도할 가능성이 매우 큰 것이다. 각 제재 뒤에는 '익힘 문제'가 제시되어 있지만 그 문제가 구조화되어 있지 않아, '익힘 문제'가 수업의 방향을 제시하는 역할을 하지 못하고 있다.

이 시기의 중학교 2학년 1학기의 단원 중 'Ⅲ. 전화와 방송'이라는 단원을 예로 들어 보자. 이 단원의 첫 면에서는 앞서 살펴본 대로 듣기 지도에 초점이 있는 단원임을 밝히고 있다. 이 단원의 제재로 '1. 전화, 2. 모든 것을 소리로만 하는 방송, 3. 라디오의 구실, 4. 장미꽃

피는 날〈방송극〉, 5. 효과에 대하여'가 제시되어 있다. 이 단원의 제재들은 '4.장미꽃 피는 날〈방송극〉'을 제외하면 다 전화나 라디오, 방송, 효과 등에 대하여 설명하는 글을 싣고 있다. 단원 전체의 구성을 보면 음성 언어가 매체인 여러 상황에서의 듣기 활동을 유도할 수 있으나 제재의 내용이 구체적으로 듣기 활동을 할 수 있는 거리를 제공하지는 못하고 있다.

'3. 라디오의 구실'이라는 제재 뒤에 제시되어 있는 '익힘 문제'를 살펴보면 다음과 같다.

---

1. 라디오와 신문은 어떤 점이 다른가를 생각하여 보라.
2. 여러분의 가족이 가장 좋아하는 라디오 프로그램을 조사하여 통계를 만들어 보라. 되도록이면, 남녀별, 연령별, 직업별 등으로 나누어 통계를 내 보라.
3. 아나운서나 방송하는 사람의 말을 조심해 듣고, 바르고 아름다운 국어를 익히도록 하라.

위의 '익힘 문제'에 제시되어 있는 활동거리가 구체적이지 못하다. 라디오라는 매체에 친숙해지도록 하는 활동일 수는 있으나 활동의 수행 여부가 전적으로 교사의 관심 여하에 달려 있어 단원의 목표(듣기 기능의 신장) 달성은 지극히 불투명하다. 대개의 '익힘 문제'들은 실제적인 언어 사용 활동을 유도할 수 있도록 구조화되어 있지 않아 '익힘 문제'가 수업의 방향을 제시하는 역할을 하지 못하고 있다.

그러나 단원의 시작 페이지에서 단원명 및 그 단원의 제재명과 함께 단원의 학습 목표와 학습 방향을 간략하게 제시하고 있어, 교사가 어느 정도 단원 취지를 이해하고 있으면, 각 단원의 제재 글을 그 목표에 합당한 방법으로 지도할 수 있는 길을 열어 놓고 있다. 단원의 취지 및 학습 목표, 그리고 학습 방향을 명시적으로 제시한 것은 이 시기의 교과서가 교육 과정의 영역을 중심으로 단원을 구성한 것과 함께 높이 평가할 수 있는 부분이다.

제1차 교육 과정 시기의 국어 교과서는 단원의 구성 방식에 있어서 교육 과정의 내용 영역 및 지도 내용 요소를 고려하여 교육 과정의 취지를 비교적 정확하게 반영하였다. 그러나 실제적으로 교육 과정의 취지를 교실 현장에서 실현시킬 수 있는 단원 구성 체제를 개발하는 단계에까지는 이르지 못한 것으로 요약할 수 있다. 그러나 각 단원의 목표 및 학습 방향, 학습의 의의를 명시한 점이나 다른 시기의 교과서에 비하여 틀에 얽매이지 않고 제재 글을 다양한 방식으로 제시하고 있는 점, 학생 작품이 상대적으로 많이 활용되고 있는 점은 높이 살만한 점이다. 제1차 교육 과정 시기의 국어 교과서는 단원의 구성 방식에 있어서 교육 과정의 내용 영역 및 지도 내용 요소를 고려하여 교육 과정의 취지를 비교적 정확하게 반영하였다. 그러나 실제적으로 교육 과정의 취지를 교실 현장에서 실현시킬 수 있는 단원 구성 체제를 개발하는 단계에까지는 이르지 못한 것으로 요약할 수 있다.

2.2. 제2차 교육 과정 시기의 교과서

제2차 교육 과정은 그 체제에서 제1차 교육 과정과 약간의 차이를 보이나 교육 과정의 구성 취지나 내용에서 차이를 보이지 않는다. 제2차 교육 과정은 구성 체제가 다음과 같다.

〈제2차 중학교 국어과 교육 과정의 체제〉

I. 목표
   1. 교육 목적과 국어 교육
   2. 국어과의 목표
II. 학년 목표 (학년별로 말하기, 듣기, 읽기, 쓰기 목표를 제시)
III. 지도 내용
   1. 기초적인 언어 능력
   2. 언어 사용의 기술
   3. 언어 문화의 체험과 창조
IV. 지도상의 유의점(11 개항으로 제시)

제2차 교육 과정과 제1차 교육 과정의 체제상의 차이점은 제2차 교육 과정에서 '학년별 목표'를 두었다는 점과 '지도상의 유의점'을 제시했다는 점이다. '지도상의 유의점'은 신설된 것이지만 학년별 목표는 제1차 교육 과정에서 '각 학년의 지도 내용'으로 제시했던 것과 동일한 것이다.

1) 단원 구성 방식

제2차 교육 과정 시기의 교과서의 단원 구성 방식은 제1차에 비하여 교육 과정의 취지를 상당히 간접적으로 표상하고 있다. 즉, 단원의 구성이 교육 과정의 내용 영역이나 지도 요소에 따르는 방식에서 벗어나 있다. 참고로 중학교 국어 2학년 1학기와 2학기의 목차를 보이면 다음과 같다.

〈제2차 교육 과정 시기의 교과서 단원 목차〉

중학 국어 2-1	중학 국어 2-2
I. 시를 벗삼아	VI. 문학에의 길
II. 나라를 사랑하는 마음	VII. 우리의 생활
III. 보람 있는 생활	VIII. 영화와 시나리오
IV. 오가는 정	IX. 신문과 잡지
V. 국어의 자랑	X. 우리 고전의 모습

위의 단원 중, 'II. 나라를 사랑하는 마음, III. 보람 있는 생활'과 같은 단원은 단원의 구성 방식이 교육 과정에서 제시하고 있는, 지도 내용을 직접적으로 반영하지 않음을 단적으로 보여주고 있다. 각 단원을 구성하는 제재들을 살펴보면 이러한 사실을 더욱 명백히 알 수 있다. 'II. 나라를 사랑하는 마음'이란 단원에 제시되어 있는 제재들은 '1. 산림 애호, 2. 독일의 부흥, 3. 우리의 강산, 4. 평양의 고적, 5. 영국을 다녀와서'이다. 이 제재들은 주로 기행문으로 이루어져 있지만 논설문이나 시(詩)도 있다. 이러한 단원의 구성 방식은 읽을거리의 형식이나 활동의 내용 등을 고려한 것이 아니고 제재로 선정된 글들의 주제를 고려한 것이다. 이런 방식의 단원 구성은 제3차 교육 과정 시기의 교과서와 맥을 같이 한다. 물론 이 시기의 교과서도 제1차와 같이 'VIII. 영화와 시나리오, IX. 신문과 잡지'와 같이 텍스트 유형을 중심으로 한 단원도 있고, 'V. 국어의 자랑, X.우리 고전의 모습'과 같은 내용 단원도 있다. 그러나 전반적으로 제2차 교육 과정 시기의 교과서로 오면서 교과서의 구성 방식이 교육 과정의 내용을 직접 제시하기보다는 간접적으로 제시하고 있는 점을 지적할 수 있다. 이런 점에서 이 시기의 교과서는 제3차 교육 과정 시기의 교과서의 단원 구성 방식과 아주 가까운 모습을 보인다.

단원의 길잡이라고 할 수 있는, 첫면에 제시된 내용이 이러한 사실을 잘 보여 주고 있다. 다음은 2학년 1학기의 'III. 보람 있는 생활'이란 단원의 첫머리에 제시된 학습 방향 및 학습의 의의이다. 진술 방식이 제1차 시기의 교과서와는 상당한 차이를 보인다. 국어과 학습 요소의 직접적인 제시보다 가치적인 요소를 강조하고 있다는 것을 알 수 있다.

III. 보람 있는 생활

    1. 신문 배달   4. 교내 방송을 통하여

    2. 방송극을 듣고서   5. 우리들의 모임

    3. 전화, 라디오, 텔레비전

이제, 여러분은 스스로 일하고 스스로 공부할 때가 되었다. 부지런히 일하고 배워서 자주성 있고 국어 생활에 능통한 사람이 되자.

여가를 이용하여 일함으로써 근면성과 자주성을 기르고, 만하고 듣는 평소의 언어 생활을 통하여 쓰기까지도 익숙하게 할 수가 있다.

신문 배달을 통하여 대중 전달의 중요성과 근로 정신을 배우고, 전화, 라디오, 텔레비전, 마이크 등을 이용하는 요령을 알며, 바르게 듣고 바르게 말하며 옳게 이해하는 훈련을 쌓자. 그리고 방송 예술을 감상하고 그 기능을 연구하여 우리말을 곱게 쓰도록 해야겠다.

제2차 교육 과정 시기의 교과서 단원 구성 방식은 교육 과정에 제시된 국어과의 학습 내용이나 언어 활동 영역 등을 고려하기보다는 제재 글의 주제 측면을 중시하고 있다. 이런 구성 방식으로 하여 이 시기의 교과서는 단원 내의 제재들 사이의 관계가 제1차에 비하여 긴밀하지 못한다. 즉, 동일 단원으로 묶여야 할 이유가 명료하지 못하다는 것이다. 동일 단원으로 묶여야 할 이유가 분명하지 않다 함은 단원의 구성 방식이 교수-학습 방향을 분명하게 제시하지 못하고 있음을 말하는 것이다. 이런 측면은 위의 인용문에서도 확인할 수 있다.

2) 단원 구성 체제

제2차 교육 과정에는 지도 방법에 대한 안내가 상당 수준 상세하게 되어 있다. 그러나 교과서의 단원 구성 체제에서 지도 방법을 구현하지는 못하고 있다.[6]

제2차 교육 과정 시기의 교과서의 단원 구성 체제는 제1차와 차이나지 않는다. 다만 제1차

---

[6] 교육 과정의 '지도상의 유의점'에는 다음과 같이 단원 학습 안내를 하고 있다.
"단원 학습을 전개할 때에는 항상 다음과 같은 준비를 갖추고, 계획적인 활동을 거쳐서 평가하고 재계획하도록 힘쓸 것. (1) 단원의 목표, (2) 단원의 내용, (3) 자료의 수집, (4) 도입, (5) 기본적인 지도, (6) 발전적인 활동, (7) 평가"
위와 같이 단원 학습과 관련된 안내가 주어져 있지만 이것이 교과서의 단원 구성 체제에서는 전혀 고려되지 않고 그 실현 여부는 전적으로 교사에게 일임되어 있다.

교육 과정 시기의 교과서와는 달리 '익힘 문제'가 없는 제재는 없다. 단원 구성 방식에 있어서 제1차에 비하여 교육 과정의 지도 내용에 대한 부각이 미약했던 것처럼, 제재를 구성함에 있어서도 지도 영역에 대한 고려가 거의 없다. 제재의 성격이 어떠하든 '익힘 문제'는 글의 내용에 대한 물음이 주종을 이룬다.

교과서의 단원 체제를 2학년 1학기의 'III. 보람 있는 생활'이란 단원의 길잡이와 이 단원에 속한 '3. 전화, 라디오, 텔레비전'이란 제재의 '익힘 문제'를 참고로 살펴보자.

---

1. 전화의 구실과 필요성을 설명해 보라.
2. 전화를 걸고 받을 때, 지켜야 할 예절을 말하라.
3. 전화의 종류에 대하여 설명하라.
4. 라디오의 구실과 거기서 얻는 잇점을 말하라.
5. 텔레비전과 라디오가 같고 다른 점을 무엇이며, 어떠한 점이 더욱 편리한가?
6. 전화, 라디오, 텔레비전에 있어 공통점이 있다면 무엇인가?

위의 익힘 문제들은 글의 내용에 대한 이해 여부를 묻는 것들이다. 제1차에서는 구체적인 것은 아니지만 교사의 관심 여하에 따라 실제적인 언어 활동이 교실 현장에서 이루어질 수 있는 여지를 마련하고 있었다. 그러나 제2차 시기의 비슷한 성격의 단원에 실려 있는 제재 학습 내용은 위에서 보듯이 실제적인 언어 사용 활동과는 크게 거리가 있음을 알 수 있다. 제1차 교육 과정과 제2차 교육 과정은 문서의 내용이 차이를 보이고 있다고 말할 수 없다. 그러나 교과서에 있어서는 상당한 차이를 보이고 있다. 교과서만을 놓고 보면 제2차 시기의 교과서는 제1차에서 제3차 시기로 넘어가는 중간적인 형태를 띠고 있다고 할 수 있다.

2.3. 제3차 교육 과정 시기의 교과서

1973년~1974년에 개정 고시된 제3차 국어과 교육 과정은 그 구성 체제나 내용의 진술이 제1차, 제2차 교육 과정에 비하여 체계화되어 있다. 이 시기의 교육 과정은 국민 교육 헌장 이념 구현을 기본 방향으로 삼고, 국민적 자질 함양, 인간 교육의 강화, 지식 기술 교육의 쇄신을 기본 방향으로 삼았다. 그리고 팽창하는 지식의 양에 대응하기 위하여 기본적인 개념을 구조화하여 지도하도록 하였다. 이에 따라 국어과 교육 과정도 언어 사용 기능의 신장, 가치관 교육의 강화를 제일로 삼고 언어 사용 기능 신장을 위한 기본적인 지도 사항을 정선하고 계열화를 꾀하였다. 그리고 가치관 교육의 강화를 위해서는 교육 과정에 '제재 선정의 기준'을 신설하여 국어과에서 다루어야 할 제재의 가치 덕목을 강조하였다.[7] 제3차 중학교 국어과 교육 과정의 체제는 다음과 같다.

〈제3차 중학교 국어과 교육 과정의 체제〉

가. 목표
  (1) 일반 목표(언어 생활, 개인 생활, 건실한 국민 육성, 문화 창조의 4개 항으로 제시)
  (2) 학년 목표(1학년부터 3학년까지 말하기, 듣기, 읽기, 쓰기에 관한 목표 각각 1개항씩 제시)
나. 내용
  [지도 사항 및 형식]
  (각 학년별로 그리고 영역별로 '(1) 지도 사항'과 '(2) 주요 형식'으로 나누어 제시)
  [제재 선정의 기준]
다. 지도상의 유의점

이 시기의 교육 과정에 제시된 일반 목표는 위에서 보듯이 4개항으로 구성되어 있다. 이 일반 목표 중 언어 생활과 관련된 항목을 제외한 나머지 3개 항은 국어과 고유의 교과 목표이기보다는 학교 교육 전반을 통해 달성해야 할 목표로서, 이를 국어과의 목표로 내세움으로 해서 국어과 교육의 성격을 흐리게 한다는 비판을 받았다. 이러한 목표의 제시는 '제재 선정의 기준'을 제시한 것과 같은 맥락에서 이해된다. 그 의도가 어디에 있건 제3차 교육 과정은 1, 2차에 비하여 교과서의 제재를 선정하는 기준을 명시하고 있고, 각 학년의 지도 내용을 '지도 사항'과 '주요 형식'으로 나누어 제시하고 있어 교과서의 구성 시 도움이 되도록

---

7) 교육 과정에 제시된 [제재 선정의 기준]을 살펴보면 근면, 성실, 봉사, 협동, 투철한 국가관, 주체성 등의 덕목을 장황하게 열거하고 있다. 이는 다른 시기의 교육 과정에서는 볼 수 없는 것으로 당시의 전반적인 교육 과정의 개정 방향과 관련이 있다. [제재 선정의 기준]에 제시된 것 중에서 국어과와 직접적으로 관계가 있는 것은 (19)항 하나밖에 없다. (19)항은 국어과 특유의 지식 체계를 지도하기 위한 것으로 반드시 선정 지도되어야 한다고 명시하고 있다. (19)항에는 국어에 대한 이해를 돕기 위한 지식 및 우리 문학에 대한 이해를 돕기 위한 지식을 제시하고 있다.

하였다. 그리고 '제재 선정의 기준' 및 '지도상의 유의점'에서 언어 영역과 문학 영역 관련 내용을 다루고 있어 국어과에서의 언어 지식의 성격과 문학 영역의 성격을 비교적 명료하게 제시하고 있다는 점은 평가받을 만한 것이다.

1) 단원 구성 방식

제3차 교육 과정 시기의 교과서에는 교육 과정의 '제재 선정의 기준'에 제시되어 있는 가치 덕목들이 잘 반영되어 있다. 이런 면에서 이 시기의 교과서는 지나치게 정치 이념이나 국가관 등을 드러냄으로써 많은 비판을 받았다. 참고로 중학교 2학년 1, 2학기 국어 교과서의 단원 목차를 보이면 다음과 같다.

───────────── 〈제3차 교육 과정 시기의 교과서 단원 목차〉 ─────────────

중학 국어 2-1	중학 국어 2-2
새로운 결의	첫가을
삶의 보람	빛나는 강산
참 아름다움	슬기로운 길
스스로 지키려는 마음	아름다운 우리말(2)
문학 이야기(2)	어린 시절

───

위에 제시한 단원 목차를 살펴보면 국어 교과서로서의 특성을 알게 해 주는 단원은 '문학 이야기(2), 아름다운 우리말(2)' 정도이다. 이 단원들은 '제재 선정의 기준' (19)항을 반영하고 있다. 다른 단원의 경우, 목차에 제시된 제목만으로 이 교과서가 국어 교과서인지를 판단하기가 어려울 정도이다. 도덕 교과서의 단원 목차라고 해도 크게 이상할 것이 없는 것이다. 이는 단원의 구성이 학습 활동과 관련되는 가치 덕목이나 학습 활동 결과, 심어 주고자 하는 가치 덕목과 관련되어 있기 때문이다.

이러한 단원 구성 방식은 각 단원에 속해 있는 제재들을 통해 더욱 분명히 알 수 있다. '참 아름다움' 단원에 속해 있는 제재들은 '11. 5월의 시, 12. 어린이 예찬, 13. 얼굴, 14. 휙휙 내닫는 길, 15. 조국'이다. 한 단원에 시, 수필, 소설 등의 장르가 다 포함되어 있다. 이런 제재들이 한 단원으로 묶인 것은 그 기준이 지나치게 추상적이어서 제재의 선정, 배열이 임의적인 것으로 보인다. 즉, 이 시기의 교과서의 단원 구성은 교육 과정의 지도 내용을 중심으로 목표가 설정되고 그 목표를 달성하기 위한 일련의 학습 활동을 제공하기 위하여 적절한 제재를 선정 조직하는 단원 구성 절차를 거치지 않고 있다. 특정 주제와 관련되는 읽을거리들을 선정한 다음, 적절한 기준(추상적인 수준의 주제)으로 이 읽을거리들을 각 단원에 배분하는 방식을 취하고 있다. 이런 점에서 제3차 교육 과정 시기의 교과서는 제1차 교육 과정 시기의 교과서보다 오히려 퇴보한 면을 부여주고 있다. 결과적으로 이 시기의 교과서는 교육 과정 자체에서는 국어과 교육의 체계화를 시도했음에도 불구하고, 교과서 단원 구성 방식에서 이런 교육 과정의 의도를 지나치게 우회적인 방법으로 전달하고 있어 교육 과정의 의도가 실현되지 못하는 결과를 낳았다.

2) 단원 구성 체제

이 시기의 교과서의 단원 구성 방식은 국어과 교육의 내용 영역에 대한 고려 없이 제재의 주제를 기준으로 하고 있다. 따라서 자연스럽게 이 시기의 교과서는 1, 2차와 마찬가지로 읽을거리 중심의 독본 형태를 취하고 있다. 이 시기 교과서의 단원 구성 체제에서 가장 두드러진 점은 각 제재 글 뒤에 제시된 '공부할 문제'이다. 이 시기의 교과서는 '공부할 문제'를 체계적으로 구성함으로써 교육 과정에서 제시하고 있는 국어과의 내용 요소를 지도할 것을 의도하고 있다. 즉, 제재 글 뒤에 제시된 '공부할 문제'를 통하여 그 제재 글의 학습을 통해 달성해야 할 목표를 제시하고 있는 것이다.

'공부할 문제'에는 교육 과정에서의 지도 내용을 고려한 말하기, 듣기 활동, 제재 글의 독해 활동, 제재 학습과 관련된 심화 활동으로서 조사 발표하기 및 쓰기 등의 활동을 제시하고 있다. 전 학년을 통해 '공부할 문제'는 대단히 조직적, 체계적이어서 교육 과정의 영역별 지도 내용 요소를 망라하고 있다. 그러나 제재의 선정이 말하기, 듣기, 읽기, 쓰기 등의 영역에서 다루어야 할 지도 내용을 기준으로 하고 있지 않기 때문에 이들 '공부할 문제'에 제시된 말하기, 듣기, 쓰기 활동은 상당 부분 형식적인 제시에 그치고 있다. 또한 '공부할 문제'가 체계적이기는 하나 학습 방법, 절차에 대한 정보가 전혀 없어 '공부할 문제'에서 제시하고 있는 말하기, 듣기, 쓰기 등의 활동이 중심이 되는 수업이 아닌 제재 글의 주석 중심의 수업을 유도하고 있다.

<표 2> 제3차 교육 과정 시기의 교과서 단원 구성 체제

단원명	제재1	공부할 문제	제재2	공부할 문제
○제재명 ○제재명 ○제재명	(몇 페이지에 걸쳐 제재 글 제시)	(별도의 지면 -1면-을 배정하여 공부할 문제를 구조화하여 제시)	(몇 페이지에 걸쳐 제재 글 제시)	

* 대개 한 단원에는 4-5개의 제재가 선정되어 있음

다음은 2학년 1학기의 '새로운 결의'라는 단원의 '나의 미래'라는 제재 글에 대한 '공부할 문제'이다.

1-1. 이 글을 읽고 느낀 것이나 또는 자기의 미래에 대하여 생각한 것을 말해 보자.

　말하는 사람은

　　(가) 성실한 태도로,

　　(나) 상대에게 알맞고 품위 있는 말을 사용하고,

　듣는 사람은

　　(가) 성실한 태도로,

　　(나) 비판적으로 듣고,

　　(다) 여러 의견을 종합해 보자.

2-1. 지은이의 아버지가 말한 다섯 항에 대하여 더 하고 싶은 말이 있거든 각자 적어 보자.

2-2. 다음은 무슨 뜻인가?

　　(가) 가족과 이웃을 사랑하고 협동하며 함께 행복을 누린다.

　　(나) 자기 직무에 충실하고, 공명정대(公明正大)하게 일을 처리한다.

　　(다) 나라와 겨레를 사랑하고, 나라와 겨레를 위하여 자기의 모든 것을 바친다.

3-1. 각자 자기가 되려고 하는 '어떤' 사람을 생각해 보자.

4-1. 다음 한자를 익히자.

　　典 仙 恩 利 害

위의 '공부할 문제'에서 1번은 말하기 및 듣기 영역의 지도 내용을 반영하고 있다. 2번은 글의 내용과 직결되는 독해 활동이고 3번은 제재 글의 내용과 관련지어 더 생각해 보는

활동이다. 4번은 제재 글에서 괄호 안에 표기되어 있었던 漢字를 학습하게 하는 것이다. '공부할 문제'의 이러한 틀은 전 단원을 통하여 일관성 있게 적용되고 있다.

위의 '공부할 문제'의 체제를 보면 형식적인 면이 있기는 하지만 교사의 관심 여하에 따라 통합적인 언어 사용 활동을 유도할 수 있다. 즉, 같은 주제에 대하여 말하고 듣고 읽고 쓰는 활동을 유기적으로 수행할 수 있게 수업을 조직할 수도 있는 것이다. 제3차 교육 과정 시기의 교과서는 제재 글의 주제를 중심으로 단원을 구성하고 있다. 이 주제를 핵으로 하여 말하고 듣고 읽고 쓰는 활동을 조직하는 것이 어느 단원의 경우나 가능한 것은 아니지만 위의 예와 같은 단원의 경우에는 '나의 미래'에 대한 글을 읽고, 학생들이 자신의 미래에 대하여 말하거나 글로 쓰고 다른 사람의 생각을 듣는 등의 활동을 유기적으로 조직할 수 있다. 이런 측면에서 제재 글의 주제를 중심으로 단원을 구성한 제3차 교육 과정 시기의 교과서는 좀더 발전적인 모습을 띨 수도 있다. 물론 그러기 위해서는 교사가 글을 위주로 단원을 파악하지 않고 '공부할 문제'를 중심으로 단원을 분석하고 수업을 조직할 수 있는 능력을 갖추어야 할 것이다. 교사의 이런 역할이 없고서는 이 시기의 교과서가 본래의 취지를 살릴 수 없다는 면에서 이 시기의 교과서는 교육 과정의 의도를 <u>간접적</u>인 방식으로 구현하고 있다고 하겠다.

제3차 교육 과정은 국어과 교육의 목표와 내용의 체계를 정립하기 위한 노력을 많이 했다. 그러나 교과서는 국어과 교육의 특수성을 부각시키지 못했고 교과서의 구성 방식 및 단원 구성 체제에 있어서도 교육 과정에서 제시한 국어과의 지도 내용을 효과적으로 반영하지 못하고 있다. 그러나 이 시기의 교과서의 '공부할 문제'의 구성을 보면 국어 교과서의 한 형태로서 발전적인 방향을 모색하는 데 실마리를 제공하고 있기도 하다.

2.4. 제4차 교육 과정 시기의 교과서

1981년에 개정 고시된 제4차 국어과 교육 과정은 국어과의 특성의 명료화, 학습 내용의 적정화를 기본 방향으로 삼고 세부적으로는 언어 기능의 신장 강화, 문학 교육의 강화, 언어 교육의 체계화, 작문 교육의 강화, 가치관 교육의 내면화를 개정의 방향으로 삼았다. 이 시기 교육 과정의 특징으로는 국어과의 배경 학문으로 수사학, 언어학, 문학은 제시한 점과 국어과 교육 과정의 내용 영역을 제1차~제3차와는 달리 '표현·이해', '언어', '문학'으로 삼분한 점을 들 수 있다. 제4차 교육 과정의 구성 체제는 다음과 같다.

─────────────── 〈제4차 교육 과정의 구성 체제〉 ───────────────

　가. 교과 목표
　　(前文과 언어 사용 기능 영역, 언어 영역, 문학 영역에 관한 목표 각각 1개항씩
　　제시)
　나. 학년 목표 및 내용
　　〈1학년〉
　　　1) 목표(말하기, 듣기, 읽기, 쓰기, 언어, 문학에 관한 목표 각각 1개항씩 제시)
　　　2) 내용
　　　　가) 표현·이해; -말하기-, -듣기-, -읽기-, -쓰기-
　　　　나) 언어
　　　　다) 문학
　　〈2학년〉
　　〈3학년〉
　다. 지도 및 평가상의 유의점
　　　1) 지도
　　　2) 평가

───

　　제4차 교육 과정의 가장 큰 특징이라고 볼 수 있는 것은 국어과의 지도 내용으로 제1차~제
3차 교육 과정과는 달리 '문학'과 '언어'(문법)를 독립된 영역으로 설정한 점이다. 제1차~제3
차 교육 과정에서는 읽기나 쓰기의 지도 내용으로 혹은 지도상의 유의점이나 제재 선정의
기준에서 다루어졌던 문학이나 언어에 관한 학습 요소가 독립된 영역으로 제시됨에 따라
그 내용이 보다 체계적이고 구체적인 모습을 띠게 되었다. 내용 영역 체계의 삼분에 따라
목표도 언어 사용 기능에 관한 것, 언어에 관한 것, 문학에 관한 것 각각 한 항목씩으로
제시되었는데 이러한 목표의 구성은 제 3차 교육 과정에서 제시한 국어과의 목표가 국어과
고유의 목표로 보기 어렵다는 비판에 대해 국어과의 특수성을 부각시키려 했던 노력으로
판단된다.

　　제4차 교육 과정도 제1차~제3차와 마찬가지로 교과서의 구성의 방향을 구체적으로 제시
하고 있지 않다. 제3차의 '제재 선정의 기준'보다는 훨씬 약화된 수준으로 제재 선정 시의

고려해야 할 가치 덕목을 제시하고 있다. 그러나 교육 과정의 개정 방향으로 내세운 문학 교육의 강화, 언어 교육의 체계화, 작문 교육의 강화 등은 교과서의 구성 방향을 결정하는 데 하나의 지침 구실을 하였다.

1) 단원 구성 방식

제4차 교육 과정 시기의 교과서는 교육 과정에서 제시한 개정의 기본 방향을 반영하여 글의 형식(문종)을 중심으로 단원을 구성하였다. 이 시기의 교과서의 단원명은 이러한 교과서의 구성 방향을 잘 보여 주고 있다. 참고로 중학교 2학년 1학기의 목차를 보이면 다음과 같다.

〈제4차 교육 과정 시기의 교과서 단원 목차〉

<u>중학 국어 2-1</u>

1. 시의 세계	2. 논설문
3. 수필	4. 설명문
5. 소설	6. 전기
7. 희곡	8. 기행문
9. 일기와 편지	10. 국문학 이야기

제4차 교육 과정 시기의 교과서의 목차를 보면 '10.국문학 이야기'와 같은 내용 단원을 제외하면 교과서의 단원 구성 방식이 문종을 기준으로 하고 있음을 알 수 있다. 이 시기의 교과서에서 각 단원의 제재 선정 시의 가장 중요한 기준은 제재 글이 설명문이면 설명문으로서의 형식적 요건을 분명히 가지고 있느냐 하는 점이다. 이러한 단원 구성 방침은 제3차 교육 과정 시기의 교과서가 지나치게 가치 목표를 전면에 내세워서 비판을 받았던 점을 염두에 둔 것으로 보인다. 이는 이 시기의 교사용 지도서의 총론 부분에서 밝히고 있는 교과서의 편찬 방침에도 잘 드러나 있다. 국민 정신 교육과 애국심, 의식 개혁이 은연중에 스스로 이루어질 수 있도록 제재를 선정한다는 방침을 밝히고 있다. 즉, 교육 과정의 개정 방향에서 밝힌 대로 가치관 교육의 내면화를 염두에 둔 것이다. 국어과 교육이 언어 사용 기능을 길러 주는 데 목표가 있다는 점을 생각하면 이 시기의 교과서가 언어의 형식을 중심

으로 단원을 구성한 것은 제3차 교육 과정 시기의 가치 덕목 중심으로 단원을 구성한 것에 비하면 진일보한 것이다. 그리고 단원을 문종 중심으로 구성했기 때문에 문학 장르가 큰 비중을 차지하고 있다. 따라서 개정의 방향에서 밝힌 문학 교육을 강화한다는 취지가 자연스럽게 반영되고 있다.

2) 단원 구성 체제

이 시기의 교과서는 단원의 구성 체제에 있어서도 진일보한 면모를 보인다. 교사용 지도 서에 제시된 교과서 편찬 방침에는, 단원의 전개 방법은 주요 학습 과제와 학습 안내, 본문, 확인 보충 과제(공부할 문제)의 순으로 한다고 소개하고 있다. 교과서의 단원 구성 체제는 이러한 방침에 따라 단원의 첫 면에 단원명과 제재명을 밝히고 그 다음의 한 면에 단원의 학습 목표와 그 목표에 대한 해설, 학습 방향을 밝히고 있다. 그 다음에 제재 글이 실리고 하나의 제재가 끝난 다음, 제재 글의 학습과 관련된 '공부할 문제'가 제시되어 있다. 한 단원 은 대개 두 개의 제재가 실려 있다. 이 시기의 교과서의 구성 체제상의 특징이라고 할 수 있는 것은 제재가 끝난 다음 문법과 작문 학습을 위한 별도의 제재가 각각 제시되어 있다는 점이다. 이는 언어 교육을 체계화하고 작문 교육을 강화한다는 교육 과정의 개정 방향을 구체화시킨 결과이다.

<표 3> 제4차 교육 과정 시기의 교과서 단원 구성 체제

단원명 ○제재명 ○제재명	단원 목표 학습 안내	제재1 (몇 페에지에 걸쳐 제재 글 제시) 공부할 문제 (별도의 지면-1면-을 배정하여 공부할 문제를 구조화 하여 제시)	제재2 공부할 문제	문법 (2면)	작문 (2면)

* 제재는 읽을거리
* '공부할 문제'는 제재마다 한 페이지 분량으로 제시
* 작문 활동의 내용은 제재 글과 어느 정도 관련이 있으나 문법의 내용은 제재 글과 별 관련이 없음

이 시기의 교과서의 단원 구성 체제에서 크게 평가할 수 있는 부분은 단원의 목표를 명료하게 제시하고 목표를 자세하게 해설하고 있다는 점과 제재 글에 대한 공부할 문제가 조직적이라는 점이다. '문법'과 '작문'은 읽을거리 제재와 같은 수준의 학습 제재로 제시되어 있으나 동일 단원에 속한 제재들로서의 긴밀한 연관성을 보여 주고 있지는 못하다. '작문'의 경우는 문종을 중심으로 학습 활동을 구성하여 한 단원에 속하는 제재로서의 관련성을 찾아볼 수 있으나 '문법'의 경우는 그 관련성이 지극히 미약하다.

2학년 1학기 '4. 설명문' 단원의 '(1) 신문과 잡지의 구실'이라는 제재의 '공부할 문제'를 살펴보면 다음과 같다.

---

1. 이 글(신문과 잡지의 구실)을 읽고, 다음 물음에 대한 답을 써 보자.
   (1) 이 글은 무엇을 설명하고 있는가?
   (2) 이 글을 쓴 까닭은 무엇인가?
2. 다음 물음에 대한 답을 써 보자.
   (1) 우리나라에서 맨 처음 발간된 신문은 무엇인가?
   (2) 뉴스는 왜 빠르고 정확해야 하는가?
   (3) '신문의 자유'는 왜 필요한가?
   (4) 잡지의 종류는 발간 기간에 따라 어떻게 구분되는가?
   (5) 믿을 수 있는 광고란 어떤 광고인가?
   (6) 신문이 사회의 잘못을 비판하고 감시해야 하는 이유는 무엇인가?
   (7) 신문과 잡지의 구실은 무엇인가?
   (8) 이 글의 내용을 신문과 잡지로 나누어 머리말, 본문, 맺음말로 간단히 요약해 보자.
3. 신문이 공정하지 못한 논설을 싣게 된다면 사회에 어떤 영향을 끼칠 것인가를 생각해 보고, 이에 대해 발표해 보자.
4. 신문과 잡지의 같은 점과 다른 점을 조사하여 정리해 보자.
5. 다음 한자를 익히자.
   常 活 見 治 則

위에 예로 든 단원의 목표는 설명문의 짜임과 설명문의 종류와 쓰임새 알기이다. 위의 '공부할 문제'의 1번은 이 단원의 목표와 직결되는 물음이고 2번은 제재 글의 독해와 관련되

는 물음이다. 3번은 제재 글의 내용과 관련지어 더 생각해 보는 활동이고 4번은 제재 학습과 관련지어 조사하고 정리하고 발표하는 등의 활동을 요구하는 것이다. 5번은 제재 글에 나온 漢字를 학습하는 것이다. '공부할 문제'의 이런 체제는 각 제재에 일관성 있게 적용되고 있다.

이 시기의 교과서는 단원의 구성 방식이나 단원 구성 체제에서 그 동안의 교과서에 비하여 발전적인 모습을 보이고 있다. 그렇다고 하더라도 이 시기의 교과서 역시 전반적인 면모에 있어 읽을거리 중심의 독본 형태에서 벗어나지 못하고 있다. 교육 과정의 개정 방향으로 언어 기능의 신장 강화를 내세웠지만 교과서의 구성 체제는 근본적으로 글 중심의 체제여서 언어 기능의 균형 있는 지도가 어렵게 되어 있다. 특히 위의 '공부할 문제'에서 보듯이 말하기, 듣기 기능에 대한 지도는 체계적인 고려가 전혀 되어 있지 않고 쓰기 지도 역시 문종 중심으로 작문 제재가 구성되어 있어 교육 과정의 내용 요소를 체계적으로 반영하고 있지 못하다. 또한 제4차 국어과 교육 과정이 학문 중심 교육 과정을 표방하였기 때문에 교과서의 구성 역시 제1차~제3차 교육 과정 시기의 교과서에 비하여 지식 요소가 강조되고 있음을 지적할 수 있다. 읽기 지도에 있어서도 단원의 학습 목표 진술을 보면 문종에 대한 지식이 큰 비중을 차지하고 있음을 알 수 있다.

제4차 교육 과정은 국어과의 특수성을 부각시키려는 의도로 국어과의 배경 학문으로 수사학, 언어학, 문학을 설정하고 이를 바탕으로 국어과의 내용 영역을 '표현·이해', '언어', '문학'으로 나누었다. 그리고 교과서의 구성도 문종을 중심으로 하고, 문법과 작문을 체계적으로 지도하기 위하여 독립적인 제재로서 '문법'과 '작문'을 두었다. 이 시기의 교육 과정과 교과서는 국어과의 특수성을 부각시키는 데 기여하기는 했으나 언어 사용 기능의 신장이라는 국어과의 목표를 효과적으로 실현할 수 있는 체제를 구축하는 데까지 이르지는 못했다.

2.5. 제5차 교육 과정 시기의 교과서

1987년~1988년에 개정 고시된 제5차 국어과 교육 과정은 언어 사용 기능의 신장을 국어과 교육의 궁극적인 목표로 하여 기능 교과로서의 국어과 교육의 성격을 부각시켰다. 이에 따라 교수-학습 상황에서의 주체를 학생으로 보고, 학생들이 자신의 언어로 자신의 주변 세계에 대하여 말하고, 듣고, 읽고, 쓰는 기회를 많이 주고자 하였다. 또한 언어 사용의 결과보다 언어 사용의 과정을 중시하고, 교실에서 일어나는 교수-학습 내용의 실제성을 강조하였다. 즉, 국어과 수업의 내용과 활동이 실제 상황과 유사하도록 하였다.

제5차 교육 과정의 구성 체제는 다음과 같다.

〈제5차 교육 과정 구성 체제〉

가. 교과 목표

(前文, 언어 사용 기능 영역, 언어 영역, 문학 영역의 목표 각 1개항씩 제시)

나. 학년 목표 및 내용

〈1학년〉

1. 목표

(말하기, 듣기, 읽기, 쓰기, 언어, 문학에 관한 목표 각각 1개항씩 제시)

2. 내용

-말하기-, -듣기-, -읽기-, -쓰기-, -언어-, -문학-

〈2학년〉

〈3학년〉

다. 지도 및 평가상의 유의점

제5차 교육 과정의 체제에서 가장 두드러지는 것은 제4차 교육 과정에서 '표현·이해'라는 하나의 영역에 속해 있었던 '말하기, 듣기, 읽기, 쓰기'의 언어 사용 기능들을 '언어'와 '문학' 영역과 각각 대등하게 하나의 내용 영역으로 설정하고 있는 점이다. 이러한 내용 영역 구분의 타당성을 논외로 한다면 이러한 내용 영역 구분의 의도는 교육 과정 개정의 기본 방향에서 제시한 대로 언어 사용 기능의 신장을 핵으로 하는 도구 교과로서의 국어과의 성격을 부각시키기 위한 것으로 판단된다.

제5차 교육 과정에서도 교과서 편찬을 위한 방향을 구체적으로 밝히고 있지 않다. 제재를 선정할 때에 참고할 가치 덕목을 제4차와 같은 수준에서 제시하고 있다. 이 시기 교육 과정에서 교과서 편찬에 참고할 사항을 찾는다면 각 영역의 지도 내용을 진술한 방식에서 어떤 학습 활동을 하려고 하는지에 대한 안내를 어느 정도 담고 있다는 것이다. 이러한 안내는 교육 과정 해설을 통해 보다 자세하게 제시되고 있다.

1) 단원 구성 방식

제5차 국어과 교육 과정이 지향하고자 한, 국어과 교육의 기본 방향은 교육 과정의 체제나 내용면에서보다는 이 교육 과정에 의한 교과서의 개편 과정에서 보다 분명하게 제시되었다. 참고로 중학교 2학년 2학기 교과서의 목차를 보이면 다음과 같다.

〈제5차 교육 과정 시기의 교과서 단원 목차〉

중학 국어 2-2

1. 상상하며 읽기	〈읽기〉	9. 음운의 변동	〈언어〉
2. 여러 가지 말하기	〈말하기·듣기〉	10. 시의 주제	〈문학〉
3. 원인과 결과	〈쓰기〉	11. 사실과 의견	〈읽기〉
4. 문장의 호응	〈언어〉	12. 목적에 맞는 글	〈쓰기〉
5. 수필과 인생	〈문학〉	13. 소설의 배경	〈문학〉
6. 글의 짜임	〈읽기〉	14. 문학 이야기	〈문학〉
7. 판단하며 듣고 말하기	〈말하기·듣기〉	15. 글의 표현	〈읽기〉
8. 논증하기	〈쓰기〉		

(*〈 〉안의 영역명은 필자가 부여한 것임)

제5차 교육 과정 시기의 교과서는 교육 과정의 영역에 따른 단원 구성 방식을 취하고 있다. 즉, 읽기 영역의 목표를 학습하기 위한 단원, 말하기 영역의 목표를 학습하기 위한 단원 등이 설정되어 있는 것이다. 이런 의미에서 제5차 교육 과정 시기의 교과서는 교육 과정의 내용 영역에 따른 단원 구성 방식을 취하고 있다. 이 점은 제1차 교육 과정 시기의 교과서와 일맥 상통한다. 또한 이 시기의 교과서는 제목이 암시하는 바와 같이 목표를 중심으로 단원을 구성하고 있다. 즉, '9. 음운의 변동'은 언어 영역의 단원이면서 음운의 변동과 관련되는 사항을 학습하는 단원으로 설정된 것이다. 이런 점에서 이 시기의 교과서는 제1차 교육 과정 시기의 영역별 단원 구성과는 차이가 있다. 제5차 교육 과정 시기의 교과서 단원은 영역별, 목표 중심 구성 방식을 취하고 있다.

제5차 교육 과정 시기의 교과서는 영역별 목표별로 단원을 구성함으로 해서 그 동안 읽기 활동 시에 부수적인 역할에 머물렀던 말하기, 듣기 활동이 독립된 단원으로 구성되어 체계적인 지도가 가능하게 되었고, 제4차 교육 과정 시기의 교과서에서 읽기 중심 단원 뒤에 별도 제재로 제시되었던 언어(문법)와 작문이 독립 단원으로 더욱 체계성을 띠게 되었다. 이런 측면에서 제5차 교육 과정 시기의 교과서는 교육 과정의 의도를 가장 직접적인 방식으로 교과서를 통해 구현하고 있다고 해야 할 것이다.

2) 단원 구성 체제

제5차 교육 과정 시기의 교과서는 영역별 목표별로 설정된 단원을 학습 활동을 중심으로 전개하는 체제를 취함으로써 단원 구성의 의도를 더욱 분명히 하고 있다. 이런 점에서 이 시기의 교과서는 1차~4차 교육 과정 시기의 교과서와 근본적인 차이를 보인다. 활동 중심의 교과서 단원 구성 체제를 시도함으로써 그 동안 읽을거리 중심의 교과서 형태가 지녔던 근본적인 한계를 어느 정도 극복할 수 있는 길을 제시했다는 점에서 큰 의의가 있다. 말하기, 쓰기 등의 지도에서 학생들의 실제적인 말하기 활동, 쓰기 활동이 가능하게 구성되었기 때문에 교육 과정에서 의도하고 있는 언어 사용 기능의 신장을 위한 학생들의 언어 사용 기회의 확대가 가능해진 것이다.

이 시기 교과서는 학습 활동 중심의 단원 전개를 취하고 있지만 단원의 성격에 따라 변형을 가하고 있다. 단원 구성 체제를 보이면 다음과 같다.

<표 4> 제5차 교육 과정 시기의 교과서 단원 구성 체제

단원명	단원의 길잡이	제재 1	학습 활동	제재 2 ……	단원의 마무리
○제재명 ○제재명 ○제재명	(단원 학습 목표 및 학습의 의의, 학습의 방향 제시)	(제재 글이나 학습 활동에 대한 안내나 관련 지식의 설명)			(단원 학습의 정리 심화 활동 제시, 문제 제시)

* 각 제재마다 '학습 활동' 제시됨.
* 말하기·듣기 단원의 경우엔 '단원의 길잡이'가 따로 없음. 제재 학습 활동에 대한 설명(단원의 길잡이와 같은 성격)이 주어짐.

제5차 교육 과정 시기의 교과서는 어느 단원이나 공히 단원 구성 체제에 있어 '단원의 길잡이-제재를 통한 학습 활동-단원의 마무리'의 뼈대를 갖추고 있다. 학습 활동에서는 '단원의 길잡이'에서 안내한 대로 말하거나 듣거나 읽거나 쓰거나 하는 등의 활동을 하게 한다. 단원의 마무리에서는 학습 활동의 정리 심화 발전시키는 과제가 제시된다. 학습 활동을 제시하는 방법은 단원에 따라 다르다. 읽기나 문학 단원의 경우는 읽을거리로서의 제재와 학습 활동 문제가 제시되고, 말하기·듣기 단원이나 쓰기 단원의 경우는 학습 활동이 언어 활동을 직접 지시하는 형태로 되어 있다.

제5차 교육 과정 시기의 교과서는 영역별 목표별로 설정된 단원을 학습 활동을 중심으로 전개하는 체제를 취함으로써 단원 구성의 의도를 더욱 분명히 하고 있다. 이런 점에서 이 시기의 교과서는 1차~4차 교육 과정 시기의 교과서와 근본적인 차이를 보인다. 활동 중심의 교과서 단원 구성 체제를 시도함으로써 그 동안 읽을거리 중심의 교과서 형태가 지녔던 근본적인 한계를 어느 정도 극복할 수 있는 길을 제시했다는 점에서 큰 의의가 있다고 하겠다. 말하기, 쓰기 등의 지도에서 학생들의 실제적인 말하기 활동, 쓰기 활동이 가능하게 구성되었기 때문에 교육 과정에서 의도하고 있는 언어 사용 기능의 신장을 위한 학생들의 언어 사용 기회의 확대가 가능해진 것이다.

각 단원의 '학습 활동'의 예를 들어 보면 다음과 같다.

〈읽기 단원의 '학습 활동'의 예〉

  1. '도산 안창호'를 읽고, 물음에 답해 보자.
    (1) 이 글에서 사실과 의견을 구별해 보자.
    (2) 이 글의 짜임을 알아보고, 각 부분의 중심 내용을 간추려 보자.
    (3) 다음 의견을 뒷받침하는 사실을 찾아보자.
      · 도산은 탁월한 혁명적 정치가
      · 도산은 뛰어난 교육자
      · 도산은 뛰어난 웅변가
      · 도산은 위대한 사상가
    (4) 이글의 주제를 말해 보자.
  2. 전기문 한 편을 읽고, 사실과 의견을 구분해 보자. 그리고 그 의견이 타당한지 판단해 보자.
  3. 다음 한자를 익히자.

위의 '학습 활동'은 2학년 2학기의 '11. 사실과 의견'이라는 읽기 단원의 '(1) 도산 안창호'라는 제재 글에 대한 학습 활동 문제이다. 이 단원의 목표는 단원의 제목이 말하는 바와 같이 글 속의 사실과 의견을 구별하고 그 의견의 타당성 여부를 판단하며 글을 읽는 것이다.

위의 학습 활동은 이러한 목표 중심의 활동으로 구성되어 있다. 이 시기의 교과서는 영역별 목표별 단원 구성을 시도했기 때문에 읽을거리를 중심으로 말하고 쓰는 등의 언어 활동을 실시할 필요가 없다. 읽기 단원의 학습도 철저하게 해당 단원의 목표를 중심으로 한, 수업을 하도록 하고 있다.

〈말하기 · 듣기 단원의 '학습 활동'의 예〉

  1. '우리의 진로'라는 화제를 놓고, 다음 사항을 생각하며 말해 보자.

    (1) 진로 선택에 있어 문제점은 무엇인가?

    (2) 진로 결정은 왜 중요한가?

    (3) 진로 결정은 언제 하는 것이 좋은가?

    (4) 진로를 결정할 때에 어떤 점을 고려해야 하는가?

    (5) 우리의 진로에는 어떤 것들이 있는가?

  2. '야구'를 화제로 하여 미리 준비를 한 다음, 말해 보자.

위의 학습 활동은 2학년 2학기의 '2. 여러 가지 말하기'라는 단원의 '(1) 주어진 화제에 대하여 말하기'를 위한 학습 활동이다. 위의 활동은 제1차시 동안 이루어지도록 되어 있다. 말하기 활동을 유도하기 위한 과제는 대개 위와 같이 활동거리를 제시하고 있다.

〈쓰기 단원의 '학습 활동'의 예〉

  1. 다음 글을 읽고 물음에 답해 보자.

    (1) 글 (가), (나) 중, 중학생이 읽기에 자연스럽고 쉬운 글은 어느 것인가?

    (2) 그 이유는 무엇인가?

    (3) 국어사전에서 (가)에 쓰인 어려운 말들을 찾아보고, (나)에 쓰인 말들과 견주어 보자.

  2. 다음 글들은 서로 다른 독자를 대상으로 쓴 글이다. 글 (가), (나), (다)를 읽고, 물음에 답해 보자.

    (1) 글 (가), (나), (다) 중 대상에 맞는 글과 그렇지 않은 글을 가리고 그 이유를 말해 보자.

  3. 다음 글을 읽고, 물음에 답해 보자.

    (1) 밑줄 그은 말들의 뜻을 국어사전에서 찾아보자.

(2) 위의 글을 중학교 1학년 학생이 읽기 쉽도록 간결하고 자연스럽게 고쳐 써
　　　보자.
　4. 다음 글을 읽고, 물음에 답해 보자.
　　(1) 위의 글을 쓴 목적은 무엇인가?
　　(2) 위의 글에 제목을 붙여 보자.
　　(3) 위의 글을 참고로 하여, '사회 봉사'라는 제목으로 설득하는 글을 써 보자.
　5. 다음 글을 읽고, 물음에 답해 보자.
　　(1) (가)~(라)는 각각 어떤 목적으로 썼는지 말해 보자.
　　(2) (가)~(라)의 특징을 각각 말해 보자.
　　(3) (가)~(라)를 참고하여, 정보 전달을 목적으로 하는 글을 간단히 써 보자.
　6. 다음 글을 참고로 하여, 자기가 태어났거나 자라난 고장을 소개하는 글을 누구나
　　읽기 쉽게 써 보자.
　7. 다음 글에 이어질 내용을 간단히 써 보자.

　위의 '학습 활동'은 2학년 2학기 '12. 목적에 맞는 글'이라는 단원의 학습 활동이다. 쓰기 단원의 경우는 말하기·듣기 단원과는 달리 제1차시 단위로 학습 활동이 나누어지지 않고 하나의 목표를 중심으로 제4차시 동안 수업을 할 일련의 학습 활동이 제시된다. 위의 학습 활동에는 모두 7가지의 과제가 주어지는 데 모든 과제에는 글이 제시된다. 이 글들은 목표 달성을 위하여 제시되는 예문이 성격을 띠기도 하고, 활동의 자료로 주어지기도 한다.

　제5차 교육 과정 시기의 교과서에서 가장 두드러지는 점은 음성 언어 영역이 독자적인 단원으로 다루어지게 된 점과 실제적인 언어 사용의 활동이 교실 상황에서 이루어질 수 있도록 학습 활동을 제시하고 있는 점이다. 그러나 제5차 교육 과정은 사고 기능으로서의 언어 기능을 중시하고 결과보다는 과정 중심의 국어 수업을 의도했지만 교과서의 단원 구성 체제 및 학습 활동의 전개 방식에서 이런 취지가 크게 부각되지는 못한 것으로 판단된다. 그리고 단원의 길잡이와 학습 활동 그리고 단원의 마무리 사이의 유기적인 관련성 및 학습의 심화 과정이 그리 명료하지 못한 점도 지적할 수 있다. 제5차 교육 과정 시기의 교과서는 국어과 교육에 하나의 큰 획을 긋는 변혁을 시도했지만 그것이 충분히 세련된 형태로 구체화 되는 단계에까지는 이르지 못하고 있다.

2.6. 제6차 교육 과정 시기의 교과서

제3차부터 제5차에 이르기까지 교육 과정의 체제는 '목표, 내용, 지도 및 평가상의 유의점'
로 되어 있었는데, 6차 교육 과정의 체제는 '성격, 목표, 내용, 방법, 평가'로 구성되어 있다.
교육 과정의 활용도를 높이기 위하여 '성격' 항을 신설하고, 학년별 도달 목표 제시에 실질적
인 지침이 되기 어려웠던 '학년별 목표'를 삭제하고 '내용'에서 국어 교과에서 다루어야 할
내용 영역과 수준을 체계적으로 파악할 수 있도록 '내용 체계'를 제시하였다. '지도 및 평가상
의 유의점'에서 다루었던 지도 및 평가의 지침을 '방법'과 '평가'로 나누어 보다 구체적으로
제시하고 있다. 제6차 교육 과정에서 교육 과정의 체제를 달리 한 것이 큰 변모라 하겠다.
제6차 교육 과정 구성 체제는 다음과 같다.

―――――――――――――― 〈제6차 교육 과정 구성 체제〉 ――――――――――――

1. 성격
2. 목표
3. 내용
   가. 내용 체계
      (말하기/듣기/읽기/쓰기-본질/원리/실제)
      (언어-언어의 본질/국어의 이해/국어 사용의 실제)
      (문학-문학의 본질/문학 작품의 이해/문학 작품 감상의 실제)
   나. 학년별 내용
   〈1학년〉
      -말하기-〈말하기의 본질〉〈말하기의 원리와 실제〉
      -듣기-〈듣기의 본질〉〈듣기의 원리와 실제〉
      -읽기-〈읽기의 본질〉〈읽기의 원리와 실제〉
      -쓰기-〈쓰기의 본질〉〈쓰기의 원리와 실제〉
      -언어-〈언어의 본질〉〈국어의 이해와 사용의 실제〉
      -문학-〈문학의 본질〉〈문학 작품의 이해와 감상의 실제〉
   〈2학년〉
   〈3학년〉
4. 방법
5. 평가

제6차 교육 과정에서는 각각 항목이 어디에 속하는지 명확하게 자리를 잡아 교육 과정이 한결 체계화를 이룩하였다. 6영역 체계는 5차와 동일하다. 그러나 '내용 체계'를 통하여 교육 과정, 교과서, 국어 수업의 체계화를 시도하고 있다는 점에서 큰 의의가 있다. 그렇지만 6차 시기의 교과서는 5차와 별 차이를 보여주지 않고 있다. 5차 시기가 교육 과정에 있어서의 변화보다 교과서를 통해 큰 변화를 시도한 것과 비교된다.

1) 단원 구성 방식

단원 구성 방식에 있어 6차는 5차와 동일하다. 각 단원이 속한 영역을 명기하고 있는 점이 5차와 다른 점이라면 다른 점이다.

중학교 2학년 1학기의 목차를 살펴보면 다음과 같다.

〈제6차 교육 과정 시기의 교과서 단원 목차〉

중학 국어 2-1

1. 말하기의 준비　〈말하기 · 듣기〉　　8. 소설의 구성　　　　〈문학〉

2. 어떻게 읽을까　〈읽기〉　　　　　　9. 정보 전달하는 말하기 〈말하기 · 듣기〉

3. 음운의 변동　　〈언어〉　　　　　　10. 내용 요약하기　　　〈읽기〉

4. 문학 이야기　　〈문학〉　　　　　　11. 용언의 활용　　　　〈언어〉

5. 시의 언어　　　〈문학〉　　　　　　12. 내용의 전개 방법　　〈읽기〉

6. 설득하는 글쓰기〈쓰기〉　　　　　　13. 묘사와 서사　　　　〈쓰기〉

7. 글과 표현　　　〈읽기〉　　　　　　14. 희곡의 구성　　　　〈문학〉

(*2학기-쓰기 단원 2개, 말하기 · 듣기 단원 2개, 언어 단원 2개, 읽기 단원 3개, 문학 단원 4개로 되어 있다.)

'단원 목차'에서부터 각 영역을 표시하고 있어 영역별 단원의 구성임을 확실히 보여주고, 단원의 제목을 통해 목표 중심 단원 구성임을 분명히 보여주고 있다. 5차 시기의 교과서 구성 방식을 다시 한번 공고히 하고 있다. 6차 시기의 교과서는 5차와 묶어 이야기할 수 있을 만큼 같다고 하겠다.

2) 단원 구성 체제

제6차 시기의 교과서의 단원 구성 체제는 5차 시기의 교과서보다 좀더 체계화 되어 있다. 단원 구성 체제는 '단원의 마무리-제재 1, 학습활동/제재2, 학습활동-단원의 마무리'로 5차와 동일한 모습을 보여주고 있다. 제5차 시기의 교과서는 영역별 단원 구성이 약간씩 다른데 비하여, 6차에 와서는 모든 단원에 동일한 체제를 보여주고 있다.

구성 체제는 다음과 같다.

<표 5> 제6차 교육 과정 시기의 교과서 단원 구성 체제

단원명 (1) 제재명 (2) 제재명 (3) 제재명	단원의 길잡이 (1쪽~2쪽)	(1) 제재 (활동명-설명) (글 제목-글)	학습 활동 (1쪽)	(2) 제재 · · · · · · · ·	단원의 마무리 (단원 학습의 정리 심화 활동 제시, 문제 제시)

* 말하기 · 듣기, 쓰기, 국어 지식 단원은 활동명이 제재 제목이 되고 활동에 대한 설명이 한 면을 차지.
* 읽기와 문학 단원은 글의 제목이 제재 제목이 되고 글이 제시됨.

각 단원의 '학습 활동'의 예를 들어 보면 다음과 같다.

〈말하기 · 듣기 단원의 '학습 활동' 예〉

1. 텔레비전 프로그램을 하나 골라, 그 프로그램이 대상으로 하는 시청자에 대하여 다음과 같이 분석해 보자.
   (1) 시청자의 나이, 성별, 교육 정도, 직업, 종교 등
   (2) 프로그램에 대한 시청자의 지식 수준
   (3) 프로그램에 대한 시청자의 관심이나 기대감
2. 서로 다른 잡지 서너 권을 선택하여, 각 잡지가 대상으로 하는 독자를 여러 가지 관점에서 분석해서 비교해 보자.
3. "불우 이웃을 돕자."라는 주제로 다음과 같은 청중을 대상으로 연설을 한다고 가정하고, 말할 내용을 준비해 보자.
   (1) 국민 학생
   (2) 중학생

위의 학습 활동은 '2학년 1학기 1. 말하기의 준비 (2) 청중 분석하기' 소단원의 학습 활동이다. 우선 청중을 어떻게 분석하는지 설명하고 난 다음(1쪽), 위와 같이 학습 활동을 제시하고 있다. 5차 시기의 교과서에서 보여주고 있는 '학습 활동'과 같다. 그런데 5차 시기보다는 '청중을 분석하는 방법에 대한 설명'이 비중 있게 다루고 있는 점이 다르다고 하겠다. '지식'의 설명이 교과서에서 비중 있게 자리 잡고 있는 것은 평가가 '지식' 위주가 갈 가능성을 열어 놓고 있다고 하겠다.[8] 또한 '듣기' 영역이 충분히 다루어지지 않고 있다.

쓰기 단원도 기본적으로 말하가 · 듣기 단원과 같은 방식으로 단원을 구성하고 있다. 목표를 충분히 학습을 하며 쓰기 능력을 길러진다고 전제하고 있는데, 그러기 위해서는 교사 나름의 단원(쓰기)들 사이의 연관성을 항상 염두에 두어야 할 것이다.

〈읽기 단원의 '학습 활동'의 예〉

1. '독선과 겸손'을 읽고, 내용 요약하기와 관련된 다음 물음에 답해 보자.
   (1) 이 글을 읽고 책을 덮은 다음, 글 전체의 내용을 간단하게 말해 보자.
   (2) 각 문단의 중심 내용을 찾아보자.
   (3) 문단의 중심 내용을 연결하여 글을 몇 부분으로 나누어 보자.
   (4) 각 부분의 중심 내용을 연결하여 글 전체의 내용을 요약하여 말해 보자.
   (5) (4)에서 요약한 내용을 (1)에서 말한 내용과 비교해 보자.
2. '독선과 겸곤'을 읽고, 다음 물음에 답해 보자.
   (1) 말과 행동을 분명하게 하려면, 어떤 준비 과정이 필요한지 말해 보자.
   (2) 독단과 독선은 왜 나쁜지 그 이유를 말해 보자.
   (3) 겸손은 왜 좋은지 그 이유를 말해 보자.
   (4) 독단과 독선에 빠지기 쉬운 사람은 어떤 사람인가?
   (5) 과학자와 민주주의자의 공통점은 무엇인가?
   (6) 글쓴이가 뉴턴을 진정한 민주주의자라고 말한 이유는 무엇인가?
3. 다음에 대하여 더 공부해 보자.
   (1) 우리 사회에 독선적인 사람이 있다면, 어떤 일이 일어나게 될 것이라고 생각하는지 말해 보자.
   (2) 독선에 빠지지 않으려면 어떻게 해야 좋을지 말해 보자.
4. 다음 한자의 음과 뜻을 알아보자. 그리고 각 한자로 이루어진 단어의 뜻을 알아보자.

---

8) 중간고사, 기말고사에서 주로 '설명' 부분에서 시험 문제를 낸다고 많은 교사를 이야기하고 있다.

위의 '학습 활동'은 2학년 1학기 읽기 단원 '10. 내용 요약하기 (1) 독선과 겸손'의 학습 활동이다. 제목이 '내용 요약하기'여서 단원 제목을 통해 단원의 목표가 내용 요약하기임을 알 수 있다. '학습 활동 1.'을 통해 목표에 초점을 둔 활동을 하고, '학습 활동2.'는 글(독선과 겸손)의 이해에 관련된 활동, '학습 활동3.'은 가치적인 목표를 이루기 위한 활동을 제시하고 있다. 글 읽고 그 단원의 목표에 도달하는 것이 1차 목표이지만 글 통해 내용을 이해하고 거기에 담겨 있는 가치적인 내용도 중요한 학습 내용이 되어야 함을 보여주고 있다.

1~3차 시기의 교과서는 전자(단원 목표)보다 후자(가치적인 내용)에 방점이 있었으므로 각 단원에서 꼭 배워야 하는 것이 무엇인지 알기 어려웠는데, 4차 시기 교과서는 좀 더 분명히 이 단원의 목표를 제시(6차와 같은 방법으로)했고, 5차 교과서의 읽기 단원에서는 '목표'와 관련되는 활동만 제시하였다. 5차 시기 교과서의 학습 활동(목표만 다룸)을 구성하는 방식과 6차 시기 교과서의 학습 활동(목표+내용)을 구성하는 방식, 이것은 읽기 단원을 구성할 때의 어려움이 되고 있다. 후자의 방법(목표+내용)을 7차도, 2007, 2011에서도 따르고 있다. 5차는 앞서 교과서들이(1~3차) 지나치게 목표 의식이 없었기 때문에 철저하게 목표만 다루고 있었다고 하겠다.

5차, 6차 시기의 중학교 국어 교과서는 함께 다루어도 무방하다. 영역별, 목표별 단원 구성을 철저히 지키고 있고, 활동 중심의 교과서를 지향하고 있다. 이에 비하여 7차 시기의 중학교 국어 교과서는 많은 변화를 주고 있다.

2.7. 제7차 교육 과정 시기의 교과서

제7차 교육 과정은 6차에 비해 많은 변화를 보여 주고 있다. 수준별 교육 과정을 표방하고 있으며 학습자 중심의 교육 과정을 내세우고 있다. 그리고 국민 공통 기본 교육 기간을 10년으로 설정, 10년을 하나의 단위로 교육 과정을 구성하고 있다.

─────────────── 〈제7차 교육 과정 구성 체제〉 ───────────────

1. 성격
2. 목표
3. 내용
　　가. 내용 체계

듣기, 말하기, 읽기, 쓰기: 본질/원리/태도/실제

국어 지식: 본질/국어의 이해와 탐구/국어에 대한 태도/국어의 규범과 적용

문학: 본질/문학의 수용과 창작/문학에 대한 태도/작품의 수용과 창작

　나. 학년별 내용〈1학년〉~〈10학년〉

　　-내용/수준별 학습 활동의 예

　4. 방법

　5. 평가

국어과는 학습자의 창의적인 국어 능력 향상, 의미 있는 학습 경험 중시, 내용의 사회적, 학문적 적합성을 추구하고 교육의 질 관리와 향상을 개정의 중점을 내세웠다. 이에 따라 교과서의 모습도 크게 달라졌다.

1) 단원 구성 방식

제7차 시기의 교과서는 여러 면에서 다른 모습을 보여준다. '국어' 교과서를 〈국어〉와 〈생활 국어〉 두 책으로 편성하고, 6차 시기까지 외형이 국판이던 것이 4×6배판으로 바뀌었으며 흑백 교과서에서 천연색 교과서로 바뀌었다. 교과서 편찬 체제도 국정에서 공모제로 바뀌었다.9) 그리고 학생들의 학습 동기 유발을 위한 장치를 많이 만들고 있다. 자기 점검을 통한 초인지 기능을 신장하고자 한 점도 눈에 뜨이는 부분이다. 수준별 교육 과정을 지향했으므로 자기 점검을 통해 보충·심화 학습 부분을 교과서에 제시하고 있다.

〈제7차 교육 과정 시기의 교과서 단원 목차〉

중학교 〈국어〉 2-1

1. 감상하며 읽기　　　　〈문학/읽기〉
2. 어떻게 읽을까　　　　〈읽기〉
3. 우리 고전의 맛과 멋　〈읽기〉
4. 삶과 문학　　　　　　〈문학〉

중학교 〈생활 국어〉 2-1

1. 즐거운 언어 생활　　　　〈듣기·말하기〉
2. 토론하여 내용 마련하기　〈말하기·쓰기〉
3. 국어의 언어적 특징과 음운 〈국어 지식〉
4. 내용 구성하여 쓰기　　　〈쓰기〉

---

9) 1~3차 시기는 문교부가 주무를 맡아 교과서 편찬. 4차부터는 수탁기관이 교과서 편찬, 교육부는 심의를 맡았다. 7차에서는 '공모'를 통해 교과서 개발 기관을 정했다. 7차의 이런 모습은 아마 '검인정'으로 넘어가기 전의 과도기라고 하겠다.

| 5. 글과 사전 | 〈읽기〉 | 5. 목적에 맞는 말과 글 | 〈듣기·말하기·쓰기〉 |
| 6. 작품 속의 말하는이 | 〈문학〉 | 6. 바르게 쓰기 | 〈쓰기·국어지식〉 |

〈국어〉에서는 읽기, 문학 영역을, 〈생활 국어〉에는 말하기, 듣기, 쓰기, 국어 지식 영역을 다루고 있다. 크게 보아 영역별로 목표별 단원 구성 방식을 다루고 있으므로 5, 6차와 다르지 않다. 그러나 단원 구성에 있어 영역 통합(2학년 1학기의 경우, 〈국어〉 1단원, 〈생활 국어〉 2, 5, 6 단원)을 시도하고 있는 것이 크게 다른 점이다.

6차 교과서의 2학년 1학기 책은 국판 250쪽인데 비하여 7차 교과서의 2학년 1학기 책은 4×6배판으로 〈국어〉 270쪽, 〈생활 국어〉 160쪽으로 교과서의 외양과 내용에 있어 많은 변화를 보여주고 있다.

2) 단원 구성 체제

제7차 시기의 교과서 단원 구성 체제에 있어 많은 변화를 보여 준다. 크게 보아 '단원 길잡이-제재 및 학습 활동-단원의 마무리' 라는 형식에서 5, 6차와 크게 벗어나지 않으나 보다 수업 '방법'을 교과서 단원 구성 체제가 보여주고 있다.

〈국어〉의 단원 구성 체제는 다음과 같다.

<표 6> 제7차 교육 과정 시기의 교과서 단원 구성 체제 〈국어〉

단원명 (1) (2)	단원의 길잡이 (2쪽)	(1) 글 제목 읽기 전에	읽을거리 (1쪽~	학습활동	(2) 글 제목 읽기 전에 ……../
읽을거리	학습활동	생각 넓히기	보충·심화 ○자기 점검	○읽을거리+ 학습 활동 ○//	○한자 공부 ○이 단원을 마치며 (1/3쪽)

단원의 길잡이에 학습 목표를 제시하고(5차, 6차의 경우, 목표를 눈에 뜨이게 제시하고 있지 않다.) 단원의 길잡이가 보다 길잡이 역할을 잘 하도록 예를 들어 설명하고 있고(그래서 2쪽으로 제시되었다.) 제재(읽을거리)에 들어가기 전에 그 글을 읽기 전에 배경 지식을 주기 위하여 '읽기 전에' 라는 코너를 주고 있다(학습 과정을 보다 세밀하게 제시하고자 함). 읽을

거리(제재)를 제시함에 있어 처마, 날개 등을 이용하여 어휘 설명이나 질문 제시를 통해 학습을 돕는 장치를 주고 있다(학생들의 학습 과정을 도와주는 역할을 함). '학습 활동'은 〈내용 학습〉, 〈목표 학습〉, 〈적용 학습〉으로 나누어 제시하고 있다(6차 학습 활동과 기본적으로 같지만 학습 활동의 의도를 보다 명확하게 제시하고 있음). 7차 교과서는 수준별 교육 과정의 취지를 반영하여 '보충·심화' 부분을 만들고 있다. 자기 점검을 통하여 보충 학습이 필요한지, 심화 학습이 필요한지 알고 능력에 맞게 보충이나 심화 학습을 하게 하였다. 각각 보충·심화에 읽을거리와 학습 활동을 주고 있다. '한자 공부, 이 단원을 마치며'는 1쪽에 간단하게 제시하고 있다. '한자 공부' 코너는 한자 익히기가 아닌 한자를 통한 어휘 학습에 초점을 두고 있고, '이 단원을 마치며'에서는 단원에서의 학습 내용을 간단히 정리하고 있다. 5차, 6차의 경우, 단원의 마무리에서 문제를 풀게 되어 있는데, 그 결과를 어떻게 할 것인지. 즉 마무리는 어떻게 해야 한다는 안내나 설명이 전혀 없어 그 구실을 제대로 못하고 있다고 하고 있다.[10] 7차 교과서는 '보충·심화'가 있기 때문에 이 부분이 '단원의 마무리' 역할을 한다고 보아도 될 것이다. 그러나 간단히 '이 단원을 마치며'(10줄 정도)를 통하여 마무리가 잘 이루어질까 의문이다. 전혀 주목 받지 못하는 일은 없을까 하는 우려를 하게 된다.

7차 교과서에서는 수준별 교육 과정을 어떻게 실현할 것인지가 상당한 고민거리였던 것 같다. 교육 과정에서 [기본]과 [심화]로 나누어 내용 항목으로 나누어서 활동을 제시하였다. 그것을 교과서에선 '보충·심화'라는 부분을 두고 교육 과정의 의도를 실현하고자 하고 있다. 문제는 '자기 점검'이 평가 구실을 하는지가 문제이고 보충과 심화를 구별하지 않고 모든 학생들에게 부과되는 학습이 됨으로 학습량이 과다하여졌다는 것이다. 수준별 교육 과정은 7차에서 주요한 이슈였다가 2007 교육 과정에서는 사라지게 된 것도 아직은 '수준'별로 자기에게 맞는 학습을 제공한다는 이상이 실현되기는 우리의 여건이 어려웠기 때문으로 보인다.

그리고, 또 다른 7차 교과서의 어려움은 〈생활 국어〉를 〈국어〉와 분명하게 구별짓는 것이었다. 〈생활 국어〉의 다음과 같은 체제로 구성되어 있다.

---

10)교육부(2001). 중학교 국어과 교사용 지도서, pp.32~33.

<표 7> 제7차 교육 과정 시기의 교과서 단원 구성 체제 <생활 국어>

단원명 (1) (2)	단원의 길잡이 (2쪽)	(1) 제재 (학습 내용 설명)(국어지식의 경우 설명을 없고 활동으로 바로 들어감) (1쪽)	활동1 활동2 활동3 ········	보충·심화 ○자기 점검	1, 2, 3,······ (조각글, 학습 문제)	이 단원을 마치며 (1/3쪽)

제1차~제4차 교과서와 같이 읽을거리 위주로 〈국어〉 책을 편찬하고, 〈생활 국어〉 책은 활동 위주로 편찬하였다. 두 책이 온전히 공존할 수 있어야 교육 과정에서의 듣기, 말하기, 읽기, 쓰기, 문법(국어 지식), 문학 영역이 목표를 달성할 수 있다. 평가의 어려움으로 〈국어〉 위주의 수업, 심하게 말하자면 읽을거리 위주의 수업이 이루어졌다고 추측할 수 있다. 그러나 7차 교육 과정 시기에 수행 평가가 도입되어 어느 정도 〈국어〉와 〈생활 국어〉가 제 구실을 할 수 있었다고 생각된다. 여전히 보충, 심화 부분이 교과서 편찬 의도를 제대로 살리지 못한 것으로 보인다. '보충·심화' 학습 활동은 때로는 학생의 지적 수준에 따라, 때로는 학생들의 기호와 취향에 따라 선택할 수 있도록 자료의 구성을 다양하게 하였다고 말하고 있다.[11] 그러나, 보충과 심화를 구별하여 각각에 맞도록 한 교실에서 수업을 한다고 하는 것이 어렵다고 본다. '보충·심화' 학습 활동이 모든 학생들에게 부과되거나 하지 않거나 하는 일이 벌어지게 되는 것이다.

제1차 교육 과정 시기부터 제7차 교육 과정 시기에 이르기까지 국어과 교과서는 교육 과정에서 의도하는 국어과 교육의 이상을 현장 국어 수업을 통해 구현하기 위하여 단원 구성 방식이나 단원 구성 체제에 있어 변화를 거듭해 왔다. 지금까지 이 변화의 방향을, 교육 과정의 의도를 교과서가 어느 정도 직접적으로 반영하고 있는가를 잣대로 살펴보았다. 각 시기의 교과서는 나름대로 국어과 교육 과정의 의도를 교과서를 통해 반영하려는 노력을 보이고 있다.

단원 구성 방식은 교육 과정의 내용 영역에 따른 구성, 제재 글의 주제에 따른 구성, 제재 글의 문종에 따른 구성으로 변화해 왔고, 단원의 전개 방식(단원 구성 체제)에 있어서도 단원 안내문이나 제재에 대한 공부할 문제의 제시 및 단원 학습 목표 및 학습 방향의 제시

---

11) 전게서, p.35.

등을 통해 보다 구체적인 학습의 안내를 위한 노력을 기울여 왔다. 이러한 발전적인 변화에도 불구하고 제1차 교육 과정 시기부터 제4차 교육 과정 시기까지의 교과서의 단원 구성 방식 및 체제는 읽을거리모음집(독본) 형태라는 한계를 지니고 있었다. 독본 형태의 교과서였기 때문에 교육 과정에서 제시하고 있는 국어과 교육의 내용 요소를 직접적으로 반영하지 못하였고, 따라서 교육 과정의 의도를 효과적으로 실현하기 어려운 체제였다. 이에 반하여 제5차, 6차, 7차 교육 과정 시기의 교과서는 교육 과정의 영역을 중심으로 그리고 각 영역의 목표를 중심으로 단원을 구성하고 각 단원은 상당 부분 활동 중심의 전개 방법을 도입하였기 때문에 교육 과정에 제시된 지도 내용을 보다 효과적으로 실현할 수 있는 체제를 갖추었다.

제1차~제7차 시기의 중학교 교과서의 특징을 정리하면 다음과 같다

<표 8> 제1차~제7차 시기의 교과서 특징 (중학교)

특징＼시기	1차	2차	3차	4차	5차	6차	7차	2007	2011
외양	국판(단색 삽화)						4×6배판(천연색 삽화)		
	〈국어〉						〈국어〉〈생활 국어〉		〈국어〉
	문교부 주관(국정)			수탁기관 위임(국정)			공모(국정)	출판사(검인정)	
내용	내용 요소 중심		주제 중심	문종 중심	영역별+목표별+활동 중심			영역별+목표별+활동중심+……	
	익힘 문제		공부할 문제		학습 활동				
	영역간 통합성				영역별 독자성		영역별 독자성+영역간 통합성		

3. 국어 교과서 구성 방안

3.1. 국어 교과서의 단원 구성 방식

지금까지 논의된 교과서는 교사와 학생이 함께 사용하는 기본 교과서의 성격을 지니고 있으며 또한 교육 과정의 전 영역을 다 포함하는 종합 교과서의 성격을 가진 것이었다.[12]

---

12) 이대규(1994), 國語科 教育의 過程, 한글과 컴퓨터, pp.541~542. 교과서를 사용 주체, 포함되는 수업 내용, 개발 주체를 기준으로, 기본 교과서(교사, 학생이 함께 사용)와 부 교과서(기본 교과서에 종속)/ 단일 교과서(고등학교의 선택 과목 같이 교육 과정의 한 영역의 내용을 담고 있음)와 종합 교과서(중학교 국어나 고등학교 국어 과목 같이 전 영역의 내용을 담고 있음)/ 1종 도서(교육부가 개발 주체)와 2종 도서(일반 출판사가 개발 주체)로 나눔.

따라서 교과서 구성 방안에 대한 논의도 이러한 제한된 개념 안에서 이루어진다.

제1차 교육 과정 시기부터 제5차 교육 과정 시기까지의 교과서의 구성 방식은 크게 교육 과정의 내용 영역별 '독자성'을 강조하는 방식과 영역 간 '통합성'을 강조하는 방식으로 나눌 수 있다. 제5차 교과서가 전자의 대표적인 예이고 제3차 교과서가 후자의 대표적인 예이다.

영역별 독자성을 강조하는 구성 방식은 자연스럽게 목표 중심의 구성 방식을 함께 채택하게 되고 목표 중심의 학습 활동을 구성하는 과정에서 학습 활동의 구조화와 체계화의 방향을 모색하게 된다. 영역별 목표 중심의 단원 구성 방식은 종합 교과서로서의 국어 교과서 체제로 적절하다. 교육 과정에서 제시한 내용 요소를 균형 있게 반영할 수 있고, 교수-학습 과정에 대한 안내가 제시될 수 있기 때문이다. 즉, 교육 과정의 의도를 직접적인 방식으로 표상할 수 있는 강점을 가진다. 또한 영역별 언어 기능의 세분화에 따른 체계적인 지도가 가능하다. 그러나 이 방식의 교과서 구성은 총체적인 언어 사용의 경험을 제공하는 데는 한계점이 있다. 따라서 영역별 목표 중심의 교과서가 보다 효과적으로 사용되기 위해서는 언어 사용의 소재를 제공하고 총체적인 언어 사용의 기회를 제공해 줄 수 있는 보충 읽기 자료집이 필요하다.

영역 간의 통합성을 강조하는 방향에서 구성되는 교과서는 교사가 교육 과정의 의도를 충분히 이해하고 교육 과정을 중심으로 교과 교육을 실시할 수 있는 능력을 가진 경우는 효과적인 교과서 형태로 자리잡을 수 있다. 그러나 교과서에의 의존도가 강한 경우, 교육 과정의 의도를 실현하기가 어렵다. 교과서의 구성이 교육 과정의 의도를 간접적으로 제시하는 형태를 취하고 있어 교사와 학생에게 무엇을 어떻게 가르치고 배워야 할지에 대한 정보가 명시적으로 제공되기 어렵기 때문이다.

영역 간의 통합성을 강조하는 방향의 교과서는 제3차, 제4차 시기의 교과서에서 보듯이 읽기를 중심으로 영역 간의 통합을 시도하고 있다. 제3차 교육 과정 시기의 교과서는 읽을거리의 내용 및 주제와 관련하여 말하고 듣는 활동, 쓰는 활동이 이루어지도록 의도하고 있다. 제4차 교육 과정 시기의 교과서는 문종을 중심으로 단원을 구성하여 설명문을 학습한 다음, 그러한 유형의 말하기나 쓰기 활동을 하도록 하고 있다.

제3차 교육 과정 시기의 교과서의 단원 구성 방식은 제재 글의 주제를 중심으로 아주 추상적인 수준에서 그리고 아주 제한적으로 말하고 듣고 읽고 쓰는 활동을 하도록 하고 있다. 그러나 제3차 교과서가 동일 주제를 중심으로 한 통합적인 언어 사용 경험을 제공하기 위해서는 구체적인 언어 사용 활동을 이끌어낼 수 있는 주제가 선정되어야 한다. 이러한 주제의 선정에는 다른 교과의 교육 내용이 중요한 고려 대상이 될 수 있다.

읽을거리의 문종을 중심으로 한 단원 구성 방식에서는 영역 간의 유사한 기능끼리의 통합이 가능하다. 그러나 영역 간의 기능상의 차이 역시 중요한 교육의 대상이 되기 때문에 종합 교과서의 구성 방식으로는 한계를 지닌다. 문종을 중심으로 한 읽을거리의 편찬은 종합 교과서를 보조하는 부교재의 구성 방식으로는 효과적으로 활용될 수 있다.

3.2. 국어 교과서의 단원 구성 체제

교사와 학생이 함께 사용하는 기본 교과서이자 교육 과정의 전 영역을 포괄하는 종합 교과서로서의 국어 교과서의 단원 구성 방식은 영역별 독자성을 강조하거나 영역 간의 통합성을 강조하거나 하는 두 가지 방향을 지향할 수 있다. 그러나 교육 과정의 의도를 효과적으로 실현하기 위해서는 어떤 방향으로 교과서의 단원을 구성하든 단원의 구성 체제는 학습 과정의 '명료화'와 학습 과제의 '적절성'을 추구해야 한다.

교수-학습 과정을 명료하게 제시하는 일은 교사와 학생에게 무엇을 어떻게 해야 하는지에 대한 명확한 인식 하에 주어진 과제를 수행할 수 있게 해 준다. 이러한 학습 과정을 통해 과제 수행의 방법 및 절차에 대한 안내를 받게 되고 단원 학습이 요구하는 사고의 방법을 익히게 된다. 명료하게 제시되는 학습 과정과 함께 단원의 목표 및 학습의 각 단계에 적절한 과제를 제시하는 일은 학습자의 흥미를 유발하고 유의미한 언어 사용 활동을 통해 학습의 목표에 도달하게 해 준다. 학습 과정의 명료화가 단원 구성 체제의 '외적 통제 요인'이라면 학습 과제의 적절성은 단원 구성 체제의 '내적 통제 요인'으로서 이 두 가지는 동전의 양면과 같은 것이다. 학습 과정이 명료하지 못할 때 적절한 과제가 제시될 수가 없으며 적절한 학습 과제의 제시가 없이는 학습의 외형적 과정은 무의미한 것이 된다.

정찬섭 외(1992)에서는 좋은 교과서의 조건으로 학습을 위한 학습자의 정신 활동이 주의와 관심을 동반한 유목적적 행동일 때에 학습 효과가 높아지므로 교과서는 중요한 학습 내용에 학습자의 주의와 관심을 유도하기 위한 장치를 마련하여야 하고, 학습자가 학습 내용을 쉽게 이해하고 학습하고 기억하고 인출해 낼 수 있도록 교과서는 학습 내용을 종합적으로 그리고 구조적으로 제시해 주어야 하며, 학습의 질은 학습자의 사고의 질과 비례하므로 교과서는 학생들의 사고를 깊고 넓게 유도할 수 있는 장치를 갖고 있어야 한다고 지적하고 있다.[13] 학습 과정의 명료화와 학습 과제의 적절성의 추구는 이러한 교과서의 조건을 갖추기 위한 과정이다. 교과서는 적절한 학습 과제를 통하여 학습 내용을 제공하고 또한 학습 방법, 사고의 방법을 제시할 수 있어야 한다는 것이다. 이런 의미에서 교과서의 단원 구성 체제는 중요한 의미를 가진다.

교과서의 기능으로 흔히 관점 반영의 기능, 내용 제공 및 재해석의 기능, 교수-학습 자료의 제공 기능, 교수-학습의 방법 제시 기능, 학습 동기 유발 기능, 연습을 통한 정착 기능, 평가 방법의 제시 기능을 든다.[14] 교과서는 해당 교과에 대한 학문적 관점을 반영하며 그 교과의 교육 과정의 내용을 재해석하고 상세화 하여 단원을 구성하고, 각 단원의 학습이 가능하도록 구체적인 학습 활동의 자료를 제공한다. 즉, 교과서는 그 교과의 학습 내용을 제시하는 중요한 기능을 가지는 것이다. 또한 교수-학습을 촉진시킬 수 있는 장치 및 교수-학습 방법에 대한 안내를 담고 있어야 하고 학습 내용을 정리 심화할 수 있는 장치를 갖추고 있어야 한다는 것이다. 교과서가 이러한 조건을 충족하기 위해서는 교수-학습 과정의 명료화와 학습 과제의 적절성을 추구해야 한다. 교육 과정에 근거하여 상세화된 목표의 달성에 적절한 과제가 제공되어야 하는 것이다. 교과서의 단원 구성 체제가 학습 과정의 명료화와 학습 과제의 적절성이라는 원리에 충실한 경우, 교과서를 통해 교사는 평가의 방향과 방법에 대한 안내를 받게 되고 보충 심화 학습을 위한 자료의 구성에 대해서도 시사를 받게 된다. 교과서가 위와 같은 조건들을 충족할 때에 '교과서를 가르치는 것이 아니라 교과서로 가르친다' 말이 실현될 수 있다.

4. 맺음말

지금까지 제1차 교육 과정 시기부터 제7차 교육 과정 시기까지의 중학교 국어 교과서를 대상으로 단원 구성 방식과 단원 구성 체제를 개략적으로 살펴보고 이를 토대로 국어 교과서의 구성 방안을 제시해 보았다.

국어과 교육 과정에 제시된 내용 영역 사이의 통합성을 강조하는 방식과 영역별 독자성을 강조하는 방식의 단원 구성은 각각 장단점을 갖고 있다. 어떤 방식이 교육 과정의 의도를

---

13) 정찬섭 외(1992), 교과용 도서 체재 개선을 위한 인간공학적 연구, '91 교육부 정책과제, 연구수행기관:연세 대학교, pp.133~140.

14) Greene, H. A. & Petty, W.(1975), Developing Language Skills in the Elementary Schools, Allyn and Bacon Inc. pp.482~486.

실현하기에 더 적절할지는 국어과 교육의 현실에 대한 인식에 터해 이루어져야 할 의사 결정의 문제이다. 이와는 달리 단원 구성 체제를 결정하는 과정에서 추구해야 할 두 가지 원리, 학습 과정의 명료화와 학습 과제의 적절성 추구는 당위성의 문제이다.

이 글에서 살펴본 제1차 교육 과정 시기부터 제7차 교육 과정 시기까지의 국어 교과서는 단원 구성 방식에 있어서는 나름대로 교육 과정의 의도를 실현하려는 노력을 보였으나 단원 구성 체제에 관해서는 제4차 교육 과정 시기의 교과서까지 별다른 변화를 보이지 않았다. 제5차 교과서에서부터 단원의 구성 체제에 있어 변화를 보이고 있다. 지금은 국정이 아닌 검정 체제 아래 교과서를 개발하고 있다. 단일한 교과서가 아닌 여러 교과서가 나오고 있다. 그러 하지만 여전히 각 교과서가 학습 과정을 명료화하려는 의도를 어느 정도로 실현하였는지, 각 단원의 학습 과제 및 활동의 단계별로 제시된 학습 과제가 어느 정도 적절한지에 대해서는 연구가 부족하다. 상당 부분 간(間) 학문적인 노력이 필요하고 교육 현장에서의 실증적인 자료의 수집이 필수적이라 할 수 있다.

국어 교과서의 이상적인 형태가 어떤 것이어야 하는가에 대한 논의는 국어과 교육의 성격 및 목표, 그리고 국어과 교육의 지도 내용 및 지도 방법 등에 대한 연구 결과에 터해 이루어져야 한다. 또한 국어과 교육과 직·간접적으로 관련을 맺고 있는 배경 학문의 연구 결과가 수렴되어야 한다. 결국 교과서의 단원 구성 방식 및 단원 구성 체제에 관한 결정은 국어교육학의 연구 성과를 총체적으로 반영하는 것이 되어야 할 것이다. 그리고 교과서는 교육 과정을 바탕으로 하는 것이지만 역으로 교과서가 교육 과정을 구체화하는 원리를 제공할 수 있어야 한다. 또한 교과서 이외의 교수-학습 자료의 개발에 방향을 지시할 수 있어야 한다.

참고문헌

김영아(1993), 國語科 敎科書의 體制 分析 硏究—4·5차 교과서의 비교를 중심으로—, 이화여자대학교 석사 논문.
노명완·손영애 외(1986), 제5차 초·중학교 국어과 교육 과정 시안 연구 개발, 서울:한국교육개발원.
박수자(1994), 독해와 읽기 지도, 서울:국학자료원.
박인기(1992), '국어과 교재론 기술의 이론화 방향, 國語敎育學의 理論과 方法 硏究, 서울:敎學社.
박정진(2005), 국어 교과서 개발을 위한 방향 탐색, 국어교육 118, 한국어교육학회.
손영애(1990), '국어과 교육 과정', 국어교육 개선 방안 연구, 서울대학교 사범대학 국어교육과.

손영애(1994), '국어과 교육의 목표와 내용', 國語敎育學硏究제4집, 서울:國語敎育學會.

신헌재(1992), '국어 교과서의 지향점 탐색', 國語敎育學의 理論과 方法 硏究, 서울:敎學社.

이대규(1994), 國語科 敎育의 過程, 서울:한글과 컴퓨터.

이삼형(1994), '중학교 교과서 체제 변화에 대하여', 國語敎育學硏究 第2집, 서울:國語敎育學會.

이성영(1992), '국어과 교재의 특성', 國語敎育學硏究 第2집, 서울:國語敎育學會.

이용숙(1992), 한국교육의 종합 이해와 미래 구상(III)—교육 내용과 수업 방법편—, 서울:한국교육개
　　발원.

정준섭(1994), 國語科 敎育課程의 歷史的 展開에 관한 硏究, 경원대학교 박사 학위 논문.

정찬섭(1992), 교과용 도서 체재 개선을 위한 인간 공학적 연구, '91 교육부 정책 과제, 연구 수행기관:
　　연세대학교.

최현섭 외(1995), 국어교육학의 이론화 탐색, 서울:일지사.

Grant,N.(1987), *Making the Most of Your Textbook*, N.Y.:Longman.

Greene, H.A.& Petty,W.(1975), *Developing Language Skills in the Elementary Schools*, Allyn and Bacon Inc.

〈자료〉

문교부(1964), 중학 국어 I-II, II-I, II-II, III-I.

문교부(1970), 중학 국어 1-1, 1-2, 2-1, 2-2, 3-1, 3-2.

문교부(1972) 중학 국어 1-1, 1-2, 2-1, 2-2, 3-1, 3-2.

문교부(1984), 중학 국어 1-1, 1-2, 2-1, 2-2, 3-1, 3-2.

교육부(1992), 중학 국어 1-1, 1-2, 2-1, 2-2, 3-1, 3-2.

교육부(1999), 중학 국어 1-1, 1-2, 2-1, 2-2, 3-1, 3-2.

교육인적자원부(2001), 중학교 국어 1-1, 1-2, 2-1, 2-2, 3-1, 3-2

교육인적자원부(2001), 중학교 생활 국어 1-1, 1-2, 2-1, 2-2, 3-1, 3-2

문교부(1972), 중학 국어 교사용 (1).

문교부(1984), 중학교 국어 교사용 지도서 1-1.

교육부(1992), 중학교 국어 교사용 지도서 1-1.

교육부(1999), 중학교 국어 교사용 지도서 1-1.

교육인적자원부(2001), 중학교 국어 교사용 지도서 1-1.

제1차~제7차 고등학교 국어 교과서 체제 및 내용 분석*

1. 머리말

국어과 교육의 목표는 국어를 바르고 정확하게 그리고 효과적으로 사용할 수 있는 능력을 길러주는 것이다. 이러한 교과 교육의 목표는 제1차~제7차에 걸쳐 교육 과정을 통해 명시적으로 제시되어 있다. 이 목표의 구체적 실현을 위한 일차적 장치가 교과서이다. 교과서는 교육 과정을 통해 제시된 목표와 이 목표를 달성하기 위하여 선정된 내용을 토대로 제작된다. 제작된 교과서는 교육 과정의 의도를 학교 현장에서 실현시키기 위한 교량 구실을 한다. 대개의 교육 관련자들에게는 교과서를 피부에 와 닿는, 구체적인 교육 내용 그 자체로 이해할 만큼 교과서는 교수-학습 상황에서 중요한 구실을 한다. 그리고 가르치는 교사의 입장에

---

* 이 글은 '국어과 교육의 이론과 실제'(2004) 중 '제1차~제6차 고등학교 국어 교과서 체제 및 내용 분석 연구'를 일부 참고 수정·보완하여 실었다.

서는 교과서는, 체제와 내용 그리고 편찬 의도를 정확하게 이해해야 할 대상이다. 올바른 수업은 그럴 때 가능해진다. 이런 측면에서 해당 교과서의 구성 체제와 내용을 분석적으로 검토하는 일이 요구된다.

고등학교에서의 국어과 교육은 상당 부분 파행적으로 이루어지고 있다. 교육 과정이나 교과서의 구성 취지와는 무관하게 입시를 위한 준비로서의 성격이 부각되고 있는 것이 현실이다. 국어과 교육에 대한 국가 사회적 기대 수준과 실제 교실에서 이루어지는 국어과 교육 사이의 괴리는 많은 부분이 입시라는 현실적 조건에 기인하는 것으로 논의되고 있다. 그러나 이상과 현실 사이의 조화점을 찾기 위한 노력의 부족이 더 중요한 원인이라고 판단된다. 이상과 현실을 일치시키기 위한 노력이 언제 어디서나 필요하다.

제5차 교육 과정 시기의 교과서에 이어 제6차 교육 과정을 토대로 만든 고등학교 국어 교과서는 그 체제 및 내용에 있어 그 이전 시기의 교과서와는 다른 관점에서 국어 수업을 할 것을 요구하였고, 그 뒤 제7차 교육 과정 시기의 교과서는 6차 시기와는 또 많은 부분이 다른 교과서로서 6차의 문제점을 개선하는 의도를 갖고 있다. 제1차~제7차 시기의 국어 교과서들은 국정 제도 아래 만들어진 교과서로서 좀더 나은 교과서를 만들고자 하는 의도를, 국어 교과에 요구하는 사회 문화적 요소를 반영하고자 하는 의도를 갖고 있다. 그리고 여러 교과서의 체제를 보여주고 있어 검인정 교과서로 바뀌는 시점에서 많은 시사점을 주고 있다. 이런 의미에서 고등학교 국어 교과서의 체제 및 내용을 분석하면서 그 구체적인 활용 방안을 탐색하는 일이 요구된다. 이 글에서는 이러한 필요성에 입각하여 고등학교 국어 수업의 질적 개선을 위한 방안의 일환으로, 검인정 교과서의 연착륙을 위한 방안의 일환으로 제1차~제7차 고등학교 국어 교과서의 체제 및 내용을 분석하고자 한다.

2. 국어 교과서의 구성상의 변천[1]

교과서의 개편은 교육 과정의 개정과 함께 한다. 즉, 교육 과정이 개정되고 이 개정된 교육 과정의 취지에 따라 교과서가 개편되는 것이다. 따라서 어떤 방식으로든 교과서는

---

[1] 이 글에서는 교과서 구성상의 변천을 단원 구성 방식과 단원 구성 체제로 나누어 살펴보기로 한다. 단원 구성 방식은 하나하나의 단원 설정에 적용되는 기준의 문제이고, 단원 구성 체제는 한 단원 내에서 제재들이 제시되는 방법의 문제이다. 즉, 단원 구성 방식은 단원 간의 문제이고, 단원 구성 체제는 단원 내의 내용 조직상의 문제이다.

교육 과정의 개정 취지나 기본 방향을 반영하게 된다. 고등학교 국어 교과서도 마찬가지이다. '국어 교과'를 조직하는 문제, 목표를 설정하는 문제, 내용을 선정하고 조직하는 문제 등이 교육 과정의 개정에서 심사 숙고해야 하는 문제이고, 교과서는 보다 구체적인 모습으로 그러한 것들이 드러나게 된다.

고등학교 국어 교과(제6차 교육 과정)는 국어 과목, 화법 과목, 독서 과목, 작문 과목, 문학 과목, 문법 과목 등으로 조직되어 있다. 국어 과목은 필수 과목이고, 나머지 과목들은 선택 과목이다. 국어 I, 국어 II(제1차~제4차 시기)라는 명칭으로 필수 과목과 선택 과목으로 분류하기도 했다. 이 글에서는 국어 과목에 대해서 교육 과정과 교과서와의 연관성을 살펴보겠다. 국어 과목 교과서('국어')는 종합 교과서의 성격을 띠고 있고, 나머지 화법, 독서, 작문, 문법, 문학 과목들의 교과서는 단일 교과서의 성격은 띠고 있다. 여기서는 1종 도서로서 고등학교 '국어' 교과서를 일관성 있게 살펴보는데 의의가 있으므로 선택 과목들에 관해서는 언급하지 않는다.

2.1. 제1차 교육 과정 시기의 교과서

제1차 교육 과정은 1955년에 제정 공포되었다. 종래(군정 당시)의 지식 중심 교육 과정에서 벗어나 생활 경험 주의를 표방하고 진보 주의 교육 과정을 내세웠다. 국어과 교육 과정도 생활 경험 중심 교육 과정을 받아들여 제1차 교육 과정에서는 고등학교 국어과의 목표는 사회적 요구에 적합한 것, 개인적인 언어 생활의 기능을 쌓는 것, 중견 국민으로서의 교양을 갖추는 것으로 정했다. 사회적 요구에 적합한 것으로는, 민주 국가의 공민으로서의 언어 생활을 훌륭하게 할 수 있어야 하고, 모든 언어 활동이 정확하고 세련된 것이 되어야 하고, 배운 것이 사회인으로서의 언어 생활에 나타나도록 하여야 하고, 국어 교육의 폭을 넓혀야 한다고 말하고 있다. 개인적인 언어 생활의 기능을 쌓기 위해서 국어 교육을 깊이 있고 철저하게 공부하고, 중견 국민으로서의 교양을 갖추기 위해서 언어를 품위 있게, 정확하게 사용하여 언어 생활에 있어 교양을 갖추도록 하고, 문학을 바르게 이해하고 감상하는 것을 중시하고 있다. 이 시기에는 국어 I, 국어 II가 있었고 국어 II 과목으로는 한문이 있었다. 국어 I은 22단위, 국어 II는 18단위가 주어졌다.

1) 단원 구성 방식

제1차 교육 과정 시기의 교과서는 어떤 구성 방식을 띠고 있는지 고등학교 2학년 교과서의 목차를 살펴보면 다음과 같다.

──────────── 〈제1차 교육 과정 시기의 교과서 단원 목차〉 ────────────

I. 말하기와 쓰기
　　1. 말의 속도와 강약　　2. 축사　　　3. 편지　　　　4. 일기
II. 수필 · 기행문
　　1. 수필　　　　　　　2. 수필의 영역
　　3. 생활인의 철학
　　4. 우리를 슬프게 하는 것들
　　5. 산정 무한
　　6. 그랜드 캐넌
III. 근대시
　　1. 시의 운율　　　　　2. 시적 변용에 대하여
　　3. 근대시 초　　　　　4. 시의 사명
IV. 영화와 연극
　　1. 영화 예술의 근대적 성격　2. 최후의 한 잎(시나리오)　　3. 희곡론
V. 독서
　　1. 면학의 서　　　　　2. 다독과 정독　　　3. 페이터의 산문
VI. 국어 · 국자의 변천
　　1. 우리말이 걸어온 길　2. 음운의 변천　　　3. 문자의 변천
VII. 고전
　　1. 집 떠나는 홍길동　　2. 조침문　　　　　3. 가효당의 설움
　　4. 어부 사시사　　　　5. 사미인곡　　　　6. 사모곡

──

고등학교 2학년 교과서를 살펴보면 7개의 대단원(단원), 29개의 소단원(제재), 전체 쪽수는 214 페이지로 이루어져 있다. 이 시기의 교과서는 영역 중심의 단원을 구성하고 있다.[2] 'I. 말하기와 쓰기, V. 독서, VI. 국어 · 국자의 변천' 단원은 단원의 제목에서 그 영역을 알

───────────────────────

2) 이 글에서는 대단원과 단원, 소단원과 제재가 같은 의미로 쓰인다.

수 있다. 나머지 단원들은 문학 영역 단원으로 구성되어 있다. 교육 과정에서 문학을 강조하고 있는 바, 문학 단원이 'II. 수필·기행문, III. 근대시, IV. 영화와 연극, VII. 고전'의 4단원이 설정되어 있다.

이때의 교과서는 문학, 그것도 고전 문학에 편향되어 있다. 읽기 영역에서는 설명문과 논설문을 다루고 있지 않고, 문학 영역의 단원에서 문학에 관한 평론을 다루고 있다. 이런 단원을 통해 이 시기의 단원들은 생활, 경험 중심 교육을 내세웠으나 전반적으로 '지식' 중심의 교과서였음을 엿볼 수 있다. 'I. 말하기와 쓰기, II. 수필·기행문, III. 근대시, IV. 영화와 연극, V. 독서, VI. 국어·국자의 변천' 등에서 '지식' 위주의 단원을 쉽게 찾을 수 있다.[3)]

2) 단원 구성 체제

단원의 구성 체제는 글을 모아놓은 독본에 해당한다. 각 단원이 어떤 목표를 가지고 어떻게 수업을 해야 할지 제시하는 바가 없이 읽을거리를 모아놓았다. 단원 구성 체제는 '대단원명(단원명), 소단원명(제재명), 익힘 문제'로 되어 있다. '익힘 문제'는 지식 위주의 문제가 4문제 정도 제시되어 있다. '익힘 문제' 다음에 인명 등에 대한 설명이 주어져 있는데 이 부분을 '주'라고 하고 있다.

대단원	1. 단원명	2. 단원명	3. 단원명	…
1. 단원명 2. 단원명 · · (1페이지)	○글 제시 (2~8페이지) ○익힘 문제 (4문제 정도, 1/3페이지 분량) ○주	· ·	· ·	· ·

대단원의 편성은 대개의 단원이 '작품-평론-이론', '이론-작품'으로 이루어진다. 나름대로 '국어'라는 과목에서 무엇을 가르칠까 하는 고민을 엿볼 수 있는데, 한 대단원을 이루는 소단원은 서로 긴밀한 관계를 지니고 있음을 알 수 있다.

---

3) '말하기와 쓰기, 수필의 영역, 시의 사명, 영화 예술의 근대적 성격, 희곡론, 다독과 정독, 우리말이 걸어온 길, 음운의 변천, 문자의 변천'과 같은 소단원을 살펴보면, 지식 중심의 단원임을 알 수 있다.

대단원 'II. 수필·기행문'에 '5. 산정 무한'이 제시되어 있다. 이 단원에 제시되어 있는 '익힘 문제'를 살펴보자.

---

1. 금강산 지도를 펴 놓고, 지은이가 지나간 발자취를 더듬어 가며 전문을 묵독(黙讀)하여 보라.
2. 묘사(描寫)가 뛰어난 곳을 찾아서 노우트에 옮겨 적고 다시 읽어 보라.
3. 이 글에 나타난 지은이의 회고(懷古)의 정이 이 글 전체의 표현과 어떻게 조화(調和)가 되는가를 생각하여 보라.
4. 이 글을 읽고, 기행문을 쓸 때에 주의할 점을 조목별로 적어 보라.
5. 휴가 중의 산악 기행(山岳紀行)을 제재(題材)로 하여 기행문을 써 보라.

'익힘 문제'는 해당 소단원이 무엇에 초점을 두어 학습할 것인가를 알게 해 준다. '산정 무한'의 학습은 위의 '익힘 문제'를 중심으로 이루어진다는 의미이다. 'o묵독하기, 대강의 내용 파악하기, o뛰어난 묘사 찾기, o지은이의 생각과 글의 표현이 조화를 이루고 있는 부분 찾기'를 목표로 수업을 전개해야 함을 지시하고 있다. 그리고 'o기행문을 쓸 때 주의할 점, o기행문 쓰기'도 이 단원 학습에서 중시될 학습 목표가 되고 있음을 제시하고 있다. 이 교과서로 수업을 할 때 '익힘 문제'를 어느 정도 고려하여 수업을 했는지는 알 수 없다. 그러나 '읽을거리와 익힘 문제'로 이루어진 단원 체제를 분명하게 인식하고 있었다면, '익힘 문제'가 간략하게 제시되어 있지만 교사의 역량에 따라 훌륭한 국어 수업이 가능했을 것이다.

2.2. 제2차 교육 과정 시기의 교과서

제2차 교육 과정은 1963년 개정 고시되었다. 제1차와 근본적인 점에서 차이는 없으나 제1차 교육 과정이 생활, 경험 중심 교육 과정을 부르짖었음에도 불과하고 현실적으로는 지식 위주의 교육이 되었음을 인식하고 생활, 경험 중심 교육이 구체적으로 드러나게 하였다.

제2차 고등학교 국어과 교육 과정도 근본적인 점에서 제1차와 차이를 보이지 않는다. 교육 과정의 체제에 있어서는 달라진 점을 보이나, 목표나 내용에 있어서 제1차와 대동소이하다.

이 시기의 국어 I은 24단위 국어 II(고전 과정, 한문 과정)은 18단위가 주어졌다.

1) 단원 구성 방식

제2차 교육 과정 시기의 교과서는 영역 중심의 단원을 구성한 것은 제1차와 그리 큰 변화를 보이지 않는다. 그러나 논설문에 대한 인식이라든지, 말하기에 대한 인식, 목표에 대한 인식 등에서 발전적인 모습을 보인다. 제2차 시기의 교과서는 대단원별로 목표를 제시하고 있어 무엇에 초점을 두어 학습할 것인지를 분명히 보여 주고 있다.

이 시기의 교과서가 어떤 구성 방식을 띠고 있는지 제2차 시기의 인문계 고등학교 2학년 교과서의 목차를 보이면 다음과 같다.

─────────────── 〈제2차 교육 과정 시기의 교과서 단원 목차〉 ───────────────

I. 시의 세계
    1. 근대시   2. 시를 쓰려면
    3. 시적 변용에 대하여   4. 시인의 사명

II. 국어의 이해
    1. 국어의 구조   2. 우리말이 걸어온 길
    3. 음운의 변천   4. 우리말의 어원

III. 여정의 표현
    1. 산정 무한   2. 그랜드 캐넌

IV. 문학과 비평
    1. 수필   2. 현대 소설의 특질
    3. 영화 감상

V. 음성 언어의 표현
    1. 말의 속도와 강약   2. 소설과 희곡 낭독법
    3. 방송극에 대하여

VI. 독서의 즐거움
    1. 면학의 서   2. 페이터의 산문
    3. 마지막 한 잎(시나리오)   4. 세계 문학 산책

VII. 국어 생활의 실제
    1. 여러 가지 읽기   2. 국어의 순화

　　　제2차 시기의 인문계 고등학교 2학년 교과서는 대단원 10개, 소단원 32개, 전체 252쪽으로 되어 있는데, 제1차에 비하여 교과서의 분량이 많아졌음을 알 수 있다. 이 시기의 국어 I은 24단위가 주어졌는데, 제1차 시기보다 국어 I의 단위 수가 2단위 많아졌다. 교과서의 분량이 많아진 것도 시간 수의 증가와 무관하지 않을 것이다.

　　　영역별로 단원을 구성하면서 읽기 영역 단원에서는 제1차 교과서에 비해 다양한 글을 제시하고 있고, 말하기, 쓰기 단원도 보다 강화된 모습을 보이고 있다. 제1차와 마찬가지로 문학 단원이 강조되고, 제2차 교과서도 여전히 '지식'이 강화되어 있다. 'I 시의 세계, II. 국어의 이해, IV. 문학과 수필, V. 음성 언어의 표현, VII. 국어 생활의 실제, VIII. 논문과 논설문, IX. 고대 산문의 음미'와 같은 대단원을 살펴보면 지식을 주는 소단원을 쉽게 찾아볼 수 있다. 생활 경험 중심 교육 과정을 내세웠지만 제2차 교육 과정 시기도 현실의 수업은 '지식' 위주의 교육이었다고 할 수 있을 것이다.

2) 단원 구성 체제

　　　제2차 시기의 인문계 교과서도 크게 보아 읽을거리를 모아 놓은 형태로 되어 있다. 단원 구성 체제는 '단원명, 단원 목표, 소단원, 익힘 문제'로 짜여있다. 그리고 한 가지 특징은 대단원 목표가 제시되어 각 단원의 지도 방향을 제시해 주고 있다는 것이다.

대단원명	(대단원 목표)	1. 단원명	2. 단원명	3. 단원명
1. 단원명 2. 단원명 · · · (1페이지)	목표 1/2페이지 (1페이지)	글 익힘 문제	//	//

'Ⅴ. 음성 언어의 표현' 단원을 예로 들면, 다음과 같이 대단원의 목표를 제시하고 있다.

우리의 생각과 느낌을 표현하기 위한 수단으로 음성 언어로서의 표현과 문자 언어로서의 표현을 들 수 있다. 전자는 입으로 말하여 귀로 듣는 것이고, 후자는 글자로 적어 눈으로 보는 것이므로, 전달의 효과 및 시간성, 공간성, 정확성, 신뢰성 등에 걸쳐 각각 장단점을 가지고 있다.

그러나, 평소 언어 생활에 있어서는 전달이 빠르고 정확한 음성 언어의 사용을 많이 하게 된다. 이러한 음성 언어 표현에 있어서는 그 효과를 위해서 여러 가지 표현 기술이 필요하다. 곧, 말의 속도, 강약, 음도, 형식은 물론, 쉼이나 고저, 장단 등 적시 적절한 표현이 그것이다.

우리들은 직접 보고 대화할 경우와, 방송이나 전화 등 대상을 직접 보지 못하고 말하거나 들을 경우의 음성 언어의 효과를 생각하여 바르고 곱고 효과 있는 말하기와 듣기에 노력하자.

이런 목표 아래 '1. 말의 속도와 강약, 2. 소설과 희곡의 낭독법, 2. 방송극에 대하여'의 세 개의 소단원과 각 소단원에 대한 익힘 문제'가 제시되어 있다.

'Ⅴ. 음성 언어의 표현'이란 대단원에서 '1. 말의 속도와 강약' 이란 소단원의 '익힘 문제'를 살펴보자.

---

1. 담화의 속도와 강약이란 무엇을 말하는 것인지를 담화의 실제를 통하여 확실히 알아 두도록 하라.
2. 이 과의 글을 읽고, 자기의 담화 생활을 더 효과적으로 하려면, 어떠한 점에 주의하여야 할 것인지를 분명히 알아 두라.

3. 담화를 잘 하기 위하여 필요한 조건 몇 가지를 정해 놓고, 교대로 교단 위에서 이야기를 한 후, 거기에 맞도록 말할 수 있었는지를 서로 비평하여 보라.

4. 강연과 연설을 비교하여 보고, 말하는 법이 각각 어떻게 다른지를 연구하여 보라.

소단원에 제시되어 있는 '익힘 문제'는 '지식' 위주-담화의 속도와 강약, 담화 생활에 주의할 점, 담화의 필요한 조건, 강연과 연설-로 구성되어 있지만, 실제로 말하기 활동도 할 것을 권하고 있다. 단지 그러한 활동이 좀 더 구체적으로 제시되지 못해서 영역별로 구성했음에도 불구하고 '지식' 중심의 교과서가 되고 있다. 위에서 살펴본 소단원과 '익힘 문제'는 제1차 시기에도 있었던 것이다. 이 '익힘 문제'는 읽을거리 형태의 교과서, 지식 중심의 교과서이지만 '국어' 답다. 하지만 모든 단원의 '익힘 문제'가 '국어'다운 것은 아니다. 제2차 교과서에 있는 'VIII. 논문과 논설문'이란 대단원에서 '1. 논문은 어떻게 쓰나, 2. 국민 경제의 발전책'이란 소단원의 '익힘 문제'를 살펴보면 '국어'의 성격이 후퇴한 것을 보게 된다.

(1. 논문은 어떻게 쓰나)

  1. 논문 제목 선정에 있어 유의할 점을 들라.

  2. 자료 수집은 어떤 방법으로 해야 되겠는가?

  3. 논문을 작성할 때 유의할 점과 갖추어야 할 점을 들라.

  4. 논문의 문장 표현은 어떻게 해야 하겠는가?

(2. 국민 경제의 발전책)

  1. 국민 경제란 무엇인가? 그 구성 요소와 국민 경제의 순환 관계를 설명하라.

  2. 경제 원칙이란 무엇인가?

  3. 저축은 왜 필요하며, 투자와 국민 소득과는 어떠한 관계에 있는가?

  4. 국민 경제의 영구적인 발전책은 외국 원조에 의존해야 하는가? 그렇지 않으면 국민 각자의 저축에 의존해야 하는가?

위의 '익힘 문제'에서는 논문을 쓰는 방법(1. 논문은 어떻게 쓰나)에 이어 예문(2. 국민 경제의 발전책)을 제시했는데, 그 예문에서 실제와 방법(이론)이 연관되도록 해야 하는데 사회 교과에서 배울 만한 내용을 묻고 말았다. 대단원의 목표를 제시하는 등 진일보한 점도 보이나 '익힘 문제'에 있어 일관성 있게 '국어'답게 체계적으로 구성하지 못하였다. 결국 국어

과 교육 과정의 영역을 고려한 교과서를 만들었지만 그 취지를 살리지 못했다.

제1차, 제2차 교육 과정 시기의 교과서는 영역별 단원 구성을 하고 있다. 그리고 지식 위주의 단원을 구성하고 있다. 교육 과정에서 활동 위주의 학습을 하도록 하고 있는 데 반해 교과서에서는 지식과 활동을 안배하지 못하고 있다. 그러나 제2차 교과서는 단원 목표를 제시한 점이 돋보인다. 제3차 교과서에 와서는 이런 면은 오히려 후퇴한 면을 보여주고 있다.

2.3. 제3차 교육 과정 시기의 교과서

제3차 교육 과정은 제1차, 제2차의 생활 경험 중심 교육 과정을 지양하고 학문 중심 교육 과정을 강조하였다(국어과 교육 과정은 4차에 들어와서 학문 중심 교육 과정을 표방했다). 그리고 국민 교육 헌장 이념을 바탕으로 하였다. 창조의 힘과 개척의 정신(개인 윤리면), 협동 정신(사회 도덕 윤리면), 국민 정신(국민 윤리면)의 국민 교육 헌장의 이념 구현을 기본 방향으로 삼고, 국민적 자질의 함양, 인간 교육의 강화, 지식·기술 교육의 쇄신을 기본 방침으로 삼았다. 고등학교 국어과 교육 과정도 이러한 기본 방향, 방침에 충실하고 있다. 교육 과정의 목표, 내용 등에서, 교과서에 실린 제재들에서 국민적 자질 함양, 인간 교육 강화, 지식·기술 교육의 쇄신 등의 방침을 명시적으로 반영하고 있다.

1974년에 개정 고시된 제3차 고등학교 국어과 교육 과정은 국어 I, 국어 II로 나누고, 국어 I, 국어 II을 포괄하는 일반 목표가 제시되고, 국어 I, 국어 II에 대하여 각각 '목표/ 내용-지도 사항과 주요 형식, 제재 선정의 기준/ 지도상의 유의점'을 제시하는 방식으로 교육 과정의 체제를 마련했다. 제3차 고등학교 일반 목표는 다음과 같이 제시되어 있다.

첫째, 교양 있는 생활에 필요한 국어 사용의 기능과 성실한 태도를 길러, 효과적이고 품위 있는 언어 생활을 영위하게 한다.

둘째, 국어를 통하여 사고력, 판단력 및 창의력을 함양하고 풍부한 정서와 아름다운 꿈을 길러 원만하고 유능한 개인과 건실한 중견 국민으로 자라게 한다.

셋째, 국어를 통하여 지식과 경험을 더욱 넓히고, 문제를 발견, 해결하려는 힘을 길러, 스스로 자기의 앞길을 개척하고 사회 발전에 적응하며 나아가 이를 선도하는 데 참여하게 한다.

넷째, 국어와 국어로 표현된 문화를 깊이 사랑하고, 이에 대한 이해를 넓게 하여 민족 문화 발전에 기여하게 한다.

언어 생활, 개인 생활, 건실한 국민 육성, 문화 창조의 네 가지 점에서 진술한 국어과 교육의 목표에도 잘 드러나 있듯이 제3차 교육 과정은 언어 사용을 사고 차원으로 강조하고 있고, 가치관 교육도 강조되고 있다. 특히 가치관 교육을 위해 '제재 선정의 기준'을 두고 있다. 이 시기의 교육 과정에는 국어 I은 20-24단위, 국어 II(고전, 작문)는 8-10단위를 하도록 하였다.

1) 단원 구성 방식

제3차 교육 과정은 제1차, 제2차에 비하여 교육 과정이 체계화되어 있다. 그 교육 과정을 토대로 해서 만든 교과서도 체계화되어 있음을 알 수 있다. 이 시기의 교과서에서는 어떤 단원 구성 방식을 취하고 있는지 고등학교 인문계 2학년 교과서의 목차를 보이면 다음과 같다.

──────────────── 〈제3차 교육 과정 시기의 교과서 단원 목차〉 ────────────────

나의 소원
    1. 나의 소원   2. 논설 두 편   3. 조국
국어의 이해(2)
    4. 국어의 특질   5. 우리말의 어원   6. 우리말이 걸어온 길
사색의 제목들
    7. 그리운 우리 임   8. 일관성에 관하여
    9. 가난한 날의 행복   10. 슬픔에 관하여
고전의 세계
    11. 조침문   12. 물
    13. 집 떠나는 홍길동 14. 페이터의 산문
고향
    15. 고향   16. 조국 순례 대행진에 부침
    17. 탈고 안 될 전설 18. 새마을 운동에 관하여
면학의 서
    19. 면학의 서   20. 독서와 인생   21. 등신불

국문학의 발달(2)

제3차 인문계 고등학교 2학년 교과서는 10개의 대단원, 37개 소단원, 전체 316페이지로 되어 있다.

위의 목차를 살펴보면 '국어 이해(2), 고전의 세계, 국문학의 발달(2), 문학 이야기'와 같은 대단원은 지식 위주의 단원이다. 이런 단원들에서 국어 교과서로서의 특성을 찾아볼 수 있다. 이 단원들은 '제재 선정의 기준'의 '(2) 어학에 관한 내용, (3) 문학에 관한 내용' 항목을 반영하고 있다. (2), (3)항은 국어 특유의 지식 체계를 지도하기 위한 것으로서 반드시 선정, 지도되어야 한다고 교육 과정에 못을 박아놓고 있다.

이에 반해 '나의 소원, 사색의 제목들, 고향, 면학의 서, 만추의 서정, 국토와 역사'와 같은 대단원은 반드시 국어 교과서임을 알려주지 않는다. 이런 단원명은 다른 교과서의 목차로도 얼마든지 쓰일 수 있다. 그러나 대단원에 들어 있는 '조국(희곡), 그리운 우리 임(시), 고향(시), 등신불(소설), 만추(시)' 같은 소단원(제재)은 교과서에 문학 제재가 많이 쓰이고 있음을 알게 해 준다. 교과서 제재로 수필도 많이 등장하고 있고 논설문도 등장하고 있다. 그러나 설명문은 거의 찾아볼 수 없다.

위의 목차를 보면 대단원은 소단원들과 긴밀히 연관되어 있지 않다. 시, 소설, 희곡, 수필 등 많은 작품들이 왜 이 단원에 실려 있는지, 어떤 의도로 실려 있는지 알 수가 없다. 교육 과정의 '제재 선정의 기준'에 의하면 가치 목표를 염두에 두고 작품을 골랐다고 할 수 있을 것이다. 그러나 제3차 시기의 중학교 교과서에 비하면 가치 목표를 거의 표면에 내세우지 않았다고 할 수 있다. 그래도 제3차 시기의 고등학교 교과서도 주제 중심으로 편찬했다고 할 수 있다. '나의 소원, 사색의 제목들, 만추의 서정' 등과 같은 대단원명은 소단원들의 주제와 관련이 있다. 물론 대단원과 소단원 사이의 연관성이 긴밀하진 못하다. 소단원이 다른 대단원에 가 있어도 별 지장이 없을 정도이므로, 많은 작품을 골라 제시하고 있으나 목표(의도)가 분명하지 않다. 제3차 시기의 교과서는 학생들에게 읽힐 만한, 주제가 적당하다고 생각되는 글들을 선정하고, 주제가 관련이 있는 글을 모아 단원을 구성했다고 하겠다.

2) 단원 구성 체제

제3차 교육 과정 시기의 교과서는 국어과 교육의 '내용'에 대한 고려 없이, 제재의 주제를 기준으로 구성하고 있다. 따라서 자연스럽게 독본 형식을 띠고 있는 교과서가 되고 있다. 그렇지만 단원 구성 체제는 상당히 진보된 모습을 보인다. 각 단원은 다음과 같이, '대단원명, 소단원과 공부할 문제'로 구성되어 있다.

대단원명	1. 소단원명	공부할 문제	2. 소단원명	공부할 문제	…
소단원명 〃 〃	글	1페이지	글	1페이지	

제3차 시기의 교과서는 제1차, 제2차와는 달리 '공부할 문제'가 조직적으로 짜여져 있다. 제1차, 제2차의 경우는 4-5문제를 제시하고 있지만 제3차의 경우 한 페이지를 할애하여, 그 단원에서 공부할 문제(목표)가 무엇인지 '공부할 문제'를 통해서 분명히 하고 있다.

대단원 '면학의 서'에 제시된 '독서와 인생, 등신불'의 '공부할 문제'를 예로 들어보자.

(독서와 인생)

1-1. 각자 가벼운 논설문을 한 편씩 써 보자. 쓸 때에는 소화된 주제를 설정하고, 그것을 살리는 데 알맞은 소재, 재료, 자료 등을 잘 선택하도록 하자.

2-1. 다음에 관하여 알아보자.

　　(가) 서적의 필요

　　(나) 기록의 필요

　　(다) 수양에 관한 서적의 필요

3-1. 각자 다음을 반성해 보자.

    (가) 유용한 책을 계속 읽고 있는가?

    (나) 독서의 방법은 효과적인가?

4-1. 다음 한자를 익히자.

〈등신불〉

1-1. 글을 읽을 때에는 그 내용을 정확하게 이해하도록 노력하고, 여기선 우선 이 글의
    짜임과 인물(만적)의 성격, 그리고 이 글에 감도는 분위기를 알아보자.

2-1. 다음을 한 번 더 상상해 보자.

    (가) 사 신의 목에 염주를 걸어 주는 만적의 모습

    (나) 등신불의 표정

2-2. 분류 척도(分類尺度)를 마련해서, 소설을 분류해 보자.

3-1. 다음에 관하여 생각해 보자.

    (가) 신념과 생명

    (나) 보은(報恩)

4-1. 다음 한자를 익히자.

위의 '공부할 문제'는 1-1은 말하기나 쓰기와 읽기 영역의 교육 과정과 관련지어 문제를 제시하고 있다. 2-1, 2-2는 소단원의 읽을거리와 직결되는 구체적인 물음을 던지고 있다. 3-1은 소단원 학습과 관련되는 것으로 '더 생각해 보기' 활동을 유도하고 있다. 4-1은 한자 익히기 학습을 제시하고 있다.

제3차 시기의 교과서는 '공부할 문제'가 체계화되어 있는 것이 눈에 뜨인다. 교육 과정에 제시되어 있는 지도 내용을 고려한 말하기, 쓰기, 읽기 활동, 제재 글의 독해 활동, 제재 학습과 관련된 심화 활동으로서 조사 발표하기, 더 생각해 보기 등의 활동을 제시하고 있다. 즉, '공부할 문제'에서는 조직적, 체계적으로 교육 과정의 영역별 지도 내용 요소를 망라하고 있다. 그러나 제재의 선정이 말하기, 듣기, 읽기, 쓰기 등의 영역에서 다루어야 할 지도 내용을 기준으로 하고 있지 않기 때문에 '공부할 문제'에 제시된 말하기, 쓰기, 읽기, 쓰기는 상당 부분 형식적인 제시에 그치고 있다. 또한 '공부할 문제'가 체계적이기는 하나 학습 방법, 절차에 대한 정보가 전혀 없어 '공부할 문제'에서 제시하고 있는 말하기, 듣기, 쓰기, 읽기 등의 활동이 중심이 되는 수업이 아닌, 제재 글의 주석 중심의 수업을 유도하고 있다. 결국 '공부할 문제'가 형식적으로 다루어지고 있다고 하겠다. 물론 '공부할 문제'의 중요성을

염두에 둔다면, '공부할 문제'에 제공된 활동을 상세히 재구성하여 수업을 할 수 있을 것이다. 이런 부분은 교사의 몫일 수 있으나 교과서의 취지를 분명히 제시하는 것은 편찬자의 몫이다. 제3차 시기의 교과서는 수용자와 공급자가 이런 괴리를 좁히지 못했다.

2.4. 제4차 교육 과정 시기의 교과서

1981년에 개정 고시된 제4차 국어과 교육 과정은 국어과의 특성의 명료화, 학습 내용의 적정화를 기본 방향으로 삼고 세부적으로는 언어 기능의 신장 강화, 문학 교육의 강화, 언어 교육의 체계화, 작문 교육의 강화, 가치관 교육의 내면화를 개정의 방향으로 삼았다. 이러한 방향은 교육 과정에서 문학 관련 내용과 언어(문법) 관련 내용이 독립된 영역으로 제시된 것에서 단적으로 드러난다. 이 시기의 고등학교 교과서도 이러한 방향으로 편찬되었다.

제4차 교육 과정 시기의 국어 교과는 제3차와 달라진 점이 많다. 우선 필수 과목 '국어'(1차~3차의 국어 I)의 이수 단위가 축소 조정되었다. 제3차에서 20~24단위였으나 제4차에서는 14~16단위로 줄어들었다. 선택 과목은 제3차에서는 8~10단위였으나 제4차에서는 14~18단위로 확대 조정되었다. 제3차에서는 선택 과목(국어 II)이 고전 문학과 작문의 2과목이었으나 제4차에서는 현대 문학, 작문, 고전 문학, 문법의 4과목으로 바뀌었다. 제4차에서의 이러한 변화는 국어과 교육 과정 개정 방향에서 제시한, 문학 교육, 작문 교육의 강화, 언어 교육의 체계화라는 강조점을 구현한 것이다. 또한 국어 및 문법 교과서는 1종 도서, 현대 문학, 작문, 고전 문학은 2종 도서로 한 것은 점진적으로 1종 도서의 2종 도서화라는 교과서 정책에 따른 것이다.

1) 단원 구성 방식

제4차 교육 과정 시기에 '국어' 과목이 어떻게 변화했는지, 교과서의 단원 구성 방식을 통해 살펴보자. 고등학교 국어 2학년의 목차를 예로 보이면 다음과 같다.

──────────── 〈제4차 교육 과정 시기의 교과서 단원 목차〉 ────────────

1. 시
   (1) 진달래꽃　　　　　　(2) 그 먼 나라를 알으십니까

(3) 모란이 피기까지는 　(4) 나그네

(5) 국화(菊花) 옆에서 　(6) 가을에

2. 국어의 이해

(1) 국어(國語)의 특질(特質) 　(2) 우리말이 걸어온 길

3. 소설

(1) '구운몽(九雲夢)'에서 　(2) 학 　(3) 별

4. 논설문

(1) 민족 문화의 전통과 계통 (2) 조국 순례 대행진

5. 시조와 가사

(1) 고시조(古時調) 　(2) 현대 시조(現代時調) 　(3) 상춘곡(賞春曲)

6. 설명문

(1) 연극(演劇)과 영화(映畵) (2) 문학(文學)의 구조(構造)

7. 기행문

(1) 유한라산기(遊漢拏山記) (2) 산정 무한(山情無限)

8. 국문학의 이해

(1) 고전 문학사(古典文學史) (2) 한국 문학의 사상적 배경

9. 수필

(1) 조침문(弔針文) 　(2) 나무 　(3) 마고자

부록 (1) 독서의 방법과 단계 (2) 현대 생활과 토의

　제4차 고등학교 교과서는 9개의 대단원과 25개 소단원(제재), 전체 200페이지, 부록까지 218페이지로 제3차보다 페이지는 적다. 이것은 단위 시간 수가 적은 데서 오는 결과이다.

　'국어의 이해', '국문학의 이해'와 같은 내용 단원(지식 위주의 단원)을 제외하면 교과서의 단원 구성 방식이 문종을 기준으로 하고 있다. 시(시조, 가사), 소설, 논설문, 설명문, 기행문, 수필 등의 단원명을 보면 제4차 시기의 교과서는 장르별로 단원을 구성했음을 알 수 있다. 이 시기의 교과서에서 각 단원의 제재 선정 시 가장 중요한 기준은 제재 글이 설명문이면 설명문으로서 형식적 요건을 분명히 가지고 있느냐 하는 점이다. 이러한 단원 구성 방침은 제3차 교육 과정 시기의 교과서가 지나치게 가치 목표를 전면에 내세워서 비판을 받았던 점을 염두에 둔 것으로 보인다. 국어과 교육이 언어 사용 기능을 길러 주는데 목표가 있다는 점을 생각하면 이 시기의 교과서가 언어 형식을 중심으로 단원을 구성한 것은 제3차 교육 과정 시기의 가치 덕목 중심으로 단원을 구성한 것에 비하면 진일보한 것이다. 또, 문학

교육의 강화라는 교육 과정 개정의 방향은 문종 중심으로 단원을 구성한 것에서 드러난다.

위의 목차를 살펴보면 제3차 시기의 교과서에 쓰였던 글(제재)이 많이 쓰였음을 확인할 수 있다. '진달래꽃, 모란이 피기까지는, 국화 옆에서, 가을에, 국어의 특질, 우리말이 걸어온 길, 민족 문화의 전통과 계통, 조국 순례 대행진, 상춘곡, 산정 무한, 조침문, 마고자' 등이 제3차 고등학교 2학년 교과서에도 쓰였던 제재 글들이다. 제3차 경우에 이 글들이 왜 사용되었는지 그 의도를 알 수 없었던 반면 제4차의 경우엔 이 글들이 왜 쓰였는지 분명히 밝히고 있다. 논설문이라면 논설문을, 설명문이라면 설명문을, 시라면 시를 지도할 것을 명확히 하고 있다. 이런 면에서도 제4차 시기의 교과서는 진일보한 것으로 평가할 수 있다.

2) 단원 구성 체제

제4차 교육 과정 시기의 교과서의 단원 구성 체제는 많이 변화한 모습을 보여준다. 단원 목표와 목표에 대한 설명을 제시하고 있으며, 소단원 글이 제시된 다음에 '학습 문제'가 보다 구체적으로 제시되어 이 단원에서 무엇을 배울 것인지 알게 해 준다.

단원명	단원 목표	(1) 제재	(2) 제재	(3) 제재	학습 문제
(1) 제재 (2) 제재	목표에 대한 설명 (1페이지)	(글)	(글)	(글)	(2페이지)

'1. 시' 단원의 예를 들어보면 '○시의 음악성과 암시성을 알아보자. ○체험이나 상상의 내용을 소재로 하여 정서적인 글을 지어 보자.' 라는 목표를 제시하고, 목표에 대한 설명을 제시하고 있다. 이 목표를 살펴보면 제4차 교과서는 학문 중심 교육 과정의 취지를 잘 반영하고 있다. 대부분의 단원 목표는 '-알아보자'로 진술되어 있어 지식 위주의 교과서임을 보여주고 있다. 단원이 문종 중심으로 구성되어 있고, 각 문종에서 알아야 할 것(교육 과정에 제시된 '내용')이 단원의 목표가 되고 있다. '2. 국어의 이해'와 같이 내용 단원인 경우는 '지식'이 단원의 목표이지만, 그 밖의 단원의 경우도 거의 대부분 지식이 단원의 목표로 제시되어 있다. '○시조의 발달 과정 및 정서와 사상의 변천을 알아보자. ○가사의 형식과 내용을 알아보자. ○글의 추상적 진술과 구체적 진술의 관계를 알아보자. ○지은이의 표현 의도를 알아보자. ○여러 가지 진술 방법과 표현법을 알아보자.…' 등과 같이 대개의 지식 위주의 단원

목표가 설정되어 있다. 이러한 단원 목표는 '학습 문제'에서 다시 한번 강조된다.

고등학교 2학년 '4. 논설문 (1) 민족 문화의 전통과 계승 (2) 조국 순례 대행진'에 제시된 '학습 문제'를 살펴보자.

1-1. 두 편의 글에서 다음을 알아보자.

    (1) 주어진 문제의 핵심은 무엇이며, 그것이 잘 드러났는가?

    (2) 사실, 지식, 의견을 구분하여 썼는가?

    (3) 주장하는 바를 뒷받침할 확실한 근거가 있는가?

    (4) 판단이나 평가가 사사로운 감정이나 편견에 기울어지지 않고 공정하였는가?

1-2. 두 편의 글에서 내용이 생략된 부분을 찾아보고, 문맥에 비추어 생략된 내용을 유추해 보자.

1-3. 다른 사람의 말을 듣고 말하는 이의 판단이나 평가가 공정한지 분별해 보자.

2-1. 두 편의 글에서 문장과 문장, 문단과 문단이 논리에 맞게 접속되었는가를 살펴 보자.

2-2. 두 편의 글을 읽고, 다음 문제에 대한 각자의 의견을 말해 보자.

    (1) 민족 문화의 가치

    (2) 모방과 창조

    (3) 민족 문화에 대한 우리의 자세

    (4) 현실과 이상

    (5) '우리 의식'

3-1. 다음과 같은 구상(構想)에 따라 '독서와 생활'이라는 제목으로 논설문을 써 보자.

    서론

    본론

    결론

4-1. 다음 한자로 이루어진 단어를 익히자.

    (생략)

5-1. 모음의 체계를 알아보자.

    (생략)

'학습 문제 1'은 목표에 준한 학습을 지향하고 있다. 이 단원의 목표는 'ㅇ판단이나 평가가 공정한지 분별해 보자. ㅇ생략된 내용을 유추하며 읽어 보자. ㅇ사실, 지식, 의견 등을 논리적

으로 표현해 보자.'이다. '학습 문제 1'은 이 목표가 제대로 학습되었는지 확인하는 문제이다. 제4차 교과서는 문종 중심의 단원을 구성하면서 단원의 체제는 목표 중심의 학습을 의도하고 있다.

'학습 문제 2'는 읽을거리(제재)의 학습을 의도하고 있고, '학습 문제 3'은 쓰기 학습을 제시하고 있다. 논설문 단원이면 논설문 쓰기, 기행문 단원이면 기행문 쓰기, 수필 단원이면 수필 쓰기로 문종 중심의 교과서의 장점을 살리고 있다. '학습 문제 3'에서 제4차 교육 과정이 작문 교육을 강화하겠다는 개정 방향을 반영한 것을 알 수 있다.

'학습 문제 4'에서는 한자 학습[4]을, '학습 문제 5'에서는 문법 학습을 하도록 하고 있다. '학습 문제 5'는 제4차 교육 과정에서 언어 교육을 체계화하겠다는 의도가 반영된 것이다. 이 문법 학습은 단원의 학습과는 무관한 것이다. 교육 과정의 '언어' 내용을 체계화시키고 그 내용을 매 단원에 제시하고 있다. 물론 매 단원마다 학습 문제를 통하여 제시하지 않아도 지도는 가능하다. 즉 별도의 문법 학습도 가능할 것이다. 그러나 어떤 순서로 학습해 나가야 할 지, 어느 정도의 깊이로 학습할 지 등을 교과서를 통해 알게 해 준다고 하겠다.

제4차 교과서의 '학습 문제'는 각 단원에서 무엇을 학습하는지 보여주고 있다. 무엇보다도 목표가 가장 중요한 학습 요소임을 보여주고 있다. 교육 과정에서 제시되어 있으나 체계적으로 학습할 수 없었던 '언어', '쓰기' 영역을 '학습 문제'를 통해서 체계적으로 다룰 수 있게 되었다. 1, 2, 3차에 비하여, '학습 문제'가 강화되어 있고, 제재마다 학습 문제를 두지 않고 단원 전체가 끝난 다음에 제재들을 묶어서 학습 문제를 제시하고 있다.[5]

제1차, 2차, 3차, 4차 교육 과정 시기의 교과서는 교육 과정을 어떻게 구체화시킬 것인지 고민한 흔적을 지니고 있다. 교육 과정의 영역별로(1, 2차), 글의 주제별(3차) 혹은 문종별(4차)로 단원을 구성하는 등 여러 방식을 시도하고 있다. 그렇지만 가장 중시한 점은 좋은 글을 가려 뽑는 것이었고, 어떤 방식으로 학습시킬 것인지에 대해서는 교사에게 맡기는 점이 많았다. 4차 교과서에서는 목표 중심의 수업을 유도하고 있지만, 4차가 학문 중심 교육 과정을 지향하고 있으므로 다양한 활동을 통해 듣기, 말하기, 쓰기 등의 학습을 어떻게 해야 할지 체계적으로 접근하기는 어려웠다. '-해 보자'라는 지시만으로 학습이 되지 않는다.

---

4) 중·고등학교에서 배워야 한자의 학습을 위해 제3차부터 제7차에 이르기까지 '국어' 책에 한자 학습이 제시되어 있다.

5) 단원 전체가 끝나고 제재들을 묶어서 학습 문제를 제시한 것은 '작문, 문법'을 단원마다 '학습 문제' 속에 다루기 위해서이다. 이런 점은 중학교와는 단원 구성 체제에 있어 다른 점을 보여주고 있다. '작문, 문법'을 중학교에서는 별도의 제재로서 학습하게 하고 있다.

제4차까지의 교과서는 여기에서 벗어나지 못했다고 하겠다. 흔히 지금까지 읽기 중심의 교육을 했다고 하지만 여전히 주석을 다는 교육이 읽기 교육의 본령으로 인식되고 있었고, 전반적인 국어과 교육의 모습이 여기에 머물러 있었다고 하겠다.

'익힘 문제'(1, 2차), '공부할 문제'(3차), '학습 문제'(4차)가 중요하게 제시되어 있지만 중요성을 인식시키지 못하였다. 분량으로 봐서, 단원의 마지막에 제시되어 있는 것으로 봐서, 그냥 붙박이로 있는 것이란 인상을 준다. 이런 인상을 주었다는 것은 그 동안의 국어과 교육이 읽을거리 중심으로 진행되어 왔음에서도 알 수 있다. 교과서의 편찬 취지를 알고 그에 맞게 어떤 방식으로 학습할 것이냐는 교사의 몫일 수도 있다. 그러나 편찬 의도를 명확하게 제시하는 것이 편찬자의 의무이다. 그런 의미에서 1차~4차의 교과서는 편찬 의도를 분명하게 제시하지 못하는 우를 범했다고 하겠다.

1차, 2차, 3차, 4차로 오면서 교과서의 체제나 학습 문제를 제시하는 방법이 점점 발전적인 모습을 보여준다. 4차 시기에 와서는 단원의 목표를 분명히 제시하고 교육 과정의 내용 영역을 고루 반영하려고 노력했다. 하지만 여전히 읽을거리가 중심이 되고 있다. 쓰기, 문법 (언어)은 학습 문제로 제시되어 있다고 하더라도 말하기, 듣기의 음성 언어 영역은 여전히, 1, 2차보다 소홀히 다루어지고 있다.

2.5. 제5차 교육 과정 시기의 교과서

1987~1988년에 개정 고시된 제5차 국어과 교육 과정은 언어 사용 기능을 국어과 교육의 궁극적인 목표로 하여 기능 교과로서의 국어과 교육의 성격을 부각시켰다. 이에 따라 교수- 학습 상황에서의 주체를 학생으로 보고, 학생들이 자신의 언어로 자신의 주변 세계에 대하여 말하고, 듣고, 읽고, 쓰는 기회를 많이 주고자 하였다. 또한 언어 사용의 결과보다 언어 사용의 과정을 중시하고, 교실에서 일어나는 교수-학습이 타교과의 학습 및 실제의 언어 생활에서 효과적으로 활용될 수 있도록 교수-학습 내용의 실제성을 강조하였다. 즉, 국어과 수업의 내용과 활동이 실제 상황과 유사하도록 하였다. 고등학교 국어 과목도 위와 같은 취지에서 편찬되었다.

제5차 교육 과정의 경우, 공통 필수 과목 수 및 배당 단위의 수 축소, 선택 과목의 확대 개편이라는 경향이 강하게 드러났다. 국어 I, II가 폐지되고, 국어, 문학, 작문, 문법 과목을 신설하였다. 필수 과목인 '국어'는 10단위, 선택 과목인 '문학, 작문, 문법'은 8단위, 6(4) 단위,

4단위가 주어져 선택 과목에 전체 18(16) 단위가 주어졌다.

1) 단원 구성 방식

제5차 교육 과정 시기의 고등학교 국어 과목의 구성 방식을 알아보기 위해 '국어 상'의
목차를 보면 다음과 같다.

──────────────── 〈제5차 교육 과정 시기의 교과서 단원 목차〉 ────────────

1. 설명
   (1) 설명의 의의   (2) 설명의 방법
2. 독서의 의의
   (1) 인생의 지혜로서의 독서 (2) 민족 문화의 전통과 계승
3. 언어와 사회
   (1) 언어의 사회성   (2) 문체와 사회   (3) 국어의 순화
4. 소설과 사회
   (1) 문학과 현실   (2) '삼대(三代)'에서   (3) 허생전(許生傳)
5. 쓰기의 기초
   (1) 좋은 글의 요건   (2) 문장 쓰기
6. 시의 세계
   (1) 시와 언어   (2) 현대시   (3) 고전 시가
7. 국어의 이해
   (1) 우리말의 이모저모   (2) 어원 연구에 대하여   (3) 우리말의 옛 모습
8. 쓰기의 실제
   (1) 글쓰기의 과정   (2) 단락쓰기   (3) 글의 구성
9. 설득
   (1) 설득의 의의   (2) 설득의 방법
10. 독서의 방법
   (1) 독서의 방법   (2) 학문의 목적   (3) 유한라산기(遊漢挐山記)
11. 수필 감상
   (1) 슬견설(虱犬設)   (2) 신록 예찬(新綠禮讚)
■ 부록
   한글맞춤법

───

제5차 고등학교 국어 교과서는 상, 하 두 권으로 편찬되었다. 위의 '국어 상'은 11개의 대단원, 28개의 소단원이 258페이지로 되어 있다. 부록으로 한글 맞춤법이 37페이지 분량으로 제시되어 있다. 제1차~제4차까지 3권(1, 2, 3학년)으로 구성된 것이 2권(상, 하)으로 구성된 것은 단위 수가 줄어든 탓이다.[6]

제5차 교육 과정 시기의 교과서는 교육 과정의 영역에 따른 단원 구성 방식을 취하고 있다. 단원 목차를 살펴보면, 말하기·듣기 단원(1. 설명, 9. 설득), 읽기 단원(2. 독서의 의의, 10. 독서의 방법), 쓰기 단원(5. 쓰기의 기초, 8. 쓰기의 실제), 언어 단원(3. 언어와 사회, 7. 국어의 이해), 문학 단원(4. 소설과 사회, 6. 시의 세계, 11. 수필 감상)으로 되어 있는데, 이는 말하기, 듣기, 읽기, 쓰기, 언어, 문학으로 교육 과정의 '내용' 영역으로 구성되어 있기 때문이다. 이 점은 제1차, 제2차 교육 과정 시기의 교과서와 일맥 상통한다. 또한 대단원명이 목표를 제시하고 있다고 볼 수 있다. 그런 면에서 영역별로, 목표별로 단원을 구성했다고 하겠다.

제5차에 들어와서 그 동안 관심을 기울이지 않았던 말하기, 듣기 영역이 단원으로 구성되었다. 그리고 제4차 교과서에서는 읽기 단원 뒤의 학습 문제에 별도로 제시되었던 쓰기, 문법(언어) 영역이 독립된 단원으로 설정되었다는 것에 의미가 있다. 그러나 고등학교의 교육 과정을 구체화시킨 고등학교 교과서는 초등학교와 중학교에 비하여 교육 과정과 교과서의 관계가 직접적으로 뚜렷하게 드러나지 않는다.

위의 '국어 상'의 목차를 보면 영역별로 단원을 구성했기 때문에 제1차~제4차 교과서에 비해 읽을 글이 적고(문학 3개 단원, 읽기 2개 단원), 단위 수가 적어 교과서의 읽을거리가 예전에 비하여 줄어들었다. 그러나 언어 2개 단원, 쓰기 2개 단원, 말하기·듣기 2개 단원을 고루 배정하여, 의도대로라면 실생활에 부합되는 수업이 가능하도록 교과서가 구성되었다고 하겠다.

2) 단원 구성 체제

단원 구성 체제는 제5차에 들어와서 많은 변모를 보여주었다. 제5차 교과서의 구성 체제는 다음과 같다.

---

6) 필수 과목 '국어'의 시간 수는 제1차 22단위, 제2차 24단위, 제3차 20~24단위, 제4차 14~16단위, 제5차 10단위, 제6차 10단위이다.

대단원명	단원의 길잡이	(1)제재	학습활동	(2) 제재	학습활동	단원의 마무리
(1) 단원명 (2) 단원명	(1페이지)	읽기, 문학 단원 - 글제시 말하기·듣기, 언어 쓰기 단원 - 설명하는 글 제시	(1-2페이지)	//	//	(2페이지)

제5차 고등학교 국어 교과서도 중학교와 같이 '단원의 길잡이-학습 활동-단원의 마무리'라는 구성 체제로 되어 있다. 이러한 단원 구성 체제에서 핵심이 되는 것은 '학습 활동'이다. 제5차 교과서는 활동 중심의 수업을 의도하고 있음을 알 수 있다. 그러나 실제 현장 수업의 모습은 초등학교나 중학교에서 활동 중심 수업이 이루어진 만큼, 고등학교에서는 '학습 활동'을 중심으로 활동 중심 수업이 이루지지는 않았다.[7]

'1. 설명' 단원에서 '(2) 설명의 방법'의 '학습 활동'을 살펴보자.

---

1. 본문을 읽고, 다음 물음에 간단히 답해 보자.
   (1) 설명하는 말하기의 방법과 절차 및 유의점은 무엇을 기준으로 결정해야 하는가?
   (2) 일상생활에서 설명하는 말하기가 필요한 경우의 예를 세 가지씩 찾아보자.
2. 설명하는 말하기에서 실생활의 예를 찾아서 이용하는 것이 과연 효과적인지, 효과적이라면 그 이유는 무엇인지를 이야기해 보자.
3. 다음은 곰에 관해 조사한 자료의 일부이다. '곰의 생태'를 설명하는 데 필요한 자료를 고르고, 부족한 자료는 보충해서 5분 정도로 말해 보자.(6가지 자료 제공)
4. 다음은 '10대의 스트레스'라는 주제를 설명하기 위해서 수집한 자료들이다. 어떤 각도에서 이 주제를 다룰 것인가에 따라 필요한 자료를 고르고, 부족한 자료는 보충해서 5분 정도로 말해 보자.(9가지 자료 제공)
5. 다음을 5분 정도로 설명해 보자.
   (1) 우리 마을 이름의 유래
   (2) 자전거 타는 법
   (3) 자동 온도 조절기의 원리

---

7) 제5차 교과서가 의도대로 실현되지 못한 이유는 고등학교 교육에서 제일 큰 비중을 차지하는 것이 대학 입시라는 점, 교과서 자체가 활동 위주의 수업을 하도록 잘 짜여있지 못한 점을 들 수 있다.

위의 '학습 활동'은 말하기 활동을 유도하고 있다. '설명의 방법'이란 본문을 이해하고, 실제 말하기 활동을 하도록 짜여져 있다. 설명하는 글이 주어지고 설명을 하는 경우, 자료를 찾아서 설명을 하는 경우 등으로 난이도를 달리 하여 활동을 제시하고 있다. 이런 교과서는 하나의 자료가 되어 교사가 목표에 도달할 수 있도록, 더 적절한 활동거리로 바꾸어 가며 수업을 할 수 있는 바탕을 제공한다. 이렇게 교사가 능동적으로 교과서를 활용할 때 영역별, 목표 중심의 교과서의 의미가 살아난다. 그런데 제5차 고등학교 교과서의 경우, 영역별, 목표별 단원 구성이 그 의미가 충분히 살아나지 못했다. 활동 중심의 수업이 현실에 부합되지 못했고, 특히 말하기, 쓰기 영역의 경우, 평가 문제가 해결되지 못한 탓으로 현실적으로 수업의 모습을 크게 바꾸지는 못했다.

4. 소설과 사회'에서 '(2)'삼대'에서'의 '학습 활동'을 살펴보자.

---

1. 본문 내용을 통해 다음을 살펴보자.
   (1) 이 글에서 치밀한 묘사가 나타난 부분을 찾아보자.
   (2) 덕기와 병화의 성격은 어떻게 다른지 알아보자.
   (3) 조의관의 성격 특징을 말해 보자.
2. 다음 사항에 관해 이야기해 보자.
   (1) '삼대'에서 본받을 만한 인물이 많지 않다면, 그렇게 된 이유를 알아보고, 소설을 읽는 방식에 대해서도 토론해 보자.
   (2) 조부가 재물에 대해 집착하는 이유는 무엇인지 알아보고, 가치 있는 삶이란 점에서 비판해 보자.
   (3) 이 글이 쓰일 무렵의 시대적인 상황이 어떠했는지 알아보자.
3. 다음에 대하여 조사해 보자
   (1) 장편 소설과 단편 소설은 어떻게 다른지 다음과 같은 점에 유의하여 알아보자.
      ① 이야기 전개 방식 ② 인물들의 역할 ③ 주제 표출 방식
   (2) '삼대' 전편(全篇)을 읽어 보고, 인물들의 관계를 표로 정리해 보자.
   (3) 작자는 속물근성을 지닌 인물들을 어떻게 비판하고 있는지 구체적인 예를 들어 보자.

위의 '(2)삼대에서'의 '학습 활동'은 앞서 살펴본 '1. 설명' 단원과는 성격이 다르다. 위의 문학 단원의 '학습 활동'을 하기 위해서는 읽을거리(삼대)를 읽는 활동이 선행되어야 한다.

읽기 단원이나 문학 단원과 같이 읽는 활동이 선행되는 단원의 학습은 독본 형식의 국어 교과서와 같은 수업 방식을 취하기가 쉽다. 목표 중심, 활동 중심의 수업이 되기 위해서는 '학습 활동'이 단원 학습의 핵심을 이루고 있음을 분명히 인식해야 한다.

제5차 시기의 교과서는 영역별 목표별 단원 구성으로 교육 과정과 교과서 사이의 간격을 좁히는 계기가 되었다. 특히 말하기, 듣기 영역이 국어 수업의 한 부분을 차지하게 되었다. 그러나 제5차 시기의 고등학교 교과서는 교육 과정 의도를 반영했으나 수업은 과거의 수업(제1차~제4차)과 별 다를 바가 없었다.[8] 제5차 시기의 교과서는 교육 과정의 의도는 살렸으나 교육이 이루어지는 현실과는 많은 거리가 있었다. 1993년부터 시행된 〈수학능력시험〉에 도움이 되지 않는 교과서로 평을 받으면서 더욱 교육 현장에서 멀어지는 현상을 보였다.

2.6. 제6차 교육 과정 시기의 교과서

제6차 교육 과정 개정의 특징은 공통 필수 과목 수의 축소와 단위 수의 하향 조정, 그리고 선택 과목의 확충이라고 할 수 있다. 제5차 교육 과정까지는 선택 과목이라 하더라도 국가나 계열별에 따라 강제 선택하게 함으로써 학생들에게는 인문 사회 계열이냐 자연 계열이냐 하는 선택권만 있었을 뿐 계열에 따라 배정된 교과목에 대해서 선택권이 없었다. 물론 제6차 교육 과정에서도 학생들에게 제2외국어 등을 제외하고는 실질적인 선택권이 없다. 다만 과거 중앙 정부가 행사하던 선택권을 지방 자치 단체와 학교장에게 분산시켰다는 데에 의미가 있다.[9]

국어과는 도구 교과적 성격을 강조하고 교육에 있어서의 다양성 추구라는 시대적 요구를 고려하여 공통 필수 과목으로 '국어'를, 과정별 필수 선택 과목 또는 과정별 선택 과목으로 '화법, 독서, 작문, 문법, 문학'을 설정하였다. 제5차 교육 과정에서의 같이 '국어'는 10단위로, 화법, 독서, 문법은 4단위, 작문은 6단위, 문학은 8단위로 결정했다. 제6차 시기의 국어 교과는 국어 과목과 국어 과목의 심화 과목으로서 '화법, 독서, 작문, 문법, 문학' 과목으로 체계화

---

8) 이용숙(1992), 한국교육의 종합 이해와 미래 구상(III)-교육 내용과 수업 방법편-, 한국교육개발원, P.153에서 학교 단계에 따른 교사들의 국어 수업 운영 방식의 차이를 그래프로 그려 보여 주고 있다. 고등학교 교사들은 언어 및 국어 지식 획득을 목표로 하는 문장 해설식 독해 중심 수업을, 국민 학교 교사들은 언어 기능 신장을 목표로 하는 학생 활동 중심 수업을, 중학교는 양쪽을 반반씩 수업하는 것으로 설명하고 있다. 국민 학교 90%, 중학교 50% 고등학교 10%가 언어 기능 신장을 목표로 하는 학생 활동 중심 수업을 한다고 설명하고 있다.

9) 정준섭(1995), 국어과 교육 과정의 변천, 대한교과서 주식회사, PP.229~230.

되었다. 국어 과목의 말하기, 듣기 영역이 '화법' 과목으로, 읽기 영역이 '독서' 과목으로 심화되면서 국어 과목의 영역과 심화 과목-화법, 독서, 작문, 문법, 문학- 사이의 체계가 완성되었다.

1) 단원 구성 방식

제6차 고등학교 교육 과정의 변화와 함께 국어 교과서도 많은 변화를 보였다. <u>자율 학습</u>이 가능한 교과서를 내세우면서 교과서의 분량과 판형에 있어서 제5차까지의 국어 교과서와는 크게 달라졌다.

'자율 학습이란 학생 스스로 공부해야 할 목표를 찾고, 그 목표에 도달하기 위한 과정을 스스로 해결해 나가며, 자신이 공부한 결과를 주체적으로 판단해 보는 학습 방법을 말한다'고 교과서의 특징을 지적하고 있다.[10]

제6차 시기의 고등학교 '국어 상'의 목차를 보면 다음과 같다.

──────── 〈제6차 교육 과정 시기의 교과서 단원 목차〉 ────────

1. 읽기의 본질
   (1) 독서와 인생   (2) 불국사 기행
      ○〈말하기 · 듣기〉 대화로서의 말하기 · 듣기
      ○〈쓰기〉 대화로서의 쓰기
2. 문학의 즐거움
   (1) 차마설   (2) 청산별곡   (3) 바비도   (4) 구운몽   (5) 뻐꾸기에 부쳐
      ○〈말하기 · 듣기〉자료의 수집과 평가
      ○〈쓰기〉내용의 선정
3. 언어와 국어
   (1) 언어의 본질   (2) 언어의 체계, 구조, 기능   (3) 국어의 특질
      ○〈말하기 · 듣기〉말의 문장
      ○〈쓰기〉어법에 맞는 글
4. 읽기와 어휘
   (1) 현대 과학은 환경 문제를 해결할 수 있는가

───────────────

10) 제6차 교과서는 따로 교사용 지도서를 두고 있지 않다. 교과서의 내용이 시작되기 전에 교과서의 특징, 책의 짜임새, 책의 사용법을 설명하고 있다.

제6차 시기의 '국어 상'은 4×6배판 376페이지로 되어 있고, 부록으로 참고 자료와 한글 맞춤법이 96페이지 분량으로 실려 있다. 상, 하 국판으로 구성되어 있는 제5차 시기의 교과서 ('국어 상'은 258페이지임)와 비교해 보아도 자율 학습을 하지 않으면 안 될 분량으로 되어 있다.

위의 목차를 살펴보면 기본적으로 보아 영역별 단원 구성을 취하고 있다. 10개의 대단원에서 읽기 4단원, 문학 4단원, 언어 2단원으로 되어 있다. 말하기, 듣기, 쓰기는 별개의 단원이 아니고 각 대단원에 학습 활동으로 제시되어 있다. 제6차 시기의 교과서는 읽기와 문학 영역의 비중이 크다. 이것은 좋은 읽을거리가 없다는 제5차 교과서의 평을 만회하려고 한 의도로 보인다. 그리고 읽기, 문학, 언어 영역은 크게 보아 목표 중심의 단원을 의도하고 있다. 제6차 교과서도 제5차 교과서처럼 영역별, 목표별 단원 구성을 하고 있다고 하겠다. 그런데, 말하기·듣기와 쓰기 활동은 단원(읽기, 문학, 언어 단원)의 목표와 관계가 있는 경우가 많아, 말하기, 듣기, 쓰기 교육 과정 목표와는 거리가 있는 경우도 있다.

2) 단원 구성 체제

단원 구성 체제는 크게 보아 제5차와 같이, '단원의 길잡이, 학습 활동, 단원의 마무리'로 구성되어 있다고 할 수 있다. 그러나 자율 학습을 고려한 교과서를 의도했기 했기 때문에 단원의 체제가 세부적인 면에서 제5차와 많은 차이를 보인다.

단원 구성 체제를 살펴보면 다음과 같다.

단원의 길잡이(1페이지), 학습 목표, 준비 학습(1페이지), 학습할 원리(1페이지) 제시
(1) 제재(읽을거리) 제시
    학습 활동(1페이지) 제시
    학습 활동 도움말, 평가 중점 제시(1페이지)
(2) 제재(읽을거리) 제시
    학습 활동(1페이지) 제시
    학습 활동 도움말, 평가 중점 제시(1페이지)
(3) 제재(읽을거리) 제시
    학습 활동(1페이지) 제시
    학습 활동 도움말, 평가 중점 제시(1페이지)

(읽기 단원, 언어 단원은 소단원 3개 정도, 문학 단원의 경우는 소단원 5개 정도 제시)

〈말하기 · 듣기〉
    학습 활동(1페이지) 제시
    학습 활동 도움말(1페이지) 제시
〈쓰기〉
    학습 활동(1페이지) 제시
    학습 활동 도움말(1페이지) 제시
    단원의 마무리(1페이지)
    단원의 마무리 도움말(1페이지)

국어 상권에 6단위를 배정하고 17주 동안에 걸쳐 수업하는 것을 고려하면 102시간 수업을 하게 된다. 각 대단원에 10시간을 배당하여 단원의 길잡이, 준비 학습에 1시간, 학습할 원리에 1시간, 〈말하기 · 듣기〉 1시간, 〈쓰기〉 1시간, 단원의 마무리에 1시간을 배당하고, 나머지 5시간을 소단원에 적절히 배당하여 교수-학습을 실시하는 게 바람직하다고 안내하고 있다.[11] 국어 상권을 보면 읽기 단원과 언어 단원의 경우에는 대략 3개의 소단원이, 문학 단원에는 5개의 소단원이 있다. 이 소단원들에 5시간을 적절히 배분하여 지도할 것을 이야기하고 있는 것이다.

10개의 대단원에서 〈말하기 · 듣기〉, 〈쓰기〉가 각각 10시간, 읽기 소단원 20시간, 문학 소단원 20시간, 언어 소단원에 10시간을 배당하고 있다. 이런 단원의 시간 배분을 보면 읽기와 문학이 강조되고 있지만 〈말하기 · 듣기〉, 〈쓰기〉도 소외되고 있지는 않다. '단원의 길잡이, 준비 학습, 학습할 원리, 단원의 마무리'에서도 〈말하기 · 듣기〉, 〈쓰기〉가 다루어지고 있으므로, 교과서의 편찬 의도라면 말하기, 듣기, 읽기, 쓰기, 언어, 문학이 균형있게 다루어지고 있다고 할 수 있다.

제1차~제5차 교육 과정 시기의 교과서에 비하여 '학습 활동'은 그 단원의 목표를 중심으로 구체적으로 제시하고 있다. 국어 상 '1. 읽기의 본질' 단원에서 '(2) 불국사 기행'의 '학습 활동'을 살펴보자.

---

11) 교과서의 '일러두기'에 '국어 상'을 어떻게 가르칠 것인가를 설명하고 있다.

1. 읽기가 필자와의 대화 과정으로 이루어질 때에 능동적인 읽기가 되며, 이러한 대화를 위하여 독자는 의문을 제기하고 답을 예측하면서 읽는 태도가 필요하다고 공부하였다. 이러한 대화의 과정을 통해 다음 표현의 내용에 대하여 공부해 보자.
   (1) '돌 층층대의 그 굉장한 규모와 섬세한 솜씨에 눈에 어린' 까닭은 무엇인가?
   (2) '다보탑이 돌로 되었다는 것은 눈을 의심치 않을 수 없었던' 까닭은 무엇인가?
   (3) '치술령'을 보며 박제상의 의기가 가슴을 친 까닭은 무엇인가?

2. 대화로서의 읽기를 위하여 의문이나 예측을 한 사항 중에는 그 내용이 글에 제시되지 않을 경우도 있다. 이 때, 독자는 미루어 짐작하는 추리 과정을 통해 의미를 구성해 낼 수 있다. 이런 방법으로 다음 내용을 추리해 보자.
   (1) 경주역의 안개를 눈물로 묘사한 것은 무엇 때문인가?
   (2) "절의 위치부터 벌써 범상치 아니했다."고 생각하게 된 이유는 무엇인가?
   (3) 석가탑에 관련된 설화를 길게 소개한 까닭은 무엇일까?
   (4) "화식 먹는 속인에게 그런 선연(仙緣)이 있을 턱이 없다."고 한 까닭은 무엇인가?

3. 필자와의 의사소통 과정으로 글을 읽기 위해서는 배경 지식이나 새로운 사항을 알아봄으로써 풍부하고 깊이 있는 의미를 구성해 낼 수 있다. 이러한 읽기를 위하여 다음 사항을 알아보자.
   (1) 석가탑의 설화를 소설화한 작가의 작품 '무영탑(無影塔)'의 내용을 알아보자.
   (2) 치술령 부분을 읽되, 박제상 설화를 알고 읽는 것과 모르고 읽는 것의 차이를 생각해 보자.
   (3) 석굴암의 십일면관음보살상을 실제로 보는 것과 글을 통해 상상하는 것의 차이를 알아보자.

4. 글을 읽는 목적은 정보를 얻는 데 그치지 않고, 자신의 삶에 비추어 본 의미 등에 대해서도 헤아려야 한다고 공부하였다. 이 글을 중심으로 다음을 공부해 보자.
   (1) 이 글의 필자가 대상에 대하여 가지고 있는 태도를 생각해 보자.
   (2) 이 글을 통하여 새로이 깨닫게 된 바가 있다면, 무엇인지 이야기해 보자.
   (3) 이런 글을 읽는 일이 독자 자신에게 어떤 의미를 주는지 이야기해 보자.

5. 다음의 밑줄 그은 단어에 대하여 공부해 보자.
   · 살을 찝는 쇠가락도 헌 새끼만 여기시네.
   (1) 여기에 쓰인 '가락'이 사용된 다른 말들을 더 조사해 보자.
   (2) 이 단어의 뜻을 해석해 보자.

이 단원의 학습 목표는 '1. 의사소통 행위로서의 읽기의 특성을 안다. 2. 효과적인 읽기 방법을 알고, 그에 따라 글을 읽는다.'이다. '학습 활동'을 따라 일련의 활동을 하면 목표에 도달할 수 있게 되어 있다.

1번에서 4번까지는 목표를 점점 심화시키면서 활동을 제시하고, 5번은 한자 학습과 단어 학습이 동시에 이루어지도록 하고 있다. 읽기 단원과 문학 단원의 경우에는 5번 활동을 두어 한자 학습과 단어 학습이 동시에 이루어지도록 하고 있다. 5번 뿐 아니라 본문(읽을거리) 하단에 '중요 어구'와 '참고 사항'을 두어 어휘에 대한 고려를 비중 있게 하고 있다. 그리고 '학습 활동'에 도움이 되는 '학습 활동 도움말'을 제시하고 있으며 제재 글의 학습이 끝난 다음(학습 활동이 끝난 다음), 평가를 하기 위한 '평가 중점'을 제시하고 있다.

'(2) 불국사 기행'의 '평가 중점'은 다음과 같이 제시하고 있다.

---

1. 주어진 구절이나 문단의 맥락적 의미와 숨겨진 의미를 알아 낼 수 있는가?
2. 어떤 구절이나 맥락의 표현 동기와 숨겨진 뜻을 추리할 수 있는가?
3. 글을 이해하는 데 필요한 배경 지식을 적절히 동원할 줄 아는가? 그리고 배경 지식을 글의 맥락에 맞게 조정할 줄 아는가?
4. 묘사 부분을 읽고, 그것을 설명으로 바꿀 수 있는가?
5. 글에 나타나는 필자의 태도를 파악할 줄 아는가?

제6차 교과서는 교사용 지도서가 없이, 교과서가 '관점 반영의 기능, 내용 제공 및 재해석의 기능, 교수-학습 자료의 제공 기능, 교수-학습 방법의 제시 기능, 학습 동기 유발의 기능, 연습을 통한 기능의 정착 기능, 평가 자료의 제공 기능'을 감당하고 있다. 교과서는 교사와 학생이 함께 쓰는 자료라는 점에서, 제6차 교과서가 취하고 있는 방향을 생각해 보아야 할 것이다. 그리고, '평가 중점'에 주어진 사항이 학생들에게 크게 도움이 되지 않고, 교사들에게도 평가를 실시하는 데 도움이 되지 않는다. 평가에 도움이 되기 위해서는 세부적인 평가 문항 수준까지 가야 할 것이다. 이런 수준의 평가는 교과서에 제시될 것은 아니다.

제6차 교육 과정 시기의 교과서는 활동 중심의 교수-학습을 의도하고 있다. 읽기, 문학, 언어 영역의 단원들도 '학습 활동'을 중심으로, 각 대단원에 제재로 제시되어 있는 말하기, 듣기, 쓰기 영역도 실제 활동을 강조하고 있다. 단원의 구성 체제는 자율 학습이 가능하도록 '학습할 원리', '학습 활동 도움말'을 제시하고 있으므로, 단원 구성 체제에 따라 수업하기,

〈말하기 · 듣기〉, 〈쓰기〉를 읽을거리의 학습 활동과 연계시켜 수업하기 등 여러 가지 교수-학습이 가능할 것이다. 그러기 위해서 교사가 '학습 활동'을 재구성하는 작업이 필요한데, 제6차 교과서는 현장에서 잘 적용되지는 않았다.

제1차~제5차 시기의 교과서와 전혀 다른 체제로 선보인 제6차 시기의 교과서가 현장에서 만족스럽게 정착할 수 없었던 원인은, 단원의 구성 체제는 '자율 학습'이 가능하도록 의도했지만 현실적으로는 교사 위주의 수업이 될 수밖에 없다는 데 있다. 그동안의 교사 위주의 수업이 한 번의 교과서 개편으로 '학생 스스로의 학습'으로 전환되기는 어려운 것이다. 자율 학습을 기대할 수 없는 상황에서 교과서의 분량이 너무 많았다. 그에 따라 〈말하기 · 듣기〉, 〈쓰기〉가 소외되고 읽기와 문학, 언어 단원도 시간이 부족하고, 그에 따라 수업의 모습이 활동 위주의 수업이기보다는 지식 위주의 수업이 될 수밖에 없었다. 자율 학습이 가능하기 위해선 스스로 읽고 생각해 보도록 할 수 있는, 학생들의 흥미를 불러일으키는 제재와 보충 읽을거리가 주어져야 하는데 교과서가 이런 면에서는 부족하다. 어렵기만 한 교과서, 재미없는 교과서라는 인식을 주는 교과서로 자율 학습이 가능한 교과서가 되기는 어려웠다.

국어 교과서는 여섯 번의 개편을 거쳐 2002년부터 제7차 교과서가 현장에 투입된다. 그 중에서 '국어' 과목은 1종 도서로 개편될 때마다 교육 과정의 의도에 따라 교과서의 특징이 부각된다. 제1차~제6차에 걸친, 고등학교 교과서의 변화와 초등학교와 중학교의 교과서의 흐름을 비교해 보면, 제6차 고등학교 교과서는 그 연관성을 찾기 어렵다. 제7차 교과서가 제6차와 연결되는 점을 찾기 어려우면, 제6차 교과서는 의미를 갖기 어렵다. 자율 학습이 가능한 교과서(제6차)와 수준별 학습이 가능한 교과서(제7차)가 현장에서 어떤 의미를 가지는지 생각해 보아야 할 것이다. 지금 교과서의 부족한 점을 다음 개편 때 보완되는 모습을 보여줘야 개편의 의미가 있다. 입시 정책에 좌우되기보다 교과서는 일관성 있게 발전해 나가야 하고 입시를 이끌어 갈 수 있어야 한다.

2.7. 제7차 교육 과정 시기의 교과서

제7차 교육 과정은 6차에 비해 상당한 변화를 보여 주고 있다. 수준별 교육 과정 운영에 적합하게 하기 위하여 '국민 기본 공통 교육 과정'과 '선택 중심 교육 과정'으로 구성하였고, '국민 기본 공통 교육 과정'은 1학년부터 10학년(초등학교 1학년부터 고등학교 1학년)까지 적용되고, '선택 중심 교육 과정'은 11학년과 12학년(고등학교 2학년, 3학년)에 적용된다. 고등학교 단계에서는 2개의 과정으로 운영된다. 즉, 고등학교1학년(10학년)에서는 초등학교 1학년부터 적용해 온 심화·보충형 교육 과정이 적용되고 2학년, 3학년에서는 '선택 중심 교육 과정'이 적용된다. '선택 과목'을 다시 '일반 선택 과목'과 '심화 선택 과목'으로 구분된다. 일반 선택 과목으로서 '국어 생활', 심화 선택 과목으로 '화법, 독서, 작문, 문법, 문학'으로 구성되어 있다.

제6차는 '화법, 독서, 작문, 문법, 문학' 과목들은 과정별 선택 과목이었는데, 제7차에 와서는 이 과목들이 심화 선택 과목으로 위치하게 되었다. 제6차와 제7차 국어과 교육 과정에 개설한 국어 교과 과목의 성격과 단위 수를 정리해서 보여주면 다음과 같다.[12]

<표 1> 제6차, 제7차 국어과 교육 과정에 개설한 국어 교과 과목의 성격과 단위 수

과목	제6차		제7차	
	성격	단위 수	성격	단위 수
국어	공통 필수 과목	10	국민 기본 공통 과목	8
국어 생활			일반 선택 과목	4
화법	과정별 필수 과목	4	심화 선택 과목	4
독서		4		8
작문		6		8
문법		4		4
문학		8		8

이 선택 과목들은 '교과'의 개념이 아니라 '과목군'의 개념이 적용되기 때문에 국어 교과의 선택 과목을 하나도 안 배울 수도 있다. 그렇다면 공식적인 학교 교육에서 국어 교육은 고등학교 1학년에서 종료된다고 할 수 있으므로 고등학교에서 국민 기본 공통 과목으로서 '국어' 과목은 대단히 중요하다.

국민 기본 공통 과목으로 국어 과목은 학습자의 창의적인 국어 능력 향상, 의미 있는 학습 경험 중시, 내용의 사회적, 학문적 적합성을 추구하고 교육의 질 관리와 향상을 개정의 중점을 내세웠다. 개정 사항을 요약하면 성격 규정을 명료화하고, 교육 목표의 체제를 일원

---

12) 교육부(2001). 고등학교 교육 과정 해설, pp.8~12.

화하고 내용을 정선, 축소, 최적화, 내적 구조화를 지향했다.

1) 단원 구성 방식

7차 시기의 고등학교 교과서는 중학교와 같이 공모 형식으로 교과서를 편찬하지 않고 서울대학교 국어 교육 연구소에 교과서 편찬을 수탁하였다. 중학교 국어 교과서와 고등학교 국어 교과서는 1~5차 시기까지는 같은 체제로 만들어졌으니 6차부터 편찬자가 달라 교과서의 외형과 교과서 내용을 대하는 철학이 달라지게 된다.

6차 교과서가 추구하는 방향은 제6차 교육 과정에 바탕(자주적, 창의적, 자율적 학습)을 두고 '자율 학습'이 이루어지도록 교과서를 편찬하고 개념과 방법을 익혀 국어 능력을 향상시키도록 하고 있다. 7차 교과서는 교육 과정의 정신을 반영한 교과서, 활동 중심의 교과서, 통합적 교수-학습을 지향하는 교과서를 추구하고 있다. 6차 시기는 '자율 학습'을 내세우며 교사용 지도서가 없었는데(교과서에 '평가 중점'도 제시해 주었다.) 7차 시기에는 교사용 지도서가 만들어졌다. 어느 쪽이 교사가 수업을 진행하는데 도움이 되는지, 어느 쪽이 학생의 입장에서 국어 학습에 도움이 되는 교과서인지 생각해 볼 필요가 있다. 우리는 학습자 중심의 교과서를 표방하고 있는데, 같이 학습자를 중심에 두더라도 6차, 7차는 상당히 다른 교과서를 보여주고 있다.

7차 시기의 교과서의 단원 구성 방식을 살펴보면 다음과 같다.

──────── 〈제7차 교육 과정 시기의 고등학교 국어 상 교과서 단원 목차〉 ────────

   1. 읽기의 즐거움과 보람   〈읽기/문학〉
      (1) 황소개구리와 우리말
      (2) 그 여자네 집
   2. 짜임새 있는 말과 글   〈말하기/쓰기/국어지식〉
      (1) 용소와 며느리바위
      (2) 나의 소원
   3. 다양한 표현과 이해   〈말하기/듣기/국어지식〉
      (1) 봄봄
      (2) 봉산탈춤
   4. 바른 말 좋은 글   〈국어 지식/쓰기〉

     (1) 말 다듬기

     (2) 문장 다듬기

     (3) 글 다듬기

  5. 능동적인 의사소통   〈읽기/쓰기/문학〉

     (1) 유배지에서 보낸 편지

     (2) 구운몽

  6. 노래의 아름다움   〈문학/듣기〉

     (1) 청산별곡

     (2) 어부사시사

     (3) 진달래꽃

     (4) 유리창

     (5) 광야

  7. 생각하는 힘   〈말하기/쓰기〉

     (1) 장마

     (2) 기미 독립 선언서

  8. 언어의 세계   〈국어 지식/문학〉

     (1) 동국신속삼강행실도

     (2) 삼대

  부록: 한글 맞춤법

       국어의 로마자 표기법

(* 각 단원의 영역명은 필자가 씀.)

'국어 상' 교과서는 4×6배판 천연색 345쪽, 부록45쪽으로 이루어져 있고, 8개의 단원(소단원 19개)으로, '국어 하'는 7개 단원(소단원 14개)으로 이루어져 있다. 6차 시기에 비하여 분량으로도 학습 부담이 적고 천연색을 쓰고 만화, 사진을 많이 사용하여 학습자의 부담 경감시키고 있다. '단원 길잡이'에 해당하는 부분은 여백을 많이 살리고 있어 학습자의 부담이 시각적으로도 경감시키고 있다.

각 단원은 영역별, 목표 중심 단원을 표방하고 있으나 각 단원의 영역과 목표가 뚜렷이 구현되지 않고 있다. '봄봄'과 '봉산탈춤' 제재를 가지고 '3. 다양한 표현과 이해'를 학습하기 위한 단원으로 구성하고 있으나, 현장의 많은 국어 시간의 수업을 상상하면 '문학'에 관한 목표를 달성하는 수업으로 흘러갈 소지가 다분하다. 7단원도 같은 지적을 받을 수 있다.

문학 작품을 통해 말하기, 듣기, 쓰기 영역의 목표를 달성하고자 하는 경우, 과연 온전히 달성할 수 있을지 의문이 든다. 편찬 기관에서는 '기능'을 앞세워 교과서에 읽을 만한 가치가 별로 없는 제재를 지나치게 과도하게 담고 있으므로 제재 선정의 기준으로 '꼭 읽어야 할 것', '읽을 만한 가치가 있는 것', 교육 과정의 '내용'을 고려하여 통합적으로 재구성하였다고 말하고 있다.[13] 이런 제재 선정의 원칙을 따랐기 때문에 문학 작품이 제재로 많이 들어가는 결과를 가져오지 않았나 생각할 수 있다. 문학 작품을 이용해서 말하기, 쓰기 학습을 하는 것이 문제가 되는 것은 아니다. 각 단원에 할당된 시간(제재 하나에 2~3시간 배당)을 생각해 본다면 목표 학습과 제재 글 학습(내용 학습)을 다 하기는 어려워 보인다. 그러지 않아도 말하기, 듣기 영역의 학습이 뒤로 밀려나기 쉬운데 후자의 학습(문학 작품 학습)에 수업 시간이 더 배당되지는 않나 의구심을 가지게 된다.

2) 단원 구성 체제

교과서의 각 단원의 구성 체제를 살펴보면 다음과 같다.

─────── 〈제7차 교육 과정 시기의 고등학교 국어 상 교과서 단원 구성 체제〉 ───────

단원명-소단원명(2~5개의 소단원)-2쪽
○이 단원에서는　　○이 활동을 통해-2쪽
○준비 학습-2쪽

○소단원 학습-읽을거리+알아두기+학습 활동
　　(읽을거리 사이사이에 필요한 알아두기와 학습 활동 제시, 학습 활동은 혼자 하기, 함께하기로 나누어 제시)

○단원의 마무리-정리하기, 점검하기-2쪽
○보충 학습-읽을거리+알아두기+학습 활동
○심화 학습-읽을거리+알아두기+학습 활동

○사진으로 보기-2쪽

───

---

13) 교육 인적 자원부(2002). 고등학교 교사용 지도서, 국어 (상), p.28.

단원의 구성 체제는 크게 보아 '단원의 길잡이(ㅇ이 단원에서는 ㅇ이 활동을 통해 ㅇ준비 학습)-소단원 학습-단원의 마무리(ㅇ단원의 마무리 ㅇ보충 학습 ㅇ심화 학습)'로 구성되어 있어 6차와 별 차이가 없으나 구체적인 소단원 학습에 있어 큰 차이를 보여주고 있다.

소단원 학습에 끝나고 '학습 활동'이 주어져 있는 6차 시기의 교과서와는 달리 읽을거리 사이사이에 필요한 '알아두기'와 '학습 활동'을 제시하고 있다. '학습 활동'은 '혼자 하기', '함께 하기'로 나누어 제시되어 있다. 이 '학습 활동'에 말하기, 듣기, 쓰기의 활동이 녹아 들어가 있다. 6차는 〈말하기·듣기〉, 〈쓰기〉 활동을 독립적으로 제시한 것과는 다른 모습을 보여준다.

7차는 단원의 마무리에 '자기 점검'을 두고 그 결과에 따라 보충·심화 학습을 하도록 하고 있다. 7차 교육 과정이 수준별 교육 과정을 지향하고 있는 바, 국어 수업에서도 전 학생들이 목표에 따른 학습을 하고, 그 결과 보충이 필요한 학생, 학습이 완결되어 좀더 심화된 학습을 할 수 있는 학생으로 나누어, 보충이나 심화 학습을 하게 하고 있는 것이다.[14] 실제 교실의 모습은 모든 학생을 대상으로 수업하기 때문에 보충, 심화 학습을 위한 내용이 모든 학생들의 학습할 내용이 되고 있다. 이런 현실은 교육 과정은 학습 내용의 최소, 최적화 를 지향하면서도, 보충·심화 학습은 상당한 부담으로 다가 올 것이다.

'사진으로 보기'는 제재 내용과 관련있는 사진이 2쪽에 걸쳐 제시되어 있다. '사진으로 보기' 외에도 삽화, 만화 등을 활용하고 있어 학습 동기를 주려고 하고 있다.

단원 구성 체제에 있어 많은 시도를 하고 있으나 효과가 있는지는 미지수이다. 교사가 많은 부분 수업할 때 활용할 수는 있으나 교과서를 편찬하는 사람의 입장에서 수업의 틀을 단원 구성 체제에서 보여 주어야 하는데, 그런 면은 미진하다 하겠다.

7차 교과서의 단원 구성 체제를 꼼꼼히 살펴보면, 단원 목표를 명시적으로 제시하지는 않고 있음을 알 수 있다. 'ㅇ이 단원에서는 ㅇ이 활동을 통해'를 통해 이 단원의 목표는 무엇인 지 알게 된다.

'국어 상'의 3단원을 예로 들어보면 '3. 다양한 표현과 이해'라는 단원에 '(1) 봄봄 (2) 봉산 탈춤' 이란 소단원이 있다. 이 단원에서 '(1) 봄봄'에서는 '언어 이외의 의사 표현 수단'을 알아보고, '(2) 봉산 탈춤'에서는 '장면에 따라 말의 효과를 높이는 다양한 표현 방식'에 대하

---

14) 한 교실에서 보충 학습을 하는 학생들, 심화 학습을 하는 학생들로 나누어 학습 하는 방법에 대한 연구가 필요하다. 수준별 교육 과정은 실패한 교육 과정으로 치부하고 있는 것 같다. 7차 수준별 교육 과정에서 2007 개정에서 수준별 수업으로 바뀐 것을 보면.

여 알아본다고 기술한다. 그리고 이런 것을 통하여

○장면에 따라 다양한 표현 방식이 사용됨을 안다.

○언어 외적 표현과 언어에 부수되는 표현이 듣기에서 중요한 역할을 함을 안다.

○언어 외적 표현과 언어에 부수되는 표현이 말하기에서 중요한 역할을 함을 안다.

는 목표를 제시하고 있다.

이 목표를 통하여 '말하기와 듣기' 영역이 목표 영역임을 알게 된다. 이 목표를 달성하기 위해 수업이 이루어져야 한다. 목표를 확인하고 '준비 학습'에 들어가게 되는데, 2쪽에 걸쳐 '준비 학습'을 한다. 교사용 지도서에는 여기까지 1차시 수업의 내용으로 계획하고 있다. '준비 학습'은 6컷의 그림으로 언어 외적 표현을 알고, 상황에 어울리지 않는 언어 외적 표현을 찾아보는 활동을 한다. 1차시의 학습은 가볍게 끝나고 소단원 학습에 들어가서 '(1) 봄봄'은 2~3차시 수업으로 목표 달성을 유도하고 있다.

'봄봄'에는 '학습 활동'이 세 번 제시되어 있다.

학습 활동 (1)

함께 하기 1. 이 글의 표현상 특색이 잘 드러나는 대목을 골라 다음 사항에 주의하며
　　　　　　낭독해 보자.
　　　　　　· 글의 느낌이 드러나도록 읽을 것
　　　　　　· 대화의 성격이 드러나도록 읽을 것
　　　　　　· 적당한 몸짓을 곁들일 것

함께 하기 2. 이 글의 특색을 살리는 데 누구의 낭독이 더 적절했는지 서로의 낭독을
　　　　　　평가해 보자.

학습 활동 (2)

혼자 하기 1. 점순이와 '나'의 대화 장면을 다음과 같은 상황으로 바꾼다고 할 때, 대화
　　　　　　내용이 어떻게 달라지겠는지 생각해 보고 상황에 맞게 대화를 고쳐 보자.

서로 내외하는 사이라 저만치 떨어져서 하는 대화
↓
점심을 챙겨 주며 가까이 다가앉아 나누는 대화

함께 하기 2. 다음 사항에 주의하며, '나'와 봉필의 대화를 성격과 상황에 맞추어 읽어
보자.
· 강약
· 태도
· 표정
· 몸놀림

학습 활동 (3)
혼자 하기 1. 이 글에서는 점순이는 이중적인 태도를 보인다. 그 까닭이 무엇이겠는지
생각해 보자.
함께 하기 2. '이 자식! 잡아먹어라, 잡어먹어!'부터 "얘, 점순아! 점순아!"까지에서 언어
외적 표현이나 언어에 부수적인 표현을 실감나게 표현해 보자.
함께 하기 3. 만약 점순이의 태도가 처음과 같이 나를 부추기는 태도로 일관했다면
"에그머니!~죽이네."부터 "이 자식!~나오도록 해?"까지의 장면이 어떻게
바뀌어야 하겠는지 언어 외적 표현과 언어에 부수되는 표현을 사용하여
표현해 보자.

소단원 학습을 안내하고 있는 세 개의 '학습 활동'은 목표에 집중되어 있다. 읽을거리를
이해하는 활동은 '학습 활동'에서 다루지 않는다. 이런 면은 6차 교과서와는 다른 면모를
보이고 있다. '준비 학습'과 목표를 달성하기 위한 '소단원 학습' 사이의 괴리를 느끼게 되는
데, 이것은 목표를 달성하기 위한 학습 자료(제재글)가 상당한 위화감을 주고 있는 것에
원인이 있는 것으로 보인다.

○언어 외적 표현과 언어에 부수되는 표현이 듣기에서 중요한 역할을 함을 안다.

○언어 외적 표현과 언어에 부수되는 표현이 말하기에서 중요한 역할을 함을 안다.
는 말하기, 듣기 목표를 위한 22쪽이나 되는 긴 읽을거리와 사전 지식을 주기 위한 6컷의
그림 자료는 자연스럽게 연결되지 않는다. 교사용 지도서에서는 '내용 학습'에 치중하지
말 것을 말하고 있지만 현실적으로 학습 목표에 부합되는 수업은 상당히 어려워 보인다.

'학습 활동'을 세 차례 주고 있고 '알아두기'는 두 번 주고 있다. 언어 외적 표현에 관한
것과 언어에 부수되는 표현에 관한 것을 '알아두기'에서 주고 있다.

알아두기 (1)

언어 외적 표현 : 우리의 일상 언어 생활에 동원되는 몸짓, 태도, 표정, 눈길, 손짓, 옷차림 등의 의사 표현 행위로 이 표현 방식은 의사소통에서 중요한 역할을 한다. 특히 의사소통 상황이나 분위기를 전달하는 역할을 함으로써, 효과적인 표현 및 이해에 도움을 준다. 이것을 비언어적 표현이라고도 한다.

알아두기 (2)

언어에 부수되는 표현 : 음성 언어 표현에 부가되는 어조, 장단, 강약 등의 표현 방식을 이르는 말로, 의미나 느낌 또는 언어 표현이 이루어지는 상황의 차이를 드러내는 역할을 한다. 반언어적 표현이라고도 한다.

· 어조: 끝을 올림-의문 /끝을 내림-사실 /끝을 굶-회의
· 속도: 중요한 것은 천천히, 급박한 것은 빠르게 말함.
· 고저: 높으면 흥분 · 긴장 · 경고 · 분노 · 열망을 나타내고, 낮으면 확신 · 안정 · 위엄 · 자신감 등을 나타냄.

'단원의 마무리' 부분도 학습 목표 중심으로 '알아두기'에서 다루었던 내용을 다시 한번 제시하고(정리하기) '자기 점검'을 제시하고 있다. '자기 점검'에서 목표 하나하나의 성취 정도를 상 · 중 · 하로 표시하고, 그 '자기 점검'의 결과에 따라 보충 학습과 심화 학습을 한다. 이 단원(3.다양한 표현과 이해)에는 보충 학습 제재로 시조가 제시되어 있고 심화 학습 제재로는 '맹 진사 댁 경사'의 일부가 제시되어 있다.

단원 시작에서 끝까지 교과서는 학습 목표에 철저하게 준하는 수업을 요구한다. 학습 목표에 준하는 수업은 너무나 당연한 것이지만 거의 모든 단원이 읽을거리 위주로 구성되어 있기 때문에 '내용 학습'을 어떻게 할 것인지에 대한 아이디어를 편찬자 입장에서 줄 필요가 있다. 물론, 교사의 나름대로 재구성이 반드시 필요하지만 편찬자의 의도를 제시할 필요가 있다. 양자의 의사소통이 보다 좋은 수업을 하기 위한 시발점이기 때문이다.

3. 맺음말

지금까지 제1차 교육 과정 시기부터 제7차 교육 과정 시기까지의 고등학교 국어 교과서를 대상으로 단원 구성 방식과 단원 구성 체제를 살펴보았다.

제1차 시기부터 제7차 시기까지 영역별, 주제별, 문종별 구성 방식을 적용한 교과서가 있어 왔다. 어느 방식이 좋다, 나쁘다는 말은 할 수 없다. 영역별 독자성을 강조하는 방식과 영역 사이의 통합성을 강조하는 방식 사이에 판단의 문제가 남아 있을 뿐이다. 제1차~제7차 교육 과정 시기의 교과서는 영역 사이의 통합성을 강조하는 것과 영역별 독자성을 강조하는 것으로 흘러 왔다.

1차	2차	3차	4차	5차	6차	7차
독자성	통합성			독자성		통합성

제5차, 제6차 시기의 교과서가 영역별 독자성을 강조했으나 제7차에 들어와선 통합적 구성을 시도하고 있다. 문제는 교과서의 편찬 의도 및 교육 과정이 지향하는 바를 분명하게 알면 좋은 국어 수업은 가능하다는 것이다.

단원 구성 체제는 제1차~제7차에 걸쳐 향상되어 왔다. 편찬자의 의도를 좀더 명확하게 보여 준다든지 수업의 흐름을 좀더 구체화해서 제시하는 등 구성 체제는 발전해 왔다. 그러면서도 학습 과정이 얼마나 명료하게 제시되었는지, 학습 과제가 어느 정도 적절한지 등이 계속 문제가 된다. 또한 교과서는 이런 측면에서 발전해 왔다고 말할 수 있지만, 교과서가 중심이 되고 있는 수업 현장은, 특히 '고등학교 국어 수업은 어떠한가'하는 문제에 있어 자신 있게 긍정적인 답을 하기 어렵다.

학교 교육의 가장 큰 과제는 교육 과정의 의도를 실천하는 것이다. 이 실천 과정에서 교육 과정 전반에 걸친 문제점을 발견하고 이를 토대로 교육 과정을 개선하는 일련의 과정은 교육을 계획하고 실천하는 과정에서 쉼 없이 이루어져야 하는 일이다. 우리의 경우, 문서화 된 교육 과정을 개정하고 이에 따라 교과서를 개편하고 이 교과서가 교육 현장에 적용되는 일련의 과정이 끝난 다음 교육 과정과 교과서 평가에 대한 연구가 지속적으로 이루어지지 못하고 있다. 이러한 연구의 단속성은 교과 교육의 발전을 더디게 하는 요인으로 작용한다. 이런 의미에서 교육 과정과 교과서 평가 작업은 지속적으로 이루어져야 한다. 고등학교 국어 교과서의 체제 및 내용을 비판적으로 분석하는 일은 일련의 교육 과정 평가 작업으로서 차후 교육 과정 개발 및 이에 따른 교과용 도서의 개발에 유용한 정보를 줄 수 있고 또한 현 교육 과정의 현장 적용력을 키우기 위한 방안을 마련할 수 있을 것이다. 또한 현장의 적용 결과를 수렴하여 교육 과정 개선에 도움이 되도록 그 근거를 마련할 수 있을 것이다.

참고문헌

김대행(2001), '고등학교 국어 교과서의 독서 교육', 제7차 교육 과정의 적용과 독서 교육의 방향, 한국독서학회, 제9회 학술발표대회.

김종철 외(2006), 7차 교육 과정 국어 교과서에 대한 비판적 검토, 국어교육연구 제19집, 서울대 국어교육연구소.

김중신(2001), '입시 제도에서의 교과서의 위상과 역할', 국어교육과 국어교과서, 한국국어교육연구회 봄 학술대회.

박인기(1992), '국어과 교재론 기술의 이론화 방향', 國語敎育學의 理論과 方法 硏究, 서울: 교학사.

박정진(2005), 국어 교과서 개발을 위한 방향 탐색, 국어교육 118, 한국어교육학회.

손영애(1994), '國語敎科書 構成方案', 국어교육연구 제7집, 인하대학교 국어교육과.

손영애(1994), '국어과 교육의 목표와 내용', 國語敎育學硏究 제4집, 서울:국어교육학회.

이대규(1994), 國語科 敎育의 過程, 서울:한글과 컴퓨터.

이대규(2001), '국어 교과서의 변화 과정', 국어교육과 국어교과서, 한국국어교육 연구회 봄 학술대회.

이삼형(1992), '중학교 교과서 체제 변화에 대하여', 國語敎育學硏究 제2집, 서울:국어교육학회.

이성영(1992), '국어과 교재의 특성', 國語敎育學硏究, 제2집, 서울:국어교육학회.

이용숙(1992), 한국교육의 종합 이해와 미래 구상(III)-교육 내용과 수업 방법편-, 서울: 한국교육개발원.

정준섭(1995), 국어과 교육 과정의 변천, 대한교과서 주식회사.

〈자료〉

문교부(1965), 제1차 고등학교 고등 국어 2.

문교부(1970), 제2차 고등학교 인문계 고등학교, 국어 II.

문교부(1975), 제3차 고등학교 인문계 고등학교, 국어 2.

문교부(1985), 제4차 고등학교 고등학교 국어 2.

교육부(1990), 제5차 고등학교 고등 국어 (상).

교육부(1996), 제6차 고등학교 고등학교 국어 (상).

교육 인적 자원부(2002), 제7차 등 학교 고등학교 국어 (상).

검정으로서의 국어 교과서

1. 머리말

1차~7차 국어과 교육 과정 시기는 초등학교와 중학교 국어 교과서, 고등학교 국어 교과서는 국정 교과서였다. 해방 이후 60여 년 동안 국어 교과서는 국정이라는 특권을 누려 왔다. 2007년 개정 국어과 교육 과정 시기부터 국어 교과서의 판도가 크게 바뀌었다. 초등학교의 국어 교과서는 여전히 국정이지만 중학교 국어 교과서와 고등학교 국어 과목 교과서는 검정으로 바뀌었다.[1]

2009년 개정 교육 과정 시기에 1~9학년 공통 교육 과정(각론 교육 과정은 만들어지지 않았다.) 10~12학년 선택과정으로 이루어졌다. 국어 교과의 선택 과목으로 '국어, 화법 · 작문 I · II, 독서 · 문법 I · II, 문학 I · II'이 있었다. 2007 개정 국어과 교육 과정에는 선택 과목으로 '화법, 독서, 작문, 문법, 문학, 매체 언어'를 두었는데, 이 교육 과정은 교과서화 되지 못하고 사장되었다. 고등학교 국어 과목은 2007 개정 국어과 교육 과정에 터해 교과서가 만들어졌다. 다른 선택 과목들은 2009 개정 국어과 교육 과정에 터해 만들어졌다.

---

1) 고등학교 선택 과목은 검인정이었다. 2009 개정 교육 과정에서부터 10학년(고등학교) 국어 과목도 선택 과목으로 바뀌었다.

2009 개정 교육 과정에 터해 각론에 다시 개정되어 2011년 국어과 교육 과정이 개정되었다(그래서 보통은 2011 개정 국어과 교육 과정이란 용어를 쓰기도 한다.) 2011 개정 국어과 교육 과정에서, 국어 교과는 1~9학년 공통 교육 과정, 10~12학년 선택 과정으로 이루어진다. 선택 과목은 '국어 I, II, 화법과 작문, 독서와 문법, 문학, 고전'으로 이루어졌다. 2011년에 고시된 교육 과정에 터해 또 교과서가 검정으로 편찬되었다. 2007 개정과 2009 개정, 2011 개정에 터해 두 차례에 걸쳐 검정이라는 제도를 경험하게 되었다.

교과서 편찬 제도가 바뀌고, 바뀌는 속도도 빠르다. 그 빠른 속도에도 그 동안 국정 교과서의 변천사는 기본이 될 수밖에 없다. 국정으로 7번이나 변천을 겪어온 교과서의 모습은 검정으로 바뀐 지금에도 중요하다. 앞서 살펴본 중·고등학교 국어 교과서의 변천은 검정으로서의 국어 교과서 편찬의 밑바탕이 되고 있다.

2. 검정 제도와 교과서

1955년 제1차 교육 과정이 고시되었고 그로부터 1997년 제7차 교육 과정이 고시되기까지 일곱 차례의 제·개정을 거쳤고, 2007년에, 2009년, 2011년(또 2012년)에 교육 과정이 개정되었다. 2007년 개정에서부터는 차수를 붙여 교육 과정을 구별하지 않고 고시된 년도로 교육 과정을 구별하는 방식을 취했다. 아마도 2009년에 국어과 교육 과정이 고시되는 것이 형식적인 면에서는 별 문제가 없었던 것도 이런 방식에 따른 것이라 생각된다.

2007 개정 국어과 교육 과정에 터한 검정 교과서는 2010년부터 연차적으로 중학교 교과서가 보급되었고, 2011년 고등학교 '국어 상, 하'가, 2012년 다른 고등학교 선택 과목이 보급되었다. 2011 개정 교육 과정에 터한 국어 교과서가 2013년 중학교 1학년을 시작으로 연차적으로 보급되었고[2] 고등학교의 경우 2014년에 선택 과목 국어 I, II가, 2015년에 선택 과목 화법과 작문, 독서와 문법, 문학, 고전이 보급 사용될 것이다. 검정 교과서이기 때문에 각 출판사가 교과서를 만들어 검정에 출원하고 그 책들이 검정 과정을 거쳐서 나오게 된다. 교육 과정이 고시되고 난 다음 교과서를 만드는 작업이 시작되고 일련의 검정 절차까지

---

[2] 2011 개정 국어과 교육 과정은 '학년군' 교육 과정을 시도했기 때문에 중학교 1~3학년 학년군 교육 과정을 개발되었고 교과서도 중학교 1~3학년을 한꺼번에 개발하였다. 교육 과정이 학년군을 표방했어도 국어 과목의 경우, 교과서는 1학년, 2학년, 3학년 학년별로 적용될 수 밖에 없다. 한 학년을 정해 중학교 1~3학년군의 교육 과정을 다 적용할 수는 없다. 이런 면에서 국어과는 '학년군'이 별 의미가 없다.

2년 정도 시간이 걸린다. 간단히 따져 보아도 지난 6~7년 동안 끊임없이 검정으로서 교과서에 막대한 인력과 경비를 쏟아 부었다.

지금(2014년) 우리는 2011년 개정 국어과 교육 과정을 현장에서 적용하고 있고(중학교 국어 1, 2학년 고등학교 국어 I, II), 2015년에 중학교 3학년, 고등학교 '국어' 이외의 선택 과목들이 적용될 것이다. 지금 또 교육 과정 개정 작업이 진행 중이다.

2007 개정 국어과 교육 과정이 고시된 이후, 상당한 변화가 단시간 내에 현장에 휩쓸아오고 있음을 알 수 있다. 찬찬히 교육 과정을 살펴보고, 검인정으로 나온 교과서들의 면면을 꼼꼼히 살펴본다고 하는 것은 말에 그치지 않을까 염려스럽기도 하다. 교육 과정이 학교 교육의 근간이 되는데 2007년, 2009년, 2011년(2012년), 2015년 계속 바뀌고 있다는 것이 현장이나 사범대학의 부담이 되고 있다. 그리고 교과서 편찬 제도가 검정이어서 더욱 부담이 되고 있다.

2007년 고시된 교육 과정에 준한 국어 교과서는 2009년부터 연차적으로 현장에서 적용되었는데 중학교, 고등학교 국어 교과서가 그 동안의 국정에서 벗어나 검정으로 바뀌었다. 중학교 1학년은 24종의 교과서가 심사에 합격해 사용되었고, 중학교 2학년은 15종이, 중학교 3학년은 13종이, 고등학교 '국어 상하'가 16종이 사용되었다. 두 번째 검정을 거쳐 시중에 나온 중학교 교과서도 여전히 10종이 훨씬 상회하고 있다. 이것만 보아도 많은 출판사가 국어 교과서 출판에 관심을 가지고 있음을 알 수 있다.

검정으로 국어 교과서가 편찬되면서 출판사가 교과서의 집필의 책임을 가지게 되었고 국가가 심사하는 역할을 하게 되었다. 국정으로서 국어 교과서는 오랫동안 비판을 받아왔다. 교과서의 문제점이 검정으로 바뀌게 되면 일시에 해결될 것 같은 분위기였다. 과연 그런가? 이제 검정이 처음 실현되면서 그 검정 제도가 비판의 한가운데 서게 되었다. 무엇이 문제인가? 국가 권력이 여전히 비판의 중심에 서 있는 것 같다. 검정이란 권력을 가지고 국가가 여전히 교과서 시장을 장악하고 있다는 비판을 받고 있다. 검정 기준에 맞추려 하다 보니 개성 있는, 창의성 있는, 다양한 교과서가 나올 수 있는 환경 조성이 되지 않는다고 말한다. 고만고만한 교과서가 출판되는 이유가 검정 과정에 있다고들 한다. 검정 기준에 충실히 따르다 보면 창의성 있고 다양한 교과서를 만들 수 없다고들 한다. 검정 통과를 목표로 하는 일반 출판사는 검정 기준을 충실히 따를 수밖에 없다. 당연히 교과서를 집필하는 필자도 스스로 자기 검열에 신경 쓰지 않을 수 없다. 교과서 집필자는 검정 위원들의 자격을 문제 삼기도 한다. 결국 검정 제도를 통해 나온 교과서들이 교육 원리보다는 시장 원리에만 좌지우지되고 있는 모습을 보인다.

처음 검정에서 보인 출판사의 미숙함(교육 과정의 의미와 교과서가 지닌 무게 부재, 교과 교육에 대한 연구 부족, 제재 선정의 불성실성 등)이 두 차례 검정을 거치면서 정돈된 모습을 보이나 여전히 검정 기준이 문제가 되고 있다. 그래도 검정 기준에 충실히 따르면서 창의성이 돋보이는 교과서도 있다. 두 차례의 검정 경험을 토대로 검정의 장점이 부각될 수 있도록 할 필요가 있다.

송현정(2005)은 국어 교과서가 검인정으로 바뀌었을 때 발생할 수 있는 문제로 ○국가 이념, 사상, 가치 등 국어교육에 대한 관점 혼란 ○교육 과정의 다양한 해석으로 인한 내용 혼란 ○교과서 지문 난이도의 비일관성 ○국어 교과서 개발 인력 부족 ○통일 문법의 혼란 등을 들고 있는데, 검정 제도가 실제 운영되고 난 지금, 이런 지적이 기우라고 하기는 어려운 형편이다. 이성영(2009)은 이런 문제들을 '국어 교과서 개발 인력 부족'을 제외하면 검정 교과서의 장점이 된다고 하고 있다. 교육 과정의 다양한 해석, 교과서 지문 난이도의 비일관성, 통일 문법의 혼란과 같은 문제는 검정 교과서의 장점으로 볼 수도 있다는 것이다. 이런 관점의 차이는 같은 문제를 각도를 달리하여 논하는 것일 수도 있다.[3] 최미숙(2012)은 국어 교육학적 관점에 맡겨야 한다는 입장이다. 국어교육학적 관점에 맡길 수 있기 위해서는 국어교육학이 더욱 성숙해져야 한다. 이인제(2009)의 지적대로 '이론적 기반이 취약한 국어 교육학이 외적 요인에 지배적으로 작용'하지 않기 위해서 학문적 성숙이 더욱 요구된다고 하겠다. 검정 기준을 논할 때, 이러한 관점의 차이를 어느 수준까지 받아들일지 이 부분도 충분히 숙고하고 반영되도록 해야 할 필요가 있다.

2007, 2009, 2011 개정 국어과 교육 과정의 의도가 제대로 반영된 교과서가 개발되고, 현장에서는 맡고 있는 학생들에게 적합한 교과서가 선정되고, 교과서를 주요 교재로 삼으면서 창의적인 수업이 가능하게 되는 것이 국어과 교육에 몸담고 있는 사람들의 소망일 것이다. 검정 교과서를 선택하여 수업하는 선생님들은 수업 준비가 질적 양적으로 어떤 변화를 느끼는지, 교과서의 수업에서의 위치가 달라졌다고 느끼는지 등이 2010년부터 시작된 검정 제도가 현장에 굳건히 자리잡는 데 중요한 요소들이다. 최미숙(2012)는 다양하고 창의적인 교과서 구현의 기본적인 전제로 '검정 기준 적용을 기계적으로 반영하지 말아야 하고, 교과서의 제재를 선정함에 있어 과도한 보호주의적 관점을 배척하고, 평가 결과를 공개해야 한다'고 이야기하고 있다. 또한 국어 교과서의 검정 문제로 많은 책 수와 시간과 인력의 부족, 출판사

---

3) 이를테면 검정 일선에 서 있는 측과 교과서를 집필하는 측이 다른 입장을 가질 수 있다.

간의 과당 경쟁을 들고 있다.

　이런 문제점을 받아들인다고 하더라도 검정 제도 하의 국어 교과서가 교실 수업에서 얼마나 선한 역할을 하는가가 중요하다. 그런데 교사의 선택권이 보장되는 검인정 제도 아래, 학생은 국정이나 검인정이 큰 의미가 없어 보인다. 교사가 선정한 하나의 교과서를 가지고 학습해야 하는 학생들 입장에선 국정과 별다른 차이가 없다. 검정 교과서보다는 학생의 선택권에는 보조 자료가 풍부히 제공되는 것이 필요하다고 하겠다. 교과교실제의 활용, 여러 교과서(선정한 교과서 외)를 적절히 사용할 수 있게(보충 자료로) 하면 검인정의 장점이 살아날 수 있다. 다양성을 내세우는 검인정 교과서 제도가 학습 부담만 증대(다른 검인정 책에 실린 작품 등을 알아야 된다는 부담 등)시킨다고 하면 검인정의 순기능이 그 역할을 다 하는 데는 많은 시간이 걸릴 것이다.

　국어과의 궁극적인 목표는 학습자의 국어 능력 향상에 있을진대, 학습자의 입장에서 별다른 변화를 느끼지 못한다면 교육 과정의 개정, 그에 따른 검정으로의 변화의 의미가 반감될 수밖에 없을 것이다. 우리의 국어 수업을 살펴보면 학생의 위치는 여전히 수동적인 면이 많다. 학생들이 보다 적극적으로 학습에 임하게 하기 위한 방안은 무엇인가 고민이 필요하다.

3. 현장에서의 검인정 교과서 선정

　7차 시기까지 중학교와 고등학교 '국어' 교과서는 국정이었다. '국정이기 때문에' 라는 말은 많은 부분 국어과 교육의 부정적인 면을 부각시킬 때 사용되었다. 검정으로 교과서 편찬 방식이 달라짐으로 해서 교과서의 창의성과 다양성이 담보되었는가? 이 물음에 대한 답은 그리 긍정적이지 않은 것 같다. 이제는 검정 제도가 비판의 가운데 서 있는 것 같다. 책을 편찬하는 일에 관여했던 많은 사람들이 창의성 있고 다양한 교과서를 만드는 데 검정 제도가 발목을 잡고 있다고 생각한다. 여전히 학습자의 선택권은 없고 교사들은 교과서를 선정해야 하는 부담을 가지게 되었다.

　교육과학기술부 장관에 의해 교육 과정이 고시되고, 초·중등 교과용 도서가 국정, 검인정, 인정도서로 구분되어 고시된다. 국어의 경우, 두 차례의 검정을 실시할 때, 한국교육과정평가원장이 '검정 기준 및 편찬상의 유의점'을 공고하고 검정 시행을 공고했다. 그에 따라 출판사가 주축이 되어 교과용 도서를 개발하게 된다. 교과용도서 개발에 근거가 되는 기본 계획은 교육과학기술부의 '검정 기본 계획', 한국교육과정평가원이 수립하는 '검정 세부 추진 계획'이 있고, 교과용 도서 검정 심의위원 위촉을 위한 기본 결재 문서 등이 있다. 수립한 일정대로 교과용 도서로 출원한 도서들을 검정하는 절차도 많은 시간과 경비와 인력을 요하는 거대한 작업이 된다. 그 작업의 끝은 출원한 많은 도서들이 합격과 불합격으로 나누어지는 것이다. 교과용 도서로 합격한 책들을 대상으로 일선 학교에선 한 종의, 그 학교에서 사용할, 책을 선정하게 되는 것이다.

<표 1>고등학교 국어 (상), 고등학교 국어 (하) 교과서 검정 기준

(2010 검정)

심사 영역	심사 항목	영역별 배점
I. 교육 과정 준수	1. 국어과 교육 과정에 제시된 성격, 목표, 내용, 교수-학습 방법 및 평가를 충실히 반영하였는가?	15
II. 내용의 선정 및 조직	2. 언어의 통합적인 성격을 살릴 수 있도록 구성하였는가?	25
	3. 학습량은 적정한가?	
	4. 학습자가 스스로 학습할 수 있도록 내용을 조직하여 제시하였는가?	
	5. 내용의 선정과 서술 수준과 범위는 국어 교과서 집필기준을 충실하게 반영하였는가?	
	6. 사진, 삽화, 통계, 도표 및 각종 자료는 적절하고 새로운 것으로 내용과 조화를 이루고 있으며 출처를 분명히 제시하고 있는가?	
	7. '범교과 학습 내용'을 적절히 반영하고 있는가?	
III. 창의성	8. 단원의 전개 및 구성 체제가 자연스럽고 창의적인가?	13
	9. 제재의 선정이 적절하고 창의적인가?	
	10. 교수-학습 과정과 활동이 유기적으로 조직되어 있으며 창의적인가?	
IV. 내용의 정확성 및 공정성	11. 사실, 개념, 용어, 이론 등은 객관적이고 정확한가?	15
	12. 내용을 학습자가 쉽게 이해하도록 어휘, 표현이 정확하고 언어 형식상의 오류가 포함되어 있지 않은가?	
	13. 공정하게 기술하였는가?	
V. 교수-학습 방법 및 평가	14. 다양하고 효과적인 교수-학습 방법을 제시하였는가?	20
	15. 학습 활동에 필요한 학습 원리, 정보와 자료의 수집 분석 활용 방법 등을 적절하게 제시하였는가?	
	16. 학습 목표와 내용에 적합한 평가 방법 및 과제를 제시하였는가?	

VI. 표기 표현 및 편집	17. 한글, 한자, 로마자, 인명, 지명, 용어, 통계, 도표, 지도, 계량 단위 등의 표기는 정확하며, 편찬상의 유의점에 제시된 기준을 충실히 따랐는가?	12
	18. 오·탈자, 비문 등 표기·표현상의 오류가 없이 정확하게 기술하였는가?	
	19. 편집 디자인 및 지면 활용은 학습 효과를 높일 수 있도록 효과적으로 구성하였는가?	

위 〈표 1〉은 2007 개정 교육 과정에 터하여 고등학교 '국어 상', '국어 하'를 검정할 때의 기준이다. 검정 과정에서 〈표 1〉과 같은 기준을 다 같이 공유하고 검정에 들어가게 된다. 이런 기준으로 많은 전문 인력을 동원하여 상당한 시간을 검정하는 일에 투입하게 되는데, 합격본은 80점에서 100점 사이의 점수를 얻게 된다. 즉, 합격본 중에는 80점을 받은 책이 있는가 하면 95점을 받은 책도 있을 수 있게 된다. 이제부터는 일선 학교에서의 선택이 빛을 발하게 될 때이다. 어떻게 보면 압축된 검정 과정을 일선 학교 다시 거치게 되는 것이다.

교육과학기술부에서는 공정하고 투명한 검정 도서 선정을 위하여 '추천, 심의, 확정'의 3단계로 나누어 선정하도록 하였다고 한다. 이러한 지침에 따라 학교에 따라 적절한 변화를 주어 각각의 학교에서 한 종을 선택하는 것이다. 정혜승(2010)은 일선 학교에서의 선택 방식을 '① 전체평가형-완전독립형, ② 전체평가형-부분독립형, ③ 집중평가형-토의형, ④ 집중평가형-다수결형'으로 나누고 있다. 예를 들면 2007 개정 국어과 교육 과정에 터해 편찬된 중학교 1학년 23종 도서를 해당 중학교에 재직하는 국어 교사 전원이 검토하는 것이 '전체평가형'이 되겠고, 각각 도서를 나누어 검토하면 '집중평가형'이다. 전체평가형 중 전체 국어 교사의 의견 조율 없이 다수결로 선정하는 것은 '완전독립형', 토의가 있으면 '부분독립형'으로 나누어진다. 집중평가형 중 토의로 의사결정을 하는 것이 '토의형', 토의 없이 다수결로 결정하는 것이 '다수결형', 이렇게 4 가지 유형으로 나누고 있다. 학교에 따라 미묘한 차이는 있겠으나 교과서를 선정하는 것이 교사들에게 부담을 주고 있음을 알 수 있다. 2007 개정 국어과 교육 과정에 따라 편찬된, 검정을 통과하고 2010년에 보급된 중학교의 경우, 1학년 23종, 2학년 15종을 평소 업무를 하는 중에 짧은 시간을 투자해서 세밀하게 살피기는 어려울 것이다. 결국 어떤 방법을 취하던 교과서 선정이 만족스럽기는 어려운 형편이다.

4. 다양한 교과서, 창의적인 수업

검정으로 교과서 편찬 방식이 달라짐으로 해서 교과서의 창의성과 다양성이 한 단계 올라갈 것이라고 했다. 과연 그런가? 학생의 입장에선 국정 때와 마찬가지로 단 하나의 교재를 배우게 되는 형편이다. 교사의 선택의 폭이 넓어진다는 면에서는 다양성의 폭이 넓어질 것이지만 학생의 입장에서는 큰 의미가 없다. 학생의 입장에서, 교사의 입장에서 '창의성'이란 무엇인가? 기본적으로 학습자의 입장에서 창의적인 교과서이어야 할 것이다. 교사의 입장에서 교과서의 창의성이란 창의적인 수업이 가능한 교과서일 것이다. 즉 교과서의 창의성은 수업 중에 드러나는 것이다. 〈표 1〉 심사 항목 8, 9, 10으로 창의성을 판단하기 어려운 것 같다. 검정 과정에서 100% 정성 평가에 의해 창의성을 평가하지만 많은 부분 교사의 수업으로 구현되는 것을 책만을 보고 평가하기는 어려운 것 같다.

국정 교과서가 받았던 비판 중의 하나가 같은 글이(별로 좋지도 않은 글이) 실렸다는 것이었다. 검인정 교과서로 바뀌면서 많은 새로운 텍스트가 등장하였다. 국정에 실리지 않았던 글이 많이 실렸다(또 여러 책에 실린 글들도 있었고, 국정 교과서에 실린 것도 있었다). 그것으로 교과서가 참신해지지는 않는다. 처음에 참신해 보일지 몰라도 한 학기만 지나면 그것은 참신함을 잃게 마련이다. 재미, 참신함이 교과서를 평가하는 주요한 잣대가 결코 될 수 없다. 교과서의 참신함, 재미, 다양화 등을 찾기 이전에 교육 과정이 보다 확실히 구조화되는 것이 전제되어야 한다. 국정에서 검인정으로 또 인정제로 제도가 바뀌면 저절로 다양함과 참신함 등이 얻어지는 것은 아니다. 처음으로 돌아가 교사와 가장 친한 것이 교육 과정이 되어야 할 것이다.

예전의 수업 준비와 비교할 때 어떻게 다른가? 국정 때와 어떻게 다른가? 교육 과정에 대한 이해, 새로운 교과서에 대한 이해(단원의 구성 방식 이해), 새로운 읽을거리, 여러 가지 활동거리 등 다른 교과에 비하면 수업 준비에 많은 시간이 걸릴 것이다. 개정 교육 과정과 그에 따른 새 교과서가 주는 부담은 클 수밖에 없다. 검인정 제도에서 교과서 선정의 절차가 교사의 부담이 되고 그 다음에 교사가 해야 할 일은 국정일 때와 별반 다르지 않을 것이다. 문제는 1, 2년 세월이 지나면서 교재 연구에 자신감이 생기는 것이 어렵지 않나? 하는 점이다. 늘 새로운 책으로 가르치는 부담이 주어질 수 있다. 예를 들면 중학교 1학년 때는 '가 출판사', 중학교 2학년 때는 '나 출판사', 중학교 3학년 때는 '다 출판사'에서 나온 교과서를 선정했을 때를 생각해 보면 상상할 수 있는 모습이다. 이런 사정을 생각하면 검정을 통과한 교과서들에 대한 전반적인 지식이 교사에게 요구되는 것이다.

동일 출판사 교과서를 선정할 수 있겠으나 어느 교사가 맡느냐에 따라 관점이 다를 수 있다. 이것을 생각하면 교사의 관점을 명확하게 할 필요가 있다고 생각된다. 교사들이 가지고 있는 국어과에 대한 관점, 국어 교과서에 대한 관점을 숙고해 볼 필요가 있다. 그동안 국정으로 익숙해져 있으니까 진지한 생각해 본 적이 없을 수도 있다. 교과서를 선정하는 절차가 교사들의 공동 사고를 도출할 수 있는 장이 된다면 검인정이 할 수 있는 선한 역할이 될 것이다.

국어 담당 교사의 수업 준비는 어떻게 바뀔 것인가? ○변화 없이 교과서와 그에 따른 지도서에 의존하는 수업 ○긍정적인 변화가 있는 수업(여러 자료 참고 사용) 등을 생각해 볼 수 있다. 이 시점에서 성전과 같은 교과서의 절대적인 위치가 좀 내려 올 필요가 있다. 교사들의 수업 준비 양상이 다를 것이지만 국정으로서의 교과서가 아닌 경우에는 해당 학교에서 선택한 교과서만을 성전일 수 없기 때문이다. 검정이 도입되므로 상당 부분은 이 점에 기여할 것으로 생각된다. 검인정으로의 변화, 그 자체가 다양한 수업, 창의적인 수업의 첫걸음이 될 것이다. 그러나 이건 저절로 얻어지는 것이 아니라 교사의 노력이 필요하다.

5. 검인정 교과서의 득과 실

앞으로 교과서에 대한 평가가 계속 이루어질 것이다. 교과서 선정이라는, 현장의 발에 떨어진 불이 있고, 국어 교과서에 대한 출판사의 관심이 수그러지지 않으니 교과서 평가에 대한 이론적 논의가 활발해 질 것이다. 두 차례의 검정을 거치면서 검정 기준은 조금씩 바뀌었다. 이 검정 기준이 어떠해야 하는지에 대하여 숙고할 필요가 있다. 국어과 교육의 입장에서만 아니라 학생과 학부모 입장에서도, 사회 문화 경제적인 요인도 따져 보아야 한다.

박정진(2005)은 이상적인 교과서의 모습을 다음과 같이 말하고 있다.[4]

---

4) 박정진(2005). 국어 교과서 개발을 위한 방향 탐색, 국어 교육 118, 한국어교육학회, p.115.

<표 2> 이상적인 교과서의 모습

관점	교과서 모습
왜	○ 비판적 사고, 기능, 창의적 사고 기능 촉진 ○ 최신 교수-학습 이론을 반영 사회적 요인
무엇	○ 교육 과정의 구체적인 실현(본질, 원리, 태도, 내용 등) ○ 교과별 특수 내용 반영 ○ 다양한 유형의 글과 자료 활용 교육 과정 요인
누구	○ 학습자의 인지적 정의적 측면 고려 ○ 교수자가 활용하기에 적합한 체제 ○ 학습자와 교수자에게 재미있는 내용 교사와 학생 요인
어떻게	○ 교수-학습 및 평가의 내용과 방법 안내 ○ 수준별 학습과 지도 가능 ○ 다양한 학습 활동 및 학습 과제 제시 ○ 교과별 통합성, 계열성, 위계성 반영 교수-학습 요인
언제 어디서	○ 현재의 교육 현실 반영 ○ 현재의 교육 현실 선도 교수-학습 요인

이상적인 교과서에서는 '왜, 무엇을, 누구에게, 어떻게, 언제, 어디서' 사용될 것인지 충분히 고려되어야 한다고 하고 있다. 이상적인 교과서의 모습은 검정 기준으로 바꾸어 볼 수 있는데, 위의 〈표 1〉과 대비했을 때, 크게 다른 모습을 보이지 않는다. 'Ⅵ. 표기 표현 및 편집' 영역을 제외하면 크게 다르지 않다.

2011 개정 국어과 교육 과정에 준해서 편찬된 교과서의 검정 기준은 다음과 같다.

<표 3> 중학교 국어 교과서 검정 기준(2013 검정)

심사 영역	심사 항목	영역별 배 점
Ⅰ. 교육 과정의 준수	1. 교육 과정에 제시된 '목표'를 충실히 반영하였는가? 2. 교육 과정에 제시된 '내용 영역과 기준'을 충실히 반영하였는가? 3. 교육 과정에 제시된 '교수-학습 방법'을 충실히 반영하였는가? 4. 교육 과정에 제시된 '평가'를 충실히 반영하였는가?	30

		내용
II. 내용의 선정 및 조직	5. 교과서의 구성 체제는 편찬상의 유의점을 충실하게 반영하였는가?	40
	6. 내용 및 제재 선정은 편찬상의 유의점과 국어 교과서 집필 기준을 충실하게 반영하였는가?	
	7. 단원의 전개 및 구성 체제가 적절하고 참신한가?	
	8. 특정 영역에 편중되지 않도록 내용을 균형 있게 선정하였는가?	
	9. 통합이 가능한 부분은 통합을 지향하여 학습의 효율성을 높일 수 있도록 하였는가?	
	10. 학습자가 스스로 학습할 수 있도록 내용을 조직하여 제시하였는가?	
III. 내용의 정확성 및 공정성	11. 사실, 개념, 이론 등은 객관적이고 정확한가?	30
	12. 학습자가 내용을 올바르고 쉽게 이해할 수 있도록 설명하였는가?	
	13. 사진, 삽화, 통계, 도표, 각종 자료 등은 공신력 있는 최신의 것으로서, 내용에 적합하며 출처가 분명히 제시되어 있는가?	
	14. 저작자 개인의 편견 없이 내용을 공정하게 기술하였는가?	
	15. 한글, 한자, 로마자, 인명, 지명, 용어, 통계, 도표, 지도, 계량 단위 등의 표기가 정확하며, 편찬상의 유의점에 제시된 기준을 충실히 따랐는가?	
	16. 문법 오류, 부적절한 어휘 등 표현상의 오류가 없이 정확하게 기술하였는가?	
합 계		100

위 〈표 3〉에 제시된 검정 기준은 〈표 1〉에 제시된 검정 기준과 차이를 보인다. 2007년 개정 국어과 교육 과정과 2011년 개정 국어과 교육 과정에 따른 검정 기준의 심사 영역을 보면 전자는 5개의 심사 영역으로 되어 있고 후자는 3개의 심사 영역으로 되었다. 각 심사 영역의 점수를 보이면 다음과 같다.

2007 개정 국어과 교육 과정	2011 개정 국어과 교육 과정
I. 교육 과정의 준수(15점)	I. 교육 과정의 준수(30점)
II. 내용의 선정 및 조직(25점)	
III. 창의성(13점)	II. 내용의 선정 및 조직(40점)
IV. 내용의 정확성 및 공정성(15점)	
V. 교수 학습 방법 및 평가(20점)	III. 내용의 정확성 및 공정성(30점)
VI. 표기 표현 및 편집(12점)	
합계(100점)	합계(100점)

전자의 'V. 교수 학습 방법 및 평가(20점)'은 후자 'I. 교육 과정의 준수(30점)'로 포함되어 있고, 전자 'III. 창의성' 영역은 후자 'II. 내용의 선정 및 조직' 영역으로 약하게 들어가 있다. 한 심사 영역이었다가 'II. 내용의 선정 및 조직'의 심사 항목으로 들어가 있다. 최미숙(2012)은 두 번째 검정에 있어서 '창의성' 항목은 없어진 것에 대하여 우려를 표하고 있다. '편찬상의 유의점'에서 창의성을 강조하고 있으나 심사 영역에서 사라졌다고 하는 것은 집필자나, 출판사의 '창의성'에 대한 관심을 유도하지 못하는 것으로 귀결된다. 앞에서도 언급한 것과 같이 〈표 1〉 심사 항목 8, 9, 10으로 창의성을 판단하기 어렵지만, 검정 과정에 어떻게 '창의성'를 평가해 내는가를 고민하지 못하고 뒤로 숨기는 식으로 처리하는 것은 아쉬운 점이 있다. 'VI. 표기 표현 및 편집(12점)' 심사 영역은 'III. 내용의 정확성 및 공정성(30점)' 영역으로 들어가 있고, '편집' 항목으로 검정에 들어가지 않고 있다.

국어 교과의 특성을 드러나는 검정 기준이여야 한다는 이야기에 빠지지 않는 것은 국어 교과서에서 큰 비중을 차지하는 '제재'에 대한 고려이다. 많은 글에서 목표에 부합되는 글을 '선정'하는 문제가 교과서를 편찬하는 데 많은 노력이 드는 부분인데, 검정 과정에서 비중 있게 다루어지지 않는다. 이 부분도 어떤 기준을 갖고 평가하기가 어려운 부분이기는 하다. 결국 '학습 활동'에 대한 질적 평가는 지금의 검정 체제에서 평가하기는 무척 어렵고, 교사가 교과서를 사용하여 수업을 해 나가는 중에 평가해야 할 부분이다. 교과서의 문제점을 공유하고 그 공유한 문제점이 다음 교과서 개발에 반영될 수 있도록 개인적인 담화가 아닌 공적인 담화의 장에 교사의 활발한 참여가 필요하다.

검정 과정을 거쳐서 시중에 나오면 교육적이어야 할 '교과서'가 하나의 물건으로, 경제적인 가치가 우선되는 '물건'이 되어 버린다. 검정 과정이 여기서 끝나는 것이 되어서는 안 된다. 정혜승(2004:466~467)이 말하고 있는 검정 과정, 선정 과정, 개선 과정에 여러 가지 평가 방법을 도입하는 것은 대단히 중요하다.

<표 4> 교과서 평가 요인들의 상호 관련 방식-평가 목적을 중심으로

평가 목적	평가 주체	평가의 중점 사항	평가 시기	평가 대상	평가 방법
검정	·교과 전문가 ·교사	·교과서가 갖추어야 할 전반적인 요건	·교과서 개발 중 ·교과서 개발 후	·교과서 개발 과정과 절차 ·교과서 자체	·점검표 형식의 양적 질적 평가 ·관찰 평가 ·실험 평가

선정	· 교사 · 학생 · 학부모, 　지역사회	· 지역 사회와 학교가 처한 　특성 · 교실 학생의 수준 고려	· 교과서 　개발 후	· 교과서 자체	· 점검표 형식의 양적 　질적 평가 · 설문지 형식 평가
개선	· 교과 　전문가 · 교사 · 교과서 　개발자	· 교과서가 지닌 문제점 · 교과서 개선의 주요 관심 　사항	· 상시	· 교과서 자체 · 교과서 개선 정도	· 질적 평가 · 관찰 평가 · 실험 평가

검정을 거쳐 개개 교과서의 합불(合不)이 결정되고, 일선 학교에서의 선정이 끝난 후에 사후 관리가 중요하게 부각되어야 하며, 교과서의 질 관리가 검정보다 더 중요하게 부각되어야 한다. 검정과 선정 과정은 그 일을 하는 주관하는 주체가 있는데 반해 '개선'을 해야 한다고 생각하는 주체가 없다. 개인 수준에서 그 일을 하게 되어 동력이 떨어질 수밖에 없다.

교과서 평가 기준도 계속 다듬어져야 한다. 정혜승(2005)은 교과서 평가 기준을 개발함에 있어 준거가 되는 원리를 '○특수성의 원리 ○구체성의 원리 ○실제성의 원리 ○공공성의 원리 ○민주성의 원리 ○포괄성의 원리 ○차별성의 원리'를 들고 있다. 다른 교과와 구별되는 국어과의 특성이 잘 드러나는 평가 기준이어야 하고, 누가 봐도 올바른 평가가 되도록 구체적으로 평가 기준이 만들어져야 하며, 실제 사용되는 맥락을 고려하여 학습 활동이 추출되도록 하는 평가 기준을 만들어져야 하며, 국가와 공공의 이익에 부합되는 평가 기준을 만들어야 하며, 평가 기준이 교과서와 관련되는 사람들의 관심과 요구를 반영되어야 하며, 교과서가 갖추어야 할 요건을 두루 평가할 수 있어야 하며, 평가 기준이 중요한 것과 덜 중요한 것이 구별해 주어야 한다. 두 차례의 검정이 위의 7가지 원리에 크게 벗어나지 않고 있다고 본다. 다만 특수성, 구체성, 실제성의 원리가 좀더 치밀하게 드러나야 할 것이다.

교과서가 경쟁 체제의 핵으로 부각되면 질이 좋아질 것이라는 것은 맞는 말이다. 외양은 눈에 띄게 좋아질 것이다. 이러한 예측은 검인정이 처음 실시되면서 알 수 있는 것이었다. 그러나 이것은 출판사의 자본력과 밀접하게 관계가 있다. 질이 좋은 교과서, 내용이 좋은 교과서도 검인정으로 제도가 바뀌면서 그렇게 될 가능성이 있다. 그러나 한 동안은 질적인 면에서 국정보다 떨어질 가능성도 매우 크다. 예를 들면 간단히 100명이 모여 만들던 국정 교과서를 10명이 10종의 검인정 교과서를 만든다면 질을 보장할 수 없을 것이다. 그러나 지금 당장 검인정 교과서의 실이 많이 눈에 보이더라도 국정으로 되돌아 가자는 의견을 내는 사람은 없을 것이다. 점차 인정도서로 가는 추세 속에서 검인정 경험이 축적될 필요가 있다. 검인정 교과서가 득이 많아지려면 학교 현장의 교육 여건이 향상되어야만 한다. 그리고 국어 교과서를 편찬하는 출판사도 국어교육연구소 정도를 가지고 있어야 하지 않겠는가? 출판사는 교과서의 개선의 주체가 될 수도 있다고 생각한다. 두 차례의 검정을 거치면서 일선 교사와 교과 전문가가 서로 소통할 기회가 많아졌다. 교과서에 대해서, 현장의 실제에 대해서 소통할 기회가 많아졌다. 집필자와 가장 중요한 축을 담당하는 출판사, 이들이 교과서의 개선을 위한 중요한 역할을 하리라 기대해 본다.

교과서 개정 작업이 이루어지면, 교과서에 어떤 제재가 실렸는가 하는 것이 관심의 대상(국정 교과서)이 되었던 것이, 이제는 각 학교에서 어떤 교과서를 선정할 것인가가 관심의 대상이 되고 있다. 이와 관련되는 연구들-교과서 선정의 문제, 교사의 교과서 평가 문제-이 많이 나오고 있다. 해방 이후 7차 교육 과정 시기까지, 국어과 교육의 여러 문제가 국정에서 검인정으로 바뀌면 해결될 것이라고 믿는 사람들도 많이 있었다. 국어과 교육의 여러 문제를 해결하기 위해서는 '연구'가 활발하게 이루어져야 한다. 박인기(2009:311)에서 말한 바와 같이 국어 교과 현상에는, 현존하는 체제 현상으로서 학문 맥락 또는 학제(學際) 현상도 있고, 교육 제도 속에서 운용되는 현상으로 존재하는 것도 있다. 국어 교과가 구체적으로 드러나는 것은 '교과서'이다. 교과서의 기본이 되는 교육 과정과 교과서가 어떻게 존재해 왔는지를 살펴보았다. 할 일이 산더미 같기는 하나 국어교육학이란 옷을 입고 꾸준히 연구물을 내고 있는 한솥밥을 먹고 있는 식구들이 많이 있어 늘 위안이 된다.

참고문헌

강미영(2010), 2007년 개정 교육 과정 관련 교과서 반영 양상에 대한 고찰-중학교 1학년 생활 국어 '쓰기 영역'을 중심으로-, 새국어교육 제85호, 한국 국어교육 학회.
김은성·김호정·박재현·남가영(2013), 사용자 중심의 국어과 교과서 선정 기준 개발 방향 연구- 국어 교사의 실제 선정 활동 분석을 토대로-, 국어교육연구 제31집, 서울대학교 국어교육연구소.
김종철·김현선·박종호·배성완·신원기·이욱희(2006). 7차 교육 과정 국어 교과서에 대한 비판적 검토, 국어교육연구 제19집, 서울대학교 국어교육연구소.
김주환(2011), 국어 교과서 선정에 대한 교사들의 인식 조사, 국어교육학연구 제42집, 국어교육학회.
남가영·김호정·박재현·김은성(2011), 국어 교사의 검정 교과서 선정 경험 연구, 교육과정평가연구 Vol.14 No. 3, 한국교육과정평가원.

박인기(2009), 교과의 생태와 교과의 진화, 국어교육학연구 제34집, 국어교육학회.

박정진(2005). 국어 교과서 개발을 위한 방향 탐색, 국어교육 118, 한국어교육학회.

송현정 외(2005). 교과서 편찬 제도 개선을 위한 요구 조사 연구; 국정 도서의 검정화를 중심으로, 한국교육과정평가원, CRC23005-1.

이성영(2009), 국어 교과서 정책, 국어교육학연구 제36집, 국어교육학회.

장은섭(2011), 고등학교 국어교과서에 대한 학생과 교사들의 평가 연구, 국어교육학연구 제42집, 국어교육학회.

정혜승(2004). 국어 교과서 평가 방안 연구, 국어교육학연구 제21집, 국어교육학회.

정혜승(2010), 2007년 개정 교육 과정에 따른 중학교 국어과 교과서 채택 방식과 맥락, 독서연구제24호, 한국독서학회.

정혜승(2011), 국어과 교과서 채택 기준과 채택한 교과서에 대한 교사의 반응-2007년 개정 교육 과정에 따른 중학교 교과서를 중심으로-, 독서연구제25호, 한국독서학회.

최미숙(2012). 국어과 교육 과정과 교과서 검정의 방향-다양성과 창의성을 중심으로-, 국어교육 137, 한국어교육학회.

찾아보기